视
Horizon
界

涉外法治文库　主编　黄进

中国涉外民事诉讼通则

何其生　主编

Chinese Principles of Foreign-Related Civil Procedure

法律出版社 LAW PRESS·CHINA
北京

图书在版编目(CIP)数据

中国涉外民事诉讼通则 / 何其生主编. -- 北京 :
法律出版社, 2024
ISBN 978 -7 -5197 -8805 -6

Ⅰ. ①中… Ⅱ. ①何… Ⅲ. ①涉外民事法－总则－中国 Ⅳ. ①D923

中国国家版本馆 CIP 数据核字(2024)第 036769 号

中国涉外民事诉讼通则
ZHONGGUO SHEWAI MINSHI SUSONG TONGZE

何其生　主编

策划编辑 沈小英　刘晓萌
责任编辑 刘晓萌　鲁　安
装帧设计 李　瞻

出版发行 法律出版社
编辑统筹 法治与经济出版分社
责任校对 晁明慧
责任印制 吕亚莉
经　　销 新华书店
开本 A5
印张 16　**字数** 436 千
版本 2024 年 4 月第 1 版
印次 2024 年 4 月第 1 次印刷
印刷 三河市兴达印务有限公司

地址:北京市丰台区莲花池西里 7 号(100073)
网址:www. lawpress. com. cn
投稿邮箱:info@ lawpress. com. cn
举报盗版邮箱:jbwq@ lawpress. com. cn
销售电话:010 - 83938349
客服电话:010 - 83938350
咨询电话:010 - 63939796

书号:ISBN 978 - 7 - 5197 - 8805 - 6　**定价**:96. 00 元
凡购买本社图书,如有印装错误,我社负责退换。电话:010 - 83938349

何其生

北京大学法学院教授、博士生导师。法学博士。现任北京大学国际经济法研究所所长、北京大学涉外法治研究基地执行主任。兼任中国国际私法学会副会长、多个部委法律顾问和国际法咨询委员会委员。曾获评第八届“全国十大杰出青年法学家”（2017年），入选教育部“新世纪优秀人才支持计划”（2006年），荣获霍英东教育基金会第十届高等院校青年教师奖（研究类，2006年）。主要研究领域为国际私法、国际商法。发表中文论文百余篇、英文论文30篇，出版著作10余部；曾参与多边条约谈判和国际法律文书审议20余次。

主　编　何其生

撰稿人　（按照撰写章节顺序）

王盛哲　王雅菡　郭镇源

范子豪　马　旭　欧福永

张文亮　刘桂强　钱振球

何其生

总　　序

中国的涉外法治建设与中国的改革开放相伴而生、相随而行、相得益彰。事实上，党的十一届三中全会决定改革开放，中国涉外法治建设的帷幕就开启了。1979 年制定的《中华人民共和国中外合资经营企业法》就是明证，它是中国实行改革开放后制定的第一部涉外法律。改革开放 40 多年来，中国涉外法治建设不断深化、不断发展、不断前行，取得了长足的进步，极大地促进了中国的改革开放和现代化强国建设。党的十八大以来，以习近平同志为核心的党中央对全面依法治国作出一系列重大决策，提出一系列全面依法治国新理念新思想新战略，尤其高度重视加强涉外法治建设。2014 年，《中共中央关于全面推进依法治国若干重大问题的决定》明确提出要“加强涉外法律工作”；2019 年，习近平总书记主持召开中央全面依法治国委员会第二次会议特别强调，“加快涉外法治工作战略布局”“加强涉外法治建设”；2020 年，习近平总书记在中央全面依法治国工作会议上的讲话中提出了习近平法治思想核心要义的“十一个坚持”，其中首次提出“坚持统筹推进国内法治和涉外法治”；党的二十大报告再次强调，“加强重点领域、新兴领域、涉外领域立法，统筹推进国内法治和涉外法治”；2023 年，习近平总书记在中共中央政治局第十次集体学习时强调，“加快推进我国涉外法治体系和能力建设”，并对加强涉外法治建设作了系统、深入、全面的阐述。改革开放以来，特别是党的十八大以来，中国涉外法治建设无疑是一场波澜壮阔、气势磅礴的伟大实践,也是一幅生动活泼、气象万千的时代画卷。

"涉外法治"(rule of law in foreign matters)这个概念是从中国自身的角度而言的,是站在中国自己的立场来讲的。它指的是中国立法、执法、司法机关和法律服务机构,相关自然人、法人和非法人组织,依我国法律法规,特别是涉外法律法规,以及我国缔结或者参加的国际条约,处理自身涉外事务的法治活动。严格讲,"涉外法治"对应的概念是"纯国内法治",即中国立法、执法、司法机关和法律服务机构,相关自然人、法人和非法人组织,依我国法律法规,处理纯国内事务的法治活动。而"国内法治"(rule of law in domestic matters)是一个大概念,指的是一个国家基于主权依法治国,处理自己对内、对外事务的立法、执法、司法、守法和法律服务等法治活动,它包含纯国内法治和涉外法治两个方面,涉外法治是我国国内法治的一部分,是全面依法治国的一个重要方面的工作。所以,可以肯定地说,涉外法律法规是中国特色社会主义法律体系的重要组成部分,是涉外法治的基础,而涉外法治是中国特色社会主义法治体系的重要组成部分。

"国际法治"(international rule of law)是与"国内法治"相对应的一个概念,并与"国内法治"和"涉外法治"这两个概念密切相关。"国际法治"指的是国际社会基于国际法原则、规则、制度处理国际事务而开展的法治活动。显然,它不是一国的涉外法治,不同于"国内法治"和"涉外法治"这两个概念。全球治理所依赖的法治既包括世界各国开展国内治理所依托的国内法治,也包括国际社会治理跨国事务或者应对全球性问题的国际法治。"国内法治""涉外法治""国际法治"三者之间的辩证关系可以这样来分析,打个比方说,国内法治是个圆,国际法治是另一个圆,这两个圆有一小部分重叠在一起,这个重叠部分、交叉部分、结合部分、融通部分就是涉外法治。对中国而言,涉外法治是国内法治的对外延伸,是沟通国内法治和国际法治的桥梁,是联系国内法治和国际法治的纽带，是国内法治的一部分；对国际社会而言，跳出中国从第三者的视角来看，也可以把两个圆重叠、交叉、结合、融通的部分，即涉外法治部分，视为国际法治的特别部分。在某种意义上可以这样说，仅就一国而言的涉外法治，因其是国内法治和国际法治的重叠、交叉、结合、融通部分，兼具国内法治和国际法治性质。当然，国际法治涉及面更广大得多。要特别强调的是，尽管一国涉外法治与国际法治有密切的联系，但涉外法治毕竟是一国国内法治的对外延伸，不能等同于国际法治，我们既不能用一国涉外法律法规代替国际法，也不能以一国的涉外法治代替国际法治。

新时代提出坚持统筹推进国内法治和涉外法治、加快推进涉外法治体系和能力建设，有两大时代背景：一是中国特色社会主义进入了新时代。当下中国正在以中国式现代化全面建成社会主义现代化强国和全面推进中华民族伟大复兴。这就决定了践行法治既是全面推进强国建设、民族复兴伟业的手段、路径和方法，也是需要实现的重要目标，中国式现代化是在法治轨道上推进的现代化，法治现代化是中国式现代化的应有之义。而国内法治和涉外法治建设，正是全面依法治国、法治中国建设的两个方面、两个面向、两个维度。统筹推进国内法治和涉外法治，加强涉外法治体系和能力建设是以中国式现代化全面推进强国建设、民族复兴伟业的长远所需。二是世界正经历百年未有之大变局。这是一个世界经济、政治、社会、文化、生态格局深刻调整，国际形势错综复杂，经济全球化遭遇逆流，单边主义、保护主义重新抬头，世界经济复苏乏力，国际投资贸易萎缩，新冠疫情影响深远，中美两国战略博弈，局部武装冲突改变世界地缘政治格局，新一轮科技革命和产业变革深入发展，全球治理体系亟待改革和完善的历史变革期。这一时代背景决定了当下中国必须统筹国内国际两个大局，也就是统筹中华民族伟大复兴战略全局和世界百年未有之大变局，办好发展安全两件大事。我们全面推进依法治国、建设法治中国不可能关起门来施行，也不可能只推进国内法治而不去推进涉外法治，必须不断强化涉外法治体系和能力建设，统筹推进国内法治和涉外法治，以坚定维护国家主权、安全和发展权益，维护人民利益，有效防范各种风险和应对严峻挑战，推进国际关系法治化，促进国际法治进步，推动构建人类命运共同体。统筹推进国内法治和涉外法治，加强涉外法治体系和能力建设是推进高水平对外开放、应对外部风险挑战的当务之急。

涉外法治体系和能力建设是一项涉及面广、联动性强的系统工程，必须统筹国内和国际，统筹发展和安全，深刻认识做好涉外法治工作的重要性和紧迫性，统筹推进国内法治和涉外法治，建设同高质量发展、高水平开放要求相适应的涉外法治体系和能力，为中国式现代化行稳致远营造有利法治条件和外部环境。

第一，要加快涉外法治工作战略布局。面对推进高水平对外开放，涉外法治工作必须加强战略布局，占领制高点，掌握主动权。坚持前瞻性思考、全局性谋划、战略性布局、整体性推进，加强顶层设计，一体推进涉外立法、执法、司法、守法和法律服务，形成涉外法治工作大协同格局。

第二，在涉外立法方面，要加快形成系统完备的涉外法律法规体系。坚持立法先行、科学立法，统筹立改废释纂，保持时、度、效相统一，增强立法系统性、整体性、协同性、时效性，发挥立法的引领和推动作用，抓住提高立法质量这个关键。进一步建立健全反制裁、反干涉、反制“长臂管辖”的法律法规，充实应对挑战、防范风险的法律“工具箱”。加快推进我国法域外适用的法律体系建设，为我国涉外执法、司法活动提供法律依据。

第三，在涉外执法方面，要加快建立健全涉外执法体系。构建协同高效的涉外法治实施体系，提升涉外执法水平和效能。尤其要不断加强对外经济贸易领域的执法能力，依法维护国家主权、安全和发展利益，依法保障中国公民、法人和非法人组织在海外的合法权益，依法保护外商来华投资贸易权益，反制非法单边制裁，营造市场化、法治化、国际化、便利化一流营商环境，推进高水平对外开放。

第四，在涉外司法方面，要加快提高涉外司法公信力。把涉外公正司法放到重中之重的位置，积极推进涉外司法审判体制机制进行符合审判规律的改革和创新，不断提高涉外司法审判能力和水平，强化涉外司法效能，努力让当事人在每一个涉外司法案件中感受到公平正义。

第五，在涉外守法方面，要加快提升涉外活动主体的法治素养。在涉外工作中强化法治意识和合规意识，加强企业合规管理，引导企业、公民在“走出去”过程中更加自觉地遵守当地法律法规和风俗习惯，运用法治和规则维护自身合法权益。

第六，在涉外法律服务方面，要加快强化涉外法律服务体系和能力。通过优质的法律服务切实维护中国公民、法人在海外及外国公民、法人在中国的正当合法权益，依法维护海外侨胞权益。要注重培育一批国际一流的仲裁机构、调解机构、律师事务所及其他法律服务机构，把涉外法治保障和服务工作做得更有成效。

第七，在国际交流合作方面，要加快深化法治领域国际合作。基于国际条约和平等互惠，深化执法司法国际合作。加强反腐败国际合作，积极参与执法安全国际合作。深化司法领域国际合作，完善我国司法协助体制，扩大国际司法协助覆盖面，积极开展域外送达、取证，域外法律查明，仲裁裁决和法院判决的相互承认与执行等司法协助。深化律师、仲裁、调解、公证、法律援助、司法救助等领域的法律服务协作。加强领事保护与协助，建强保护我国海外利益的法治安全链。加强中国法治的国际传播，讲好中国法治故事。

第八，在队伍建设方面，要加快高素质涉外法治人才培养。高素质涉外法治人才是具有坚定理想信念、强烈家国情怀、深邃世界眼光、宽广全球胸怀、扎实法学根底,熟悉中国国情,通晓国际规则,善于处理涉外法律事务的法治人才。鉴于涉外法治人才必须通晓国际法律规则、善于处理涉外法律事务,其核心专业知识、专业能力和专业素养是国际法专业,因此可以这样说,涉外法治人才就是国际法治人才。加强高素质涉外法治人才的培养,要从法学院校专业培养和在职继续教育培训两方面入手。在法学院校专业人才培养方面,要坚持立德树人、德法兼修,在夯实法学根底的基础上,依靠国际法专业师资队伍,基于国际法学科专业平台,完善以实践为导向的培养机制,着力培养出一批政治立场坚定、专业素质过硬、通晓国际规则、精通涉外法律实务的涉外法治人才。在继续教育培训方面,要面向涉外实务工作者开展涉外法治方面的继续教育培训,加强涉外干部队伍法治能力建设,打造高素质专业化涉外法治工作队伍。同时,各级领导干部要带头尊法、学法、守法、用法,切实提升涉外法治思维和依法办事能力。健全人才引进、选拔、使用、管理机制,做好高端涉外法治人才培养储备。

坚持统筹推进国内法治和涉外法治,加快推进涉外法治体系和能力建设,事关中国全面推进依法治国,事关中国推进高水平对外开放,事关中国外交工作大局,事关中国稳妥有效应对复杂多变的国际局势,事关中国参与全球治理体系改革和建设,事关推进国际关系法治化,促进国际法治进步,推动构建人类命运共同体。因此,习近平总书记在 2023 年中共中央政治局第十次集体学习时特别强调,加强涉外法治建设既是以中国式现代化全面推进强国建设、民族复兴伟业的长远所需,也是推进高水平对外开放、应对外部风险挑战的当务之急。要从更好统筹国内国际两个大局、更好统筹发展和安全的高度,深刻认识做好涉外法治工作的重要性和紧迫性,建设同高质量发展、高水平开放要求相适应的涉外法治体系和能力,为中国式现代化行稳致远营造有利法治条件和外部环境。

2023年是中国涉外法治建设和发展进程中非常重要的一年。这一年,《中华人民共和国对外关系法》和《中华人民共和国外国国家豁免法》相继制定出台,《中华人民共和国民事诉讼法》第四编"涉外民事诉讼程序的特别规定"进行了大幅度的修改,最高人民法院先后发布了《最高人民法院关于适用〈中华人民共和国涉外民事关系法律适用法〉若干问题的解释(二)》、《最高人民法院关于审理涉外民商事案件适用国际条约和国际惯例若干问题的解释》、《最高人民法院关于设立国际商事法庭若干问题的规定》(2023年修正)。与此同时,涉外执法、司法、守法和法律服务受到前所未有的重视,各项涉外法治工作蓬勃发展。正是在这样的时代背景下,我们,一群志同道合的国际法专业同仁希望在涉外法治研究方面有所开拓、有所创新、有所作为。2023年7月,法律出版社社务委员、法治与经济分社社长沈小英建议,出版一套"涉外法治文库"。现摆在读者面前的就是我们共同商定、合力编写出版的这套"涉外法治文库"。该文库将立足中国涉外立法、执法、司法、守法和法律服务实践,以全国人大及其常委会制定的专门的涉外法律为主线,兼顾国务院出台的重要涉外行政法规,诠释、解读、剖析中国涉外立法及相关涉外法治实践,并同外国和国际实践进行比较分析,探讨中国涉外法律法规的准确适用,探索中国涉外法治建设的规律和优化发展之路。为了编写出版好这套文库,我们制订了策划方案,组建了一个学缘结构多元、老中青国际法专家学者结合的编辑委员会,聚合了一个颇具规模的以中青年国际法专家学者为主体的编写团队,法律出版社法治与经济分社则选定了经验丰富的编辑负责项目推进及编辑工作。现在出版"涉外法治文库"可谓恰逢其时,万事俱备。

庄子云:"吾生也有涯,而知也无涯。"仰观宇宙之大,俯察知识之盛,人生真有"少年易老学难成,一寸光阴不可轻"之感慨。我们面对的涉外法治建设,是全面推进依法治国和法治中国建设的必修课,是涉及面广、联动性强的系统工程,是永远在路上并循序渐进的长征,也是求真向善至美的文化苦旅。我辈国际法同仁适逢这个时代,唯有尽力而为,砥砺前行,奋发图强,久久为功。能为中国涉外法治建设添砖加瓦,贡献一份力量,实为不可多得的快事。

甚幸甚幸,快哉快哉!是为序。

*

2024 年 3 月 19 日于京华

---

* 黄进,中国政法大学教授,中国法学会副会长,中国国际法学会会长,中国国际私法研究会会长。

法律文件缩略表

全称	简称
2023 年《中华人民共和国外国国家豁免法》	《外国国家豁免法》
2020 年《中华人民共和国民法典》	《民法典》
2010 年《中华人民共和国涉外民事关系法律适用法》	《法律适用法》
2006 年《中华人民共和国企业破产法》	《企业破产法》
1999 年《中华人民共和国海事诉讼特别程序法》	《海事诉讼特别程序法》
1999 年《中华人民共和国合同法》(已失效)	《合同法》
1994 年《中华人民共和国仲裁法》(2017 年修正)	《仲裁法》
1993 年《中华人民共和国消费者权益保护法》	《消费者权益保护法》
1991 年《中华人民共和国民事诉讼法》(2023 年修正)	《民事诉讼法》
1986 年《中华人民共和国民法通则》(2009 年修正)	《民法通则》
1954 年《中华人民共和国宪法》(2018 年修正)	《宪法》
2022 年《最高人民法院关于涉外民商事案件管辖若干问题的规定》	《涉外管辖权规定》
2021 年《全国法院涉外商事海事审判工作座谈会会议纪要》	《第三次审判纪要》

续表

全称	简称
2019 年最高人民法院、香港特别行政区政府《关于内地与香港特别行政区法院相互认可和执行民商事案件判决的安排》	《内地与香港判决安排》
2017 年最高人民法院与香港特区政府签署的《关于内地与香港特别行政区法院相互认可和执行婚姻家庭民事案件判决的安排》	《内地与香港婚姻判决安排》
2015 年《最高人民法院关于适用〈中华人民共和国民事诉讼法〉的解释》(2022 年修正)	《民事诉讼法解释》
2012 年《最高人民法院关于适用〈中华人民共和国涉外民事关系法律适用法〉若干问题的解释(一)》(2022 修正)	《法律适用法解释(一)》
2006 年《最高人民法院关于内地与澳门特别行政区相互认可和执行民商事判决的安排》	《内地与澳门判决安排》
2006 年《最高人民法院关于涉外民事或商事案件司法文书送达问题若干规定》(2022 年修正)	《民商事司法文书送达解释》
2005 年《最高人民法院关于适用〈中华人民共和国仲裁法〉若干问题的解释》(2008 年调整)	《仲裁法解释》
2005 年《第二次全国涉外商事海事审判工作会议纪要》	《第二次审判纪要》
2002 年《最高人民法院关于适用〈中华人民共和国海事诉讼特别程序法〉若干问题的解释》(2008 年调整)	《海事诉讼特别程序法解释》
2001 年《最高人民法院关于涉外民商事案件诉讼管辖若干问题的规定》(2020 年修正)	《集中管辖规定》
2001 年最高人民法院《关于民事诉讼证据的若干规定》(2019 年修正)	《民事诉讼证据规定》

续表

全称	简称
1992年《最高人民法院关于适用〈中华人民共和国民事诉讼法〉若干问题的意见》(已失效)	《民事诉讼法意见》
1988年《最高人民法院关于贯彻执行〈中华人民共和国民法通则〉若干问题的意见(试行)》(已失效)	《民法通则意见》
2001年《中华人民共和国和阿根廷共和国关于民事和商事司法协助的条约》	《中阿民商事司法协助条约》
1987年《中华人民共和国和法兰西共和国关于民事、商事司法协助的协定》	《中法民商事司法协助协定》
2019年海牙《承认与执行外国民商事判决公约》(Convention on the Recognition and Enforcement of Foreign Judgments in Civil or Commercial Matters, concluded 2 July 2019)	《海牙判决公约》
2019年《联合国关于调解所产生的国际和解协议公约》(United Nations Convention on International Settlement Agreements Resulting from Mediation)	《新加坡调解公约》
2015年海牙《国际商事合同法律选择通则》(Principles on Choice of Law in International Commercial Contracts, approved on 19 March 2015)	《海牙国际商事合同法律选择通则》
2012年欧盟《关于民商事案件管辖权和判决执行的第1215/2012号条例》(重订)[Regulation (EU) No 1215/2012 of the European Parliament and of the Council of 12 December 2012 on Jurisdiction and the Recognition and Enforcement of Judgments in Civil and Commercial Matters (recast)]	《布鲁塞尔条例Ⅰ》(重订)

续表

全称	简称
2012年《欧洲议会和欧洲联盟理事会关于在遗产继承领域的管辖权、准据法、判决的承认与执行、公证书的接受与执行以及关于欧洲遗产继承证书的设立的第650/2012号(欧盟)规则》(Regulation (EU) No. 650/2012 of the European Parliament and of the Council of 4 July 2012 on Jurisdiction, Applicable Law, Recognition and Enforcement of Decisions and Acceptance and Enforcement of Authentic Instruments in Matters of Succession and on the Creation of a European Certificate of Succession)	《欧盟继承条例》
2008年《合同义务法律适用的第593/2008号条例》[Regulation (EC) No. 593/2008 of the European Parliament and of the Council of 17 June 2008 on the law applicable to contractual obligations (Rome Ⅰ)]	《罗马条例Ⅰ》
2007年《非合同之债法律适用的第2007/864号条例》[Regulation (EC) No 864/2007 of the European Parliament and of the Council of 11 July 2007 on the law applicable to non-contractual obligations (Rome Ⅱ)]	《罗马条例Ⅱ》
2007年《关于民商事管辖权和判决承认与执行的公约》Convention on Jurisdiction and the Recognition and Enforcement of Judgments in Civil and Commercial Matters	《卢加诺公约》
2006年修订的联合国国际贸易法委员会《国际商事仲裁示范法》(UNCITRAL Model Law International Commercial Arbitration)	《国际商事仲裁示范法》
2005年海牙《协议选择法院公约》(Convention of 30 June 2005 on Choice of Court Agreements)	《选择法院协议公约》

续表

全称	简称
2004 年《联合国国家及其财产管辖豁免公约》(United Nations Convention on Jurisdictional Immunities of States and Their Property)	《联合国国家豁免公约》
2001 年欧盟《关于民商事管辖权和判决承认与执行的第 44/2001 号条例》[Council Regulation (EC) No 44/2001 of 22 December 2000. on jurisdiction and the recognition and enforcement of judgments in civil and commercial matters]	《布鲁塞尔条例 I》
2001 年海牙《民商事案件管辖权及外国判决承认与执行公约》临时文本[Interim Text of Draft Convention on Jurisdiction and Foreign Judgments in Civil and Commercial Matters (2001)]	《管辖权及判决公约临时文本》
1996 年欧盟《反第三国法律域外适用的第 2271/96 号条例》(2018 修订) Council Regulation (EC) No 2271/96 of 22 November 1996 Protecting against the Effects of the Extra-territorial Application of Legislation Adopted by A Third Country, and Actions Based thereon or Resulting therefrom	《欧盟阻断条例》
1993 年联合国《船舶优先权和抵押权国际公约》(International Convention on Maritime Liens and Mortgages)	《船舶优先权和抵押权国际公约》
1980 年海牙《国际司法救助公约》(Convention of 25 October 1980 on International Access to Justice)	《国际司法救助公约》
1970 年海牙《关于从国外调取民事或商事证据的公约》(Convention of 18 March 1970 on the Taking of Evidence Abroad in Civil or Commercial Matters)	《海牙取证公约》

续表

全称	简称
1968 年欧共体《关于民商事案件管辖权及判决执行的公约》(Brussels Convention on Jurisdiction and the Enforcement of Judgments in Civil and Commercial Matters)	《布鲁塞尔公约》
1969 年《维也纳条约法公约》(Vienna Convention on the Law of Treaties)	《条约法公约》
1965 年海牙《关于向国外送达民事或商事司法文书和司法外文书公约》(Convention of 15 November 1965 on the Service Abroad of Judicial and Extrajudicial Documents in Civil or Commercial Matters)	《海牙送达公约》
1964 年《维也纳外交关系公约》(Vienna Convention on Diplomatic Relations)	《维也纳外交关系公约》
1963 年《维也纳领事关系公约》(Vienna Convention on Consular Relations)	《维也纳领事关系公约》
1958 年《承认及执行外国仲裁裁决公约》(United Nations Convention on the Recognition and Enforcement of Foreign Arbitral Awards)	《纽约公约》
1954 年海牙《民事诉讼程序公约》(Convention of 1 March 1954 on Civil Procedure)	《民事诉讼程序公约》
1910 年《统一船舶碰撞若干法律规定的国际公约》(International Convention for Unification of Certain Rules of Law with respect to Collisions between Vessels)	《统一船舶碰撞若干法律规定的国际公约》
1987 年 12 月 18 日通过,2017 年修订的《瑞士联邦国际私法法规》	《瑞士联邦国际私法法规》

续表

全称	简称
1978年6月15日通过,2015年修订的《奥地利联邦国际私法法规》	《奥地利联邦国际私法法规》
1971年美国《冲突法重述(第二次)》[Restatement (Second) of Conflict of Laws]	《冲突法重述(第二次)》

目录 CONTENTS

第一章

一般规定

一、涉外编与国内编的适用关系

现行规定

《民事诉讼法》

第 270 条　在中华人民共和国领域内进行涉外民事诉讼，适用本编规定。本编没有规定的，适用本法其他有关规定。

《法律适用法解释（一）》

第 1 条　民事关系具有下列情形之一的，人民法院可以认定为涉外民事关系：

（一）当事人一方或双方是外国公民、外国法人或者其他组织、无国籍人；

（二）当事人一方或双方的经常居所地在中华人民共和国领域外；

（三）标的物在中华人民共和国领域外；

（四）产生、变更或者消灭民事关系的法律事实发生在中华人民共和国领域外；

（五）可以认定为涉外民事关系的其他情形。

《民事诉讼法解释》

第520条　有下列情形之一，人民法院可以认定为涉外民事案件：

（一）当事人一方或者双方是外国人、无国籍人、外国企业或者组织的；

（二）当事人一方或者双方的经常居所地在中华人民共和国领域外的；

（三）标的物在中华人民共和国领域外的；

（四）产生、变更或者消灭民事关系的法律事实发生在中华人民共和国领域外的；

（五）可以认定为涉外民事案件的其他情形。

条文释义

《民事诉讼法》第270条是对我国民事诉讼法涉外编调整范围的界定，其规定体现了特别法优先于一般法适用的基本原则，对涉外民事诉讼，本编规定的适用应优先于民事诉讼法的其他规定，在本编没有规定时，可适用民事诉讼法的其他规定。①

涉外编调整的范围是“在中华人民共和国领域内进行涉外民事诉讼”，其中“涉外”是指调整对象具有涉外因素，即法律关系的主体、客体、变更消弭法律关系的事实具有涉外因素，或案件具有其他涉外因素的情形，②与国内案件不具有涉外因素相反。而“民事关系”是指广义上

---

① 参见杨荣馨主编：《〈中华人民共和国民事诉讼法〉（专家建议稿）立法理由与立法意义》，清华大学出版社2012年版，第264页。

② 参见《民事诉讼法解释》第520条。

的民事法律关系，与“民商事关系”一致，除包含物权关系、合同关系、人格权关系、婚姻家庭关系、继承关系、侵权责任等传统民事关系外，还包括商事关系与知识产权；[①]同时，本条所指的“涉外民事关系”与“国际民商事关系”同义。[②] “涉外民事诉讼”即“涉外民事诉讼程序”，是指法院“受理、审理、执行具有涉外因素民事案件所适用的诉讼程序”。[③]

“涉外因素”的界定与应用是司法实践争议的焦点，不具有涉外因素的案件不能得到境外诉讼或仲裁。[④] 在识别涉外因素时，首先，对主体在自贸区内的外商独资企业案件是否具有涉外因素需要特别考虑。例如，当自贸区内外商独资企业约定将争议提交境外仲裁时，“不应仅以其争议不具有涉外因素为由认定相关仲裁协议无效……人民法院认为该仲裁协议无效的，应报请上一级法院进行审查。上级法院同意下级法院意见的，应将其审查意见层报最高人民法院，待最高人民法院答复后作出裁定”[⑤]。在公司的决策经营与境外投资者关联密切，合同特征履行具有涉外因素时，可认为案件具有涉外因素。[⑥] 其次，要辨别虚假涉外，实践中有案件认为公司注册地在国内，仅仅法定代表人涉外的案件不具有涉外因素；[⑦]不能因偶然的涉外因素就简单将案件作为涉外案件进行处理。最后，在涉外民事关系产生或者变更、终止时，自然人已经连

---

① 参见刘颖：《民法典中立法目的条款的表达与设计——兼评〈民法总则〉（送审稿）第1条》，载《东方法学》2017年第1期。

② 参见中国国际私法学会编：《中华人民共和国国际私法示范法》，法律出版社2000年版，第88页。

③ 参见江伟主编：《民事诉讼法》（第3版），高等教育出版社2007年版，第512页。

④ 详见下文案例，其他类似案例有：上海科匠信息科技有限公司与范丝堂（上海）文化信息咨询有限公司申请确认仲裁协议效力案，上海市第二中级人民法院（2014）沪二中民认（仲协）字第13号民事裁定书。

⑤ 《最高人民法院关于为自由贸易试验区建设提供司法保障的意见》（法发〔2016〕34号）。

⑥ 详见本条西门子国际贸易（上海）有限公司诉上海黄金置地（上海）有限公司案。

⑦ 详见本条中静实业（集团）有限公司诉安徽皖信典当有限责任公司案。

续居住1年以上且作为其生活中心的地方可认定为其经常居住地，但就医、劳务派遣、公务等情形除外。当事人一方或双方经常居住地在我国境外的，可以认定为具有涉外因素。①

典型案例

江苏航天万源风电设备制造有限公司与艾尔姆风能叶片制品（天津）有限公司申请确认仲裁协议效力案②

本案中，江苏航天万源风电设备制造有限公司（以下简称江苏万源公司）与艾尔姆风能叶片制品（天津）有限公司（以下简称艾尔姆天津公司）均为国内当事人。2005年12月23日，双方签订了风力发电机叶片的贸易协议，其中约定“争议事项可提交国际商会根据其仲裁规则仲裁”，且约定“仲裁地点为位于中华人民共和国北京双方约定的场所”。2011年，江苏万源公司申请南通市中级人民法院确认仲裁协议无效。江苏省南通市中级人民法院经审查，认为应确认仲裁协议无效，并逐级上报至最高人民法院。2012年8月31日，最高人民法院以〔2012〕民四他字第2号复函答复如下：

根据你院请示，当事人在《贸易协议》中订立了仲裁条款，约定有关争议事项可提交国际商会在北京仲裁。订立《贸易协议》的双方当事人均为中国法人，标的物在中国，协议也在中国订立和履行，无涉外民事关

① 详见本条唐某某与上海上虹医药安徽有限公司其他合同纠纷案。

② 参见《最高人民法院关于江苏航天万源风电设备制造有限公司与艾尔姆风能叶片制品（天津）有限公司申请确认仲裁协议效力纠纷一案的请示的复函》，载万鄂湘主编：《涉外商事海事审判指导》2012年第2辑，人民法院出版社2013年版，第126～131页。

系的构成要素,该协议不属于涉外合同。由于仲裁管辖权系法律授予的权力,而我国法律没有规定当事人可以将不具有涉外因素的争议交由境外仲裁机构或者在我国境外临时仲裁,故本案当事人约定将有关争议提交国际商会仲裁没有法律依据。

…………………

北京朝来新生体育休闲有限公司申请承认和执行外国仲裁裁决案[①]

北京朝来新生体育休闲有限公司(以下简称朝来新生公司)是在北京市工商行政管理局朝阳分局注册成立的有限责任公司(自然人独资);北京所望之信投资咨询有限公司(以下简称所望之信公司)是在北京市工商行政管理局注册成立的有限责任公司(外国自然人独资)。2007年,双方合作经营位于北京市朝阳区的高尔夫球场,并在合同中约定:发生纠纷时,双方首先应进行友好协商,达成协议,对于不能达成协议的部分可以向大韩商事仲裁院提出诉讼进行仲裁,仲裁结果对于双方具有同等法律约束力。在经营过程中,高尔夫球场土地租赁合同解除,双方因土地补偿款的分配问题发生纠纷。为此,所望之信公司于2012年4月2日向大韩商事仲裁院提起仲裁。

大韩商事仲裁院依据双方约定的仲裁条款受理了所望之信公司的仲裁申请及朝来新生公司反请求申请,适用中华人民共和国法律作为准据法,于2013年5月29日作出支持朝来新生公司的仲裁裁决。2013年6月17日,朝来新生公司向北京市第二中级人民法院提出申请,请求法

① 参见北京市第二中级人民法院民事裁定书,(2013)二中民特字第10670号。

院承认上述仲裁裁决。在北京市第二中级人民法院作出决定前,按照报告制度层报最高人民法院。最高人民法院给北京市高级人民法院复函的主要内容如下:

本案争议焦点是北京所望之信投资咨询有限公司(以下简称所望之信公司)与朝来公司签署的《合同书》中的仲裁条款是否有效。根据你院请示所述的事实,订立《合同书》的双方当事人均为中国法人,《合同书》内容是双方就朝来公司在中国境内的高尔夫球场进行股份转让及合作,所涉标的物在中国境内,合同亦在中国境内订立和履行。因此,《合同书》没有涉外民事关系的构成要素,不属于涉外合同。该合同以及所包含的仲裁条款之适用法律,无论当事人是否做出明示约定,均应确定为中国法律。根据《中华人民共和国民事诉讼法》第二百七十一条以及《中华人民共和国合同法》第一百二十八条第二款的规定,我国法律未授权当事人将不具有涉外因素的争议交由境外仲裁机构或者在我国境外临时仲裁,故本案当事人约定将争议提交大韩商事仲裁院仲裁的条款属无效协议,且该仲裁协议之效力瑕疵不能因当事人在仲裁程序中未提出异议而得到补正,仲裁庭对本案争议不享有管辖权。根据《纽约公约》第5条第1款(甲)项的规定,被申请人提供证据证明仲裁条款依当事人作为协定准据之法律系属无效者,得拒予承认及执行仲裁裁决,故本案所涉仲裁裁决应不予承认……

……………………

西门子国际贸易(上海)有限公司诉上海黄金置地(上海)有限公司案①

在本案中,西门子国际贸易(上海)有限公司(以下简称西门子公司)、上海黄金置地(上海)有限公司(以下简称黄金置地公司)均为在我国注册设立的外商独资企业,属中国法人,双方的注册地均在上海自贸区。双方当事人在《货物供应合同》中约定:合同争议须提交新加坡国际仲裁中心进行仲裁解决。争议发生后,上海市第一中级人民法院认为:

申请人西门子公司与被申请人黄金置地公司均为中国注册的公司法人,合同约定的交货地、作为合同标的物的设备目前所在地均在我国境内,该合同表面上看并不具有典型的涉外因素。然而,综观本案合同所涉的主体、履行特征等方面的实际情况,该合同当前与普通国内合同相比有明显差异的独特性,可以认定为涉外民事法律关系,主要理由有:第一,本案合同的主体均具有一定涉外因素。西门子公司与黄金置地公司虽然都是中国法人,但注册地均在上海自贸试验区区域内,且其性质均为外商独资企业,由于此类公司的资本来源、最终利益归属、公司的经营决策一般均与其境外投资者关联密切,故此类主体与普通内资公司相比具有较为明显的涉外因素。在自贸试验区推进投资贸易便利的改革背景下,上述涉外因素更应给予必要重视。第二,本案合同的履行特征

① 参见上海市第一中级人民法院民事裁定书,(2013)沪一中民认(外仲)字第2号。对合同履行特征是否具有涉外因素需谨慎考虑,在另一个案件中,双方当事人均为海南自贸区内注册的中国法人,日出公司主张美元支付会员费具有涉外因素的主张没有得到法院支持,详见海南岛三亚日出观光有限公司与中粮酒店三亚有限公司合同纠纷案,海南省三亚市中级人民法院(2021)琼02民辖终35号民事裁定书。

具有涉外因素。合同项下的标的物设备虽最终在境内工地完成交货义务,但从合同的签订和履行过程看,该设备系先从我国境外运至自贸试验区(原上海外高桥保税区)内进行保税监管,再根据合同履行需要适时办理清关完税手续、从区内流转到区外,至此货物进口手续方才完成,故合同标的物的流转过程也具有一定的国际货物买卖特征。因此,本案合同的履行因涉及自贸试验区的特殊海关监管措施的运用,与一般的国内买卖合同纠纷具有较为明显的区别。综合以上情况,本院认为,本案合同关系符合《法律适用法解释(一)》第 1 条第 5 项规定的"可以认定为涉外民事关系的其他情形",故系争合同关系具有涉外因素,双方当事人约定将合同争议提交新加坡国际仲裁中心进行仲裁解决的条款有效。

…………………

中静实业(集团)有限公司
诉安徽皖信典当有限责任公司案[①]

在本案中,合肥市中级人民法院经审查认为,该案系股东知情权纠纷,依法由公司所在地人民法院管辖。本案上诉人安徽皖信典当有限责任公司主张中静实业(集团)有限公司法定代表人高某系奥地利公民,并据此认为本案属于涉外案件。从主体来判定某一法律关系是否有涉外因素,是指当事人一方或者双方是外国人、无国籍人、外国企业或者组织。本案原审原告中静实业(集团)有限公司为中国法人,并不能因其法定代表人是外国人就认为本案属涉外案件。上诉人安徽皖信典当有限责任公司的上述主张无法律依据,不予支持。

---

① 参见安徽省合肥市中级人民法院民事裁定书,(2018)皖 01 民辖终 70 号。

……………………

杭州众望房地产开发有限公司因与被上诉人黄某某及原审被告陈某某损害公司利益责任纠纷案[①]

在本案中，杭州市中级人民法院经审查认为，根据《法律适用法解释(一)》第1条第2项的规定，当事人一方或双方的经常居所地在中华人民共和国领域外的，人民法院可以认定为涉外民事关系。又根据《民事诉讼法解释》第4条的规定，公民的经常居住地是指公民离开住所地至起诉时已连续居住1年以上的地方，但公民住院就医的地方除外。本案中，根据杭州市公安局余杭区分局出入境管理大队提供的《出入境记录查询结果》，陈某某于2014年4月10日出境前往法国后，截至原审法院立案时，仅于2017年11月17日于法国出发入境后又于同月23日出境前往法国，此后未有相关出入境记录。结合相关证据显示陈某某曾取得法国居留卡，可认为陈某某的经常居住地在法国。因而本案系涉外民商事案件。

……………………

唐某某与上海上虹医药安徽有限公司其他合同纠纷案[②]

在本案中，上诉人唐某某上诉称，其之所以离开中国境内1年以上，完全是由于受到疫情防控措施的影响，无法顺利回国，故本案不属于涉外案件，不能适用涉外案件的级别管辖规定。上诉人据此请求撤销原审

---

① 参见浙江省杭州市中级人民法院民事裁定书，(2018)浙01民辖终946号。

② 参见上海市第一中级人民法院民事裁定书，(2021)沪01民辖终1218号。

裁定，裁定本案由上海市长宁区人民法院审理。

上海市第一中级人民法院经审查认为，自然人在涉外民事关系产生或者变更、终止时已经连续居住1年以上且作为其生活中心的地方，人民法院可以认定为涉外民事关系法律适用法规定的自然人的经常居住地，但就医、劳务派遣、公务等情形除外。本案中，现有证据尚不能证明上诉人在本案起诉前在境外连续居住1年以上的地方系其生活中心之处，故原审认定本案上诉人在境外的处所系其经常居所地、本案属于涉外民事案件，并据此裁定将本案移送安徽省合肥市中级人民法院，缺乏事实和法律依据，本院予以纠正。本案不属于涉外民事案件，不应适用涉外民事诉讼程序的特别规定。

学理阐释

（一）通则建议条文

通则建议保留《民事诉讼法》的现行规定。

（二）理论解读

相较于国内民事诉讼，涉外民事诉讼因在管辖、送达、期间、财产保全和司法协助等领域具有特殊性而可独立成编。本条规定属于特别法而非补充法，对涉外民事案件应优先适用。本条“在中华人民共和国领域内进行涉外民事诉讼，适用本编规定”的措辞即对涉外编调整范围的界定，不宜作广义解释，认为该条是对程序问题适用法院地法的规定。① 对涉外编的调整范围进行专门规定，有利于增强司法实践的指导性，比利时、德国②亦有类似规定。本条的规定主要有以下几方面的考量：

第一，对我国国家主权的尊重与维护。与国内案件不同，涉外民事诉讼既涉及对他国司法主权的尊重，也需要维护我国司法主权。

第二，在法律适用上，对国际条约与国际惯例的适用，本条亦是重要的处理依据。

第三，在具体的诉讼制度上，涉外民事诉讼有其特殊性，在以下方面需尤其注意适用本编规定：(1)审理涉外民事案件的语言文字，原则上应使用中文，当事人要求提供翻译的，可以提供翻译。(2)审理涉外民事案件涉及具体事项的定性，如“诉讼时效”“不动产”“侵权行为”等采取不同的标准所得结论不同。(3)在管辖权方面，涉外民事诉讼涉及管辖豁免的内容；在管辖权的确立上，涉外民事诉讼在专属管辖、特殊管辖、协议管辖、级别管辖等方面有其特殊性；对管辖权冲突的协调，又涉及平行诉讼、不方便法院原则等具体制度。(4)司法协助的请求涉及国际条约与互惠原则的运用。此外，送达涉及英美法系“私权”属性与大陆法系“公权力”属性的协调，域外取证亦关涉国家的主权与安全。(5)对判决承认与执行的请求，涉及外国法院判决可获得承认与执行的

---

① 有观点认为该条同时包含对“涉外诉讼程序适用法院地法”的内容，参见江伟主编：《民事诉讼法》(第3版)，高等教育出版社2007年版，第514页；杨荣馨主编：《〈中华人民共和国民事诉讼法〉(专家建议稿)立法理由与立法意义》，清华大学出版社2012年版，第264页。但考虑到我国《法律适用法》未规定涉外民事诉讼程序的法律适用，且该条在司法实践中的指引作用欠佳，宜对程序问题的法律适用进行另外规定。

② 《比利时国际私法典》第2条规定：“调整对象在不影响国际条约、欧盟法律或特别法令适用的情况下，本法规定关于国际民商事案件的比利时法院的管辖权、准据法的确定以及外国法院判决和公证文书在比利时生效的条件。”德国《民法典施行法》(2017年)第3条第(2)款规定：“国际条约中已成为可直接适用的内国法的各项规定，否则，当案件与外国有联系时，依照本章规定确定应适用的法律(国际私法)。”

条件，以及对外国法院判决审查的法律依据及范围等内容。

二、法院地法原则

现行规定

［我国并无程序问题适用法院地法的直接规定，下述规定仅供参考。］

《法律适用法》

第 8 条　涉外民事关系的定性，适用法院地法律。

典型案例

安徽省外经建设（集团）有限公司诉东方置业房地产有限公司保函欺诈纠纷案①

本案涉及独立保函欺诈案件的识别依据、管辖权以及法律适用问

① 安徽省外经建设（集团）有限公司诉东方置业房地产有限公司保函欺诈纠纷案，载《最高人民法院公报》2019 年第 9 期。

题。最高人民法院经审理认为,本案争议的当事方东方置业房地产有限公司(以下简称东方置业公司)及哥斯达黎加银行的经常居所地位于我国领域外,因而系涉外商事纠纷。根据《法律适用法》第8条“涉外民事关系的定性,适用法院地法律”的规定,安徽省外经建设(集团)有限公司(以下简称外经集团公司)作为外经中美洲公司在国内的母公司,是涉案保函的开立申请人,其申请建行安徽省分行向哥斯达黎加银行开立见索即付的反担保保函,由哥斯达黎加银行向受益人东方置业公司转开履约保函。根据保函文本内容,哥斯达黎加银行与建行安徽省分行的付款义务均独立于基础交易关系及保函申请法律关系,因此,上述保函可以确定为见索即付独立保函,上述反担保保函可以确定为见索即付独立反担保函。外经集团公司以保函欺诈为由向一审法院提起诉讼,本案性质为保函欺诈纠纷。被请求止付的独立反担保函由建行安徽省分行开具,该分行所在地应当认定为外经集团公司主张的侵权结果发生地。一审法院作为侵权行为地法院对本案具有管辖权。因涉案保函载明适用《见索即付保函统一规则》,应当认定上述规则的内容构成争议保函的组成部分。根据《法律适用法》第44条“侵权责任,适用侵权行为地法律”的规定,《见索即付保函统一规则》未予涉及的保函欺诈之认定标准应适用中华人民共和国法律。我国没有加入《联合国独立保证与备用信用证公约》,本案当事人亦未约定适用上述公约或将公约有关内容作为国际交易规则订入保函,依据意思自治原则,《联合国独立保证与备用信用证公约》不应适用。

学理阐释

(一)通则建议条文

【法院地法】在中华人民共和国领域内进行的涉外民事诉讼程序适用中华人民共和国的法律,但法律另有规定的除外。

(二)理论解读

涉外民事案件的法律适用区分程序问题与实体问题,通常实体问题的准据法可依冲突法的指引得以确定,而程序问题则适用法院地法。[①]由于涉外民事诉讼程序属于公法范畴,原则上只能适用法院地法,而诉讼程序适用法院地法亦是对法院地国家主权的尊重,与维护法院地国公共秩序的需要,也可避免法官因不熟悉外国法律所导致的不便。程序问题适用法院地法得到了国际社会的普遍认可,如意大利、加拿大魁北克、保加利亚、荷兰、日本及相关国际条约都有类似规定。[②] 此外,美国《冲

① 参见中国国际私法学会编:《中华人民共和国国际私法示范法》,法律出版社2000年版,第97页。

② 《意大利国际私法》第12条规定:"在意大利法院进行的民事诉讼程序应由意大利法律支配";《魁北克民法典》第10卷"国际私法"编第3123条规定:"诉讼程序适用受理案件的法院地法";《保加利亚国际私法》第29条规定:"保加利亚法院和其他机关依照保加利亚法律对案件进行审理";《日本民诉法》第1条规定:"关于民事诉讼程序,如无其他法令规定,则依照本法";荷兰《民法典》第10卷(2011年)第3条规定:"在荷兰法院进行的诉讼程序适用荷兰法";国际条约如《布斯塔曼特法典》(1928年)第314条规定:"在诉讼程序方面应适用法院地法"。参见何其生、万钧等:《中国国际民事诉讼原则(建议稿)》,载《武大国际法评论》2015年第18卷第2期,第40页;《加拿大魁北克国际私法》,粟烟涛、杜涛译,载《中国国际私法与比较法年刊》1999年第2卷,第570页。

突法重述(第二次)》第122条也规定:"诉讼程序规则,通常由法院地州的本地法确定,即使法院对案件中的其他问题适用另一州的本地法。"[①]我国《法律适用法》对涉外民事关系的定性作了类似规定,但《民事诉讼法》缺少直接的相关规定,实践中需尤其注意。

实践中,程序问题适用法院地法需尤其注意以下几方面:首先,外国的自然人、法人、国家以及国际组织等在我国参与民事诉讼程序时,需遵守我国的民事诉讼法。其次,对于管辖权,依照民事诉讼法的规定属于我国法院管辖的案件,我国法院均有权审理;我国法院专属管辖的案件,外国法院无管辖权。再次,具体的审判程序应依我国的民事诉讼法进行。[②] 最后,对被请求承认与执行的外国法院判决,当该判决的管辖权有争议时,适用我国法律审查该法院判决管辖权是否合格。对外国法院判决管辖权审查所适用的法律,有两种做法:一是适用被请求承认与执行的法院地国的法律进行审查,如《德国民事诉讼法》第328条第(1)款第(1)项规定:"依德国法律,该法院判决所属国家的法院无管辖权时,外国法院的判决得不到承认。"[③]另有匈牙利、波兰等国只有在违反本国专属管辖规定时,才拒绝承认该外国判决。二是适用判决作出地的法律审查管辖权是否合格,印度、爱尔兰、卢森堡等国采取此种做法。[④] 鉴于

---

① 美国《冲突法重述(第二次)》进一步明确了适用法院地法的各种情形。参见张茂:《美国国际民事诉讼法》,中国政法大学出版社1999年版,第25页。

② 参见何其生:《比较法视野下的国际民事诉讼》,高等教育出版社2015年版,第7~8页。

③ 韩德培主编、肖永平主持修订:《国际私法》(第3版),高等教育出版社、北京大学出版社2014年版,第539页。

④ 参见何其生:《比较法视野下的国际民事诉讼》,高等教育出版社2015年版,第329~330页。

我国已签署的双边司法协助条约多要求适用被请求方法律审查，[①]此处宜适用我国法律审查外国法院判决的管辖权。

然而，诉讼程序适用法院地法有以下例外：

第一，对管辖权、司法协助的请求等具体的诉讼程序，我国参加且已对我国生效的国际条约有规定的，在我国未提出保留的情况下，优先适用国际条约的规定。

第二，对何为程序事项的“定性”。本条是对涉外民事诉讼程序法律适用的规定，而程序问题与实体问题的区分涉及具体事项的定性。当具体事项被识别为程序问题时，适用法院地法；被识别为实体问题时，则可根据冲突规范的指引选择准据法或适用主要问题的准据法。我国对涉外民事关系的定性采取法院地主义，[②]故对具体事宜的定性适用我国法律的规定。又体现在：(1)对“诉讼时效”的识别。传统大陆法系观点将时效定性为实体法问题，适用所属民事关系的准据法；英美法系将之识别为程序法问题，适用法院地法。依据《法律适用法》第 7 条的规定，我国将之视为实体法问题，采取适用相关涉外民事关系所属的法律。[③](2)对“举证责任承担”的识别。国际社会对举证责任的分配不全然适用法院地法，如加拿大《魁北克民法典》第 10 卷“国际私法”编第 3130 条规定：“证据适用支配诉讼实体内容的法律；如果法院地规则更有利于证据的成立，则不受此限”；保加利亚举证责任的承担，亦依照作出判决

① 如《中阿民商事司法协助条约》第 18 条第 2 款规定：“除根据本条约第七条的规定可以拒绝承认与执行法院裁决外，有下列情形之一的，也可以拒绝承认与执行：(二)根据被请求方的法律，作出裁决的法院不具有管辖权”；另参见《中法民商事司法协助协定》第 22 条第 1 款。

② 参见《法律适用法》第 8 条。

③ 参见《法律适用法》第 7 条。

的实体法规定。[①] 荷兰《民法典》第 10 卷(2011 年)第 13 条规定:“法律关系或法律事实的准据法同样适用于证明责任的分配以及有关该法律关系或事实的法律推定。”对举证责任分配的性质有实体法问题、程序法问题及折中说(举证责任一部分属于程序法,一部分属于实体法)三种观点,[②]其中英美法系学者倾向于将证明责任分配视为实体法功能在具体案件中的实现,因而需个案判断;大陆法系学者认为证明责任属于实体法问题,且存在证明责任分配的统一标准,又以德、日学者的法律要件分类说为主流观点。[③] 对举证责任分配的程序问题或实体问题的界定,我国立法尚未有明确规定。但《民事诉讼法解释》第 91 条的规定显示,我国对举证责任分配采取了法律要件分类说,[④]可推知我国立法整体将之视为实体法问题。故对举证责任分配不宜直接适用法院地法,可根据冲突规范的指引考虑适用主要问题的准据法。

第三,对被请求承认与执行判决,对判决效力的审查应依判决作出国的法律。[⑤]

---

① 参见何其生:《比较法视野下的国际民事诉讼》,高等教育出版社 2015 年版,第 7 页。

② 参见肖建国:《论民事举证责任分配的价值蕴涵》,载《法律科学》2002 年第 3 期。

③ 参见江伟主编:《民事诉讼法》(第 3 版),高等教育出版社 2007 年版,第 186 ~ 187 页。

④ 《民事诉讼法解释》第 91 条规定:“人民法院应当依照下列原则确定举证证明责任的承担,但法律另有规定的除外:(一)主张法律关系存在的当事人,应当对产生该法律关系的基本事实承担举证证明责任;(二)主张法律关系变更、消灭或者权利受到妨害的当事人,应当对该法律关系变更、消灭或者权利受到妨害的基本事实承担举证证明责任。”

⑤ 参见何其生:《比较法视野下的国际民事诉讼》,高等教育出版社 2015 年版,第 338 ~ 339 页。

三、国际条约直接适用原则

现行规定

《民事诉讼法》

第 271 条　中华人民共和国缔结或者参加的国际条约同本法有不同规定的，适用该国际条约的规定，但中华人民共和国声明保留的条款除外。

条文释义

本条确立了国际条约直接适用的原则，学界通常称之为“国际条约优先原则”，即在民事诉讼领域，对我国生效的国际条约与我国民事诉讼法的规定不一致时，优先适用国际条约的规定。“国际条约优先”原则与中国作为负责任大国应有的司法担当保持一致，既符合我国扩大开放的现实需求，亦是“条约必守”基本原则的要求。当下中国已越来越多地参与国际条约的制定，《海牙判决公约》即成果之一。我国对国际条约的态度经历了从被动承认到主动参与，从消极对待到积极利用的转变,在国际关系的条约的外交实践中,扮演了参与者、负责者、维护者、倡导者与批判者的角色,[①]该原则符合我国的国家利益。

国际条约优先亦是条约必守基本原则的要求。依据《条约法公约》的规定,公约成员对有效条约需承担善意履行的义务,且国内法规定不同不得成为拒绝履行条约义务的理由。[②]《条约法公约》已于1997年对我国生效,且我国未对该公约的第26条与第27条提出保留,故而国际条约优先符合条约必守基本原则的要求。国际条约优先原则在国际上获得了较为广泛的认可,俄罗斯[③]、日本[④]、意大利[⑤]、荷兰[⑥]、格鲁吉亚[⑦]、斯洛文尼亚[⑧]、斯洛伐克[⑨]、黑山[⑩]等国均在立法中将国际条约

---

① 参见魏明杰:《中国与国际条约六十年》,载《国际观察》2010年第1期。

② 《条约法公约》第26条规定:"凡有效之条约对其各当事国有拘束力,必须由各国善意履行",第27条规定:"一当事国不得援引其国内法规定为理由而不履行条约。此项规则不妨碍第四十六条。"

③ 《俄罗斯民诉法》第1条第(2)款规定:"俄罗斯联邦签署的国际条约与上述法律规定不同的,适用国际条约规定。"参见张卫平、齐树洁主编:《俄罗斯民事诉讼法典》,厦门大学出版社2017年版,第1页。

④ 《日本民诉法》第1条规定:"关于民事诉讼程序,如无其他法令规定,则依照本法",日本缔结或加入的国际条约、国际习惯也属于法令的范畴,因而依据该条,当日本加入的国际条约有不同规定时,依据国际条约的规定。参见张卫平、齐树洁主编:《日本民事诉讼法典》,厦门大学出版社2017年版,第2页。

⑤ 《意大利国际私法》(1995年5月31日第218号法令)第2条第(1)款规定:"本法的规定不应影响意大利作为缔约一方的任何国际公约的适用。"

⑥ 荷兰《民法典》第10卷(2011年)第1条规定:"本卷及其他法律文件有关国际私法的规定不影响对荷兰有约束力的国际与欧洲法律文件的实施。"

⑦ 《格鲁吉亚国际私法》第2条规定:"国际条约的规定在适用上优先于本法规定。"

⑧ 《斯洛文尼亚国际私法与国际诉讼法》第4条规定:"本法不适用于受其他法律或国际条约调整的关系",另该法第19条第(1)款规定:"合同受当事人选择的法律支配,本法或国际条约另有规定的除外。"

⑨ 《斯洛伐克国际私法与国际民诉法》第2条规定:"本法的规定,仅在对斯洛伐克共和国有约束力的国际条约或实施国际条约的立法无另外规定时,方予以适用。"

⑩ 黑山共和国关于国际私法的法律(2013年)第2条规定:"对于本法第1条所指的各种关系,如其已由国际条约或其他法律调整,则不适用本法的规定。"

优先确立为民事诉讼法或国际私法的基本原则。[①]

典型案例

新时代公司上海分公司与迪拜国贸（National FZE）、国家集团公司（National Group）航空货物运输合同纠纷管辖权异议案[②]

新时代公司上海分公司与阿联酋迪拜国贸签订包机合同，约定迪拜国贸承运新时代公司上海分公司的货物，由上海运至美国芝加哥。新时代公司上海分公司依约向迪拜国贸支付运费后，收到迪拜国贸的通知，称飞机无法依约运输货物。新时代公司上海分公司因另寻其他公司运输产生经济损失31.80万元，诉请迪拜国贸和美国国家集团公司赔偿。迪拜国贸、国家集团公司主张人民法院对本案无管辖权，应驳回新时代公司上海分公司的起诉。

上海市浦东新区人民法院一审认为，中国、阿联酋、美国均系《统一国际航空运输某些规则的公约》（以下简称蒙特利尔公约）缔约国，本案

---

① 其他相关的立法例有：《哈萨克斯坦冲突法与国际民诉法》第213条规定："如果依照哈萨克斯坦共和国批准的条约，应适用不同于哈萨克斯坦共和国婚姻与家庭法规定的，适用国际条约的规定"；《卡塔尔国民法典》（2004年）第33条规定："上述条款如果在内容上违反了某特别法或者对卡塔尔生效的国际条约的规定，则不适用"；《立陶宛民法典》第1.13条第（1）款规定："立陶宛共和国缔结或者参加的国际条约同立陶宛共和国民法典以及其他法律有不同规定的，适用国际条约的规定"；《阿曼民法典》第24条规定："上述条款，如其违反特别法或在阿曼苏丹国有效的国际条约的规定，则不予适用"；《奥地利国际私法》第53条第（1）款规定："国际条约的规定不受本联邦法的影响。"

② 参见《人民法院服务保障自由贸易试验区建设典型案例》，载最高人民法院官网2022年2月28日，https://www.court.gov.cn/zixun/xiangqing/347701.html。

包机合同约定货物从中国运至美国,属于公约适用的国际航空运输,应适用公约确定本案管辖。公约第33条第1款规定:“损害赔偿必须在一个当事国领土内,由原告选择,向承运人住所地、主要营业地或者订立合同的营业地的法院,或者向目的地法院提起”。上述地点均不在中国境内,故人民法院对本案无管辖权,裁定驳回新时代公司上海分公司的起诉。

本案合同约定的运输始发地是上海,故新时代公司上海分公司依照我国民事诉讼法的规定在上海法院提起诉讼。蒙特利尔公约未约定运输始发地法院的管辖权,这与我国民事诉讼法有关航空运输合同纠纷管辖的规定不同。根据我国民事诉讼法的规定,我国缔结或者参加的国际条约有不同规定的,适用国际条约的规定,但我国声明保留的条款除外,故本案应优先适用蒙特利尔公约的规定。一、二审法院准确适用国际条约,依法驳回新时代公司上海分公司的起诉,展示了中国法院恪守国际条约义务、切实保障自由贸易试验区法治化国际化便利化营商环境的司法立场。由于蒙特利尔公约对于管辖权的规定较为严格,如何解释订立合同的营业地,尤其是外国航空承运人订立合同时在中国的营业地,今后仍值得进一步研究。

学理阐释

(一)通则建议条文

通则建议保留《民事诉讼法》的现行规定。

(二)理论解读

国际条约优先原则在适用的过程中需考虑国家利益与国际责任的平衡,确保在适用该条时不会损害我国的主权、安全与公共利益,该条在适用时有一定的限制。

第一,国际条约优先的对象需是我国已签署/参加且已生效的国际条约。①

第二,国际条约优先的对象不包含我国已经声明保留的国际条约条款。经统计,对我国已生效的《联合国特权和豁免公约》、《海牙送达公约》、《海牙取证公约》及1958年《纽约公约》中关涉我国利益的条款均提出了保留,对我国已签署而尚未对我国生效的《选择法院协议公约》与2019年《新加坡公约》虽未声明保留,但公约本身包含公共政策保留的兜底条款及国家豁免条款。另在我国已签署的30多项双边司法协助条约中,我国均对司法协助请求提出了公共政策保留的兜底条款。

第三,国际条约适用的结果不得违反我国的国家主权、安全与公共秩序。

第四,国际条约优先的对象是关于国际民事诉讼程序的国际条约,或"民商事条约"②中涉及国际民事诉讼程序的条款。本条措辞为"'本法'有不同规定的,适用该国际条约的规定",而非同中华人民共和国的"法律"有不同规定,可见将比较对象限制为我国的民事诉讼法。

第五,当事人可通过约定减损国际条约中非强制性适用条款的适用,此种约定不得违反我国声明保留的条款,且应以不损害我国的国家主权、安全与公共秩序为限。处分原则是私法自治原则在民事诉讼法中的延伸和体现,涉外民事诉讼程序处理的对象是民商事案件,当事人通

---

① "美国FG公司与刚果民主共和国和中铁(香港)有限公司、中铁资源开发股份有限公司及中铁华刚矿业股份有限公司、中铁股份有限公司等国际商事仲裁裁决执行豁免案"涉及尚未生效的《联合国国家及其财产管辖豁免公约》对我国是否适用的判断,在该案中,外交部及我国香港特别行政区法院坚持了绝对豁免原则,认为该公约对我国不具有约束力。参见徐锦堂:《关于国际条约国内适用的几个问题》,载《国际法研究》2014年第3期。

② 参见车丕照:《〈民法典〉颁行后国际条约与惯例在我国的适用》,载《中国应用法学》2020年第6期;王玫黎:《民法典时代国际条约地位的立法模式》,载《现代法学》2021年第1期。

过约定对条约优先适用予以减损是处分原则的具体体现,①但此种处分有限制,表现在:其一,不得违反公约强制适用条款的规定。尤其在国际民事诉讼程序领域,当事人通过约定减损国际条约的适用,应与国际民商事实体法条约相区分。由于民商事案件的私权属性,国际民商事实体法条约通常赋予当事人较大的意思自治范围,如《联合国国际货物销售合同公约》允许缔约国当事人通过选择排除公约的适用。而民事诉讼程序更多涉及公法内容,故相关公约对当事人处分权利的限制更多,如依据《海牙送达公约》的要求,当送达可被判定为"域外送达"时,公约的适用具有排他性,②此时当事人不可排除公约的适用。其二,处分需以法律规定的范围为限,不得违反声明保留的条款,亦不得损害我国的公共秩序。在唐某某与国家开发银行保证合同纠纷案中,在日本对《海牙送达公约》邮寄送达方式提出保留的情况下,由于日方当事人同意邮寄送达,我方法院遂以"私权处分"为由对该当事人使用了邮寄送达的方式,将送达视为私权处分,此种做法的合理性有待商榷。一方面,在"域外送达"的情境下,公约的适用具有排他性,不可以私权处分为由减损公约的适用;另一方面,与英美法系国家将送达界定为"私权"性质不同,日本将送达视为"公权力"的行使,虽然日本对邮寄送达不表示异议,但此种

① 处分原则是私法自治原则在民事诉讼法中的延伸和体现,在诉讼程序上体现在"与诉讼开始"相关、"与审判对象及范围相关"以及"诉讼终了"相关三个方面;在内涵上包括享有处分权利的主体、对诉讼权利的处分,以及处分权利的行使需在法律规定的范围内进行几个方面。参见王次宝:《处分原则的限制及其路径》,载《北方法学》2019 年第 1 期;张卫平:《民事诉讼处分原则重述》,载《现代法学》2001 年第 6 期。

② See HCCH, Practical Handbook on the Operation of the Service Convention, at paras 46, 47, 50, 51 (Hague Conference on Private International Law, 2016). 值得注意的是,当无须域外送达时,公约的适用不具有强制性。在 Mabanaft 案与 Schlunk 案中,荷兰与美国最高法院均认为需由法院地法来判定是否需要域外送达;而美国之后的司法实践指出,"Schlunk 案不允许当事人通过倒向法院地法来减损公约(《海牙送达公约》)的适用",只是表明(在针对母公司的送达中)当法院地法认为地方子公司可以代表母公司时,可以对子公司进行送达而减少域外送达。

送达方式会直接影响判决结果在日本的承认与执行。①

四、同等与对等原则

现行规定

《民事诉讼法》

第5条　外国人、无国籍人、外国企业和组织在人民法院起诉、应诉，同中华人民共和国公民、法人和其他组织有同等的诉讼权利义务。

外国法院对中华人民共和国公民、法人和其他组织的民事诉讼权利加以限制的，中华人民共和国人民法院对该国公民、企业和组织的民事诉讼权利，实行对等原则。

条文释义

本条规定的是外国人民事诉讼地位的平等原则与对等原则。其

① 参见唐某某与国家开发银行保证合同纠纷案，最高人民法院（2019）最高法民终395号民事判决书；何其生：《比较法视野下的国际民事诉讼》，高等教育出版社2015年版，第238页。

中第1款规定的是外国人民事诉讼地位的平等原则,意在赋予外国人与内国人平等的民事诉讼地位,避免外国人的权利因其域外身份而受到特殊照顾或限制。赋予外国人平等的法律地位是国民待遇原则在国际民事诉讼中的具体体现,既符合我国宪法的要求,①也是当今国际社会的普遍做法,罗马尼亚、哈萨克斯坦、格鲁吉亚等国均有类似的规定。②

第2款规定的是外国人民事诉讼地位的对等原则,意在保护我国公民、法人和其他组织在国际民事诉讼中的地位,当他们的民事诉讼权利在外国受到恶意限制时,实行对等报复。其中,外国人是指自然人、法人和非法人组织,不包括国家和国际组织。③ 对等原则是国家主权平等在外国当事人地位中的具体体现。当外国限制内国国民的民事诉讼权利时,对外国国民实行报复措施,是各国较为普遍的做法。④

---

① 《宪法》第32条第1款规定:"中华人民共和国保护在中国境内的外国人的合法权利和利益,在中国境内的外国人必须遵守中华人民共和国的法律。"

② 《罗马尼亚国际私法》第163条第(1)款规定:"外国自然人和法人在罗马尼亚法院享有与罗马尼亚自然人和法人同等的权利,并承担同等义务";《哈萨克斯坦民诉法典》第413条规定:"外国人与无国籍人、外国组织与国际组织(以下均称外国人),为维护受害者利益或解决权利争议,有权根据法律自由地、受保护地向哈萨克斯坦共和国法院提起诉讼。外国人享有与哈萨克斯坦共和国公民与组织同等的诉讼权利并履行同等的诉讼义务";《格鲁吉亚国际私法》第57条规定:"在民事诉讼程序中,外国国民、法人以及无国籍人在格鲁吉亚境内享有与格鲁吉亚国民和法人同样的法律保护"。

③ 参见何其生、万钧等:《中国国际民事诉讼原则(建议稿)》,载《武大国际法评论》2015年第18卷第2期,第15页。

④ 《哈萨克斯坦民诉法典》第413条第(2)款规定:"如果某国对哈萨克斯坦共和国公民与组织的诉讼权利作出特别限制的,哈萨克斯坦共和国可以对该国公民进行相应的限制",更多立法例参见何其生、万钧等:《中国国际民事诉讼原则(建议稿)》,载《武大国际法评论》2015年第18卷第2期,第19页。

典型案例

斯帕尔(SPAR)航运有限公司与大新华物流控股(集团)有限公司申请承认和执行外国法院民事判决、裁定纠纷案[①]

本案中,申请人斯帕尔(SPAR)航运有限公司申请承认英国高等法院的判决,被申请人大新华物流控股(集团)有限公司提出抗辩认为:互惠原则的本意应当是英国法院承认中国法院判决的条件与中国法院承认英国法院判决的条件基本相同。由于英国法下存在禁诉令制度,且英国法院多有签发禁诉令禁止当事人在中国法院进行诉讼。当事人违反禁诉令在中国诉讼所取得的判决,在英国将得不到承认和执行,即英国法院承认中国法院判决的条件更为严苛。因此,若我国法院承认和执行英国法院判决,将违反我国《民事诉讼法》第5条第2款关于对等原则的规定。

上海海事法院经审理认为:我国与英国之间尚没有缔结或者参加相互承认和执行法院民商事判决、裁定的国际条约,故应以互惠原则作为承认英国法院判决的审查依据。

我国《民事诉讼法》在规定互惠原则时并没有将之限定为必须是相关外国法院对我国法院民商事判决先行承认和执行,故本院认为,如果根据作出判决的外国法院所在国的法律,我国法院作出的民商事判决可以得到该国法院的承认和执行,即可认定我国与该国存在承认

① 参见上海海事法院民事裁定书,(2018)沪72协外认1号。

和执行民商事判决的互惠关系……尽管申请人未能通过举证英国法院有承认和执行我国法院民商事判决的先例来证明我国法院作出的民商事判决可以得到英国法院的承认和执行，但根据英国法律，其并不以存在相关条约作为承认和执行外国法院民商事判决的必要条件，故本院认为我国法院作出的民商事判决可以得到英国法院的承认和执行。对此，被申请人也没能举证证明我国法院作出的民商事判决在英国法院承认和执行存在何种法律上或事实上的障碍，其仅以英国法下有禁诉令制度而主张我国法院作出的民商事判决在英国法院得不到承认和执行，该理由本院难以采纳。

学理阐释

（一）通则建议条文

通则建议保留《民事诉讼法》的现行规定。

（二）理论解读

本条是外国人民事诉讼地位的平等原则与对等原则，其中第1款在适用中需注意以下问题：

第一，外国人在我国境内时，有将争议诉诸司法并寻求保护的权利；且外国人在我国境内参与民事诉讼时，享有与中国人同等的民事诉讼权利，并承担同等的民事诉讼义务，其民事诉讼权利不因其为外国人而受到限制。而外国人同内国人享有平等的民事诉讼地位，不等同于国际民事诉讼中每个环节的绝对平等。在国际民事诉讼中，给予外国人平等的民事诉讼地位，意在通过构建一个合理的程序体系来促进实体的公正，而不是片面追求形式的平等。

第二,外国人在我国境内享有的民事诉讼权利不能超出中国人所享有权利范围,我国出于维护自身利益的需要以及互惠等因素的影响,在赋予外国人与中国人平等的民事诉讼权利时可以对这种权利进行限制。对实体性权利,通常以权利的性质来进行区分;对程序权利事项,一般要求符合法律的规定,并以互惠为前提。如在诉讼费的担保、司法救助等具体的制度设计上,很多国家要求外国人具体权利的获得须以互惠为条件。①

五、公共秩序原则

现行规定

《民事诉讼法》

★2023 年新增

第 280 条　当事人之间的同一纠纷,一方当事人向外国法院起诉,另一方当事人向人民法院起诉,或者一方当事人既向外国法院起诉,又

---

① 参见何其生、万钧等:《中国国际民事诉讼原则(建议稿)》,载《武大国际法评论》2015 年第 18 卷第 2 期,第 15～18 页。

向人民法院起诉，人民法院依照本法有管辖权的，可以受理。当事人订立排他性管辖协议选择外国法院管辖且不违反本法对专属管辖的规定，不涉及中华人民共和国主权、安全或者社会公共利益的，人民法院可以裁定不予受理；已经受理的，裁定驳回起诉。

★2023年新增

第282条　人民法院受理的涉外民事案件，被告提出管辖异议，且同时有下列情形的，可以裁定驳回起诉，告知原告向更为方便的外国法院提起诉讼：

（一）案件争议的基本事实不是发生在中华人民共和国领域内，人民法院审理案件和当事人参加诉讼均明显不方便；

（二）当事人之间不存在选择人民法院管辖的协议；

（三）案件不属于人民法院专属管辖；

（四）案件不涉及中华人民共和国主权、安全或者社会公共利益；

（五）外国法院审理案件更为方便。

裁定驳回起诉后，外国法院对纠纷拒绝行使管辖权，或者未采取必要措施审理案件，或者未在合理期限内审结，当事人又向人民法院起诉的，人民法院应当受理。

第293条　根据中华人民共和国缔结或者参加的国际条约，或者按照互惠原则，人民法院和外国法院可以相互请求，代为送达文书、调查取证以及进行其他诉讼行为。

外国法院请求协助的事项有损于中华人民共和国的主权、安全或者社会公共利益的，人民法院不予执行。

第299条　人民法院对申请或者请求承认和执行的外国法院作出的发生法律效力的判决、裁定，依照中华人民共和国缔结或者参加的国际条约，或者按照互惠原则进行审查后，认为不违反中华人民共和国法律的基本原则且不损害国家主权、安全、社会公共利益的，裁定承认其效力；需要执行的，发出执行令，依照本法的有关规定执行。

第300条　对申请或者请求承认和执行的外国法院作出的发生法律效力的判决、裁定，人民法院经审查，有下列情形之一的，裁定不予承认和执行：

（一）依据本法第三百零一条的规定，外国法院对案件无管辖权；

（二）被申请人未得到合法传唤或者虽经合法传唤但未获得合理的陈述、辩论机会，或者无诉讼行为能力的当事人未得到适当代理；

（三）判决、裁定是通过欺诈方式取得；

（四）人民法院已对同一纠纷作出判决、裁定，或者已经承认第三国法院对同一纠纷作出的判决、裁定；

（五）违反中华人民共和国法律的基本原则或者损害国家主权、安全、社会公共利益。

《法律适用法》

第5条　外国法律的适用将损害中华人民共和国社会公共利益的，适用中华人民共和国法律。

条文释义

上述规定是在我国进行的涉外民事诉讼程序中的管辖权、法律适用、司法协助，以及判决及仲裁裁决的承认与执行领域的公共秩序保留条款，即在我国进行的相关涉外民事诉讼程序，不得违反我国的主权、安全与公共秩序。其中，主权与安全是对公共秩序的强调，"主权"与"安全"作为一国最根本的利益得到了国际社会的普遍承认，《海牙送达公约》与《海牙取证公约》对拒绝执行请求的表述均为“主权”与“安全”。①

本条在适用的过程中涉及涉外民事诉讼程序的始终。在司法实践中,最高人民法院在审查公共政策时采取了严格限制的立场。在进行公共政策的司法实践审查中,需要注意以下几点:第一,司法实践中对公共政策的适用要采取谨慎态度,防止其滥用。第二,法律的基本原则能否视为公共政策要视具体情况而定:宪法层面的基本原则与制度可视为我国的公共政策;而对一般实体法如合同法层面的基本原则能否视为公共政策,最高人民法院采取了否定态度;②对程序性基本原则如正当程序、不得欺诈等的适用,我国法院持谨慎态度。在享进案中,对通过欺诈手段订立的仲裁协议,最高人民法院未认为欺诈构成对公共政策的违反。③ 在另一个案件中,最高人民法院认为国际商会仲裁院无视中国法院已作出判决的事实、仍然行使管辖权并作出裁决的行为违反了我国的司法主权。④ 第三,要注意公共政策与强制性规则的区分,公共政策的外延宽于强制性规则,并非所有的强制性规则都可以构成公共政策,强制性规则的界定可参考《法律适用法解释(一)》第8条。在涉及进出口配额、期货交易限制、外汇管制及公共健康领域的行政命令等方面的案件中,法院未将上述情形界定为公共政策。第四,对于国际义务能否构成国际公共政策并为我国法院所承认要依据具体情况进行判断。整个国际社会所承认的公共政策有适用空间,对加入的国际条约可依是否违

① 参见《海牙送达公约》第13条第1款;《海牙取证公约》第12条第1款。

② 参见万鄂湘主编:《涉外商事海事审判指导》2004年第1辑,人民法院出版社2004年版,第36~40页。

③ 同上。

④ 参见万鄂湘主编:《涉外商事海事审判指导》2005年第2辑,人民法院出版社2006年版,第109~112页。

反国际条约的规定进行判断,[1]如对已经确认仲裁协议无效的案件,人民法院可以拒绝承认与执行,此时拒绝承认与执行所依据的并非仲裁协议无效,而是《纽约公约》第5条第2款规定的公共政策。[2]

典型案例

维康控股(Wicor Holding AG)诉泰州浩普投资有限公司案[3]

在本案中,双方当事人之间的合资合同对于纠纷的解决约定了仲裁条款。2011年,泰州浩普投资有限公司(以下简称浩普公司)向法院提起诉讼。维康控股以双方之间存在仲裁条款为由提出管辖权异议。泰州市中级人民法院(以下简称泰州中院)依据最高人民法院(2012)民四他字第6号复函,依法作出(2011)泰中商外初字第0012号民事裁定,认为该仲裁条款并未约定仲裁机构,且依据仲裁规则不能确定仲裁机构,当事人事后并未达成补充协议,所以涉案仲裁条款无效,驳回了维康控股的管辖权异议。后维康控股不服泰州中院的上述裁定,提出上诉,江苏省高级人民法院(以下简称江苏高院)于2012年作出裁定,认定涉案仲裁条款无效,因级别管辖,本案由江苏高院审理。

仲裁协议被认定为无效后,泰州中院将协议无效的认定情况通过邮

---

① 参见何其生:《国际商事仲裁司法审查中的公共政策》,载《中国社会科学》2014年第7期。

② 参见张勇健:《在全国涉外商事海事审判庭长座谈会上的讲话》,载贺荣主编:《涉外商事海事审判指导》2016年第1辑,人民法院出版社2017年版,第25页。

③ 参见贺荣主编:《涉外商事海事审判指导》2016年第1辑,人民法院出版社2017年版,第25页。

寄的方式告知了国际商会仲裁院秘书处亚洲代表处。然而,国际商会仲裁院于2011年11月4日接受了维康控股提出的仲裁申请,在浩普公司明确表示仲裁条款无效的情形下,于2012年1月12日依据当时有效的《国际商会仲裁规则》第14条第1款确定仲裁地为中国香港特别行政区。2012年11月2日作出了中间裁决,认定仲裁协议有效,进而于2014年7月18日作出终局裁决、11月27日作出终局补充裁决,裁决浩普公司承担一系列责任(包括与合资公司之间的责任)。维康控股以浩普公司不履行仲裁裁决为由,向泰州中院提出请求承认仲裁裁决并强制执行。

后最高人民法院经审查答复江苏高院如下:

根据你院汇报的案情,涉案国际商会仲裁院18295/CYK号仲裁裁决系该院指定的独任仲裁员在香港特别行政区作出的仲裁裁决,维康控股向泰州市中级人民法院申请执行该裁决。根据《最高人民法院关于香港仲裁裁决在内地执行的有关问题的通知》(法〔2009〕415号),人民法院应当依照《最高人民法院关于内地与香港特别行政区相互执行仲裁裁决的安排》(以下简称《安排》)的规定进行审查。你院在审理维康控股与泰州浩普投资有限公司就同一《中外合资泰州华威绝缘材料有限公司合资合同》项下的另一纠纷时,于2012年12月11日作出(2012)苏商外辖终字第0012号民事裁定,认定涉案仲裁条款无效,该裁定已经发生法律效力。涉外仲裁裁决是仲裁员在认定涉外仲裁条款有效的前提下作出的,在内地执行该仲裁裁决将与人民法院的上述生效裁定相冲突,违反内地社会公共利益,人民法院可根据《安排》第七条第三款的规定裁定不予执行涉外仲裁裁决。故同意你院关于不予执行涉外仲裁裁决的意见。①

① 参见《最高人民法院关于不予执行国际商会仲裁院第18295/CYK号仲裁裁决一案请示的复函》,(2016)最高法民他8号。

……………………

斯帕尔(SPAR)航运有限公司与大新华物流控股(集团)有限公司申请承认和执行外国法院民事判决、裁定纠纷案[①]

本案中申请人斯帕尔(SPAR)航运有限公司申请承认英国高等法院的判决。就是否违反我国公共秩序一项,上海海事法院经审理认为:关于大新华物流控股(集团)有限公司提出斯帕尔(SPAR)航运有限公司申请承认的英国判决在适用我国法律时存在错误一节,当事人之间的实体权利义务关系,不属于承认和执行外国法院判决之诉的审查范畴。即使适用法律错误问题确实成立,也只有在违反我国法律的基本原则或者国家主权、安全、社会公共利益时,才构成拒绝承认和执行的事由。

学理阐释

(一)通则建议条文

【公共秩序】涉外民事诉讼程序不得违反中华人民共和国的公共秩序。

(二)理论解读

上述规定是在我国进行的涉外民事诉讼程序中的管辖权、司法协助

① 参见上海海事法院民事裁定书,(2018)沪72协外认1号。

及判决承认与执行领域的公共秩序条款,除此之外,作为保护我国国家利益的安全阀条款,在法律适用的过程中也不应忽略,若外国法律的适用将损害我国的社会公共利益,则应适用我国的法律,意大利、加拿大魁北克、比利时、日本、西班牙等国均有类似的立法例。①

此外,公共秩序条款亦规定于相关的双边及多边条约中。在司法协助领域,我国参与缔结的双边司法协助条约对司法协助的请求也均有公共秩序条款;《海牙送达公约》与《海牙取证公约》亦有类似规定。② 司法实践中我国亦曾以违反公共秩序为由拒绝美方律师的取证请求。③ 在外国法院判决的承认与执行方面,《海牙判决公约》亦有此规定。④

---

① 《意大利国际私法》第16条第(1)款规定:"违反公共政策(公共秩序)的外国法不应予以适用";《魁北克民法典》第10卷"国际私法"编第3081条规定:"外国法律规则,如果其适用将会导致一种与国际关系中公认的公共秩序明显背离的结果,则应排除适用";《比利时国际私法典》第21条第(1)款规定:"只要适用本法规定的外国法律将导致明显违背公共政策的结果,则该外国法不适用";日本《法例》(1999年第151号法律修正)第33条规定:"应依外国法时,如其规定的适用违反公共秩序或善良风俗,则不适用之";《西班牙民法典》(1889年)第12条第(3)款规定:"当适用的外国法违反西班牙的公共秩序时,任何一个案件都不适用该外国法"。

② 《海牙送达公约》第13条第1款规定:"如果送达请求书符合本公约的规定,则文书发往国只在其认为执行请求将损害其主权或安全时才可拒绝执行";《海牙取证公约》第12条第1款规定:如果取证请求符合本公约的规定,则文书发往国只在其认为执行请求将损害其主权或安全时才可拒绝执行。

③ 参见肖永平:《法理学视野下的冲突法》,高等教育出版社2008年版,第222~223页。

④ 《海牙判决公约》第7条第3款规定:"存在下列情形的,可以拒绝承认或者执行:……(3)承认或者执行将会与被请求国的公共政策明显相悖,包括作出该判决的具体诉讼程序不符合被请求国程序公正的基本原则,以及侵犯该国主权和安全的情形。"

第二章

诉讼地位

六、诉讼能力

现行规定

[我国并无专门性规定,下述规定仅供参考。]

《法律适用法》

第11条　自然人的民事权利能力,适用经常居所地法律。

第12条　自然人的民事行为能力,适用经常居所地法律。

自然人从事民事活动,依照经常居所地法律为无民事行为能力,依照行为地法律为有民事行为能力的,适用行为地法律,但涉及婚姻家庭、继承的除外。

第14条　法人及其分支机构的民事权利能力、民事行为能力、组织机构、股东权利义务等事项,适用登记地法律。

法人的主营业地与登记地不一致的,可以适用主营业地法律。法人的经常居所地,为其主营业地。

《民法典》

第59条　法人的民事权利能力和民事行为能力,从法人成立时产生,到法人终止时消灭。

第68条　有下列原因之一并依法完成清算、注销登记的，法人终止：

（一）法人解散；

（二）法人被宣告破产；

（三）法律规定的其他原因。

法人终止，法律、行政法规规定须经有关机关批准的，依照其规定。

第72条　清算期间法人存续，但是不得从事与清算无关的活动。

法人清算后的剩余财产，按照法人章程的规定或者法人权力机构的决议处理。法律另有规定的，依照其规定。

清算结束并完成法人注销登记时，法人终止；依法不需要办理法人登记的，清算结束时，法人终止。

第73条　法人被宣告破产的，依法进行破产清算并完成法人注销登记时，法人终止。

《公司法》

第184条　清算组在清算期间行使下列职权：

（一）清理公司财产，分别编制资产负债表和财产清单；

（二）通知、公告债权人；

（三）处理与清算有关的公司未了结的业务；

（四）清缴所欠税款以及清算过程中产生的税款；

（五）清理债权、债务；

（六）处理公司清偿债务后的剩余财产；

（七）代表公司参与民事诉讼活动。

《法律适用法解释（一）》

第14条　人民法院应当将法人的设立登记地认定为涉外民事关系

法律适用法规定的法人的登记地。

《民事诉讼法解释》

第 521 条　外国人参加诉讼，应当向人民法院提交护照等用以证明自己身份的证件。

外国企业或者组织参加诉讼，向人民法院提交的身份证明文件，应当经所在国公证机关公证，并经中华人民共和国驻该国使领馆认证，或者履行中华人民共和国与该所在国订立的有关条约中规定的证明手续。

代表外国企业或者组织参加诉讼的人，应当向人民法院提交其有权作为代表人参加诉讼的证明，该证明应当经所在国公证机关公证，并经中华人民共和国驻该国使领馆认证，或者履行中华人民共和国与该所在国订立的有关条约中规定的证明手续。

本条所称的“所在国”，是指外国企业或者组织的设立登记地国，也可以是办理了营业登记手续的第三国。

第 522 条　依照民事诉讼法第二百七十一条以及本解释第五百二十一条规定，需要办理公证、认证手续，而外国当事人所在国与中华人民共和国没有建立外交关系的，可以经该国公证机关公证，经与中华人民共和国有外交关系的第三国驻该国使领馆认证，再转由中华人民共和国驻该第三国使领馆认证。

典型案例

莱雅公司诉上海美莲妮化妆品有限公司、杭州欧莱雅化妆品有限公司、南通通润发超市有限公司侵犯商标专用权及不正当竞争纠纷案[①]

原告莱雅公司主张其是全球最大的化妆品集团，“欧莱雅/L’OREAL”系列商标已被列入中国原国家工商行政管理总局商标局（以下简称国家商标局）2000 年 6 月颁布的《全国重点商标保护名录》中，指定商品为“化妆品、护肤用品”，2006 年被国家商标局认定为驰名商标。2008 年 3 月，莱雅公司通过公证在通润发超市购得由上海美莲妮化妆品有限公司（以下简称美莲妮公司）、杭州欧莱雅化妆品有限公司生产的日化产品若干，该产品上突出使用的“L’OIYIR”“OIYIR”“莱雅”标识，与莱雅公司注册商标相同或相近似，必然导致相关公众的混淆。本案一审争议焦点之一是莱雅公司的诉讼主体是否适格。对于该争议，一审法院经查明认为：

莱雅公司提供的法国巴黎商事法院档案室的企业登记材料，虽未经法国公证机关公证和我国驻法国使、领馆的认证，但莱雅公司还提供了中华人民共和国北京市高级人民法院 2008 年 9 月 23 日作出的（2008）高行终字第 145 号行政判决书，该生效判决书证明与本案同期莱雅公司在中国另有诉讼并确认莱雅公司具有民事诉讼行为能力。依照《最高人民法院关于民事诉讼证据的若干规定》第九条，已为人民法院生效裁判

① 参见江苏省高级人民法院民事判决书，（2009）苏民三终字第 168 号。

所确认的事实,当事人无须举证证明,但有相反证据足以推翻的除外。美莲妮公司虽对莱雅公司主体资格提出异议,但未就上述生效判决书提供相反证据,故应认定莱雅公司系合法民事主体,其诉讼主体适格。

学理阐释

(一)通则建议条文

【外国人、无国籍人、外国企业和组织的诉讼能力】外国人、无国籍人、外国企业和组织依其经常居所地法无诉讼能力的,而依我国法应有诉讼能力的,视为有诉讼能力。

(二)理论解读

通则建议条文对外国人的民事诉讼权利能力和诉讼行为能力的法律适用进行了规定。

第一,本条的主体包括外国人、无国籍人、外国企业和组织。

第二,对于外国人的民事诉讼权利能力,采用与我国确定外国人民事实体权利能力相同的法律适用原则——属人法原则,即外国人是否具有民事诉讼权利能力,应依其经常居所地法律。尽管在各国法律中,民事诉讼权利能力与实体法上的民事权利能力基本上是一致的,而且通常都认为民事诉讼权利能力是民事实体权利能力在民事诉讼领域的延伸或结果,但二者毕竟是不完全相同的。

第三,参照《法律适用法》第12条,对于外国人民事诉讼行为能力的法律适用原则上采用属人法兼法院地法原则,与我国确定外国人民事实体行为能力的法律原则一致。在依外国人经常居所地法确定外国人民事诉讼行为能力的同时,补充规定,如果依我国法律为有民事诉讼行为能力,则认定该外国人在我国有民事诉讼行为能力。

本条款设计在一定程度上避免了外国人在民事诉讼行为能力上可能产生的法律冲突,有利于民商事法律关系的稳定,保护善意的对方当事人特别是我国公民的合法权益。

外国人的民事诉讼能力是外国人民事诉讼地位的重要组成部分,它直接关系到一个外国人是否有资格在内国开展或参与国际民事诉讼活动,能否作为民事诉讼当事人在内国法院起诉或应诉等问题。外国人的民事诉讼能力包括外国人的民事诉讼权利能力和民事诉讼行为能力。①

外国人的民事诉讼权利能力,是指外国人在内国依法行使民事诉讼权利和承担民事诉讼义务的身份和资格。它是外国人的民事实体权利能力在诉讼领域的必然延伸,是后者的一个组成部分。对于外国人民事诉讼权利能力的确定,各国大都采用了与确定外国人民事实体权利能力相同的法律适用原则,即属人法原则。在德国、意大利和比利时等国的司法实践和相关立法中,在原则上确定了外国人的民事诉讼权利能力与外国人的民事实体权利能力所适用的法律是相同的,都是当事人的属人法,而且承认那些依民事属人法并没有民事实体权利能力,但依据诉讼属人法具有民事诉讼权利能力的社团的此种能力。② 例如,《德国民事诉讼法》第50条第2款规定:“无权利能力的社团可以被诉;在诉讼中,该社团具有权利能力的社团的地位。”③

---

① 参见李双元、欧福永主编:《国际私法》(第6版),北京大学出版社2022年版,第354页。

② 参见金彭年、董玉鹏:《国际民事诉讼法:原理、制度与案例》,浙江大学出版社2020年版,第42页。

③ 《德国民事诉讼法》,丁启明译,厦门大学出版社2016年版,第11页。

外国人的民事诉讼行为能力是决定外国人诉讼地位的重要因素，它直接影响诉讼权利的行使。对于外国人能否或能在多大程度上以自己的行为有效地行使诉讼权利和承担诉讼义务的问题，各国的诉讼立法都作了明确的规定，而且普遍承认外国人的诉讼行为能力依其属人法。[①]但是，为了保护善意的对方当事人特别是内国当事人的正当权益，各国在规定外国人的民事诉讼行为能力适用其属人法的同时，往往还补充规定，如果根据法院地法外国人具有民事诉讼行为能力，即视为有诉讼行为能力。例如，《日本民事诉讼法》第 33 条规定："依其本国法无诉讼能力的外国人，依日本法应有诉讼能力时，视为有诉讼能力人。"[②]《德国民事诉讼法》第 55 条也规定："外国人虽然依其本国法为无诉讼能力人，但依受诉法院的法律有诉讼能力时，视为有诉讼能力。"[③]

此外，德国依据其加入的《联合国难民日内瓦公约》第 12 条第 1 款、第 16 条第 2 款的规定；《联合国关于无国籍人地位的公约》第 12 条第 1 款[④]、第 16 条第 2 款[⑤]的规定；以及 1992 年《申请避难法》第 2 条第 1 款的规定，对于难民、无国籍人和申请避难者的诉讼能力应当和当事人能力一样进行判断。[⑥]

《俄罗斯民事诉讼法》第 399 条则规定得更为细致，该条共有 5 款，

---

① 参见何其生：《比较法视野下的国际民事诉讼》，高等教育出版社 2015 年版，第 27 页。

② 《日本民事诉讼法典》，曹云吉译，厦门大学出版社 2017 年版，第 18 页。

③ 《德国民事诉讼法》，丁启明译，厦门大学出版社 2016 年版，第 11 页。

④ 1954 年《联合国关于无国籍人地位的公约》第 12 条第 1 款规定："无国籍人的个人身份，应受其住所地国家的法律支配，如无住所，则受其居所地国家的法律支配。"

⑤ 1954 年《联合国关于无国籍人地位的公约》第 16 条第 2 款规定："无国籍人在其经常居住的缔约国内，就向法院申诉的事项，包括诉讼救助和免予提供诉讼担保在内，应享有与本国国民相同的待遇。"

⑥ 参见［德］罗森贝克、施瓦布、戈特瓦尔德：《德国民事诉讼法》（上册），李大雪译，中国法制出版社 2007 年版，第 276 页。

分别如下:(1)外国公民、无国籍人的民事诉讼权利能力依其属人法。(2)外国公民的属人法是其国籍所在国法。如果俄罗斯公民具有双重国籍,则其属人法为俄罗斯法。如果公民有多重国籍,则其属人法是其住所地国法。(3)如果外国公民在俄罗斯联邦有住所地,则其属人法为俄罗斯法。(4)无国籍人的属人法是其住所地国法。(5)依照其属人法不具有诉讼行为能力的人,如果依照俄罗斯法具有诉讼行为能力,则在俄罗斯联邦境内视为具有诉讼行为能力。①

《俄罗斯民事诉讼法》中除规定外国公民、无国籍人的民事诉讼权利能力和行为能力外,还有外国组织和国际组织的诉讼权利能力的规定。② 此外,《哈萨克斯坦民事诉讼法典》第 414 条③、《斯洛文尼亚国际私法与国际诉讼法》第 87 条也有类似《俄罗斯民事诉讼法》的详细规定。④

我国现行法律中对外国人、无国籍人、外国企业和组织的诉讼能力

① 参见《俄罗斯民事诉讼法典》,程丽庄、张西安译,厦门大学出版社 2017 年版,第 135 页。

② 同上书,第 135 ~ 136 页。《俄罗斯民事诉讼法典》第 400 条规定:"(1)外国组织的属人法是组织成立地国法。外国组织的诉讼权利能力根据属人法确定。(2)依照其属人法不具有诉讼权利能力的外国组织,在俄罗斯联邦境内可以依照俄罗斯法视为具有诉讼权利能力。(3)国际组织的诉讼权利能力依照设立该组织的国际条约、设立文件或与俄罗斯联邦主管机关的协定确定。"

③ 《哈萨克斯坦共和国民事诉讼法典》第 414 条规定:"(1)外国人与无国籍人的民事诉讼权利能力,依其本国法。(2)外国人以其国籍国法为本国法。既有外国国籍又有哈萨克斯坦共和国国籍的,适用哈萨克斯坦共和国法律。其隶属于某外国国家联盟的身份,哈萨克斯坦共和国法院不予承认。(3)具有多重外国国籍的,以与其有最密切联系的国家之法律为本国法。(4)无国籍人,以其固定住所地国法为本国法。无固定住所地的,适用其惯常居所地国法律。(5)依据其本国法为无诉讼能力者。如果依哈萨克斯坦共和国法律有诉讼能力的,则在哈萨克斯坦境内可视为有诉讼能力。"参见邹国勇译注:《外国国际私法立法选译》,武汉大学出版社 2017 年版,第 51 页。

④ 参见邹国勇译注:《外国国际私法立法选译》,武汉大学出版社 2017 年版,第 207、255 页。

没有作出明确规定。鉴于外国人的民事诉讼权利能力和行为能力是外国人民事实体权利能力和行为能力在诉讼领域的延伸，他们的法律适用应该可以类推适用我国《法律适用法》第 11 条（自然人民事权利能力）和第 12 条（自然人民事行为能力）。①

七、国家主权豁免

现行规定

《民事诉讼法》

第 272 条　对享有外交特权与豁免的外国人、外国组织或者国际组织提起的民事诉讼，应当依照中华人民共和国有关法律和中华人民共和国缔结或者参加的国际条约的规定办理。

★2023 年新增

第 305 条　涉及外国国家的民事诉讼，适用中华人民共和国有关外国国家豁免的法律规定；有关法律没有规定的，适用本法。

① 参见李双元、欧福永主编：《国际私法》（第 6 版），北京大学出版社 2022 年版，第 356 页。

《外国国家豁免法》

第3条　外国国家及其财产在中华人民共和国的法院享有管辖豁免,本法另有规定的除外。

第4条　外国国家通过下列方式之一明示就特定事项或者案件接受中华人民共和国的法院管辖的,对于就该事项或者案件提起的诉讼,该外国国家在中华人民共和国的法院不享有管辖豁免:

(一)国际条约;

(二)书面协议;

(三)向处理案件的中华人民共和国的法院提交书面文件;

(四)通过外交渠道等方式向中华人民共和国提交书面文件;

(五)其他明示接受中华人民共和国的法院管辖的方式。

第5条　外国国家有下列情形之一的,视为就特定事项或者案件接受中华人民共和国的法院管辖:

(一)作为原告向中华人民共和国的法院提起诉讼;

(二)作为被告参加中华人民共和国的法院受理的诉讼,并就案件实体问题答辩或者提出反诉;

(三)作为第三人参加中华人民共和国的法院受理的诉讼;

(四)在中华人民共和国的法院作为原告提起诉讼或者作为第三人提出诉讼请求时,由于与该起诉或者该诉讼请求相同的法律关系或者事实被提起反诉。

外国国家有前款第二项规定的情形,但能够证明其作出上述答辩之前不可能知道有可主张豁免的事实的,可以在知道或者应当知道该事实后的合理时间内主张管辖豁免。

第6条　外国国家有下列情形之一的,不视为接受中华人民共和国的法院管辖:

（一）仅为主张豁免而应诉答辩；

（二）外国国家的代表在中华人民共和国的法院出庭作证；

（三）同意在特定事项或者案件中适用中华人民共和国的法律。

第 7 条　外国国家与包括中华人民共和国在内的其他国家的组织或者个人进行的商业活动，在中华人民共和国领域内发生，或者虽然发生在中华人民共和国领域外但在中华人民共和国领域内产生直接影响的，对于该商业活动引起的诉讼，该外国国家在中华人民共和国的法院不享有管辖豁免。

本法所称商业活动是指非行使主权权力的关于货物或者服务的交易、投资、借贷以及其他商业性质的行为。中华人民共和国的法院在认定一项行为是否属于商业活动时，应当综合考虑该行为的性质和目的。

第 8 条　外国国家为获得个人提供的劳动或者劳务而签订的合同全部或者部分在中华人民共和国领域内履行的，对于因该合同引起的诉讼，该外国国家在中华人民共和国的法院不享有管辖豁免，但有下列情形之一的除外：

（一）获得个人提供的劳动或者劳务是为了履行该外国国家行使主权权力的特定职能；

（二）提供劳动或者劳务的个人是外交代表、领事官员、享有豁免的国际组织驻华代表机构工作人员或者其他享有相关豁免的人员；

（三）提供劳动或者劳务的个人在提起诉讼时具有该外国国家的国籍，并且在中华人民共和国领域内没有经常居所；

（四）该外国国家与中华人民共和国另有协议。

第 9 条　对于外国国家在中华人民共和国领域内的相关行为造成人身伤害、死亡或者造成动产、不动产损失引起的赔偿诉讼，该外国国家在中华人民共和国的法院不享有管辖豁免。

第 10 条　对于下列财产事项的诉讼，外国国家在中华人民共和国的法院不享有管辖豁免：

（一）该外国国家对位于中华人民共和国领域内的不动产的任何权益或者义务；

（二）该外国国家对动产、不动产的赠与、遗赠、继承或者因无人继承而产生的任何权益或者义务；

（三）在管理信托财产、破产财产或者进行法人、非法人组织清算时涉及该外国国家的权益或者义务。

第 11 条　对于下列知识产权事项的诉讼，外国国家在中华人民共和国的法院不享有管辖豁免：

（一）确定该外国国家受中华人民共和国法律保护的知识产权归属及相关权益；

（二）该外国国家在中华人民共和国领域内侵害受中华人民共和国法律保护的知识产权及相关权益。

第 12 条　外国国家与包括中华人民共和国在内的其他国家的组织或者个人之间的商业活动产生的争议，根据书面协议被提交仲裁的，或者外国国家通过国际投资条约等书面形式同意将其与包括中华人民共和国在内的其他国家的组织或者个人产生的投资争端提交仲裁的，对于需要法院审查的下列事项，该外国国家在中华人民共和国的法院不享有管辖豁免：

（一）仲裁协议的效力；

（二）仲裁裁决的承认和执行；

（三）仲裁裁决的撤销；

（四）法律规定的其他由中华人民共和国的法院对仲裁进行审查的事项。

1986年《中华人民共和国外交特权与豁免条例》

第14条　外交代表享有刑事管辖豁免。

外交代表享有民事管辖豁免和行政管辖豁免，但下列各项除外：

（一）外交代表以私人身份进行的遗产继承的诉讼；

（二）外交代表违反第二十五条第三项规定在中国境内从事公务范围以外的职业或者商业活动的诉讼。

外交代表免受强制执行，但对前款所列情况，强制执行对其人身和寓所不构成侵犯的，不在此限。

外交代表没有以证人身份作证的义务。

第15条　外交代表和第二十条规定享有豁免的人员的管辖豁免可以由派遣国政府明确表示放弃。

外交代表和第二十条规定享有豁免的人员如果主动提起诉讼，对与本诉直接有关的反诉，不得援用管辖豁免。

放弃民事管辖豁免或者行政管辖豁免，不包括对判决的执行也放弃豁免。放弃对判决执行的豁免须另作明确表示。

1990年《中华人民共和国领事特权与豁免条例》

第14条　领事官员和领馆行政技术人员执行职务的行为享有司法和行政管辖豁免。领事官员执行职务以外的行为的管辖豁免，按照中国与外国签订的双边条约、协定或者根据对等原则办理。

领事官员和领馆行政技术人员享有的司法管辖豁免不适用于下列各项民事诉讼：

（一）涉及未明示以派遣国代表身份所订的契约的诉讼；

（二）涉及在中国境内的私有不动产的诉讼，但以派遣国代表身份所拥有的为领馆使用的不动产不在此限；

(三)以私人身份进行的遗产继承的诉讼;

(四)因车辆、船舶或者航空器在中国境内造成的事故涉及损害赔偿的诉讼。

第16条　本条例规定的有关人员所享有的管辖豁免可以由派遣国政府明确表示放弃。

依照本条例规定享有管辖豁免的人员如果主动提起诉讼,对与本诉直接有关的反诉,不得援用管辖豁免。

放弃民事管辖豁免或者行政管辖豁免,不包括对判决的执行也放弃豁免。放弃对判决执行的豁免须由派遣国政府另作明确表示。

《维也纳领事关系公约》

第43条(管辖之豁免)

一、领事官员及领馆雇员对其为执行领事职务而实施之行为不受接受国司法或行政机关之管辖。

二、惟本条第一项之规定不适用下列民事诉讼:

(一)因领事官员或领馆雇员并未明示或默示以派遣国代表身分而订契约所生之诉讼;

(二)第三者因车辆船舶或航空机在接受国内所造成之意外事故而要求损害赔偿之诉讼。

《维也纳外交关系公约》

第32条　一、外交代表及依第三十七条享有豁免之人对管辖之豁免得由派遣国抛弃之。

二、豁免之抛弃,概须明示。

三、外交代表或依第三十七条享有管辖之豁免之人如主动提起诉讼即不得对与主诉直接相关之反诉主张管辖之豁免。

四、在民事或行政诉讼程序上管辖豁免之抛弃,不得视为对判决执行之豁免亦默示抛弃,后项抛弃须分别为之。

1946 年《联合国外交特权及豁免公约》[①]

第 5 条　职员

第十八节　联合国职员应享有下列各项特权和豁免:

(甲)其以公务资格发表的口头或书面的言论及所实施的一切行为豁免法律程序;

(乙)其得自联合国的薪给和报酬免纳税捐;

(丙)豁免国民服役的义务;

(丁)其本人、连同其配偶及受扶养亲属豁免移民限制和外侨登记;

(戊)关于外汇便利,享有给予构成驻关系国政府使馆一部分的相当级位官员的同样特权;

(己)于发生国际危机时,给予其本人、连同其配偶及受扶养亲属以给予外交使节的同样的遣送返国便利;

(庚)于初次到达关系国就任时有免纳关税运入家具和用品的权利。

第十九节　除第十八节所规定的特权和豁免外,秘书长和各助理秘书长本人以及其配偶和未成年子女并应享有依照国际法给予外交使节、其配偶和未成年子女的特权、豁免、免除和便利。

---

① 本公约于 1946 年 9 月 17 日生效。中华人民共和国政府于 1979 年 9 月 11 日向联合国秘书长交存加入书,同时声明对本公约第 8 条第三十节持有保留。1979 年 9 月 11 日对我国生效。

1947年《联合国各专门机构特权与豁免公约》[①]

第6条　职员

第十九节　专门机构职员应享有下列各项特权和豁免：

（甲）以公务资格发表的口头或书面的言论或所实施的一切行为，豁免法律程序；

（乙）其得自本机构的薪给和报酬免纳税捐，享受此项免除的范围和条件与联合国职员相同；

（丙）其本人连同其配偶及受扶养亲属豁免移民限制和外侨登记；

（丁）关于外汇便利，享有给予使馆相当级位官员的同样特权；

（戊）于发生国际危机时，给予其本人连同其配偶及受扶养亲属以给予使馆相当级位官员的同样的遣送返国便利；

（己）于初次到达关系国就任时，有免纳关税运入家具及用品的权利。

第二十一节　除第十九节和第二十节所规定的特权和豁免外，各专门机构行政首长，包括其离职期间代行其职务的任何职员，其本人、配偶和未成年子女并应享有依据国际法给予外交使节的同样特权、豁免、免除和便利。

---

① 本公约于1948年12月2日生效。1979年9月11日中华人民共和国政府向联合国秘书长交存加入书。加入书中载明，中国政府对公约第9条第三十二节的规定持有保留。同时通知，中国政府同意将该公约的规定适用于联合国粮农组织，国际民用航空组织，联合国教育、科学及文化组织，世界卫生组织，万国邮政联盟，国际电信联盟，世界气象组织和政府间海事协商组织。本公约于1979年9月11日对我国生效。1981年6月30日中国政府根据公约第11条的规定，再次通知联合国秘书长，将该公约的规定扩大适用于国际货币基金组织、国际复兴开发银行、国际金融公司和国际开发协会。

双边条约[①]

1. 1988年《中华人民共和国和保加利亚人民共和国领事条约》

第35条 领事官员的管辖豁免

一、领事官员享有接受国司法和行政机关的管辖豁免权，但下列民事诉讼除外：

（一）在接受国境内的私有不动产的诉讼，但代表派遣国为领馆目的所拥有的不动产不在此列；

（二）以私人身份作为遗嘱执行人或遗产管理人或继承人或受遗赠人所涉及的遗产诉讼；

（三）于接受国内在执行公务范围外所进行的任何专业或商业活动所引起的诉讼；

（四）因车辆、船舶或航空器在接受国内所造成的损害，第三者要求损害赔偿的诉讼。

二、除本条第一款所列案件外，接受国不得对领事官员采取执行措施，如对本条第一款所列案件采取执行措施时，应不损害领事官员的人身和住宅不得侵犯权。

第36条 领馆工作人员的管辖豁免

一、领馆工作人员执行公务的行为免受接受国司法和行政机关的管辖。

二、本条第一款的规定不适用于本条约第三十五条第一款第（四）

---

① 除保加利亚和俄罗斯外，我国还与柬埔寨、越南、格鲁吉亚、伊拉克、蒙古国、意大利、克罗地亚、亚美尼亚、秘鲁、阿塞拜疆、乌兹别克斯坦、白俄罗斯、吉尔吉斯斯坦、玻利维亚、摩尔多瓦、立陶宛、乌克兰、突尼斯、哈萨克斯坦、巴基斯坦、土库曼斯坦、罗马尼亚、印度、阿根廷、古巴、也门、老挝、土耳其、捷克斯洛伐克、墨西哥、匈牙利、朝鲜、波兰、南斯拉夫、美国等签订了领事条约。

项所提到的民事诉讼。

2. 2002 年《中华人民共和国和俄罗斯联邦领事条约》

第 34 条　管辖豁免

一、领事官员免受接受国的司法和行政管辖，但下列民事诉讼除外：

（一）未明示以派遣国代表身份所订契约引起的诉讼；

（二）因车辆、船舶或航空器在接受国内造成损害，第三者要求损害赔偿的诉讼；

（三）在接受国境内的私人不动产的诉讼，但以派遣国代表身份为领馆之用所拥有的不动产不在此列；

（四）私人继承所涉及的诉讼；

（五）公务范围外在接受国所进行的专业或商业活动所引起的诉讼。

二、除本条第一款所列案件外，接受国不得对领事官员采取执行措施。如对本条第一款所列案件采取执行措施，应不损害领事官员的人身和住宅不受侵犯权。

三、领馆行政技术人员和领馆服务人员执行公务的行为免受接受国司法或行政机关的管辖但本条第一款第（一）、（二）项的民事诉讼除外。

条文释义

《民事诉讼法》第 272 条是关于外交特权与豁免原则的适用规定。

该条立法规定首次出现在 1982 年《民事诉讼法（试行）》第 188 条，"对享有司法豁免权的外国人、外国组织或者国际组织提起的民事诉讼，人民法院根据中华人民共和国法律和我国缔结或者参加的国际条约的规定办理"。该条规定在 1991 年《民事诉讼法》第 239 条中进行了保留，但措辞上有所不同。主要体现在将“司法管辖豁免”改为“外交特权与豁免”,以及后半句改为“应当依照中华人民共和国有关法律和中华人民共和国缔结或者参加的国际条约的规定办理”,去掉了“人民法院”这一主语。2007年《民事诉讼法》第237条、2012年《民事诉讼法》第261条、2017年《民事诉讼法》第261条、2021年《民事诉讼法》第268条以及2023年《民事诉讼法》第272条在内容上与1991年的规定保持一致。

首先,第272条所指的享有外交特权与豁免的外国人,主要是外国驻我国的外交代表(外国驻华使馆的馆长和具有外交官衔的使馆工作人员),还包括来中国访问的外国国家元首、政府首脑、外交部长及其他具有同等身份的官员。此外,与外交代表共同生活的配偶及未成年子女、使馆行政技术人员及与其共同生活的配偶和未成年子女、来我国参加有关国际组织(如联合国)召开的国际会议的代表、临时来我国的有关国际组织的官员和专家,以及途经我国的驻第三国的外交代表等,也在不同程度上享有司法管辖豁免。

其次,第272条所指的法律和国际公约,主要是指《中华人民共和国外交特权与豁免条例》《中华人民共和国领事特权与豁免条例》《维也纳外交关系公约》《维也纳领事关系公约》等。对享有司法管辖豁免权的外国人提起的民事诉讼,在一般情况下,人民法院不予受理。但民事管辖豁免并不是绝对的,上述人员只能在我国法律和我国缔结或者参加的国际条约规定的范围内享有民事上的司法管辖豁免。

对享有外交特权与豁免的外国人、外国组织或者国际组织提起的民事诉讼,除依照我国有关法律的规定办理外,在与我国共同缔结或者参加的有关国际条约的缔约国之间,应当首先依照国际条约的规定办理。例如,我国是1961年《维也纳外交关系公约》、1946年《联合国外交特权及豁免公约》、1947年《联合国各专门机构特权与豁免公约》的参加国,在上述公约的缔约国之间,人民法院应当首先考虑适用相关的国际条约的规定。[①]

最后,《民事诉讼法》第305条为2023年修正后的新增条款,规定了外国国家在民事诉讼中的地位。该条规定旨在《民事诉讼法》与《外国国家豁免法》之间进行衔接。2023年颁布的《外国国家豁免法》实现了从绝对豁免政策到限制豁免制度的转变,并推定外国国家享有管辖豁免,同时规定了7项得到广泛认可的例外,包括外国国家放弃管辖豁免,外国国家在中国领域内从事商业活动或者在中国领域外从事商业活动但在中国领域内产生直接影响而引起的诉讼,外国国家因在中国领域内全部或部分履行的劳动或者劳务合同引起的诉讼,外国国家在中国领域内造成的侵权赔偿诉讼,外国国家因财产的所有、占有和使用事项在中国领域内引起的诉讼,外国国家在中国领域内因知识产权归属和侵权等事项引起的诉讼,外国国家因仲裁协议、仲裁裁决和其他对仲裁进行审查的相关事项在中国领域内引起的诉讼。[②]

典型案例

李某某与红十字国际委员会东亚地区代表处房屋租赁合同纠纷案[③]

起诉人李某某诉称,2007年9月10日,其将其拥有的北京市朝阳区

---

① 参见姚红主编:《中华人民共和国民事诉讼法释义》,法律出版社2007年版,第373页。

② 参见李庆明:《论中国〈外国国家豁免法〉的限制豁免制度》,载《国际法研究》2023年第5期。

③ 参见《最高人民法院关于李某某诉红十字国际委员会东亚地区代表处房屋租赁合同纠纷一案豁免问题的请示的复函》(〔2009〕民四他字第25号)。

西大望路蓝堡国际公寓 H－903 号房间出租给被起诉人，双方约定租期至 2009 年 9 月 9 日，房屋仅作住宅使用，同时约定因承租人过失致房屋及设施损坏的由承租人承担赔偿责任；2008 年 8 月 1 日，被起诉人提出要提前终止合同，起诉人同意，但在双方办理交房过程中，起诉人发现房屋的墙面、门窗、地板等存在大量损坏，对此，物业公司进行了记录并由装修公司进行了评估，被起诉人虽认可损坏的事实，但明确表示需通过法院诉讼途径解决该赔偿问题，故起诉人诉至北京市朝阳区人民法院，要求被起诉人赔偿其损失共计 122，492 元。

审理过程中，红十字国际委员会东亚地区代表处向该院提出豁免申请。《中华人民共和国政府和红十字国际委员会协议》第 4 条第 1 款规定，红十字国际委员会及其财产和资产享有法律程序豁免，包括免受搜查、征用、没收、征收。在特殊情况下，经红十字国际委员会明示放弃其豁免时，不在此限。本案中，当事人双方签订的租赁合同第 10 条约定："本合同的成立，其有效性、解释、签署和解决与其有关的一切纠纷应受中华人民共和国法律的管辖并依据中国法律解释。"

对此，朝阳区人民法院认为东亚地区代表处作为红十字国际委员会在我国境内设立的代表机构，享有该条规定的法律程序豁免。双方当事人在租赁合同第 10 条中的约定系对准据法的约定，并不构成东亚地区代表处对豁免权的放弃，也没有其他证据证实该会愿意接受我国法院的管辖。朝阳区人民法院将该案请示至我国最高人民法院，最终认定，关于被起诉人红十字国际委员会东亚地区代表处提出的司法豁免权问题，根据红十字国际委员会为在中国设立地区代表处与我国签订的《中华人民共和国政府和红十字国际委员会协议》的相关规定，该代表处应享有司法豁免权。

………………

董某与雅尼斯·布莱克苏萨其斯(Ioannis Plexousakis)国内涉外仲裁裁决普通执行类裁定书[①]

申请执行人董某向北京市第三中级人民法院申请强制执行中国国际经济贸易仲裁委员会于2016年10月28日作出的(2016)中国贸仲京裁字第1274号裁决书,该裁决书已经发生法律效力。

北京市第三中级人民法院认为:

当事人向人民法院申请强制执行,应当符合法律规定的申请条件。《中华人民共和国外交特权与豁免条例》第十四条规定:"外交代表享有刑事管辖豁免。外交代表享有民事管辖豁免和行政管辖豁免,但下列各项除外:(一)外交代表以私人身份进行的遗产继承的诉讼;(二)外交代表违反第二十五条第三项规定在中国境内从事公务范围以外的职业或者商业活动的诉讼。外交代表免受强制执行,但对前款所列情况,强制执行对其人身和寓所不构成侵犯的,不在此限。外交代表没有以证人身份作证的义务。"第十五条规定:"外交代表和第二十条规定享有豁免的人员的管辖豁免可以由派遣国政府明确表示放弃。外交代表和第二十条规定享有豁免的人员如果主动提起诉讼,对与本诉直接有关的反诉,不得援用管辖豁免。放弃民事管辖豁免或者行政管辖豁免,不包括对判决的执行也放弃豁免。放弃对判决执行的豁免须另作明确表示。"

本案中,被执行人IOANNIS PLEXOUSAKIS(雅尼斯·布莱克苏萨其斯)为外交人员,其所在使馆未明示放弃执行豁免,因此其享有执行豁免权,本案不属于司法管辖范围。故对董某的强制执行申请,本院不予受理……

---

① 参见北京市第三中级人民法院执行裁定书,(2017)京03执560号。

学理阐释

(一)通则建议条文

【国家主权豁免】对外国国家及其财产提起的民事诉讼，以及对享有外交特权与豁免的外国人、外国组织或者国际组织提起的民事诉讼，应当依照中华人民共和国有关法律和中华人民共和国缔结或者参加的国际条约的规定办理。

如果依照中华人民共和国法律和中华人民共和国缔结或者参加的国际条约，外国国家、享有外交特权与豁免的外国人、外国组织或者国际组织对中华人民共和国人民法院的司法管辖享有豁免权的，人民法院不予受理。

对中华人民共和国国家、公民和组织的豁免权加以限制的，中华人民共和国人民法院对该外国国家、公民和组织实行对等限制。

(二)理论解读

通则建议条文规定了国际民事诉讼中的国家主权豁免问题，依据为国际法上的国家主权豁免、外交与领事豁免、国际组织豁免。

首先，第1款保留了现行《民事诉讼法》第272条的内容，并增加了外国国家及其财产的豁免。国家主权原则在国际民事诉讼领域的具体体现就是国家及其财产享有豁免权。[①] 关于国家及其财产豁免的司法豁免的内容，有不同的主张。有的将国家及其财产豁免的内容一分为二，即管辖豁免和执行豁免。管辖豁免，是指未经一国同意，不得在另一国法院对该国提起民事诉讼或将该国财产作为诉讼标的；执行豁免，是指即使一国同意在他国法院作为被告或主动作为原告参加民事诉讼，在未经前者同意时，仍不得根据法院决定对它采取强制性的执行措施。有的将国家及其财产豁免的内容一分为三，即管辖豁免、诉讼程序豁免和执行豁免。[②] 诉讼程序豁免，主要是指即使一国放弃管辖豁免，未经其同意，也不得对它的财产采取诉讼保全措施，不得强制它出庭作证或提供证据以及为其他诉讼行为。本条规定并未表明我国采取绝对豁免还是限制豁免的立场，而是取决于我国专门性法律或未来我国缔结或参加的国际条约的规定，从而为国家主权豁免立场保留足够灵活的空间。

其次，第 2 款赋予司法管辖豁免权，是为了尊重其他国家的主权和国际组织的尊严，从而保障外交事务的顺利进行。第 2 款参考了《国际私法示范法》第 53 条第 1 款[③]关于国际民事诉讼中司法管辖豁免的规定，其中第 2 款为了与第 1 款内容相对应，在主体部分增加了外国组织。本款明确了国际民事诉讼中的司法管辖豁免。司法管辖权，是指一国根据相关国际条约或协议，对其他国家或国际组织派驻本国的外交代表或机构所赋予的免受驻在国司法管辖的权利。根据国际法规则，外国国家

---

① 参见金彭年、董玉鹏：《国际民事诉讼法：原理、制度与案例》，浙江大学出版社 2020 年版，第 62 页。

② 参见何其生：《比较法视野下的国际民事诉讼》，高等教育出版社 2015 年版，第 43 页。

③ 《国际私法示范法》第 53 条第 1 款规定："对外国国家、国际组织或者外国人提起的诉讼，如果依照中华人民共和国缔结或者参加的国际条约和中华人民共和国法律，该外国国家、国际组织或者外国人对中华人民共和国人民法院的司法管辖享有豁免权的，中华人民共和国人民法院不予受理。"

及其外交代表不受接受国国内法院的民事司法管辖,在接受国享有民事司法豁免权,但前提是符合中华人民共和国法律和中华人民共和国缔结或者参加的国际条约所规定的立场。

最后,第3款进一步声明了我国在国家豁免上采取对等原则。根据该条规定,如果外国国家无视国际法,任意侵犯中国的国家及其财产豁免权,中国可以对该外国国家采取相应的报复措施。[①] 第3款参考了《国际私法示范法》第53条第2款[②]对等原则的规定。该款所采取的对等原则不必限于"外国法院",也不必限于我国公民被"合法"豁免的权利,只要外国不允许豁免,即适用对等原则。

《民事诉讼法》第272条规定了"外交特权与豁免"。从词义的角度来看,"外交特权与豁免"的含义相对较窄,严格地讲应主要限于外国使馆及其使馆人员的管辖豁免。[③] 而国家豁免与外交豁免是有区别的,国家豁免,主要是指国家(特别是指对外代表国家的中央政府)及其国家财产在外国法院应享有的管辖豁免。[④] 结合《民事诉讼法》第272条的上下文以及我国最高人民法院民庭审判人员的类推解释,享有"外交特权和豁免"的主体已扩展到包括外国国家、外国元首等。[⑤]

此外,由于国家豁免作为公认的国际法习惯法上的原则,而且根据

---

① 参见中国国际私法学会编:《中华人民共和国国际私法示范法》,法律出版社2000年版,第115页。

② 《国际私法示范法》第53条第2款规定:"外国法院对中华人民共和国公民和国家合法的豁免权加以限制的,中华人民共和国法院对该外国国家或者其公民实行对等限制。"

③ 参见龚刃韧:《国家豁免问题的比较研究:当代国际公法、国际私法和国际经济法的一个共同课题》,北京大学出版社2005年版,第116页。

④ 同上书,第4页。

⑤ 参见唐德华主编:《新民事诉讼法条文释义》,人民法院出版社1991年版,第401页。转引自龚刃韧:《国家豁免问题的比较研究:当代国际公法、国际私法和国际经济法的一个共同课题》,北京大学出版社2005年版,第118页。

新的《外国国家豁免法》，我国已经采取限制性豁免，但《外国国家豁免法》并未提及国际组织，因此，通则建议条文中将享有豁免的主体明确规定为"外国国家及其财产、享有外交特权与豁免的外国人、外国组织或者国际组织"。

八、诉讼代理

现行规定

《民事诉讼法》

第 274 条　外国人、无国籍人、外国企业和组织在人民法院起诉、应诉，需要委托律师代理诉讼的，必须委托中华人民共和国的律师。

第 275 条　在中华人民共和国领域内没有住所的外国人、无国籍人、外国企业和组织委托中华人民共和国律师或者其他人代理诉讼，从中华人民共和国领域外寄交或者托交的授权委托书，应当经所在国公证机关证明，并经中华人民共和国驻该国使领馆认证，或者履行中华人民共和国与该所在国订立的有关条约中规定的证明手续后，才具有效力。

《民事诉讼法解释》

第 523 条　外国人、外国企业或者组织的代表人在人民法院法官的见证下签署授权委托书，委托代理人进行民事诉讼的，人民法院应予认可。

第524条　外国人、外国企业或者组织的代表人在中华人民共和国境内签署授权委托书，委托代理人进行民事诉讼，经中华人民共和国公证机构公证的，人民法院应予认可。

第526条　涉外民事诉讼中的外籍当事人，可以委托本国人为诉讼代理人，也可以委托本国律师以非律师身份担任诉讼代理人；外国驻华使领馆官员，受本国公民的委托，可以以个人名义担任诉讼代理人，但在诉讼中不享有外交或者领事特权和豁免。

第527条　涉外民事诉讼中，外国驻华使领馆授权其本馆官员，在作为当事人的本国国民不在中华人民共和国领域内的情况下，可以以外交代表身份为其本国国民在中华人民共和国聘请中华人民共和国律师或者中华人民共和国公民代理民事诉讼。

《维也纳领事关系公约》

第5条第9款　以不抵触接受国内施行之办法与程序为限，遇派遣国国民因不在当地或由于其他原因不能于适当期间自行辩护其权利与利益时，在接受国法院及其他机关之前担任其代表或为其安排适当之代表，俾依照接受国法律规章取得保全此等国民之权利与利益之临时措施。

双边条约

1.1988年《中华人民共和国和保加利亚人民共和国领事条约》

第14条　在接受国法院和其他机构面前代表国民

一、遇有派遣国国民不在或由于其他原因不能及时保护其权利和利益时，领事官员根据接受国法律有权在接受国法院或其他机构面前代表该国民，包括自然人和法人，或为其安排适当代表。

二、本条第一款所指的代表一旦被代表的国民指定自己的代表或本人可保护其权益时即告结束。

2. 2002 年《中华人民共和国和俄罗斯联邦领事条约》

第 15 条第 3 款　遇有派遣国国民不在领区内或由于其他原因不能及时保护自己的权利和利益时，领事官员可根据接受国法律规章，在接受国法院或其他主管机关代表该国民或为其安排适当代理人，直至该国民指定了自己的代理人或本人能自行保护其权利和利益时为止。

3. 1982 年《中华人民共和国和立陶宛共和国领事条约》

第 15 条第 2 款　遇有派遣国国民不在当地或由于其他原因不能及时保护自己的权利和利益时，领事官员可根据接受国法律规章在接受国法院或其他主管当局前代表该国民或为其安排适当代理人，直至该国民指定了自己的代理人或本人能自行保护其权利和利益时为止。

条文释义

《民事诉讼法》第 274 条是关于外国当事人需要委托律师代理诉讼，必须委托中国律师的规定。其最初在 1982 年《民事诉讼法（试行）》第 191 条第 1 款规定为："外国人、无国籍人、外国企业和组织在人民法院起诉、应诉，委托律师代理诉讼的，必须委托中华人民共和国的律师。"在 1991 年《民事诉讼法》中成为单独的条款规定在第 241 条，即"外国人、无国籍人、外国企业和组织在人民法院起诉、应诉，需要委托律师代理诉讼的，必须委托中华人民共和国的律师"。后保留在 2007 年《民事诉讼法》第 239 条、2012 年《民事诉讼法》第 263 条、2017 年《民事诉讼法》第 263 条、2021 年《民事诉讼法》第 270 条、2023 年《民事诉讼法》第

274 条。

外国当事人可以亲自在我国人民法院起诉或者应诉，进行诉讼活动，也可以委托他人代理诉讼。但是委托律师代理诉讼的，只能委托中国的律师，而不能委托别国律师，包括外国当事人本国的律师以及除我国以外的其他任何一个国家的律师。该规定仅指在需要委托律师代理诉讼的情况下，必须委托中国律师，而并不排斥外国当事人委托本国律师以非律师身份担任诉讼代理人；不排斥外国当事人委托其本国公民或者其他国家的公民作为诉讼代理人；也不排斥外国驻华使领馆官员，受本国公民的委托，以个人名义而非官方名义担任该国当事人的诉讼代理；更不排斥外国当事人委托中国公民作为诉讼代理人。[①]

典型案例

利惠公司与四川锦衣馆商贸有限公司、重庆家乐福商业有限公司侵害商标权纠纷案[②]

原告利惠公司(LEVI STRAUSS & Co.)系根据美国法律成立的公司，1853 年公司创始人李维·斯特劳斯(Levi Strauss)发明制造了世界上第一条牛仔裤，并将相关技术申请了专利，随后利惠公司发展成全球最大的品牌服装运营商之一。在中国，利惠公司分别于 2005 年、2015 年注册了涉案商标，并通过多渠道持续宣传推广，使利惠公司的系列商标在中国具有极高的知名度。利惠公司的维权人员在调查中发现四川锦

---

① 参见姚红主编：《中华人民共和国民事诉讼法释义》，法律出版社 2007 年版，第 376 页。

② 参见四川省成都市中级人民法院民事裁定书，(2018)川01 民初3717 号。

衣馆商贸有限公司、重庆家乐福商业有限公司作为同类产品的销售者或者生产商，未经利惠公司许可，擅自生产或销售了突出使用与权利商标相同或者近似图形标志的牛仔裤，侵害了利惠公司的商标权，应当依法承担法律责任。法院经审查查明，涉案起诉状由“杨某某”代利惠公司签署。

四川省成都市中级人民法院认为：

根据《中华人民共和国民事诉讼法》第一百一十九条的规定，起诉必须符合下列条件：（一）原告是与本案有直接利害关系的公民、法人和其他组织；（二）有明确的被告；（三）有具体的诉讼请求和事实、理由；（四）属于人民法院受理民事诉讼的范围和受诉人民法院管辖；第二百五十九条规定，在中华人民共和国领域内进行涉外民事诉讼，适用本编规定。本编没有规定的，适用本法其他有关规定。《最高人民法院关于适用〈中华人民共和国民事诉讼法〉的解释》第五百二十三条第三款、第四款规定，代表外国企业或者组织参加诉讼的人，应当向人民法院提交其有权作为代表人参加诉讼的证明，该证明应当经所在国公证机关公证，并经中华人民共和国驻该国使领馆认证，或者履行中华人民共和国与该所在国订立的有关条约中规定的证明手续。本条所称的“所在国”，是指外国企业或者组织的设立登记地国，也可以是办理了营业登记手续的第三国；第二百零八条第三款规定，立案后发现不符合起诉条件或者属于民事诉讼法第一百二十四条规定情形的，裁定驳回起诉。根据本院审查查明的事实，杨某某代为签署起诉状或代为起诉的授权源于托马斯·M. 翁达（Thomas M. Onda）签署的《授权委托书》，但托马斯·M. 翁达的身份及权限仅源于其在公证人面前所作的陈述。而《加利福尼亚州通用确认书》所载信息表明，公证人仅证明公证书所附文书的签字确系签字人签署，而不证明签字人是否确实取得其宣称的授权。虽然赛思·R. 贾菲（Seth R. Jaffe）与托马斯·M. 翁达宣称各自是利惠公司的首席律师与高级副总裁、首席顾问，以及托马斯·M. 翁达有权代表利惠公司签署法律文件，但在本案无其他证据予以佐证的情况下，本院无法确认赛思·R. 贾菲与托马斯·M. 翁达是否系利惠公司员工，并有权代表利惠公司委托杨某某代为签署起诉状或提起诉讼。综上，本院无法确认杨某某有权代利惠公司签署起诉状或代为起诉，本案不符合起诉条件，应予驳回。

学理阐释

（一）通则建议条文

【诉讼代理】［外国人、无国籍人、外国企业和组织］在人民法院进行的诉讼活动，需要委托律师代理诉讼的，必须委托中华人民共和国的律师。但法律另有规定的除外。

涉外民事诉讼中的外籍当事人，可以委托本国人为诉讼代理人，也可以委托本国律师以非律师身份担任诉讼代理人；外国驻华使领馆官员，受本国公民的委托，可以以个人名义担任诉讼代理人，但在诉讼中不享有外交或者领事特权和豁免。

在涉外民事诉讼中，外国驻华使领馆授权其本馆官员，在作为当事人的本国国民不在中华人民共和国领域内的情况下，可以以外交代表身份为其本国国民在中华人民共和国聘请中华人民共和国律师或者中华人民共和国公民代理民事诉讼。

(二)理论解读

诉讼代理可分为法定代理、指定代理和委托代理。在国际民事诉讼中,由于国际民商事法律关系尤为复杂,加之国家之间距离遥远,同时存在制度、传统、观念等各方面的差异,再加上外国当事人对法院地国家的法律往往缺乏了解,因而使得诉讼代理制度的意义更显重要。是否允许外国当事人委托诉讼代理人以及可以委托什么样的人担任其诉讼代理人,同样涉及外国当事人的民事诉讼地位问题,并影响每一个具体的诉讼行为。因此,各国法律一般都对国际民事诉讼中的诉讼代理制度作出了专门规定。

我国现行《民事诉讼法》中仅对委托代理进行了规定,且主要涉及律师代理。对于领事代理,则在《民事诉讼法司法解释》第 526 条进行了补充。并且,中国作为《维也纳领事关系公约》成员,也是承认采用领事代理制度的。

因此,为了使我国诉讼代理制度规定更加系统,通则建议条文对涉外民事诉讼中的诉讼代理进行了规定。其中第 1 款和第 2 款规定了涉外民事诉讼中的委托代理,第 3 款规定了领事代理。

第 1 款保留了现行《民事诉讼法》第 274 条的内容,要求在我国法院参与国际民事诉讼的外国当事人委托在我国执业的律师担任诉讼代理人。但与《民事诉讼法》第 274 条相比,目前考虑"外国人、无国籍人、外国企业和组织"这种对主体的限定能否删除,从而避免在主体上存在有所遗漏的困扰。此外,将"在中华人民共和国起诉、应诉"改为"在中华人民共和国法院进行的诉讼活动",使主体所从事的诉讼活动也不限于起诉和应诉,使该条款在实践中的适用更为灵活。根据该条规定,外国当事人可以亲自在我国法院起诉或者应诉,进行诉讼活动,也可以委托他人代理诉讼。但是委托律师代理诉讼的,只能委托中国的律师,而不能委托别国律师，包括外国当事人本国的律师以及除我国以外的其他任何一个国家的律师。

第2款援引了现行《民事诉讼法解释》第526条的内容，进一步对外籍当事人的代理制度进行了规定。外国当事人不仅可以委托外国律师以非律师身份参加诉讼，也可以委托中国律师或者其他中国公民等代理诉讼。

第3款援引了现行《民事诉讼法解释》第527条的内容，确立了国际民事诉讼中的领事代理制度。对于领事代理，根据国际法的原则，派遣国领事可以在其驻在国法律规定的范围内，代表派遣国国民参加诉讼，以保护本国公民的合法权益。

通则条文的合理之处在于以下三个方面：首先，外国当事人只能委托在内国执业的律师担任诉讼代理人，是目前各国的通行做法。聘请内国律师代理诉讼，一方面，有利于案件的公正解决；另一方面，基于主权因素的考虑，内国律师代理避免了外国律师对内国司法的干预，有利于保护内国的司法主权。[①] 其次，体现了对外国当事人合法权益的尊重。关于"外国律师"可以在我国进行的法律服务，国务院和司法部发布了一系列的文件。1992年5月26日，司法部、原国家工商行政管理局发布了《司法部关于外国律师事务所在中国境内设立办事处的暂行规定》；2001年国务院通过了《外国律师事务所驻华代表机构管理条例》；2002年发布了《司法部关于执行〈外国律师事务所驻华代表机构管理条例〉的规定》，该规定在2004年被进一步修订。[②] 最后，作为《维也纳领事关系公约》的成员，我国是承认并采用领事代理这一制度的。并且我国与美国、南斯拉夫、波兰、朝鲜、匈牙利、意大利、蒙古国、墨西哥、保加利亚、

① 参见金彭年、董玉鹏：《国际民事诉讼法：原理、制度与案例》，浙江大学出版社2020年版，第56页。

② 参见何其生：《比较法视野下的国际民事诉讼》，高等教育出版社2015年版，第31页。

捷克斯洛伐克、老挝、伊拉克、土耳其、罗马尼亚、古巴、阿根廷、印度、阿拉伯也门、突尼斯、立陶宛等10多个国家签订的双边领事条约,也都规定了代理制度。①

以上三款规定使我国涉外民事诉讼中的诉讼代理制度更加全面。即能保护本国当事人和外国当事人的合法权益,同时符合国际法的原则,维护我国的司法主权。

九、诉讼费用担保的免除

现行规定

《民事诉讼法》

第121条第2款　当事人交纳诉讼费用确有困难的,可以按照规定向人民法院申请缓交、减交或者免交。

2006年《诉讼费用交纳办法》

第5条　外国人、无国籍人、外国企业或者组织在人民法院进行诉

① 参见金彭年、董玉鹏:《国际民事诉讼法:原理、制度与案例》,浙江大学出版社2020年版,第61页。

讼，适用本办法。

外国法院对中华人民共和国公民、法人或者其他组织，与其本国公民、法人或者其他组织在诉讼费用交纳上实行差别对待的，按照对等原则处理。

第 44 条第 1 款　当事人交纳诉讼费用确有困难的，可以依照本办法向人民法院申请缓交、减交或者免交诉讼费用的司法救助。

2021 年《中华人民共和国法律援助法》

第 69 条　对外国人和无国籍人提供法律援助，我国法律有规定的，适用法律规定；我国法律没有规定的，可以根据我国缔结或者参加的国际条约，或者按照互惠原则，参照适用本法的相关规定。

双边条约①

1. 2021 年《中华人民共和国和伊朗伊斯兰共和国关于民事和商事司法协助的条约》

第 2 条第 1 款　一方国民在另一方境内，应当有权在该另一方国民同等的条件下和范围内获得诉讼费用减免和法律援助。

2. 2010 年《中华人民共和国和阿尔及利亚民主人民共和国关于民事和商事司法协助的条约》

第 3 条　一、一方对于另一方国民，不得因为该人系外国人或者在其境内没有住所或者居所而要求该人提供诉讼费用保证金和任何名义

① 与我国之间签订民刑事司法协助条约的国家有：波兰、蒙古国、罗马尼亚、俄罗斯、土耳其、乌克兰、白俄罗斯、哈萨克斯坦、埃及、希腊、塞浦路斯、吉尔吉斯斯坦、塔吉克斯坦、乌兹别克斯坦、越南、老挝、立陶宛、朝鲜、古巴。与我国之间签订民商事司法协助条约的国家有：法国、意大利、西班牙、保加利亚、泰国、匈牙利、摩洛哥、新加坡、突尼斯、阿根廷、韩国、阿拉伯联合酋长国、科威特、巴西、阿尔及利亚、秘鲁、波黑、埃塞俄比亚、伊朗、比利时。

的担保存款。

二、本条第一款的规定亦适用于在任何一方境内并依该方法律成立的法人。

第4条第1款　任何一方国民在另一方境内，在遵守另一方法律的条件下，有权享有与另一方国民同等的法律援助或者诉讼费用减免。

3. 2009年《中华人民共和国和巴西联邦共和国关于民事和商事司法协助的条约》

第3条第2款　一方法院对于另一方国民，不得因为该人是外国人或者在其境内没有住所或者居所而要求该人提供诉讼费用担保。

第4条第1款　一方国民在另一方境内，应当在与该另一方国民同等的条件下和范围内获得诉讼费用减免和法律援助。

4. 2008年《中华人民共和国和秘鲁共和国关于民事和商事司法协助的条约》

第1条第2款　一方法院对于另一方国民，不得因为该人是外国人或者在其境内没有住所或者居所而要求该人提供诉讼费用担保。

第2条第1款　一方国民在另一方境内，应当在与该另一方国民同等的条件下和范围内获得诉讼费用减免和法律援助。

5. 1993年《中华人民共和国和保加利亚共和国关于民事司法协助的协定》

第3条　缔约一方国民在缔约另一方境内提起诉讼或以第三人身份参加诉讼时，不得因其为外国人或在缔约另一方境内无住所或居所而令其交纳诉讼费用保证金。

第4条第1款　缔约一方国民在缔约另一方境内，在与缔约另一方国民同等的条件下和范围内享受诉讼费用（包括根据缔约另一方法律规定的其他费用）的免除。

条文释义

对于诉讼费用的担保问题,我国经历了从要求外国人提供担保到实行在互惠前提下的互免担保的变迁过程。1982 年《民事诉讼法(试行)》第 199 条规定:“人民法院裁定准许当事人诉讼保全的申请后,应当责令被申请人提供担保;拒不提供的,即发布扣押命令,扣押其财产。”该条在 1991 年《民事诉讼法》涉外民事诉讼程序的特别规定中删除。

此外,最高人民法院于 1984 年发布的《民事诉讼收费办法(试行)》第 14 条第 2 款规定:“外国人、无国籍人、外国企业和组织在人民法院进行诉讼,应当对诉讼费用提供担保。”随着我国对外开放的全方位展开,此种仅要求外国当事人提供诉讼费用担保的做法已与我国对外开放的形象不相适宜,并且也与国际普遍实践相悖。因此,后来我国已改为实行在互惠对等条件下的国民待遇原则。1989 年《最高人民法院关于印发〈人民法院诉讼收费办法〉的通知》第 35 条规定:“外国人、无国籍人、外国企业和组织在人民法院进行诉讼,适用本办法。但外国法院对我国公民、企业和组织的诉讼费用负担,与其本国公民、企业和组织不同等对待的,人民法院按对等原则处理。”

虽然现行《民事诉讼法》对诉讼费用担保制度未作出明确规定,但我国最高人民法院于 2006 年颁布的《诉讼费用交纳办法》第 5 条规定:“外国人、无国籍人、外国企业或者组织在人民法院进行诉讼,适用本办法。外国法院对中华人民共和国公民、法人或者其他组织,与其本国公民、法人或者其他组织在诉讼费用交纳上实行差别对待的,按照对等原则处理。”上述规定确认了对外国诉讼当事人在诉讼费用方面实行互惠的对等的国民待遇原则。这既与当今各国的普遍实践相趋同,平等地保护了中外当事人的合法诉权，也为我国与外国缔结的司法协助协定或日后可能加入相应的多边条约提供了具体的国内法依据。

典型案例[①]

郑某某与谢某某民间借贷纠纷[②]

原告（郑某某，美国国籍）于2015年向湖南省长沙市中级人民法院申请撤回对被告谢某某的起诉。经查，本案原告应预交案件受理费4327元，原告在湖南省长沙市中级人民法院指定期限内仅交纳了案件受理费432.7元。湖南省长沙市中级人民法院依法通知其补交，但原告仍未在指定期限内足额交纳案件受理费，且未提出司法援助申请。

湖南省长沙市中级人民法院认为：

原告未按照《诉讼费用交纳办法》之规定交纳案件受理费，依照《中华人民共和国民事诉讼法》第一百一十八条第一款、《诉讼费用交纳办法》第五条第一款、第二十条第一款，《最高人民法院关于适用〈诉讼费用交纳办法〉的通知》第二条之规定，裁定如下：

本案按撤诉处理。

本案案件受理费4327元，减半收取2163.5元，由原告郑某某负担。

……

① 我国并无关于诉讼费用担保制度的专门规定，只有关于诉讼费用交纳的规定，本部分案例可在诉讼费用问题上提供参考。

② 参见湖南省长沙市中级人民法院民事裁定书，（2015）长中民五初字第00885号。

鲁道夫·达斯勒体育用品波马股份公司诉福建好多多商贸有限公司侵犯商标专用权纠纷案[①]

原告鲁道夫·达斯勒体育用品波马股份公司(PUMA AKTIENGESELLSCHAFT RUDOLF DASSLER SPORT),住所地为德意志联邦共和国赫左根奥拉克,与被告福建好多多商贸有限公司侵犯商标专用权纠纷案中,原告鲁道夫·达斯勒体育用品波马股份公司于2008年7月14日以双方已达成和解协议为由向福建省三明市中级人民法院提出撤诉申请。

三明市中级人民法院认为,原告鲁道夫·达斯勒体育用品波马股份公司申请撤诉符合中华人民共和国法律规定的条件。依照《中华人民共和国民事诉讼法》第一百三十一条第一款和中华人民共和国国务院《诉讼费用交纳办法》第五条第一款、第十五条的规定,裁定如下:

准许原告鲁道夫·达斯勒体育用品波马股份公司撤回起诉。

案件受理费2318元,减半收取1159元,由原告鲁道夫·达斯勒体育用品波马股份公司负担。

学理阐释

(一)通则建议条文

【诉讼费用担保的免除】外国人、无国籍人、外国企业和组织在人民法院进行诉讼,不得仅以其属于外国国籍或现在在我国无住所或居所而要求其提供担保、保证金或押金。

① 参见福建省三明市中级人民法院民事裁定书,(2008)三民初字第24号。

(二)理论解读

诉讼费用担保制度,一般是指外国人或在内国未设有住所的人在内国法院提起民事诉讼时,应被告的请求或依内国法律的规定,为防止原告滥用其诉讼权利或败诉后拒不支付诉讼费用,而由内国法院责令原告预先提供一定的金钱或实物以作为担保的一项制度。由于诉讼费用担保制度主要是针对具有外国国籍或住所在外国的原告设立的,因而对外国人在内国的民事诉讼权利显然是一种限制,它往往使得外国人处于与内国人不平等的地位,这无疑与外国人民事诉讼地位上的国民待遇原则相悖。

为此,通则建议条文对免除外国诉讼当事人的诉讼费用担保进行了规定。

通则建议条文规定参照《国际司法救助公约》第 14 条①的规定,免除外国诉讼当事人的诉讼费用担保。诉讼费用担保的制度,主要目的在于保护被告,因为一个没有根据的跨国诉讼很容易对被告造成严重损害,而且对管辖法院所属国也会造成司法资源和费用上的损失。当法院在最后判决中驳回某一外国原告的请求时,在很多情况下被告都由于有关判决在国外得不到执行而无法获得其为此诉讼而支出的费用,管辖法院也无法得到费用上的补偿。不过,要求外国原告提供诉讼费用担保的制度毕竟加重了外国原告的负担,违反了国民待遇原则,目前一些国家纷纷采取一些措施,如互惠原则、被告申请等,以减少或免除诉讼费用担

① 1980 年海牙《国际司法救助公约》第 14 条规定:“惯常居住在某一缔约国的人(包括法人)在另一缔约国法院或者法庭作为原告或诉讼参与人的,不得仅仅因为其外国国籍或者在该诉讼开始国无住所或者居所而要求其提供任何形式的担保、保证金或者押金。对于要求原告或者诉讼参与人支付任何款项作为法院费用担保的,适用上述规定。”

保金。[1] 本条规定顺应了国际社会的普遍实践,有助于树立我国对外开放的形象。

此外,本建议条文援引公约的规定一方面能够与我国的法律体系相衔接,另一方面也为我国日后加入相应的多边条约提供了具体的国内法依据。

关于《国际司法救助公约》第 14 条第 1 款在我国的适用,我国签订的有关民事司法协助条约中一般规定了免除担保条款。例如,《中华人民共和国和阿尔及利亚民主人民共和国关于民事和商事司法协助的条约》第 3 条"诉讼费用担保"规定:"一、一方对于另一方国民,不得因为该人系外国人或者在其境内没有住所或者居所而要求该人提供诉讼费用保证金和任何名义的担保存款。二、本条第一款的规定亦适用于在任何一方境内并依该方法律成立的法人。"由此可见,我国在非本国国民免除担保问题上与《国际司法救助公约》的规定是一致的。[2]

---

① 参见何其生:《比较法视野下的国际民事诉讼》,高等教育出版社 2015 年版,第 41 页。

② 参见何其生、杨羽:《中国加入〈国际司法救助公约〉可行性研究》,载《武大国际法评论》2016 年第 1 期。

十、语言文字

现行规定

《民事诉讼法》

第 273 条　人民法院审理涉外民事案件,应当使用中华人民共和国通用的语言、文字。当事人要求提供翻译的,可以提供,费用由当事人承担。

《民事诉讼法解释》

第 525 条　当事人向人民法院提交的书面材料是外文的,应当同时向人民法院提交中文翻译件。

当事人对中文翻译件有异议的,应当共同委托翻译机构提供翻译文本;当事人对翻译机构的选择不能达成一致的,由人民法院确定。

条文释义

《民事诉讼法》第 273 条是关于审理涉外民事案件使用我国通用的语言文字的规定。

该条在1982年《民事诉讼法(试行)》第190条规定为:“人民法院审理涉外案件,用中华人民共和国通用的语言、文字。当事人要求提供翻译的,可以提供,费用由当事人负担。”在1991年《民事诉讼法》第240条将“涉外案件”改为“涉外民事案件”,后分别规定在2007年《民事诉讼法》第238条、2012年《民事诉讼法》第262条、2017年《民事诉讼法》第262条、2021年《民事诉讼法》第269条以及2023年《民事诉讼法》第273条。

一个国家的法院审理涉外案件,使用法院所在国的语言、文字,是国际社会的一致做法。人民法院在审理涉外案件时,使用我国通用的语言、文字,这是国家主权的体现。外国当事人提供的有关诉讼材料,也应附有中文译文。外国当事人要求提供翻译的,人民法院可以提供,以方便外国当事人进行诉讼,便于人民法院对案件的审理。因提供翻译所需的费用,由要求提供翻译的当事人承担。①

典型案例

杜某某、袁某等损害公司利益责任纠纷案②

上诉人(原审原告)杜某某(TAO Vincent Man Kwan,曾用名陈某),澳大利亚国籍,因与被上诉人袁某及原审第三人青岛盈泰资产管理有限公司(以下简称盈泰公司)损害公司利益责任纠纷一案,不服中华人民

① 参见姚红主编:《中华人民共和国民事诉讼法释义》,法律出版社2007年版,第375页。

② 参见山东省高级人民法院民事判决书,(2021)鲁民终2617号。

共和国山东省青岛市中级人民法院(2021)鲁02民初1543号民事判决，向山东省高级人民法院提起上诉。

本案中双方当事人争议的焦点之一在于上诉人的标准姓名、身份。上诉人上诉主张原审判决中使用的“杜某某”并非其正式姓名。当事人的身份，属于人民法院审理案件时核实的事项。本案一、二审期间，上诉人均提交了证明其身份的相应公证认证材料及其翻译件，证明了上诉人为澳大利亚×××5748号护照姓名TAO Vincent Man Kwan，护照签名处显示杜某某。TAO Vincent Man Kwan在原中华人民共和国身份证上姓名为陈某。山东省高级人民法院确认TAO Vincent Man Kwan、杜某某及陈某为上诉人真实姓名。依照《民事诉讼法》第269条规定，人民法院审理涉外民事案件应当使用中华人民共和国通用的语言、文字。所以，原审判决列明原告澳大利亚护照上签署的中文杜某某及曾用名陈某，并无不当。

……………

福建省德化隆和陶瓷有限公司与福建省德化海伦贝尔陶瓷有限公司著作权权属、侵权纠纷案[①]

2021年1月27日，福建省版权局对名称为《LH人物表情花瓶－2》的美术作品进行了登记，登记号为闽作登字－2021－F－00008935，作品完成日期为2017年2月28日，载明著作权人为福建省德化隆和陶瓷有限公司(以下简称隆和公司)。2021年1月18日，福建省版权局对名称为《LH人物表情花瓶》的美术作品进行了登记，登记号为闽作登字－

① 参见福建省德化县人民法院民事判决书，(2023)闽0526民初2367号。

2021－F－00003940，作品完成日期为2017年2月28日，载明著作权人为隆和公司。隆和公司发现被告福建省德化海伦贝尔陶瓷有限公司（以下简称海伦贝尔公司）在阿里巴巴平台上开设的“福建省德化县海伦贝尔陶瓷有限公司”网店销售的“家居饰品北欧风陶瓷脸部表情花瓶花插热销工厂定制陶瓷花瓶花插”商品与隆和公司《LH人物表情花瓶》美术作品基本相同。为进一步调查取证，隆和公司在公证人员的陪同监督下，对海伦贝尔公司店铺进行了公证取证。隆和公司认为，海伦贝尔公司未经隆和公司许可，擅自使用隆和公司美术作品，严重侵害隆和公司依法享有的著作权。

对于是否侵犯著作权的问题，当事人围绕诉讼请求依法提供了证据，福建省德化县人民法院组织到庭当事人进行了证据交换和质证。

对隆和公司提供的1－6证据，海伦贝尔公司对真实性和合法性均无异议，仅对证明对象有异议，本院审查认为，隆和公司提供的上述证据来源合法，内容客观真实，且与本案审理具有关联性，故均予以确认并在卷佐证。对隆和公司提供的证据7（诉讼费发票原件），能证明隆和公司支付律师费5000元的事实，本院予以确认。海伦贝尔公司提供的证据材料是外文，根据《最高人民法院关于适用〈中华人民共和国民事诉讼法〉的解释》第五百二十五条第一款规定：“当事人向人民法院提交的书面材料是外文的，应当同时向人民法院提交中文翻译件”，因其未向本院提交中文翻译件，该证据未能直接证明海伦贝尔公司的抗辩主张，隆和公司亦不予认可，故本院对该证据不予采信。

学理阐释

（一）通则建议条文

【语言文字】人民法院审理涉外民事案件，应当使用中华人民共和国通用的语言、文字。但法律另有规定的除外。

当事人要求提供翻译的，可以提供，费用由当事人承担。

（二）理论解读

通则建议条文要求适用我国通用语言文字进行诉讼，在现行《民事诉讼法》第273条的基础上，进一步将该条款设置为两款，并在第1款增加了但书。

第1款要求人民法院在审理涉外案件时，使用我国通用的语言、文字。但在法律允许的情况下，也可以使用其他语言进行审理。

第2款要求当事人向人民法院提交的诉讼文书和证明文件应当使用中文，如果不是中文文本的，应当附上中文译文。为了保障涉外民事诉讼中外国当事人的诉讼权利，如果涉外案件当事人是不懂中文的外国人、无国籍人，人民法院可以为他们提供翻译，翻译的费用由外国当事人支付，或者允许他们带翻译人员出庭。①

在涉外民事诉讼中，适用案件管辖法院所属国家的语言文字是国家主权的要求，体现一国司法主权尊严，因此，我国《民事诉讼法》规定我

① 参见杨荣馨主编：《〈中华人民共和国民事诉讼法〉（专家建议稿）立法理由与立法意义》，清华大学出版社2012年版，第266页。

国人民法院审理涉外民事诉讼案件，应当使用我国的语言文字。

此外，我国目前已建立国际商事法庭，根据现行《民事诉讼法》第273条规定，人民法院审理涉外民事案件，应当使用中华人民共和国通用的语言、文字。因此，是否需要在审判语言上进行突破是一个不可回避的问题。

在当今世界，无论是国际谈判还是国际民商事往来，英语作为一种国际性语言在其中均发挥了重要的作用。在世界一流商事法院或法庭的建设中，尤其是新加坡国际商事法庭和迪拜国际金融中心法院，它们不仅在世界范围内聘请专业的国际法官，还以英语作为主要的审判语言。根据《迪拜金融中心法院规则》的规定，所有诉讼程序以英语进行。① 此外，在近年来兴起的国际商事法院建设的浪潮中，包括德国、法国、比利时在内的官方语言非英语的国家，纷纷着手建立以英语为主要工作语言的国际商事法庭。② 因此，在立法中增加这一例外规定，可以为我国国际商事法庭在涉外审判中使用英语审理案件提供法律依据，同时能够进一步提升我国国际商事法庭的国际化水平。

① See The Rules of the Dubai International Financial Centre Courts 2014, Article 2.2.

② 参见何其生主编：《国际商事法院研究》，法律出版社2019年版，第184页。

第三章

管辖权

十一、适当联系原则

现行规定

《民事诉讼法》

★2023 年修订

第 276 条　因涉外民事纠纷，对在中华人民共和国领域内没有住所的被告提起除身份关系以外的诉讼，如果合同签订地、合同履行地、诉讼标的物所在地、可供扣押财产所在地、侵权行为地、代表机构住所地位于中华人民共和国领域内的，可以由合同签订地、合同履行地、诉讼标的物所在地、可供扣押财产所在地、侵权行为地、代表机构住所地人民法院管辖。

除前款规定外，涉外民事纠纷与中华人民共和国存在其他适当联系的，可以由人民法院管辖。

条文释义

本条是关于中国法院行使涉外民事案件管辖权的一般规定,旨在明确本编关于管辖权的适用范围,所解决的问题是中国法院作为整体在国际上所享有的管辖权,以区别中国民事诉讼法所规定的国内管辖权。本条是2023年《民事诉讼法》在原第272条基础上的新修订条款,相较于原第272条主要有两处变化:一是第1款规定的本条适用范围由“合同纠纷或者其他财产权益纠纷”更改为“因涉外民事纠纷……除身份关系以外的诉讼”;二是增加了第2款关于“适当联系”的规定。本条含义如下:

首先,在适用范围上,第1款中“除身份关系以外的诉讼”相较于原“合同纠纷或者其他财产权益纠纷”扩大了本条的适用范围,在原有的合同纠纷等财产性纠纷外,将诸如因侵权引起的人身伤害赔偿等纠纷纳入人民法院的管辖范围。我国立法并非采取明确的民、商分立,因此第1款的“涉外民事纠纷”同时包括商事纠纷。

其次,在管辖权依据上,第1款沿用了原《民事诉讼法》第272条所规定的六种我国法院对在我国领域内没有住所的被告提起诉讼的管辖权依据,分别是合同签订地、合同履行地、诉讼标的物所在地、可供扣押财产所在地、侵权行为地或者代表机构住所地。总体而言,上述六种管辖权依据均是案件与法院地具有实质性联系的体现。

最后,第2款采纳了“适当联系”的标准,是为了赋予法院基于适当联系原则行使管辖权的基础,扩大法院的受案范围以及实现在合理情形下的域外管辖。从本质上来说,这也是一种基于案件事实与我国之间的联系而形成的管辖权依据。因此,“适当联系”是上述管辖权依据之外的、兜底性的管辖权依据。

典型案例

康文森无线许可有限公司诉中兴通讯股份有限公司案[①]

2017年7月24日，康文森无线许可有限公司（以下简称康文森）向位于伦敦的英国高等法院起诉中国公司华为技术有限公司（以下简称华为公司）和中兴通讯股份有限公司（以下简称中兴公司），主张两被告侵害其英国专利，并请求法院确定全球专利组合的公平、合理和无歧视原则（FRAND）的许可费。针对康文森在2017年年末所列明的11件中国专利，华为公司和中兴公司分别启动了一系列专利无效程序。2018年1月，华为公司在南京市中级人民法院起诉康文森，请求法院确认其不侵犯康文森所拥有的3件中国专利，并就康文森所拥有的全部中国标准必要专利确定FRAND许可条件。同月，中兴公司在深圳市中级人民法院起诉康文森，请求法院就康文森所拥有的全部中国标准必要专利确定FRAND许可条件。

康文森仅在中兴与康文森案中，就深圳市中级人民法院的管辖权提出了异议，该异议被深圳市中级人民法院驳回，随后康文森对该案管辖权异议提起了上诉。在管辖权异议的上诉中，康文森主张，首先，原审裁定以中兴公司无线通讯产品的研发地和生产地、合同谈判地及履行地确定本案管辖，缺乏依据，本案中支付许可费才是合同履行的内容，因此本案合同履行地应为康文森公司住所地；其次，中兴公司的诉讼与康文森

---

① 参见最高人民法院民事裁定书，（2019）最高法知民辖终157号。

在英国的诉讼请求重叠，存在平行诉讼；最后，英国法院是管辖本案更适宜的法院。因此，康文森认为原审法院管辖不当。对此，就原审法院是否拥有足够管辖权依据的问题，最高人民法院裁定，对于在中国境内没有住所和代表机构的被告提起的涉外民事纠纷案件，中国法院是否具有管辖权，应审查该纠纷与中国是否存在适当联系。就本案涉及必要标准专利纠纷而言，可以考虑许可标的所在地、专利实施地、合同签订地、合同履行地等是否在中国境内，只要前述地点之一在中国境内，则应认为本案与中国存在适当联系，中国法院即具有管辖权。

学理阐释

（一）通则建议条文

【适当联系原则】在中华人民共和国领域内审理具有涉外因素的民商事案件，应依照本编的规定行使司法管辖权。

对本编没有明确规定管辖权的案件，如果人民法院认为案件情况与中华人民共和国有适当联系且行使管辖权合理时，中华人民共和国人民法院可以对案件行使管辖权。

（二）理论解读

通则建议条文第 1 款的规定体现了特别程序优于一般程序的原则，是特别法优于一般法的体现。第 2 款的规定是我国法院行使涉外管辖权的兜底性条款。

关于第 1 款的规定，在涉外民事诉讼中，涉外案件具有特殊性，与非涉外案件不完全相同,因此涉外民事诉讼法单独成编,专门规定涉外民事诉讼的特别程序。法院在审理涉外民事诉讼案件时,应当基于特别规定优于一般规定的原则,适用本编的规定。

关于第2款的规定,就中国法院的管辖权问题,除中国缔结或者参加的国际条约另有规定外,均应适用中国法(法院地法)。随着国际经济和技术的发展,跨国交流的频繁使人们的活动和其所属主权国家的联系开始淡化。涉外案件中的国际因素使管辖权难以具备绝对的排他性,难以机械地以地域作为严格的区分界限。因此,管辖权规则在社会的推动下开始发生变化,绝对的属地主义与属人主义观念趋向淡薄,各国开始互相承认和容忍对位于一国之外的人或者发生在一国之外的行为行使管辖权。此外,一国法院对某些国外案件可以根据国家主权的原则,基于适当的连结因素行使司法管辖权。法院应具有司法上的自由裁量权,以弥补立法规定的不足,这在各国司法上是必需且不可缺少的惯例。在互联网环境下,人类活动的属地性被大大降低,物理性的联系在当事人之间或者被告与法院地间的作用被大大减少。这种情况下,管辖权模式关注的不再是被告与法院地之间的物理联系,而是被告与法院地之间的关系。①

这种关系在管辖权领域区别于属地原则与属人原则,法院行使管辖权时对连结因素的要求比选择法律进行适用时对连结因素的要求低得多,通常只要有最基本的联系即可。在没有条约约束的情况下,许多国家都或多或少有扩大本国管辖权的倾向。例如美国,其法律不区分合同和侵权,统一规定以被告经济活动为基础建立管辖权,由被告经济活动“经常实施或者旨在产生效果”的所在地法院行使管辖权。美国在某些

---

① 参见何其生:《比较法视野下的国际民事诉讼》,高等教育出版社2015年版,第54页。

州的法律和某些法院的判例中确立了所谓“长臂管辖”规则与“最低限度联系”规则。大陆法系国家如瑞士、比利时等国也在“必要管辖权”中规定，在诉讼不可能在外国进行或者在外国提起诉讼不合理时，由与案件有充分联系的本国法院进行管辖。[①]《韩国国际私法》采取了两步走的涉外管辖权判断标准，即第一步先判断韩国法院是否与当事人或纠纷事项具有实质性关联，第二步再参照国内法律的管辖规定来判断有无涉外诉讼管辖权，并充分考虑涉外诉讼管辖的特殊性。[②]

改革开放至今，中国已经成为世界上首屈一指的工业国、贸易国，无论是个人、企业的利益还是国家利益都深受国际社会影响，涉外民商事案件在数量激增的同时，涉案标的额也急速上升，过于僵化地固守属地主义与属人主义的传统，在当前国际经贸发展的背景下已经不能满足中国法院审理涉外案件的需求。有不少学者都提出，在管辖权的规制上超越纯粹的属地主义与属人主义，在管辖权领域增设竞争性管辖权事项，以联系标准和外国行为对中国的影响作为管辖权的依据，是发展中国的国际民事诉讼制度，扩大中外当事人在中国法院诉讼的机会，建设中国“大国司法”的内在要求。[③] 为扩大我国法院的受案范围，保护在华当事人利益，通则建议条文特别以联系标准为管辖权基础作出规定。不同于美国“最低限度联系”，本条以“适当联系”作为兜底性的管辖权依据，以增强行使管辖权的合理性。依照本条规定，法院在进行个案审理时，可

---

① 《瑞士联邦国际私法法规》第 3 条规定：“本法未规定瑞士任何地方的法院或行政机关有管辖权，而诉讼不可能在外国进行或者在外国提起诉讼不合理时，由与案件有充分联系的瑞士法院或行政机关管辖。”

② 《韩国国际私法》第 2 条规定：“法院在当事人或纷争事项与韩国有实质性关联时具有涉外诉讼管辖权。在实质关联性的判断上，法院应依据符合涉外诉讼管辖分配理念的合理原则来判断。法院应参照国内法律的管辖规定来判断有无涉外诉讼管辖权，但应对照第 1 款规定的宗旨，充分考虑第 1 款下涉外诉讼管辖的特殊性。”

③ 参见何其生：《大国司法理念与中国国际民事诉讼制度的发展》，载《中国社会科学》2017 年第 5 期。

以基于具体的案件情况决定是否基于适当联系原则行使管辖权。

十二、被告经常居所地法院管辖

现行规定

《民事诉讼法》

第22条　对公民提起的民事诉讼,由被告住所地人民法院管辖;被告住所地与经常居住地不一致的,由经常居住地人民法院管辖。

对法人或者其他组织提起的民事诉讼,由被告住所地人民法院管辖。

同一诉讼的几个被告住所地、经常居住地在两个以上人民法院辖区的,各该人民法院都有管辖权。

《民事诉讼法解释》

第3条　公民的住所地是指公民的户籍所在地,法人或者其他组织的住所地是指法人或者其他组织的主要办事机构所在地。

法人或者其他组织的主要办事机构所在地不能确定的,法人或者其他组织的注册地或者登记地为住所地。

条文释义

《民事诉讼法》第22条是对中国法院国际民事管辖权的一般性规定。本条含义如下：

第1款是关于被告住所地管辖的规定，在不涉及专属管辖以及当事人选择法院协议的情况下，被告住所地法院管辖是各国均采用的普遍性原则。《民事诉讼法》第270条概括性规定了"在中华人民共和国领域内进行涉外民事诉讼，适用本编规定。本编没有规定的，适用本法其他有关规定"。因此，《民事诉讼法》第22条关于被告经常居住地管辖的规定同样适用于涉外民事诉讼。

第2款是法人作为被告时的规定，《民事诉讼法解释》第3条规定法人的经常居住地包括"主要办事机构所在地""注册地或者登记地"。国际上普遍采取《海牙判决公约》的规定，即法人的经常居住地包括：(1)法定住所所在地；(2)成立或组建时依据的法律所属国；(3)管理中心所在地；(4)主营业地所在地。①

第3款是关于多个被告经常居住地冲突时的规定，所有符合法律规定的经常居住地人民法院均有管辖权。多个人民法院之间的管辖权竞合则需要平行诉讼规则予以解决，《民事诉讼法》第36条规定："两个以上人民法院都有管辖权的诉讼，原告可以向其中一个人民法院起诉；原告向两个以上有管辖权的人民法院起诉的，由最先立案的人民法院管辖。"

---

① 《海牙判决公约》第3条第2款规定："实体或者自然人以外的其他人被视为在下列国家有惯常居所：(一)其法定住所所在地；(二)其成立或者组建时依据的法律所属国；(三)其管理中心所在地；(四)其主营业所所在地。"

典型案例

吉米斯普拉斯有限公司与王某、孙某买卖合同纠纷一审民事判决书[①]

吉米斯普拉斯有限公司(墨西哥)与青岛汇丰昌制帽有限公司(以下简称汇丰昌公司)因买卖合同发生纠纷。2011年,原告吉米斯普拉斯有限公司以被告汇丰昌公司未履行合同约定义务为由,向青岛市中级人民法院提起诉讼,请求判决解除原告与汇丰昌公司于2011年1月签订的合作协议书,并判决汇丰昌公司向原告返还已支付货款及利息。

青岛市中级人民法院认为,本案系国际货物买卖合同纠纷。因原告系在墨西哥注册的公司,因此本案系涉外商事纠纷。因被告经常居所地为山东省青岛市,本院以被告住所地为连结点取得本案管辖权。

学理阐释

(一)通则建议条文

【被告经常居所地法院管辖】被告的经常居所地位于中华人民共和国领域内的,中华人民共和国人民法院对有关被告的案件享有管辖权,但本编专属管辖权的规定或者当事人

① 参见山东省青岛市中级人民法院民事判决书,(2018)鲁02民初1857号。

依本法对管辖法院另有约定的除外。

(二)理论解读

被告的经常居所地被称为被告的“普通审判籍”,其作为一般管辖权依据,无论是在大陆法系国家还是英美法系国家都得到广泛的认可,是国际民事诉讼的通用规定。被告经常居所地作为被告生活的中心,与被告的各种行为都有着重要的联系。在被告的经常居所地法院进行司法程序有利于案件的审理、判决的承认和执行,同时可以限制原告挑选法院的行为,有利于原、被告的平衡保护。本编涉及属人管辖权依据时统一采取“经常居所地”,涉及部分涉外家事法的条款加入当事人国籍作为管辖权依据,以保护中国公民的利益。

属人法的连结点非常多样化,并非一个统一的概念,包括定居国、国籍国、住所地、经常居所地等概念。在涉外民事诉讼法领域,经常居所地这一概念逐渐取代了住所地,并部分取代了国籍。经常居所地相较于住所地与国籍作为确认属人法的连结点具有优势。住所和国籍分别是英美法系和大陆法系确定属人法的最主要连结点,但晚近二者都受到了强烈的批判。住所作为连结点的主要问题在于其在全球范围内概念上的不统一,大陆法系的住所可以被经常居所涵盖,而英美法系的住所意味着永久的家。国籍的主要问题是其经常遭遇多重国籍与无国籍的情形,并且完全基于国籍确定属人法有可能牺牲个人选择法律的自由。经常居所地至少在三个方面具有优势:一是相较于住所地,经常居所地更加容易确认;二是在当前时代国际社会人员大规模流动的情形下,经常居所地是真正的自然人生活中心与利益中心;三是经常居所地原本就可以作为解决多重国籍或多个住所冲突的主要方案。① 在我国现行法律体系中,采用经常住所地也具有现实便利性。《民事诉讼法》第22条规定:“被告住所地与经常居住地不一致的,由经常居住地人民法院管辖。”在住所地与经常居所地一致时,住所地就是经常居所地,当二者不一致时,经常居所地法院享有管辖权。因此,《民事诉讼法》国内管辖权的规定实质上已经使经常居所地包含了住所地,这也与《法律适用法》已经全面采纳了经常住所地标准的做法相一致。

此外,专属管辖是以排除其他国家法院管辖为特征的管辖,具有强制性与排他性,被列入专属管辖的事项一般与一国的政治、经济、法律等社会体制与公共秩序密切相关。协议管辖,是指当事人在不违背一国法律强制性规定的情况下,以协商达成合意的方式确定管辖的法院,是契约自由和私法自治原则的体现。专属管辖与协议管辖一般均有单独规定,本条的除外条款对此予以排除。

---

① 参见何其生:《我国属人法重构视阈下的经常居所问题研究》,载《法商研究》2013年第3期。

第二节　特殊管辖

十三、自然人身份关系

现行规定

《民事诉讼法》

第23条　下列民事诉讼，由原告住所地人民法院管辖；原告住所地与经常居住地不一致的，由原告经常居住地人民法院管辖：

（一）对不在中华人民共和国领域内居住的人提起的有关身份关系的诉讼；

（二）对下落不明或者宣告失踪的人提起的有关身份关系的诉讼；

（三）对被采取强制性教育措施的人提起的诉讼；

（四）对被监禁的人提起的诉讼。

条文释义

本条是一般地域管辖中原告就被告原则的例外规定。在一些特殊情况下，由被告经常居所地法院管辖不利于案件的审理或当事人参加诉讼,此时由原告的住所地或经常居所地法院进行管辖。原告住所地人民法院的管辖主要包括两种情形,一是有关自然人身份关系的诉讼;二是被告一方的人身自由受到限制。

本条第1项是关于自然人身份关系的诉讼。身份关系,是指基于主体的一定身份而发生的以身份利益为内容的人身关系。自然人身份关系主要是基于亲属、婚姻而产生的身份关系,主要包括父母子女与夫妻身份关系。在身份关系的诉讼中,如果被告一方的住所或经常居所不在中华人民共和国领域内,由原告一方的居所地法院管辖有利于保障原告一方的身份利益与诉讼权利。本条的适用有三个基本条件:一是因自然人的身份和能力提起的诉讼;二是被告不在中华人民共和国境内居住;三是原告具有中华人民共和国国籍或者经常居所地位于中华人民共和国领域内。

本条第2项是对下落不明或者宣告失踪的人提起的身份关系诉讼的规定。下落不明,是指公民最后离开居住地后没有音讯的情况,根据《民法典》第40条的规定,“自然人下落不明满二年的,利害关系人可以向人民法院申请宣告该自然人为失踪人”。在被告下落不明或宣告失踪的情况下,为保护原告一方的身份利益与诉讼权利,由原告的住所地或经常居所地法院管辖。

本条第3项和第4项是对被采取强制性教育措施的人和被监禁的人提起诉讼的规定,二者的共同特点是被告一方被限制人身自由。强制性教育措施是对违反行政法规但尚未构成犯罪的行为采取的强制措施,监禁是对违反刑事法规的犯罪行为采取的剥夺人身自由的措施。在被告一方被限制人身自由或被剥夺人身自由的情况下,由被告住所地或经常居所地法院行使管辖权十分不便,为保障原告一方诉讼权利,由原告住所地或经常居所地法院管辖。

典型案例

张某甲离婚纠纷案①

2004年10月26日，张某甲和陈某在浙江省仙居县民政局登记结婚。婚后生育两子，名为张某乙、张某丙。由于双方感情基础薄弱，自2019年1月起夫妻感情破裂，陈某携儿子移居美国，双方分离至今。2021年5月10日，陈某在浙江省仙居县人民法院提起诉讼，要求离婚，因调解不成，该次离婚诉讼不了了之。在该次诉讼中，陈某在起诉状中确认夫妻双方因感情不和分居已满2年，故诉请法院判决准予双方离婚。2023年4月，起诉人张某甲向安徽省泾县人民法院提出诉讼请求：判决张某甲、陈某离婚。

安徽省泾县人民法院认为，陈某于2019年8月2日出境前往美国后至今尚无入境记录。根据我国民事诉讼法的规定，对不在中华人民共和国领域内居住的人提起的有关身份关系的诉讼，由原告住所地人民法院管辖。而原告张某甲提供的材料中显示其户籍地为浙江省仙居县，故本院无管辖权。

① 参见安徽省泾县人民法院民事裁定书，(2023)皖1823民初794号。

学理阐释

(一)通则建议条文

【自然人身份关系】对因自然人的身份关系和能力提起的诉讼,原告具有中华人民共和国国籍或者经常居所地位于中华人民共和国领域内的,中华人民共和国人民法院享有管辖权。

(二)理论解读

关于自然人身份和能力的管辖权,被告的经常居所地是基本管辖依据。但是对在我国领域内没有经常居所的被告提起的诉讼,由于其经常居所地的不确定,因而无法适用国内民事诉讼中"原告就被告"的一般地域管辖原则。此外,在身份关系诉讼中采取原告具有中华人民共和国国籍这一管辖权基础,是考虑到现实中有大量海外居住的具有中华人民共和国国籍的中国公民,增加国籍管辖权依据有利于扩大人民法院的受案范围,保护海外中国公民的诉讼利益。为加强涉外身份关系纠纷中对中国原告一方的保护,应单独设置管辖权条款,同时纳入国籍管辖与属地管辖原则。

特殊情况下,为保护原告的诉讼权利,由原告国籍国、住所地或经常居所地法院管辖是国际通用做法,如《法国民事诉讼法》第 42 条规定,"如果被告没有已知的住所或经常居住地,原告可以向其居住地的法院提起诉讼";《法国民法典》第 29 条规定,"(法国)普通民事法院对审理有关自然人的法国国籍或外国国籍的争议拥有唯一管辖权"。《瑞士联邦国际私法法规》第59条规定,“离婚案件中,如果原告是本国公民,即使其住所不在本国,瑞士法院也可管辖”。《芬兰民事诉讼法》第18条第4项规定,“涉及离婚、终止同居或婚姻有效性或配偶死亡后以外的婚姻财产分配的事项,由配偶任何一方住所或经常居住地所在司法区的地区法院审理”。《俄罗斯民事诉讼法典》第402条第3条第8项规定,“离婚案件,原告在俄罗斯联邦有住所地或夫妻一方为俄罗斯联邦公民”,俄罗斯法院有权审理相关涉外案件。

十四、法人的分支机构与代表机构

现行规定

《民事诉讼法》

第276条第1款　因涉外民事纠纷,对在中华人民共和国领域内没有住所的被告提起除身份关系以外的诉讼,如果合同签订地、合同履行地、诉讼标的物所在地、可供扣押财产所在地、侵权行为地、代表机构住所地位于中华人民共和国领域内的,可以由合同签订地、合同履行地、诉讼标的物所在地、可供扣押财产所在地、侵权行为地、代表机构住所地人民法院管辖。

条文释义

本条规定了涉及法人分支机构与代表机构诉讼中的管辖权依据。法人的分支机构或者代表机构是代表其总部进行业务活动的实体，分支机构或者代表机构所在地法院的管辖权，属于“被告经常居所地法院管辖”原则的延伸。本条要求该诉讼必须是由位于中国境内的分支机构或者代表机构的商业活动所引起的，以增强该条管辖权行使的合理性。

典型案例

精工电子有限公司与宁波精芯科技有限公司等侵害发明专利权纠纷案①

本案中，住所地位于日本的精工电子有限公司（以下简称精工公司）起诉住所地位于中国的宁波精芯科技有限公司（以下简称精芯公司）、深圳市广商科技有限公司（以下简称广商公司）制造、销售、许诺销售被诉侵权产品侵害了其拥有的涉案专利权。精芯公司就此提交了《外国（地区）企业常驻代表机构登记证》等证据，初步证明精工公司在中华人民共和国上海市设有代表机构。上海知识产权法院认为，本案系侵害发明专利权纠纷。根据民事诉讼法的相关规定，因侵权行为提起的诉讼，由侵权行为地或被告住所地人民法院管辖。同一诉讼的几个被告住

① 参见最高人民法院民事裁定书，(2022)最高法知民辖终37号。

所地、经常居住地在两个以上人民法院辖区的,各该人民法院都有管辖权。两个以上人民法院都有管辖权的诉讼,原告可以向其中一个人民法院起诉。因合同纠纷或者其他财产权益纠纷,对于在中华人民共和国领域内没有住所的被告提起的诉讼,如果被告在中华人民共和国领域内设有代表机构,可以由代表机构住所地人民法院管辖。本案中,精工公司住所地虽不在中华人民共和国领域内,但精芯公司提供的《外国(地区)企业常驻代表机构登记证》能够证明其在中国上海设有代表机构,该代表机构住所地位于原审法院辖区内,故原审法院对本案具有管辖权,精芯公司选择向原审法院起诉符合法律规定。

精工公司上诉请求撤销原审裁定,将本案移送中华人民共和国广东省深圳市中级人民法院审理。

最高人民法院认为,侵害发明专利权纠纷中,专利侵权人在中华人民共和国领域内没有住所但设有代表机构,诉讼标的物及侵害行为发生在中华人民共和国领域内,则诉讼标的物所在地、侵权行为地或代表机构住所地人民法院均有权管辖由此发生的纠纷。由于专利侵权人在中华人民共和国上海市设有代表机构,因此该代表机构所在地上海市人民法院对该专利侵权纠纷具有管辖权。虽然广商公司的住所地位于中华人民共和国广东省深圳市,中华人民共和国广东省深圳市亦是本案的地域管辖连结点之一,但该管辖连结点的存在,并不影响原审法院对本案行使管辖权。

学理阐释

(一)通则建议条文

【法人的分支机构与代表机构】对因商业活动纠纷提起

的诉讼，如被告的分支机构或者代表机构位于中华人民共和国领域内，且该诉讼是由该分支机构或者代表机构的商业活动引起的，中华人民共和国人民法院享有管辖权。

(二)理论解读

法人的分支机构不同于法人所设立的具有独立法律人格的新的法人组织，分支机构占有、使用的财产不属于自己所有，而是其所属法人财产的组成部分，其从事业务活动的法律后果由其所属法人承担，其中包括所属法人应以其全部财产对其分支机构的债务承担责任。2010 年国务院发布的《外国企业常驻代表机构登记管理条例》第 2 条将代表机构定义为："外国企业依照本条例规定，在中国境内设立的从事与该外国企业业务有关的非营利性活动的办事机构。代表机构不具有法人资格。"

法人分支机构与代表机构均不具有法人资格，但是其行为是其所属法人行为的一部分，分支机构与代表机构所在地在涉及案件的管辖时可以被视为其所属法人所在地的延伸部分。商业活动纠纷中，法人的分支机构或者代表机构所在地法院享有管辖权是国际上的惯例。《意大利民事诉讼法》第 19 条①、《俄罗斯民事诉讼法》第 402 条第 3 款第 1 项②、《布鲁塞尔条例Ⅰ》(重订)第 7 条③与 1999 年《管辖权及判决公约临时

① 《意大利民事诉讼法》第 19 条规定："……案件也可以由法人分支机构和为应诉而授权的诉讼代表所在地法院管辖。"

② 《俄罗斯民事诉讼法》第 402 条第 3 款规定："有下列情形之一的，俄罗斯联邦法院也有权审理涉外案件：(1)外国人的管理机关、分支机构或代表机构设在俄罗斯联邦境内。"

③ 《布鲁塞尔条例Ⅰ》(重订)第 7 条第 5 款规定："由于分支机构、代理或者其他机构的运营引起的争端，在该分支机构、代理或者其他机构所在地法院。"

文本》第9条①的原方案都包括此类条款。2012年施行的日本《关于修改民事诉讼法及民事保全法的一部分的法律》在《日本民事诉讼法》中新设了第二章第一节“日本法院的管辖权”,其中第3-3条第5款②也包含类似规定。

十五、动产物权

现行规定

[我国现行立法尚无涉外动产物权管辖的专门性规定。]

① 1999年《管辖权及判决公约临时文本》第9条规定:“原告可在被告的分支机构、代理机构或任何其他机构所在国法院[或被告以其他方式经常性地从事商业活动所在地国法院]提起诉讼,条件是该争议与该分支机构、代理机构或其他机构的活动[或该经常性商业活动的]直接相关。”

② 《日本民事诉讼法》第3-3条规定:“下列各项规定中的诉讼,符合各项规定的情形时,可以向日本裁判所提起诉讼:……5.对在日本从事实业经营的人[包含在日本长期从事经营的外国公司](指的是根据公司法第2条第2款规定的外国公司)提起的诉讼:该诉讼与该事业经营者在日本的事业相关时,可向日本裁判所提起诉讼。”

典型案例

德国再建设银行诉阿拉伯联合酋长国阿布达比集装箱航运公司船舶抵押贷款合同欠款纠纷案[①]

原告德国再建设银行与被告阿布达比集装箱航运公司签订了一份《关于10艘集装箱船舶买卖的贷款合同》(以下简称《贷款合同》),9月24日双方又签订了补充协议作为《贷款合同》的附件。这两份文件共同构成原、被告间的“贷款协议”。该“贷款协议”约定,原告为被告购买船舶提供贷款,被告将所购买的船舶抵押给原告作为偿还贷款的担保。2001年,在涉案船舶停泊于中国上海港期间,原告德国再建设银行在上海海事法院起诉被告未能在约定的期限内偿还贷款,请求被告赔偿涉案贷款的本金与利息,并确认原告对拍卖涉案船舶所得价款及利息享有第一抵押权人的优先受偿权。

上海海事法院经审理认为,根据《民事诉讼法》(1991年)第243条规定,因合同纠纷或其他财产权益纠纷,对在我国领域内没有住所的被告提起的诉讼,如果诉讼标的物在我国领域内或被告在我国领域内有可供扣押的财产,可以由标的物所在地或可供扣押财产所在地法院管辖。2001年12月19日原告向本院起诉时被告所有的且原告具有抵押权的“示芭”轮停泊于上海港,2002年1月11日该轮又被本院依法在上海扣押,因此本院依法对本案具有管辖权。

① 参见上海海事法院民事裁定书,(2002)沪海法商初字第16号。

学理阐释

(一)通则建议条文

【动产物权】对因动产物权纠纷提起的诉讼,如果争议财产所在地位于中华人民共和国领域内,中华人民共和国人民法院享有管辖权。

(二)理论解读

人民法院对有关财产的纠纷享有管辖权是基于法院对该财产的有效控制,物之所在地法院对物权争议拥有最密切联系,也更便于案件的执行,节约时间与司法成本。目前,我国立法中并没有明确关于动产物权的管辖规定,《民事诉讼法》第276条所列举涉外管辖权依据中的"诉讼标的物所在地""可供扣押财产所在地"实际上也包含诉讼标的物或财产为动产时的情形。

但是,上述两种管辖权连结点并未区分动产物权与不动产物权。《民事诉讼法》第34条规定:"下列案件,由本条规定的人民法院专属管辖:(一)因不动产纠纷提起的诉讼,由不动产所在地人民法院管辖……"《民事诉讼法》第270条规定:"在中华人民共和国领域内进行涉外民事诉讼,适用本编规定。本编没有规定的,适用本法其他有关规定。"因此,涉外案件中的不动产物权同样属于我国法院专属管辖的范畴。鉴于此,可以考虑对动产物权这一特殊管辖权作单独规定。

物之所在地法院行使管辖权可以使法院有效控制涉案诉讼标的物,便于证据的搜集和判决的执行。普通法国家基于“有效控制”原则确立管辖权,只要争议的物出现在一国境内,便可能构成这种“有效控制”,如英国在物权诉讼中可以基于物之所在地位于英国而主张管辖权。[1] 美国的司法管辖权包括对物管辖权,即只要该物位于美国境内或一州内,物之所在地法院便具有管辖权,其中包括对动产、证券、股份等物的管辖权。[2] 大陆法系国家中,财产所在地也是较为通用的涉外管辖权依据。如《德国民事诉讼法》第 23 条规定,“对于根据财产法对在德国没有住所的人提起的申诉,法院在属于该人的资产所在的管辖区或根据诉讼提出索赔的对象所在的管辖区内具有管辖权。涉及债权的,如果标的物作为担保物对债权负有责任,则标的物所在地应视为资产所在地”;《日本民事诉讼法》第 5 条第 4 项规定,“对日本国内没有住所的人或住所不明的人提起的财产权上的诉讼,请求标的或附担保请求的担保标的所在地、可被扣押的被告的财产所在地”的法院具有管辖权。

---

① 参见刘力主编:《中国涉外民事诉讼立法研究:管辖权与司法协助》,中国政法大学出版社 2016 年版,第 77 页。

② See Restatement (Second) of Conflict of Law §§ 66 – 68.

十六、合　　同

现行规定

《民事诉讼法》

第 24 条　因合同纠纷提起的诉讼，由被告住所地或者合同履行地人民法院管辖。

★2023 年修订

第 276 条第 1 款　因涉外民事纠纷，对在中华人民共和国领域内没有住所的被告提起除身份关系以外的诉讼，如果合同签订地、合同履行地、诉讼标的物所在地、可供扣押财产所在地、侵权行为地、代表机构住所地位于中华人民共和国领域内的，可以由合同签订地、合同履行地、诉讼标的物所在地、可供扣押财产所在地、侵权行为地、代表机构住所地人民法院管辖。

条文释义

上述条款规定了合同争议的一般管辖权依据。《民事诉讼法》第 24

条是关于国内民事诉讼合同纠纷的管辖权规定,第 276 条是关于涉外民事诉讼合同纠纷的管辖权规定。

关于第 24 条的规定,合同履行地,是指履行合同所确定义务的地点,当事人可以在合同履行之前在合同中明确约定合同履行地。《民事诉讼法解释》第 18 条规定:"合同对履行地点没有约定或者约定不明确,争议标的为给付货币的,接收货币一方所在地为合同履行地;交付不动产的,不动产所在地为合同履行地;其他标的,履行义务一方所在地为合同履行地。即时结清的合同,交易行为地为合同履行地。"国内合同纠纷中,在当事人未签订管辖协议的情况下,除被告住所地法院的管辖权外,合同履行地与合同最具有密切联系,其所在地的法院最具备审理案件的便利性。

关于第 276 条的规定,涉外合同纠纷中,对在中国领域内没有住所的被告提起除身份关系以外的诉讼,合同签订地与合同履行地人民法院拥有管辖权。涉外案件中,合同签订地、合同履行地是与争议具有最密切联系的地点。合同签订地最早可以追溯至罗马法中"场所支配行为"的理念,而后逐渐形成"缔约地法院"(forum contractus)的管辖权依据,即合同签订地与合同履行地法院拥有管辖权。① 随着商业形式的现代化与全球化发展,尤其是电子合同的出现,国际合同所涉及的地域范围日益复杂化,这使合同的签订地出现不确定性,合同履行地作为管辖权依据的重要性得到提升。② 合同履行地在合同从成立到终结的全过程中最能体现其特征,也是国际上较为公认的合同纠纷的管辖权依据。

---

① 参见[德]萨维尼:《法律冲突与法律规则的地域和时间范围》,李双元等译,法律出版社 1999 年版,第 114 页。

② 参见刘力主编:《中国涉外民事诉讼立法研究:管辖权与司法协助》,中国政法大学出版社 2016 年版,第 88 页。

典型案例

中林林业管理(新西兰)有限公司与漳州市澳加纽贸易有限公司买卖合同纠纷案[①]

2022年,中林林业管理(新西兰)有限公司与漳州市澳加纽贸易有限公司因买卖合同产生纠纷,上海市浦东新区人民法院一审裁定上海浦东外高桥为合同履行地,一审法院具有管辖权。上诉人中林林业管理(新西兰)有限公司上诉请求撤销原审裁定,对于被上诉人在上海市浦东新区人民法院起诉与上诉人之间的买卖合同纠纷一案不予受理。中林公司称,上诉人与被上诉人之间涉及本案的所有买卖合同的订立过程,仅仅是将微信作为合同文本内容转发对方的一种方式,不具有信息网络订立合同的特征,应为一般买卖合同;上海外高桥仅是本案所涉货物的指定到达目的地,即上诉人承担运费运至的目的地,而非合同收货地,因此合同的履行地在澳大利亚装船港,而不是上海外高桥,故原审法院对于本案没有管辖权。

上海市第一中级人民法院认为,根据《民事诉讼法解释》第18条,合同约定履行地点的,以约定的履行地点为合同的履行地。就本案合同履行地而言,双方对合同履行地未作明确约定,即应按法律规定确定本案合同履行地,根据合同对履行地点没有约定或者约定不明确的,争议标的为给付货币的,接收货币一方所在地为合同履行地;交付不动产的,不动产所在地为合同履行地;其他标的,履行义务。一方所在地为合同履

① 参见上海市第一中级人民法院民事裁定书,(2023)沪01民辖终227号。

行地。从现有查明的情况看,《民事诉讼法》所规定管辖的连结点,均不在中国境内。故中国法院不具有管辖权。

学理阐释

(一)通则建议条文

【合同】对因合同关系提起的诉讼,如合同签订地、合同履行地位于中华人民共和国领域内,中华人民共和国人民法院享有管辖权。

对因网络方式订立的买卖合同提起的诉讼,如买受人的经常居所地或收货地位于中华人民共和国领域内,中华人民共和国人民法院享有管辖权。

(二)理论解读

通则建议条文第1款是合同的一般性管辖权依据,参考了《国际私法示范法》第27条①的规定,并删除了被告的办事机构所在地。被告办事机构所在地即"被告经常居所地管辖"所规定的被告经常居所地,已经被一般管辖所覆盖。本条所规定的合同签订地、合同履行地与现行《民事诉讼法》第24条、第276条的规定一致。

第2款规定的买受人经常居所地、收货地是通过网络方式订立的涉

① 《国际私法示范法》第27条规定:"对因合同关系提起的诉讼,如被告的办事机构所在地、合同签订地、合同履行地或者合同标的物所在地位于中华人民共和国境内,中华人民共和国法院享有管辖权。"

外合同的履行地，是对第 1 款规定的补充，参考了《民事诉讼法解释》第 20 条。[①] 通过信息网络交付的，买受人的经常居所地为合同履行地；通过其他方式交付的，收货地为合同履行地。

因合同发生纠纷，在合同是否成立的争议、合同变更发生的争议、合同履行发生的争议中，合同签订地、合同履行地是与争议具有最密切联系的地点。由上述地点法院进行管辖有利于法院的审理。本条第 1 款的规定是国际通行做法，如《布鲁塞尔条例Ⅰ》（重订）第 7 条[②]、《瑞士联邦国际私法法规》第 112 条[③]、《意大利民事诉讼法》第 20 条[④]与《管辖权及判决公约临时文本》第 6 条[⑤]都作出了类似的规定。

实践中，随着互联网以及跨国贸易的发展，基于网络的合同纠纷日益频繁。通过计算机互联网等信息网络进行的数字化产品买卖具有特殊性，其无须以有形载体进行交付，买受人可以在任意地方完成交付，接受产品的终端不具有确定性。因此，在保护买受人利益的同时为避免其任意选择法院管辖，需要在程序上平衡双方当事人的利益，而具备确定

---

① 《民事诉讼法解释》第 20 条规定："以信息网络方式订立的买卖合同，通过信息网络交付标的的，以买受人住所地为合同履行地；通过其他方式交付标的的，收货地为合同履行地。合同履行地有约定的，从其约定。"

② 《布鲁塞尔条例Ⅰ》（重订）第 7 条第 1 款规定："（a）有关合同的案件，在债务履行地法院；（b）为本款之目的，除另有约定外，债务履行地应为：货物买卖中，根据合同货物被交付或应被交付的成员国境内地点，服务提供中，根据合同服务被提供或应被提供的成员国境内地点。"

③ 《瑞士联邦国际私法》第 112 条规定："被告住所地的瑞士法院，或无住所时被告习惯居所地的瑞士法院，对受理由合同产生的诉讼有权管辖；被告营业地的瑞士法院，对受理有关产生于营业活动的债的诉讼有管辖权。"

④ 《意大利民事诉讼法》第 20 条规定："涉及债权的案件，也可以由争讼债务关系发生地和债务履行地的法院管辖。"

⑤ 《管辖权及判决公约临时文本》第 6 条规定："原告可以在下列缔约国法院提起诉讼：一、与供应货物有关的事项，货物已全部或部分供应；二、与提供服务有关的事项，服务已全部或部分提供；三、与供应货物和提供服务有关的事项，主要义务已全部或部分履行。"

性的买受人经常居所地为管辖权依据更为合适。此外,如果是线上订立的有形物品的买卖合同,则仍可以线下的收货地作为管辖权依据。①

在涉外的以信息网络方式订立的买卖合同中,买受人通过网络购买外国销售者的产品或服务,在发生合同争议时,买受人在其所在国之外的法院提起诉讼将面临距离、成本以及对外国法律与程序不熟悉的巨大困难。规定买受人住所地、收货地法院享有管辖权也有利于保护在华当事人的利益,保障其诉讼权利。

十七、保险合同

现行规定

《民事诉讼法》

第 25 条　因保险合同纠纷提起的诉讼,由被告住所地或者保险标的物所在地人民法院管辖。

---

① 参见最高人民法院修改后民事诉讼法贯彻实施工作领导小组编著:《最高人民法院民事诉讼法司法解释理解与适用(上)》,人民法院出版社 2015 年版,第 158 页。

条文释义

本条规定了保险合同纠纷的管辖权依据。

《中华人民共和国保险法》(以下简称《保险法》)对保险合同定义为:"保险合同是投保人与保险人约定保险权利义务关系的协议。投保人是指与保险人订立保险合同,并按照合同约定负有支付保险费义务的人。保险人是指与投保人订立保险合同,并按照合同约定承担赔偿或者给付保险金责任的保险公司。"[①]在发生保险合同约定的保险事故时,被告住所地法院与保险标的物所在地法院与案件的联系最为密切,最便于及时、正确查清保险标的物的性质、状况,对损失情况进行认定并开展理赔。[②]

保险合同分为人身保险合同与财产保险合同,人身保险合同以人的寿命和身体为保险标的,财产保险合同以财产及有关利益为保险标的。[③] 在财产保险合同中,保险标的物是实际存在的物质实体,标的物所在地无论是动产还是不动产都易于辨别。人身保险合同中,作为保险标的人的寿命与身体并非我国法律所规定的"物"的概念,亦不存在标的物所在地,因此人身保险合同纠纷无法适用保险标的物所在地人民法院管辖。

---

① 参见《保险法》第10条。

② 参见杨荣馨主编:《〈中华人民共和国民事诉讼法〉释义》,清华大学出版社2012年版,第37页。

③ 参见《保险法》第12条。

典型案例

AIG 欧洲有限公司诉上海和明航运服务有限公司天津分公司、上海和明航运服务有限公司海上货物运输合同纠纷案[①]

2012 年 5 月,案外人亿比亚(北京)粒子加速器技术有限公司(以下简称亿比亚公司)委托被告上海和明航运服务有限公司天津分公司(以下简称和明航运天津公司)将一套粒子回旋加速器从中国天津港经由海运运往加拿大蒙特利尔。同年 6 月,被告和明航运天津公司安排装载该套设备主机的框架集装箱在运输过程中从承运人车辆上摔落。同年 6 月 26 日、7 月 4 日,包括案外人亿比亚公司、深圳市万宜麦理伦保险公估有限公司上海分公司(以下简称麦理伦公估公司)、被告和明航运天津公司等在内的各方对受损的设备主机进行了联合检验,认定该设备主机受损严重,已无法再行修复,故认定全损。由于前述设备已由原告承保货物运输险,原告在依据保险合同做出赔付后依法取得了保险人的代位求偿权。原告 AIG 欧洲有限公司认为涉案货物的损坏系在被告和明航运天津公司的运输责任区间内,且鉴于被告和明航运天津公司系被告上海和明航运服务有限公司(以下简称和明航运公司)设立的非独立核算的分支机构,被告和明航运公司应与被告和明航运天津公司共同承担责任,请求法院判令两被告赔偿损失并承担本案诉讼费。

本案被告和明航运天津公司的住所地位于中国境内,并且保险标的

① 参见上海海事法院民事裁定书,(2014)沪海法商初字第 116 号。

物（粒子加速器）位于中国境内，我国上海海事法院具有案件的管辖权。

学理阐释

（一）通则建议条文

【保险合同】对因保险合同纠纷提起的诉讼，除本章另有规定外，如投保人、被保险人和受益人的经常居所地、重复保险中主要保险人的经常居所地、责任保险中的事故发生地或者保险标的物所在地位于中华人民共和国领域内，中华人民共和国人民法院享有管辖权。

（二）理论解读

我国《保险法》对保险合同作出分类：“保险合同是投保人与保险人约定保险权利义务关系的协议”①；“重复保险是指投保人对同一保险标的、同一保险利益、同一保险事故分别与两个以上保险人订立保险合同，且保险金额总和超过保险价值的保险”②；“责任保险是指以被保险人对第三者依法应负的赔偿责任为保险标的的保险”③。

通则建议条文参考了《国际私法示范法》第28条④的规定，其中“保

① 参见《保险法》第10条。

② 参见《保险法》第56条。

③ 参见《保险法》第65条。

④ 《国际私法示范法》第28条规定：“对因保险合同纠纷提起的诉讼，除本章另有规定外，如保险单持有人的住所地或者惯常居所地、复保险中主要保险人的住所地或者营业所所在地、责任保险中的事故发生地或者保险标的物所在地位于中华人民共和国境内，中华人民共和国法院享有管辖权。”

单持有人”这一用语为与我国《保险法》相对应而作出调整。保单持有人是英美法系概念，在我国保险法中，相应的弱势一方保险当事人为投保人、被保险人与受益人。根据本条规定，保险合同纠纷中的原告的经常居所地，被告的经常居所地或保险标的物所在地法院拥有管辖权。责任保险中的侵权行为地，即事故发生地法院有管辖权。

投保人、被保险人与收益人与保险合同具有最密切联系，保险合同纠纷往往涉及被告不履行合同义务以及保险标的物本身。因此，投保人、被保险人与收益人的经常居所地，被告住所地或保险标的物所在地法院与纠纷拥有最密切联系，由其管辖有利于法院的调查取证与审判。《民事诉讼法》第25条也将被告住所地或者保险标的物所在地列为保险合同纠纷的管辖权基础。[①] 斯洛伐克《关于国际私法与国际民事诉讼规则的法律》第37a条规定：“斯洛伐克法院在下列情况下亦具有管辖权：……(2)对于与保险合同有关的事项，提起诉讼的投保人、被保险人或者受益人以及被告的住所或所在地在斯洛伐克共和国境内”；土耳其共和国2007年《关于国际私法与国际民事诉讼程序法的第5718号法律》(2007年11月27日文本)第46条亦规定：“对于因保险合同引起的争议，由保险人的主要管理机构所在地以及保险人在土耳其的分支机构所在地或者代表保险人签订保险合同的保险人代理机构的营业地的土耳其法院管辖。向投保人、被保险人或者受益人提起的诉讼，由该投保人、被保险人或者受益人的住所地或者惯常居所地的土耳其法院管辖。”[②]

鉴于《保险法》对保险合同作出了区分，为与《保险法》的规定相对

---

① 《民事诉讼法》第25条规定：“因保险合同纠纷提起的诉讼，由被告住所地或者保险标的物所在地人民法院管辖。”

② 邹国勇：《外国单行国际私法立法选译》，武汉大学出版社2022年版，第122页、第215页。

应，本条同样基于重复保险与责任保险的特征作出专门规定。重复保险纠纷中涉及多个保险人，主要保险人涉及最大比例的赔付金额，因此主要保险人与纠纷的联系密切程度最高，主要保险人的经常居所地法院享有管辖权最为合适。责任保险涉及损害行为，因此侵权行为地即事故发生地法院享有管辖权。在涉外保险合同纠纷中，为保护我国投保人利益，加重保险人的责任，原告经常居所地法院同样享有管辖权。

十八、劳动合同

现行规定

［我国现行立法尚无涉外劳动合同纠纷管辖的专门性规定，下述规定仅供参考。实践中，人民法院基于劳动者的经常居所地行使管辖权。］

《中华人民共和国劳动法》

第16条　劳动合同是劳动者与用人单位确立劳动关系、明确双方权利和义务的协议。

建立劳动关系应当订立劳动合同。

《法律适用法》

第43条　劳动合同，适用劳动者工作地法律；难以确定劳动者工作地的，适用用人单位主营业地法律。劳务派遣，可以适用劳务派出地法律。

典型案例

中国武汉长江轮船公司海员对外技术服务公司诉巴拿马索达·格莱特航运有限公司船员雇用合同纠纷案①

原告中国武汉长江轮船公司海员对外技术服务公司因与被告巴拿马索达·格莱特航运有限公司船员雇用合同纠纷案，向上海海事法院提起诉讼。上海海事法院认为，原告与被告之间签订的雇佣合同，符合我国法律的规定，双方应当认真履行。原告及其所派船员在“帕莫娜”轮被法院强制变卖前，始终认真地履行合同，由于被告长期拖欠大量劳务费，影响了船员及其家属的正常生活。在被告严重违约的情况下，原告为行使其海事请求权，申请扣押属被告所有的“帕莫娜”轮，理由正当。被告作为“帕莫娜”轮的所有人，长期拖欠劳务费，违反了合同规定，应对其未尽之义务所产生的后果负全部责任。

本案中劳动合同的劳动者一方为经常居所地在中国的中国居民，因此上海海事法院对该案具有管辖权。

① 中国武汉长江轮船公司海员对外技术服务公司诉巴拿马索达·格莱特航运有限公司船员雇用合同纠纷案，载《最高人民法院公报》1988年第1期。

学理阐释

（一）通则建议条文

【劳动合同】对因劳动合同提起的诉讼，如劳动者的经常居所地或者工作地位于中华人民共和国领域内，中华人民共和国人民法院享有管辖权。

（二）理论解读

劳动合同本质上适用当事人双方按照平等协商原则建立的民事合同关系，双方当事人各自具有平等的相互选择的权利。但在劳动关系中，劳动者往往需要听从用人单位的安排与指挥，用人单位享有劳动者劳动力的支配权。劳动者在劳动过程中劳动力的消耗过程与人身是紧密关联的。从现实的经济意义来说，劳动者将劳动力的支配权交予用人单位是为了换取生活资料，用人单位基于劳动者的劳动给予对等的给付。由此显示出劳动关系的财产性，即劳动者的劳动并非真正自主的劳动，而是在经济上、人格上和组织上都必须从属于用人单位的雇佣关系。因此，劳动者相对处于被动、弱势的地位，用人单位完全可能利用自己的有利地位规避劳动关系中出现的问题。鉴于用人单位与劳动者在地位与能力上的不平等，法律应当特别保护受雇佣人员的利益。[①] 如《海牙判决公约》第5条第2款特别规定给予劳动者以及消费者在判决承认与

① 参见万鄂湘主编：《〈中华人民共和国涉外民事关系法律适用法〉条文理解与适用》，中国法制出版社2011年版，第307页。

执行的程序中特别的保护,降低其在司法程序的中的义务。

《布鲁塞尔条例Ⅰ》(重订)第 21 条[①]、《瑞士联邦国际私法法规》第 115 条[②]、《俄罗斯民事诉讼法》第 29 条第 6.3 款[③]与 2001 年海牙《管辖权及判决公约临时文本》第 8 条[④]都对劳动者合同纠纷的管辖权作出专门规定。劳动者的经常居所地一般是劳动者最熟悉的地域,在其经常居所地提起诉讼有助于保护其自身诉权的实现,同时可以避免劳动者在强势一方用人单位所在地法院的诉讼过程中居于不利的地位。劳动者的权利义务是在劳动关系确认时建立、在劳动过程中产生,劳动关系通常是在劳动者的工作地发生。因此,劳动者的工作地与劳动合同有最密切联系。《日本民事诉讼法》第 3-4 条第 2 款[⑤]就采取了工作地法院管辖的模式。在涉外劳动合同纠纷中,劳动者的住所地、经常居所地与工作地法院享有管辖权,有助于保护在华劳动者的利益。

---

① 《布鲁塞尔条例Ⅰ》(重订)第 21 条规定:"一个成员国有住所的雇佣者,得在以下法院被诉:(a)该雇佣者住所地所在成员国法院;(b)在其他成员国:(i)受雇佣者惯常执行劳务地或者最后一次执行劳务地法院;(ii)若受雇者过去或现在在任何一国都无惯常执行劳务地时,应为受雇者从事的商业活动过去或现在的所在地法院。"

② 《瑞士联邦国际私法法规》第 115 条规定:"(一)被告住所地的瑞士法院或劳动者惯常完成其工作地的瑞士法院,对受理有关劳动合同的诉讼有管辖权。(二)劳动者提起的诉讼,还可在其住所地或习惯居所地的瑞士法院提起。"

③ 《俄罗斯国际私法》第 29 条第 6.3 款规定:"恢复劳动关系的案件,也可以向原告住所地法院提起。"

④ 《管辖权及判决公约临时文本》第 8 条规定:"(一)受雇人可在下列地点起诉用人单位:1. 受雇人惯常工作地或最后惯常工作地国法院,或 2. 如受雇人在任何一国均无惯常工作地,则在受雇人的业务所在地国法院;(二)用人单位只能在下列地点起诉受雇人:1. 受雇人惯常居住国法院,或 2. 受雇人惯常工作地国法院。"

⑤ 《日本民事诉讼法》第 3-4 条规定:"(二)对于劳动者与经营者之间因劳动契约的存否以及其他劳动关系事项而生的民事纠纷,劳动者对经营者提起的诉讼:劳动契约中约定的劳务提供地(如未约定劳务提供地,则以雇佣劳动者的事务所所在地为劳务提供地)在日本国内,可向日本裁判所提起诉讼。"

通则建议条文参考了《国际私法示范法》第30条[1]的规定，并参考《布鲁塞尔条例Ⅰ》（重订）第21条增加了劳动者的工作地，而且将“雇佣合同”的相关术语改为“劳动合同”。《中华人民共和国劳动合同法》关于劳动合同有着严格的规定，并不涵盖其他类型的劳务合同或者雇佣合同。本条的“劳动合同”取其广义，与《法律适用法》第43条“劳动合同”的精神一致，不对劳动合同、雇佣合同、劳务合同的具体内涵加以限制，以使其具有国际兼容性。本条所规定的劳动者的经常居所地不限于工作时的经常居所地，还包括劳动者在非工作地的经常居所地。

十九、消费者合同

现行规定

［我国并无涉外消费者合同管辖的专门性规定，下述规定仅供参考。］

《消费者权益保护法》

第26条　经营者在经营活动中使用格式条款的，应当以显著方式

① 《国际私法示范法》第30条规定：“对因雇佣合同提起的诉讼，如雇员在雇佣期间或者在雇佣关系解除后的一段合理期间内的住所地、惯常居所地或者工作地位于中华人民共和国境内，中华人民共和国法院享有管辖权。”

提请消费者注意商品或者服务的数量和质量、价款或者费用、履行期限和方式、安全注意事项和风险警示、售后服务、民事责任等与消费者有重大利害关系的内容，并按照消费者的要求予以说明。

经营者不得以格式条款、通知、声明、店堂告示等方式，作出排除或者限制消费者权利、减轻或者免除经营者责任、加重消费者责任等对消费者不公平、不合理的规定，不得利用格式条款并借助技术手段强制交易。

格式条款、通知、声明、店堂告示等含有前款所列内容的，其内容无效。

《法律适用法》

第42条　消费者合同，适用消费者经常居所地法律；消费者选择适用商品、服务提供地法律或者经营者在消费者经常居所地没有从事相关经营活动的，适用商品、服务提供地法律。

《民事诉讼法解释》

第20条　以信息网络方式订立的买卖合同，通过信息网络交付标的的，以买受人住所地为合同履行地；通过其他方式交付标的的，收货地为合同履行地。合同对履行地有约定的，从其约定。

条文释义

《消费者权益保护法》第26条是对消费者合同的定义。我国现行立法尚未对涉外消费者合同纠纷的管辖作出规定，亦没有在立法中明确消费者合同的定义。学界一般观点认为，根据《合同法》的立法精神，合同一方当事人为消费者或者劳动者的，须优先保护消费者或者劳动者的利益，因此原《合同法》第39条至第41条（现《民法典》第496条至第498条）关于格式条款的规定可以适用于消费者合同，无须制定特别法。[①]《消费者权益保护法》第26条单独规定了使用格式条款的消费者合同的特别要求，强调了经营者的告知义务，并且不得排除或限制消费者的权利。

《法律适用法》第42条是关于涉外消费者合同纠纷法律适用的规定，适用消费者经常居所地法律体现了对消费者利益的特别保护。

《民事诉讼法解释》第20条是实践中人民法院处理类似案件的管辖权依据。首先，人民法院一般对于消费者合同中限制消费者寻求救济的管辖权条款不予认可。在涉及中国公民与海外经营者通过网络订立的消费者合同时，人民法院倾向于将其认定为以信息网络方式订立的买卖合同，以合同履行地作为人民法院的管辖权依据，通过信息网络交付标的的，以买受人住所地为合同履行地，通过其他方式交付标的的，以收货地为合同履行地。

典型案例

高某某诉亚马逊卓越有限公司信息网络买卖合同案[②]

高某某系中国公民，因在外国购物平台亚马逊购物与平台产生纠

① 参见崔吉子：《消费者合同法的私法化趋势与我国的立法模式》，载《华东政法大学学报》2013年第2期。

② 参见北京互联网法院民事裁定书，(2020)京0491民初10912号。

纷，向北京互联网法院提起诉讼。北京互联网法院认为，涉案纠纷发生于“海外购”购物过程，按照“亚马逊海外购使用条件”的约定，应优先适用该使用条件。从此条款的字面意思来看，用户系与亚马逊海外实体之间订立管辖协议，而非原、被告之间达成的管辖合意。即使如被告所述，其实质上为“亚马逊海外购使用条件”的订立主体之一，尚需进一步考量涉案管辖协议的效力问题。涉案管辖协议属于格式条款。涉案交易为“B2C”网络零售交易，双方所掌握的信息不对称，实际交涉能力亦不平等。在认定此类合同效力时，应考察其是否遵循公平原则确定当事人的权利义务，贯彻弱者保护原则，遏制强势地位一方对合同自由原则的滥用，以促进实现实质的公平正义。

本案中，涉案条款不合理地限制了消费者寻求救济的主要权利，且排除涉案条款并未不合理加重经营者成本。被告网站所从事的商业活动明确指向中国消费者，主要通过与中国消费者之间的交易获利，其对于与中国消费者发生交易并应对可能由此引发的纠纷，应具有相当的预见性和经营成本配置的合理考量。然而，亚马逊中国网站增设了排他性管辖条款，剥夺了中国消费者选择本地争端解决途径的权利。若认定该管辖条款有效，则意味着中国消费者在中国境内运营的网站购物发生纠纷时，只能远赴外国法院寻求司法救济，不合比例地加重了消费者的维权成本，不合理地限制了消费者寻求救济的权利。综上，涉案网站主要针对中国消费者开展经营活动，却将管辖法院排他性地约定为卢森堡市区法院，在确立交易双方权利义务时，违反了公平原则，不合理地限制了消费者的主要权利，本案原告亦明确表示不同意接受该协议，故涉案管辖条款应属无效。

学理阐释

（一）通则建议条文

【消费者合同】对因消费者合同纠纷提起的诉讼，如消费者经常居所地或经营者经常居所地位于中华人民共和国领域内，中华人民共和国人民法院享有管辖权。

消费者不得预先协议放弃其经常居所地法院的管辖权。

（二）理论解读

通则建议条文规定了消费者合同争议的管辖权依据。

第1款规定消费者经常居所地法院与经营者经常居所地法院均有管辖权，本条所指的经营者包括一切消费流通环节中的生产者与销售者。消费者经常居所地的管辖权是基于保护弱者的原则，对消费者合同中处于弱势地位的消费者加以保护。当消费者作为原告时，经营者经常居所地法院作为被告经常居所地法院同样拥有管辖权。在这种情况下，消费者可以选择在其自身经常居所地法院或者经营者经常居所地法院提起诉讼。

第2款特别规定了消费者不得预先协议放弃其经常居所地法院的管辖权。此规定目的是避免消费者合同中，尤其是网络签订的消费者合同中，经营者在格式条款中预先设置的将相关争议提交给经营者经常居所地法院或其更为熟悉、便利法院的管辖条款。例如，在跨境通过网络签订的合同中，一国经营者在相关购物平台支付说明中预先强制加入将相关争议交由经营者所在国法院排他性管辖的合同条款，而消费者在完成相应购买行为时未注意到，或无法更改该管辖协议。

通则建议条文主要参考了《布鲁塞尔条例Ⅰ》（重订）第18条[①]与《瑞士联邦国际私法法规》第114条[②]的规定。消费者合同，是指以消费者为一方当事人的合同，即以个人或家庭消费为目的购买货物或接受服务而订立的合同。在标题方面，“消费者合同”相较于“消费合同”更能准确表达消费者个人权益作为法律调整对象的中心地位，体现消费者权益保护法对于消费者个人权益的保护。[③] 同时，“消费者合同”也与《法律适用法》的措辞保持一致。

对消费者权益加以特别保护是国际通行的做法。尤其是第二次世界大战之后，消费者保护问题日益突出，科技进步和复杂工艺使消费者独立判断选购商品的能力降低；包装技术、新材料、新原料的发展和运用使商品的瑕疵更加难以发现；各种推销、宣传、广告等手段又使消费者事实上处于被盲目支配的状态，消费者的潜在危险极大增加。现代社会下的生产者、经营者与消费者之间的关系已经发生极大变化，消费者的交易实力显著低于前者，事实上处于一种被支配的不平等地位，因此从20世纪中叶开始，全世界范围内开始了轰轰烈烈的消费者运动。[④] 到目前为止，大部分国家都已经为消费者权益保护专门立法，联合国也于1985年制定了《保护消费者准则》。我国于1993年颁布《消费者权益保护

---

① 《布鲁塞尔条例Ⅰ》（重订）第18条规定：“1. 消费者得在合同另一方当事人住所地法院针对该另一方当事人提起诉讼，或者在消费者住所地法院起诉，而无论另一方当事人住所位于何处。2. 合同另一方当事人仅能在消费者住所地成员国法院起诉消费者。”

② 《瑞士联邦国际私法法规》第114条规定：“消费者提起的诉讼，可由消费者选择在下列瑞士法院提起：1. 其住所地或习惯居所地的法院，或2. 供货商住所地或习惯居所地的法院；消费者不得预先放弃其住所或习惯居所地的法院。”

③ 参见万鄂湘主编：《〈中华人民共和国涉外民事关系法律适用法〉条文理解与适用》，中国法制出版社2011年版，第303页。

④ 同上书，第302页。

法》,与《中华人民共和国产品质量法》《中华人民共和国食品安全法》《中华人民共和国药品管理法》等法律相配套,形成对消费者的法律保护体系。

消费者经常居所地法院享有管辖权是世界通行做法,如《瑞士联邦国际私法法规》第114条、《日本民事诉讼法》第3－4条第1款①、《管辖权及判决公约临时文本》第7条等均规定了由消费者经常居所地法院管辖。《国际私法示范法》第31条也采取该管辖权依据。② 在跨国消费者合同中,一国消费者跨境或者通过互联网购买外国商品或服务之后,消费者经常居所地与商品、服务提供地的分离成为常态。在相关纠纷中,消费者在其住所地或者经常居所地法院起诉,有利于保护消费者的利益。

在消费者作为原告时,经营者为被告,其经常居所地法院的管辖权符合一般管辖规则。在大部分线下的消费者合同中,经营者经常居所地也常常是消费者合同的支付地、履行地、服务提供地,与争议拥有最密切联系。《布鲁塞尔条例Ⅰ》(重订)与《瑞士联邦国际私法法规》同样规定了经营者经常居所地的管辖,在消费者认为经营者经常居所地法院管辖更能保护其利益时,可以选择在经营者经常居所地法院起诉。

此外,中国作为消费大国,大量中国公民出境或通过互联网在境外购买商品或服务,常常遇到经营者提供的格式条款中含有选择外国法院的排他性选择法院条款。对于这种不利于消费者的条款,一般消费者多未注意,不知其存在;或者因为条款内容琐碎,字体细小,不易阅读而未

---

① 《日本民事诉讼法》第3－4条规定:"(一)消费者基于其与经营者缔结的契约对经营者提起的诉讼:诉提起时或者消费者契约缔结时消费者在日本国内有住所,可向日本裁判所提起诉讼。"

② 《国际私法示范法》第31条规定:"对因消费者权益纠纷提起的诉讼,如消费者住所地或者惯常居所地位于中华人民共和国境内,中华人民共和国法院享有管辖权。"

发现;或者因为行为晦涩而难以了解其意;或者虽然了解其意但是无法变更,只能在接受与拒绝之间加以选择。① 为了排除这种不利于消费者的管辖权协议的有效性,《消费者权益保护法》第 26 条第 2 款规定:“经营者不得以格式条款、通知、声明、店堂告示等方式,作出排除或者限制消费者权利、减轻或者免除经营者责任、加重消费者责任等对消费者不公平、不合理的规定,不得利用格式条款并借助技术手段强制交易。”

2021 年最高人民法院公布的《全国法院涉外商事海事审判工作座谈会会议纪要》对于非对称管辖协议的效力认定主张:“涉外合同或者其他财产权益纠纷的当事人签订的管辖协议明确约定一方当事人可以从一个以上国家的法院中选择某国法院提起诉讼,而另一方当事人仅能向一个特定国家的法院提起诉讼,当事人以显失公平为由主张该管辖协议无效的,人民法院不予支持;但管辖协议涉及消费者、劳动者权益或者违反民事诉讼法专属管辖规定的除外。”对于跨境消费者网购合同中管辖协议的效力亦主张:“网络电商平台使用格式条款与消费者订立跨境网购合同,未采取合理方式提示消费者注意合同中包含的管辖条款,消费者根据民法典第四百九十六条的规定主张该管辖条款不成为合同内容的,人民法院应予支持。网络电商平台虽已尽到合理提示消费者注意的义务,但该管辖条款约定在消费者住所地国以外的国家法院诉讼,不合理加重消费者寻求救济的成本,消费者根据民法典第四百九十七条的规定主张该管辖条款无效的,人民法院应予支持。”因此,基于我国《消费者权益保护法》的精神,参照《瑞士联邦国际私法法规》第 114 条第 2 款的规定,本条规定消费者不得预先协议放弃其经常居所地法院的管辖权。

---

① 参见刘德良:《网络消费者合同中的格式条款与管辖问题研究》,载《河北师范大学学报(哲学社会科学版)》2003 年第 2 期。

二十、不当得利与无因管理

现行规定

[我国并无涉外不当得利与无因管理管辖权的专门性规定,下述规定仅供参考。]

《民法典》

第979条第1款　管理人没有法定的或者约定的义务,为避免他人利益受损失而管理他人事务的,可以请求受益人偿还因管理事务而支出的必要费用;管理人因管理事务受到损失的,可以请求受益人给予适当补偿。

第985条　得利人没有法律根据取得不当利益的,受损失的人可以请求得利人返还取得的利益,但是有下列情形之一的除外:

(一)为履行道德义务进行的给付;

(二)债务到期之前的清偿;

(三)明知无给付义务而进行的债务清偿。

《法律适用法》

第47条　不当得利、无因管理,适用当事人协议选择适用的法律。

当事人没有选择的，适用当事人共同经常居所地法律；没有共同经常居所地的，适用不当得利、无因管理发生地法律。

典型案例

孟某、株式会社CHI不当得利纠纷案[①]

上诉人孟某称：株式会社CHI以不当得利纠纷为由起诉孟某，依据我国《民事诉讼法》规定应由被告住所地人民法院管辖。孟某住所地处于广州市番禺区，应由广州市番禺区人民法院管辖。一审法院根据《广州市基层人民法院一审涉外、涉港澳台民商事案件集中管辖的规定》裁定广州市南沙区人民法院对本案有管辖权系适用法律错误。

广州市中级人民法院认为，本案系不当得利纠纷案件，根据《民事诉讼法》，对公民提起的民事诉讼，由被告住所地人民法院管辖；被告住所地与经常居住地不一致的，由经常居住地人民法院管辖。被告住所地位于广州市番禺区，故应当由广州市番禺区管辖。又因广东省高级人民法院通过相关复函，指定广州市南沙区人民法院集中管辖天河区、黄埔区、番禺区、南沙区、增城区辖区内的第一审涉外涉港澳台民商事纠纷，因此原审法院管辖并无不当。

① 参见广州市中级人民法院民事裁定书，(2021)粤01民辖终1328号。

学理阐释

（一）通则建议条文

【不当得利与无因管理】对因不当得利或者无因管理纠纷提起的诉讼，如不当得利、无因管理发生地位于中华人民共和国领域内，中华人民共和国人民法院享有管辖权。

（二）理论解读

通则建议条文规定了人民法院对涉外不当得利、无因管理纠纷的管辖权，规定对于此类诉讼，不当得利、无因管理发生地位于我国领域内的，人民法院可以行使管辖权。

本条旨在规定我国人民法院在涉外不当得利、无因管理纠纷案件中的管辖权依据。《法律适用法》对于不当得利、无因管理的法律适用作出了专门的规定。但是，我国《民事诉讼法》并没有为不当得利、无因管理设置特别的管辖权基础。考虑到被告经常居所地并非与不当得利、无因管理具有最密切联系的连结点，有必要对这一类争议设立特别管辖基础。

本条借鉴了《国际私法示范法》第40条的有关规定，但是对其中连结点的表述进行了修改。[①] 第40条采用“债务发生地”，这一连结点的表述仍显模糊，不方便人民法院据以确定对涉外不当得利、无因管理纠

① 《国际私法示范法》第40条规定：“对因不当得利或者无因管理产生之债纠纷提起的诉讼，如债务发生地位于中华人民共和国境内，中华人民共和国法院享有管辖权。”

纷的管辖权。本条参考《法律适用法》第 47 条的规定,采用“不当得利、无因管理发生地”这一连结点作为人民法院行使管辖权的依据,对原先的“债务发生地”进行进一步的澄清。不当得利发生地,是指不当得利原因事实的发生地,可能包括不当得利的起因行为发生地、损害发生地和利益发生地等;无因管理发生地,则是指无因管理事务管理地。①

采用不当得利、无因管理发生地作为连结点具有如下理由:第一,不当得利、无因管理可能涉及不当得利、无因管理发生地国的公共秩序、社会道德风尚和法律观念,所以不当得利、无因管理发生地与涉外不当得利、无因管理纠纷联系更为密切。第二,民法理论认为,不当得利属于民法中的“事件”、无因管理属于民法中的“事实行为”。这也就决定了不当得利、无因管理的发生与不当得利、无因管理之债的产生具有直接、密切的联系。因此,采用不当得利、无因管理发生地也与不当得利、无因管理的理论性质更为契合。第三,采用不当得利、无因管理发生地作为连结点,可以使人民法院确定涉外不当得利、无因管理诉讼管辖权变得更加明确、简单。因此,选取不当得利、无因管理发生地作为涉外不当得利、无因管理诉讼的管辖权连结点更为适当。

各国立法对于涉外不当得利、无因管理管辖权问题的规定各异。《瑞士联邦国际私法法规》第 127 条规定,被告住所地、被告惯常居所地或被告营业地(place of business)的法院对不当得利诉讼具有管辖权。除此之外,基于商业机构(business establishmcnt)的行为提起的不当得利诉讼,商业机构所在地法院也具有管辖权。《日本民事诉讼法》第 3 - 3 条第(i)款规定,针对与合同之债相关的不当得利纠纷,如合同之债的履行地在日本境内,则日本法院具有管辖权。而欧盟《布鲁塞尔条例 I》

① 参见韩德培主编、肖永平主持修订:《国际私法》(第 3 版),高等教育出版社、北京大学出版社 2014 年版,第 216 ~ 217 页。

(重订)中则没有对不当得利和无因管理问题进行专门规定。

我国《民法典》将不当得利、无因管理作为“准合同”加以规定。但是在管辖权连结点的确定上,合同与不当得利、无因管理之间存在一定的差别。这是因为不当得利、无因管理债权债务并非来自合同,也非来自侵权,而是公平原则和公共政策强加于当事人的债权债务关系。[①] 不当得利、无因管理与合同、侵权三足鼎立,共同构成提起债权请求权的原因。[②] 合同的管辖权通常要考虑合同签订地、合同履行地和合同标的物所在地。而不当得利与无因管理相较于合同而言,与其原因事实(对于无因管理来说是原因行为)的关系更为密切,更不存在履行的问题。与不当得利、无因管理联系最为密切的,还是获得利益的事实以及管理他人事务的行为。这也与我国《法律适用法》第 47 条的规定是一致的。

现代管辖权理论要求法院要与外国被告具有充足联系。[③] 换言之,最密切联系原则在确定管辖权基础中发挥的作用日趋明显。不当得利、无因管理问题也同样体现出了此种趋势。美国《第二次冲突法重述》第 211 条规定,不当得利诉讼中当事人就特定问题的权利义务划分,适用与该特定问题及当事人有最密切联系的州的法律。也有学者指出,以不当得利、无因管理发生地作为单一连结点,在一定程度上体现出僵硬、机械的弊端。因此,有学者提议将最密切联系原则纳入涉外不当得利、无因管理纠纷。[④]《民事诉讼法》第 276 条的“适当联系”管辖亦可以作为人民法院行使管辖权的兜底条款。

---

① 参见马俊驹、余延满:《民法原论》(第 4 版),法律出版社 2010 年版,第 765 页。

② 参见刘素:《涉外不当得利、无因管理法律适用实证研究》,载《北京理工大学学报(社会科学版)》2021 年第 2 期。

③ 参见何其生:《比较法视野下的国际民事诉讼》,高等教育出版社 2015 年版,第 53 页。

④ 参见马志强:《最密切联系原则在中国的立法完善——前瞻〈民法典〉编纂中的涉外篇》,载《当代法学》2016 年第 6 期。

二十一、离　　婚

现行规定

《民事诉讼法》

第22条　对公民提起的民事诉讼，由被告住所地人民法院管辖；被告住所地与经常居住地不一致的，由经常居住地人民法院管辖。

对法人或者其他组织提起的民事诉讼，由被告住所地人民法院管辖。

同一诉讼的几个被告住所地、经常居住地在两个以上人民法院辖区的，各该人民法院都有管辖权。

第23条　下列民事诉讼，由原告住所地人民法院管辖；原告住所地与经常居住地不一致的，由原告经常居住地人民法院管辖：

（一）对不在中华人民共和国领域内居住的人提起的有关身份关系的诉讼；

（二）对下落不明或者宣告失踪的人提起的有关身份关系的诉讼；

（三）对被采取强制性教育措施的人提起的诉讼；

（四）对被监禁的人提起的诉讼。

《民事诉讼法解释》

第 12 条　夫妻一方离开住所地超过一年，另一方起诉离婚的案件，可以由原告住所地人民法院管辖。

夫妻双方离开住所地超过一年，一方起诉离婚的案件，由被告经常居住地人民法院管辖；没有经常居住地的，由原告起诉时被告居住地人民法院管辖。

第 13 条　在国内结婚并定居国外的华侨，如定居国法院以离婚诉讼须由婚姻缔结地法院管辖为由不予受理，当事人向人民法院提出离婚诉讼的，由婚姻缔结地或者一方在国内的最后居住地人民法院管辖。

第 14 条　在国外结婚并定居国外的华侨，如定居国法院以离婚诉讼须由国籍所属国法院管辖为由不予受理，当事人向人民法院提出离婚诉讼的，由一方原住所地或者在国内的最后居住地人民法院管辖。

第 15 条　中国公民一方居住在国外，一方居住在国内，不论哪一方向人民法院提起离婚诉讼，国内一方住所地人民法院都有权管辖。国外一方在居住国法院起诉，国内一方向人民法院起诉的，受诉人民法院有权管辖。

第 16 条　中国公民双方在国外但未定居，一方向人民法院起诉离婚的，应由原告或者被告原住所地人民法院管辖。

第 17 条　已经离婚的中国公民，双方均定居国外，仅就国内财产分割提起诉讼的，由主要财产所在地人民法院管辖。

条文释义

上述条文是人民法院就涉外离婚诉讼行使管辖权的相关规定，旨在为当事人因涉外离婚纠纷引发的诉讼尽可能提供寻求司法救济的途径。

诉讼离婚,是婚姻当事人向人民法院提出离婚请求,由人民法院调解或判决而解除其婚姻关系的一项离婚制度。诉讼离婚制度,适用于当事人双方对离婚有分歧的情况,包括一方要求离婚另一方不同意离婚而发生的离婚纠纷,或者双方虽然同意离婚,但在子女和财产问题上不能达成一致意见的情况。[①] 本部分内容仅指婚姻关系的解除,不包括离婚后的子女监护和财产分割等问题。

《民事诉讼法》涉外编并未单独规定人民法院对于涉外离婚诉讼行使管辖权的依据,因此应当根据《民事诉讼法》第 270 条适用国内编有关规定。除《民事诉讼法》第 22 条确立的由被告住所地或经常居所地法院管辖的一般管辖原则外,分为以下六类:

一是由原告住所地法院管辖的:(1)对不在我国领域内居住的人提起涉外离婚诉讼的;(2)夫妻双方离开住所地超过 1 年,一方起诉离婚,但被告没有经常居所地的。

二是由被告经常居所地或起诉时居住地法院管辖的:(1)作为民事诉讼管辖的一般原则,被告住所地或经常居所地人民法院对涉外离婚案件享有管辖权;(2)夫妻双方离开住所地超过 1 年,一方起诉离婚的案件,由被告经常居所地人民法院管辖;没有经常居所地的,由原告起诉时被告居住地人民法院管辖。

三是由婚姻缔结地法院管辖的:在国内结婚并定居国外的华侨,如定居国法院以离婚诉讼须由婚姻缔结地法院管辖为由不予受理,当事人向法院提出离婚诉讼的,婚姻缔结地法院可以管辖。

四是由当事人原住所地法院管辖的:(1)在国外结婚并定居国外的

① 参见最高人民法院民法典贯彻实施工作领导小组主编:《中华人民共和国民法典婚姻家庭编继承编理解与适用》,人民法院出版社 2020 年版,第 258 页。

华侨，如定居国法院以离婚诉讼须由国籍所属国法院管辖为由不予受理，当事人向我国法院提出离婚诉讼的，一方原住所地法院可以管辖；（2）我国公民双方在国外但未定居，一方向我国法院起诉离婚的，应由原告或者被告原住所地法院管辖。

五是由当事人最后居住地法院管辖的：在国内结婚并定居国外的华侨，如定居国法院以离婚诉讼须由婚姻缔结地法院管辖为由不予受理，当事人向法院提出离婚诉讼的，最后居住地法院可以管辖。

六是由主要财产所在地法院管辖的：已经离婚的中国公民，双方均定居国外，仅就国内财产分割提起诉讼的，由主要财产所在地法院管辖。

除此之外，我国公民一方居住在国外，一方居住在国内，不论哪一方向我国法院提起离婚诉讼，国内一方住所地法院都有权管辖。国外一方在居住国法院起诉，国内一方向我国法院起诉的，我国法院有权管辖。

典型案例

俞某与A某离婚纠纷案①

本案中，上诉人俞某不服杭州市拱墅区人民法院（2015）杭拱民初字第1892号民事裁定，向杭州市中级人民法院提起上诉称：根据《民事诉讼法解释》第13条之规定，涉外离婚诉讼由婚姻缔结地法院或一方在国内的最后居住地人民法院管辖。本案属涉外婚姻，双方婚后定居美国，结婚证明显示婚姻缔结地为杭州市江干区，且上诉人在国内无固定居住地，被上诉人未提供证据证明上诉人的最后居住地是杭州市拱墅区，故

① 参见浙江省杭州市中级人民法院民事裁定书，（2016）浙01辖终字第2号。

原审法院对本案不具有管辖权,请求将本案移送至杭州市江干区人民法院审理。

杭州市中级人民法院经审理认为:《民事诉讼法解释》第 13 条规定,"在国内结婚并定居国外的华侨,如定居国法院以离婚诉讼须由婚姻缔结地法院管辖为由不予受理,当事人向人民法院提出离婚诉讼的,由婚姻缔结地或者一方在国内的最后居住地人民法院管辖"。本案中,上诉人俞某未提供证据证明其在国外定居,也未举证证明外国法院不受理离婚诉讼,故其要求依据该条规定确定本案的管辖权理由不充分,本院不予采信。又据《民事诉讼法》第 22 条第 1 款关于"对公民提起的民事诉讼,由被告住所地人民法院管辖"之规定,原审法院作为原审被告俞某的住所地法院对本案依法具有管辖权。

学理阐释

(一) 通则建议条文

【离婚】对因离婚提出的诉讼,如一方当事人经常居所地在中华人民共和国领域内,或一方当事人具有中华人民共和国国籍,或婚姻缔结地在中华人民共和国领域内,中华人民共和国人民法院享有管辖权。

(二) 理论解读

自 20 世纪以来,各国有关离婚的法律几乎都经历了从过错主义到破裂主义的变迁,这反映了离婚法呈现重视婚姻生活质量、尊重婚姻关系破裂事实的价值取向;实体法的变化促使国际私法作出同样的回应,国际私法上有利于离婚的政策在更大范围内获得了承认。① 这一趋势反映在涉外离婚诉讼的管辖权问题上,便体现为各国立法为涉外离婚诉讼的管辖权问题纳入了当事人的住所、经常居所、国籍和婚姻缔结地等多种连结点,使管辖权的判断不至于阻碍当事人离婚的实体问题,体现了有利于离婚的价值导向。

在各国司法实践中,离婚案件管辖权的连结点大致可以分为两类:一是以当事人的住所、经常居所地作为考量因素,如英国1973年《住所与婚姻诉讼法》第5条第2款所规定的对离婚或法定分居行使管辖权的情形。《瑞士联邦国际私法法规》第59条规定:"离婚和分居之诉的管辖权属于:(1)被告住所地的瑞士法院;(2)原告住所地的瑞士法院,前提是该原告在瑞士居住满一年或者为瑞士国民。"②二是以当事人的国籍为依据,如欧洲大陆国家的传统做法。③ 1970年海牙《承认离婚和分居公约》便综合考量了惯常居所和国籍作出规定。④ 在我国,婚姻登记制度决定了婚姻缔结地与夫妻婚姻效力之间的密切联系,而"场所支配

---

① 参见焦燕:《婚姻冲突法问题研究》,武汉大学2005年博士学位论文,第70~71页。

② 参见邹国勇译注:《外国国际私法立法选译》,武汉大学出版社2017年版,第388页。

③ 参见韩德培主编、肖永平主持修订:《国际私法》(第3版),高等教育出版社、北京大学出版社2014年版,第225页。

④ 《承认离婚和分居公约》第2条规定:"在符合本公约其他条款的情况下,如果离婚和分居在离婚或分居国(以下称'原审国')启动程序之日符合下列条件之一的,则该离婚和分居应在缔约国得到承认:(一)被申请人在该国有惯常居所;(二)申请人在该国有惯常居所,并具备下列补充条件之一:1. 该惯常居所在启动程序以前已存续至少一年;2. 该惯常居所是夫妻最后共同居住地;(三)夫妻双方均是该国国民;(四)申请人是该国国民并具备下列补充条件之一:1. 申请人在该国有惯常居所;2. 申请人在该国惯常居住连续一年,至少在启动程序前两年内有部分时间惯常居住;(五)离婚申请人是该国的国民并同时符合下列两项补充条件:1. 申请人在启动程序之日在该国国内;2. 夫妻最后惯常共同居住在一个国家,在启动程序之日,该国没有关于离婚的法律规定。"

行为”是国际私法中经典的确定连结点的理论原则。因此,婚姻缔结地作为我国法院行使管辖权的连结点具有合理性。

就涉外离婚诉讼的管辖权而言,除《民事诉讼法》第22条确立的被告住所地或经常居所地法院管辖的一般管辖原则外,我国立法也吸纳了原告住所地、被告经常居所地或起诉时居住地、婚姻缔结地、当事人原住所地、当事人最后居住地等广泛的连结点。上述依据分散于立法和司法解释中,体系性有所欠缺,因而有必要对此进行梳理。

基于上述分析,“住所—国籍—婚姻缔结地”并行的模式应当予以考量。《国际私法示范法》第41条便规定:“对因离婚提起的诉讼,如在国外有住所或者惯常居所的当事人具有中华人民共和国国籍,而其住所地或惯常居所地法院拒绝或者未提供司法救济的,中华人民共和国法院享有管辖权。”但是,该条对我国法院行使涉外离婚诉讼管辖权施以了一些不必要的限制,譬如“其住所地或惯常居所地法院拒绝或者未提供司法救济”这一表述,限缩了我国正常行使管辖权的范围,导致涉外离婚的当事人可能无法在我国法院寻求司法救济。而且,第41条中“国籍”只作为一个补充性连结点存在。考虑到涉外离婚诉讼管辖权连结点的属人性质,也考虑到婚姻缔结地为一国法院与当事人之间的婚姻效力创设了重要的联系,通则建议选择性管辖权规范模式,并列采用三个连结点:一方当事人经常居所地、一方当事人国籍以及婚姻缔结地。在连结点的排列顺序上,采用“经常居所地—国籍—婚姻缔结地”的逻辑进路,优先考虑一般性管辖权连结点,再考虑当事人的属人因素,最后考虑婚姻行为产生效力之所在地。

除此之外,本条规定的涉外离婚管辖权也不倾向于特定一方当事人,只要任意一方与我国产生了上述联系,人民法院均享有管辖权,以保障涉外离婚诉讼当事人寻求有效司法救济的可能性。

二十二、收　养

现行规定

《民事诉讼法》

第 22 条　对公民提起的民事诉讼，由被告住所地人民法院管辖；被告住所地与经常居住地不一致的，由经常居住地人民法院管辖。

对法人或者其他组织提起的民事诉讼，由被告住所地人民法院管辖。

同一诉讼的几个被告住所地、经常居住地在两个以上人民法院辖区的，各该人民法院都有管辖权。

第 23 条　下列民事诉讼，由原告住所地人民法院管辖；原告住所地与经常居住地不一致的，由原告经常居住地人民法院管辖：

（一）对不在中华人民共和国领域内居住的人提起的有关身份关系的诉讼；

（二）对下落不明或者宣告失踪的人提起的有关身份关系的诉讼；

（三）对被采取强制性教育措施的人提起的诉讼；

（四）对被监禁的人提起的诉讼。

《民事诉讼法解释》

第 34 条　当事人因同居或者在解除婚姻、收养关系后发生财产争议，约定管辖的，可以适用民事诉讼法第三十五条规定确定管辖。

第 355 条　当事人申请司法确认调解协议，有下列情形之一的，人民法院裁定不予受理：

（一）不属于人民法院受理范围的；

（二）不属于收到申请的人民法院管辖的；

（三）申请确认婚姻关系、亲子关系、收养关系等身份关系无效、有效或者解除的；

（四）涉及适用其他特别程序、公示催告程序、破产程序审理的；

（五）调解协议内容涉及物权、知识产权确权的。

人民法院受理申请后，发现有上述不予受理情形的，应当裁定驳回当事人的申请。

条文释义

上述条文明确了涉外收养诉讼的管辖权依据。

本部分的规定主要适用于如下三类争议：第一，涉外收养关系的条件和手续，即被收养人、收养人、送养人等成立合法收养关系所应当符合的实质要求和形式要求，以及其所应当办理的登记、公证、认证等对收养关系行为的真实性、合法性予以证明的活动。第二，涉外收养的效力，即涉外收养有效成立后，被收养人、收养人、送养人之间所具有的身份及权利义务关系。第三，涉外收养的解除，即依双方当事人的协议或依一方当事人的要求解除收养关系，使得收养人与被收养人之间的权利、义务终止，被收养人与送养人之间的权利与义务恢复。

与涉外离婚诉讼管辖权类似，现行《民事诉讼法》涉外编并未单独规定人民法院对于涉外收养诉讼行使管辖权的依据，因此应当根据《民事诉讼法》第270条，适用第22条“原告就被告”的一般原则，以及第23条规定的原告住所地（经常居住地）法院对于不在我国领域内居住的人提起的有关身份关系的诉讼的管辖权。

学理阐释

（一）通则建议条文

【收养】对因收养的条件和手续提起的诉讼，如收养人或被收养人经常居所地位于中华人民共和国领域内，中华人民共和国人民法院享有管辖权。

对因收养的效力提起的诉讼，收养时收养人经常居所地位于中华人民共和国领域内的，中华人民共和国人民法院享有管辖权。

对因解除收养关系提起的诉讼，如收养人或者被收养人的住所地或者经常居所地位于中华人民共和国境内，或者被收养人具有中华人民共和国国籍，中华人民共和国人民法院享有管辖权。

（二）理论解读

收养是通过法律程序创设父母子女关系的一种制度。一般收养人与被收养人之间并无血缘关系。父母子女关系的成立是基于收养这一法律行为。收养使收养人与被收养人之间产生了一种拟制的血亲关系。[①] 我国《民法典》中相关条款所建立的收养制度已经进入以子女为本位的发展阶段。换言之,在收养法律关系中,应兼顾保护收养人、被收养人和送养人各方的合法权益,但当多种利益出现矛盾冲突时,在子女本位的收养宗旨下,应优先保护被收养子女的利益。[②]

收养案件的管辖权一般以住所或国籍为依据。《瑞士联邦国际私法法规》第 75 条规定:“1. 收养宣告,由收养人或收养人夫妻双方的住所地的瑞士法院或行政机关管辖。2. 对于收养之异议,亦由有权受理有关亲子关系的确认或否认之诉(第 66 条、第 67 条)的法院管辖。”[③]第 76 条规定:“收养人或者收养人夫妻双方在瑞士均无住所,且其中任何一方为瑞士国民时,如果不能在收养人的外国住所地进行收养或者在该地进行收养不合理,则收养事件由原籍地的法院或行政机关管辖。”[④]1965 年海牙《关于收养的管辖权、法律适用及判决承认的公约》就成立收养的管辖权问题综合考量了当事人的惯常居所和国籍,其第 3 条规定:“批准收养的管辖权属于:(一)收养人惯常居所地国家的机关;如夫妻俩共同收养时,则为夫妻共同惯常居所地国家的机关;(二)收养人国籍国的机关;如夫妻俩共同收养时,则为夫妻共同国籍国的机关。在申请、批准收养时,必须同时满足有关惯常居所地和国籍的条件。”就解除收养关系的管辖权问题而言,该公约则考虑了当事人惯常居所和收养成立地,其第 7

---

① 参见韩德培主编、肖永平主持修订:《国际私法》(第 3 版),高等教育出版社、北京大学出版社 2014 年版,第 233 页。

② 参见最高人民法院民法典贯彻实施工作领导小组主编:《中华人民共和国民法典婚姻家庭编继承编理解与适用》,人民法院出版社 2020 年版,第 357 页。

③ 参见邹国勇译注:《外国国际私法立法选译》,武汉大学出版社 2017 年版,第 392 页。

④ 同上。

条规定:“本公约适用的收养的废止或撤销的管辖权属于:(一)申请废止或撤销收养时,被收养人惯常居住的缔约国的机关;(二)申请废止或撤销收养时,收养人有惯常居所的国家的机关;如夫妻共同收养时,则为夫妻双方有惯常居所的国家的机关;(三)批准收养的国家的机关。有下列情况之一的,收养可以废止:(一)根据批准收养的国家国内法所许可的理由;(二)按照批准收养时收养人或夫妻共同收养人的国内法规定,申请废止是基于未遵守第四条第二款所适用的禁止收养条款;(三)根据批准收养时被收养人的国内法规定,申请废止是基于未取得该法所要求的同意。收养可根据行使管辖权的机关的国内法,予以撤销。”

本通则建议条文参照了《法律适用法》中关于涉外收养规定的结构和连结点。《法律适用法》第28条规定:“收养的条件和手续,适用收养人和被收养人经常居所地法律。收养的效力,适用收养时收养人经常居所地法律。收养关系的解除,适用收养时被收养人经常居所地法律或者法院地法律。”之所以采用这种模式,是因为不同涉外收养争议类型中的最密切连结点并不相同。

第1款针对因收养的条件和手续提起的诉讼,采用了当事人任意一方的经常居所地作为连结点。针对收养的条件和手续提起的诉讼,任意一方当事人的经常居所地可以保障当事人寻求司法救济的便利。这意味着,只要收养人或被收养人任意一方在我国有经常居所,我国法院就对因涉外收养的条件和手续提起的诉讼享有管辖权。收养人或被收养人的经常居所地代表了其生活的中心地,由收养人或被收养人经常居所地法院管辖其收养关系中关于收养条件和手续关系的争议,可以便利当事人寻求争议的司法解决,同时能为当事人双方提供平衡。

第2款针对因收养效力提起的诉讼,采取了收养时收养人的经常居所地作为连结点。这意味着,如果在收养时收养人在我国有经常居所,我国法院就对因涉外收养效力的诉讼享有管辖权。对于因收养效力提起的诉讼,宜倾向于收养人在收养时的经常居所地,以便人民法院查明事实。我国《民法典》第1105条规定:“收养应当向县级以上人民政府民政部门登记。收养关系自登记之日起成立。”第1109条第2款规定:“外国人在中华人民共和国收养子女,应当经其所在国主管机关依照该国法律审查同意。收养人应当提供由其所在国有权机构出具的有关其年龄、婚姻、职业、财产、健康、有无受过刑事处罚等状况的证明材料,并与送养人签订书面协议,亲自向省、自治区、直辖市人民政府民政部门登记。”由上可知,登记是确认我国收养效力的必备条件。在收养人和被养人就收养的效力产生纠纷时,收养人于收养成立时在我国领域内办理的登记和对收养协议进行的公证程序,将对诉讼的进行产生重要的影响。根据我国《民法典》第1105条和第1109条的规定,收养子女须向我国特定民政部门登记,收养关系自登记之日起成立。在登记的过程中,收养人一般发挥更为重要的作用。其作为收养关系的当事人,相较于被收养人而言,对于收养的流程、登记的手续可能更为熟悉,因为被收养人很有可能仍不具备民事行为能力。无论是确认收养效力还是申请收养关系无效,其中关键的因素都在于收养人在收养时的行为是否存在瑕疵。因此,针对涉外收养效力的诉讼由收养时收养人经常居所地的人民法院管辖,更便于法院向收养时的登记部门和收养人本人确认事实,从而便利诉讼的审理。

第3款针对因解除收养关系提起的诉讼,采取了收养人或者被收养人经常居所地和被收养人的国籍作为连结点。这意味着,如果收养人或被收养人任意一方当事人在我国有经常居所,或者被收养人一方具有我国国籍,人民法院就对因解除收养关系提起的诉讼享有管辖权。收养人或被收养人经常居所地的使用体现了对于当事人就涉外收养关系寻求司法救济之便利的保护,无论任意一方作为原告,其经常居所地在我国领域内,人民法院均可管辖。而被收养人的国籍这一连结点的使用,一方面,是由于国籍作为属人性连结点与收养关系具有密切关系,法院应当享有属人管辖权;另一方面,依照被收养人的国籍行使管辖权,体现了人民法院保护弱者权益的倾向。针对解除自身收养关系的诉讼,宜由双方当事人经常居所地管辖。另外,收养关系的解除有可能涉及被收养人权利的保护。在通常情况下,被收养人相对于收养人而言处于弱势。出于"保护弱者利益"的考虑,宜倾向于被收养人寻求司法救济的便利。我国《民法典》第1044条第1款规定:"收养应当遵循最有利于被收养人的原则,保障被收养人和收养人的合法权益。"上述规定与《民法典》之规定一致,既体现了弱者权利保护原则,又平衡了双方当事人的利益,保障了被收养人与收养人的合法权益。对于解除收养的诉讼,要保证收养人与被收养人寻求司法救济的可能性。因此,收养时被收养人的经常居所地是适当的连结点。

二十三、监　　护

现行规定

《民事诉讼法》

第22条　对公民提起的民事诉讼,由被告住所地人民法院管辖;被告住所地与经常居住地不一致的,由经常居住地人民法院管辖。

对法人或者其他组织提起的民事诉讼，由被告住所地人民法院管辖。

同一诉讼的几个被告住所地、经常居住地在两个以上人民法院辖区的，各该人民法院都有管辖权。

第23条　下列民事诉讼，由原告住所地人民法院管辖；原告住所地与经常居住地不一致的，由原告经常居住地人民法院管辖：

（一）对不在中华人民共和国领域内居住的人提起的有关身份关系的诉讼；

（二）对下落不明或者宣告失踪的人提起的有关身份关系的诉讼；

（三）对被采取强制性教育措施的人提起的诉讼；

（四）对被监禁的人提起的诉讼。

《民事诉讼法解释》

第9条　追索赡养费、扶养费、抚养费案件的几个被告住所地不在同一辖区的，可以由原告住所地人民法院管辖。

第10条　不服指定监护或者变更监护关系的案件，可以由被监护人住所地人民法院管辖。

条文释义

上述规定明确了涉外监护诉讼的管辖权依据。

本部分的规定主要适用于因涉外监护的种类设立方式、监护人资格、监护人顺序以及被监护人与监护人的权利义务等问题所引发的纠纷的管辖权确定。其中,监护的种类包括法定监护①、遗嘱监护②、协议监护③、指定监护④等,其设立方式各不相同,所要求满足的实质和形式要件也有所区别。监护人资格、监护人顺序的确定和当事人之间的权利义务关系则有赖于法院依照法律和当事人之间的协议进行判断。在涉外监护关系中,因以上问题引发争议诉至法院的,法院依据上述条文对其管辖权作出判断。

与涉外离婚诉讼、涉外收养诉讼的管辖权问题类似,《民事诉讼法》涉外编中未单独规定法院对于涉外监护诉讼行使管辖权的依据,因此应当适用《民事诉讼法》国内编第22条被告住所地(经常居住地)法院管辖的一般原则,以及第23条规定的原告住所地(经常居住地)法院管辖对于不在我国领域内居住的人提起的有关身份关系的诉讼之规定。

---

① 《民法典》第27条规定:"父母是未成年子女的监护人。未成年人的父母已经死亡或者没有监护能力的,由下列有监护能力的人按顺序担任监护人:(一)祖父母、外祖父母;(二)兄、姐;(三)其他愿意担任监护人的个人或者组织,但是须经未成年人住所地的居民委员会、村民委员会或者民政部门同意。"第28条规定:"无民事行为能力或者限制民事行为能力的成年人,由下列有监护能力的人按顺序担任监护人:(一)配偶;(二)父母、子女;(三)其他近亲属;(四)其他愿意担任监护人的个人或者组织,但是须经被监护人住所地的居民委员会、村民委员会或者民政部门同意。"第32条规定:"没有依法具有监护资格的人的,监护人由民政部门担任,也可以由具备履行监护职责条件的被监护人住所地的居民委员会、村民委员会担任。"

② 《民法典》第29条规定:"被监护人的父母担任监护人的,可以通过遗嘱指定监护人。"

③ 《民法典》第30条规定:"依法具有监护资格的人之间可以协议确定监护人。协议确定监护人应当尊重被监护人的真实意愿。"第33条规定:"具有完全民事行为能力的成年人,可以与其近亲属、其他愿意担任监护人的个人或者组织事先协商,以书面形式确定自己的监护人,在自己丧失或者部分丧失民事行为能力时,由该监护人履行监护职责。"

④ 《民法典》第31条规定:"对监护人的确定有争议的,由被监护人住所地的居民委员会、村民委员会或者民政部门指定监护人,有关当事人对指定不服的,可以向人民法院申请指定监护人;有关当事人也可以直接向人民法院申请指定监护人。居民委员会、村民委员会、民政部门或者人民法院应当尊重被监护人的真实意愿,按照最有利于被监护人的原则在依法具有监护资格的人中指定监护人。依据本条第一款规定指定监护人前,被监护人的人身权利、财产权利以及其他合法权益处于无人保护状态的,由被监护人住所地的居民委员会、村民委员会、法律规定的有关组织或者民政部门担任临时监护人。监护人被指定后,不得擅自变更;擅自变更的,不免除被指定的监护人的责任。"

此外,《民事诉讼法解释》还特别规定,对于不服指定监护或者变更监护关系的案件,被监护人住所地人民法院可以行使管辖权。考虑到被监护人通常是处于较弱势地位的人,这一规定体现了保护弱者的立法倾向。

学理阐释

(一)通则建议条文

【监护】对因监护纠纷提起的诉讼,如被监护人的经常居所地位于中华人民共和国领域内,或者被监护人具有中华人民共和国国籍的,中华人民共和国人民法院享有管辖权。

(二)理论解读

监护是对未成年人或禁治产人,在无父母或父母不能行使亲权的情况下,为保护其人身和财产利益而设置的一种法律制度,体现出保护弱者(被监护人)利益的价值取向。我国《民事诉讼法》缺乏对涉外监护案件管辖权问题的特殊规定,因此只能沿用其国内编中关于被告住所地管辖(第22条)和原告住所地管辖(第23条)的条款。这无疑不利于保护被监护人的利益。尽管《民事诉讼法解释》第10条就不服指定监护或者变更监护关系的案件确立了被监护人住所地法院的管辖权,但此种保护仍不甚全面。

在比较法的视角下,监护关系有两个显著特征,并直接关系到涉外监护诉讼管辖权连结点的选取。一方面,被监护人与监护人之间的地位并不平等,正是因为被监护人处于通常意义上的弱势地位,所以更要对其进行有倾向性的司法保护。在管辖权领域,便体现为降低弱势一方当事人寻求司法救济的难度。这一考虑体现在海牙国际私法会议就跨国监护所达成的成果当中。1996 年海牙《关于父母责任和保护儿童措施的管辖权、法律适用、承认、执行和合作公约》第 5 条规定:“一、儿童惯常居住地缔约国的司法或行政机关有权采取保护该儿童人身或财产的措施。二、根据第七条,如果儿童的惯常居住地转移到另一缔约国,则新惯常居住地国机关拥有管辖权。”2000 年海牙《成年人国际保护公约》第 5 条规定:“一、成年人惯常居住地缔约国司法或行政机关享有管辖权,并可采取措施保护其人身或财产。二、如果成年人惯常居住地转移至另一缔约国,新的惯常居住地缔约国机关享有管辖权。”1996 年公约确定了以儿童惯常居住地为连结点的管辖权规定,而 2000 年公约则确定了以(心神丧失或精神衰弱、不能保护自身利益的)成年人惯常居住地为连结点的管辖权规定,这有利于为监护关系中弱势一方提供司法救济。上述公约规定被瑞士纳入其国内法。《瑞士联邦国际私法法规》第 85 条的管辖权规定沿用了上述公约的规定,并出于进一步保护弱者利益的考量,规定了必要管辖权,指出在保护上述弱势群体及其财产确有必要时,瑞士法院可以管辖。

另一方面,监护关系是法律在监护人与被监护人之间设置的身份关系,而身份关系一般均采用属人性连结点,包括住所、经常居所等,也有一些欧洲国家兼采国籍和经常居所作为管辖依据,如格鲁吉亚《关于调整国际私法的法律》第 16 条规定:“1. 对于设立监护、保佐或类似措施之诉,如果监护人、保佐人或者需要监护或保佐之人为格鲁吉亚国民或者其惯常居所在格鲁吉亚境内,则格鲁吉亚法院具有国际管辖权。2. 如果保佐人、监护人或者需要监护或保佐之人请求格鲁吉亚法院受理,则格鲁吉亚法院也有管辖权。”①

---

① 参见邹国勇译注:《外国国际私法立法选译》,武汉大学出版社 2017 年版,第 172 页。

综合以上考虑,通则建议条文一方面着眼于弱者利益保护的价值取向,通过选取被监护人的经常居所地和被监护人的国籍作为连结点,便于被监护人参与诉讼。另一方面考虑到涉外监护诉讼作为一种身份关系的诉讼,选择以经常居所和国籍的属人性连结点作为法院的管辖依据。

二十四、扶　养

现行规定

《民事诉讼法》

第23条　下列民事诉讼,由原告住所地人民法院管辖;原告住所地与经常居住地不一致的,由原告经常居住地人民法院管辖:

(一)对不在中华人民共和国领域内居住的人提起的有关身份关系的诉讼;

(二)对下落不明或者宣告失踪的人提起的有关身份关系的诉讼;

(三)对被采取强制性教育措施的人提起的诉讼;

(四)对被监禁的人提起的诉讼。

《民事诉讼法解释》

第9条　追索赡养费、扶养费、抚养费案件的几个被告住所地不在同一辖区的,可以由原告住所地人民法院管辖。

条文释义

上述规定明确了涉外扶养诉讼的管辖权依据。

传统上,广义的扶养一般包括父母对未成年子女的“抚养”,夫妻之间或兄、弟、姐、妹之间对其中弱势方的“扶养”,以及成年子女对父母的“赡养”。其具有以下特征:(1)扶养在法律规定的一定亲属间成立,是一种法律上的义务监护。法律规定以外的亲属或其他人之间不具有法律上的扶养义务。(2)扶养关系只发生于一方有接受扶养的必要,另一方有扶养能力的一定亲属之间。在《民法典》中,扶养关系多见于夫妻之间①,兄弟姐妹之间②和继承中存在扶养关系的继子女、继父母、继兄弟姐妹之间③,但也可见并列出现的“抚养费、赡养费、扶养费”④之表述。与此同时,《民法典》第1158条确立了遗赠扶养协议制度,规定:“自然人可以与继承人以外的组织或者个人签订遗赠扶养协议。按照协议,该

---

① 《民法典》第1059条规定:“夫妻有相互扶养的义务。需要扶养的一方,在另一方不履行扶养义务时,有要求其给付扶养费的权利。”

② 《民法典》第1075条规定:“有负担能力的兄、姐,对于父母已经死亡或者父母无力抚养的未成年弟、妹,有扶养的义务。由兄、姐扶养长大的有负担能力的弟、妹,对于缺乏劳动能力又缺乏生活来源的兄、姐,有扶养的义务。”

③ 《民法典》第1127条规定:“遗产按照下列顺序继承:(一)第一顺序:配偶、子女、父母;(二)第二顺序:兄弟姐妹、祖父母、外祖父母。继承开始后,由第一顺序继承人继承,第二顺序继承人不继承;没有第一顺序继承人继承的,由第二顺序继承人继承。本编所称子女,包括婚生子女、非婚生子女、养子女和有扶养关系的继子女。本编所称父母,包括生父母、养父母和有扶养关系的继父母。本编所称兄弟姐妹,包括同父母的兄弟姐妹、同父异母或者同母异父的兄弟姐妹、养兄弟姐妹、有扶养关系的继兄弟姐妹。”

④ 《民法典》第37条规定:“依法负担被监护人抚养费、赡养费、扶养费的父母、子女、配偶等,被人民法院撤销监护人资格后,应当继续履行负担的义务。”

组织或者个人承担该自然人生养死葬的义务,享有受遗赠的权利。”该规定意味着基于遗赠扶养协议成立的扶养关系将不再以亲属关系的存在为前提。

同涉外离婚诉讼、涉外收养诉讼、涉外监护诉讼的管辖权问题一样,《民事诉讼法》涉外编中涉外扶养诉讼管辖权特别规则的缺位,意味着该类案件应当遵循《民事诉讼法》第270条,适用国内编中第22条[被告住所地(经常居住地)法院的管辖权]、第23条[原告住所地(经常居住地)法院管辖对于不在我国领域内居住的人提起的有关身份关系的诉讼的管辖权]的规定。

此外,为了便利弱势一方当事人起诉和人民法院审理,《民事诉讼法解释》还特别规定,追索赡养费、扶养费、抚养费案件的几个被告住所地不在同一辖区的,可以由原告住所地人民法院管辖,从而节约诉讼成本,提高诉讼效率。

学理阐释

(一)通则建议条文

【扶养】对因扶养纠纷提起的诉讼,如被扶养人的经常居所地位于中华人民共和国领域内,或者被扶养人具有中华人民共和国国籍的,中华人民共和国人民法院享有管辖权。

(二)理论解读

扶养关系有两个显著特征,并直接关系到涉外扶养诉讼连结点的选取。第一,扶养关系是法律在扶养人与被扶养人之间设置的身份关系,而身份关系一般均采用属人性连结点,包括住所、经常居所和国籍等。第二,被扶养人与扶养人之间的地位并不平等,正是因为被扶养人处于通常意义上的弱势地位,所以更要对其进行有倾向性的司法保护。这在管辖权领域体现为降低弱势一方当事人寻求司法救济的难度。综合以上两点考虑,我们选取了被扶养人的经常居所地和被扶养人的国籍作为人民法院行使管辖权的连结点。

与上条"监护"的规定相类似,在扶养关系中,被扶养人处于弱势地位。以被扶养人的属人性连结点作为管辖权基础,便于弱势一方当事人(被扶养人)行使其诉讼权利。斯洛伐克共和国《关于国际私法和国际民事诉讼规则的法律》第38a条便规定:"如果扶养权利人或扶养义务人的住所或惯常居所在斯洛伐克共和国境内,则斯洛伐克法院对于扶养义务事项具有管辖权。"[①]2000年海牙《成年人国际保护公约》第5条规定:"一、成年人惯常居住地缔约国司法或行政机关享有管辖权,并可采取措施保护其人身或财产。二、如果成年人惯常居住地转移至另一缔约国,新的惯常居住地缔约国机关享有管辖权。"这一条文确认了心神丧失或精神衰弱的成年人惯常居住地为主要连结点的管辖权规定,保护弱势一方当事人的倾向也得到了认同。

与上一条理由相似,本通则建议选取被扶养人的经常居所地和国籍作为我国法院管辖涉外扶养诉讼的连结点,一方面体现对弱者,即被扶养人的保护倾向;另一方面是基于涉外扶养诉讼的身份性质选取的属人性连结点,即住所和经常居所。

① 参见邹国勇译注:《外国国际私法立法选译》,武汉大学出版社2017年版,第252页。

二十五、继　承

现行规定

《民事诉讼法》

第34条　下列案件，由本条规定的人民法院专属管辖：

（一）因不动产纠纷提起的诉讼，由不动产所在地人民法院管辖；

（二）因港口作业中发生纠纷提起的诉讼，由港口所在地人民法院管辖；

（三）因继承遗产纠纷提起的诉讼，由被继承人死亡时住所地或者主要遗产所在地人民法院管辖。

条文释义

本条明确了涉外继承的管辖权依据。

涉外继承主要可以分为两类：涉外法定继承和涉外遗嘱继承。涉外法定继承案件主要涵盖了法定继承人的范围、法定继承人的顺序等问题；涉外遗嘱继承则囊括了遗嘱形式、遗嘱效力的判断等问题。同时，二者都关涉遗产最终的归属问题。从此角度而言，遗产继承问题兼具人身关系特征与财产关系特征。

但是，就现行立法而言，上述所有的相关争议都被纳入了我国法院专属管辖的范畴。《民事诉讼法》涉外编并未单独规定人民法院对于涉外继承诉讼行使管辖权的依据，因此应当根据《民事诉讼法》第270条适用国内编有关规定，即第34条第3项之规定："因继承遗产纠纷提起的诉讼，由被继承人死亡时住所地或者主要遗产所在地人民法院管辖。"其中，被继承人死亡时住所地人民法院管辖着重强调继承问题的人身关系特征，对法定继承而言，更便于梳理被继承人与各继承人之间的身份关系，从而确定继承顺序；对遗嘱继承而言，其则便于判断遗嘱的形式与效力。而遗产所在地人民法院管辖则显然更强调继承问题的财产关系特征，作为物之所在地，其与遗产具有更密切的联系。

典型案例

许某1等与杨某等继承纠纷案①

本案中，就许某4于2016年3月18日在广州市番禺公证处订立的公证遗嘱为最后一份有效遗嘱所引发的遗产继承问题，广州市番禺区人民法院认为：因本案当事人D某为美国公民，许某1、许某2为澳大利亚公民，本案系涉外继承纠纷案件。《民事诉讼法》第33条第3项规定，"因继承遗产纠纷提起的诉讼，由被继承人死亡时住所地或者主要遗产所在地人民法院管辖"。本案讼争的主要遗产在本院辖区内，故本院对

① 参见广东省广州市番禺区人民法院民事判决书，(2018)粤0113民初9367号。

本案具有管辖权。

学理阐释

（一）通则建议条文

【继承】对因遗产继承纠纷提起的诉讼，如被继承人死亡时的经常居所地或主要遗产所在地位于中华人民共和国领域内，中华人民共和国人民法院享有管辖权。

（二）理论解读

遗产继承问题兼具人身关系特征与财产关系特征，因此遗产继承诉讼的管辖权通常兼具属人性质的连结点（如住所地、惯常居所地）和财产性连结点（如遗产所在地）。《日本民诉法》第 3－3 条第 12 项规定了涉外遗产继承中被继承人住所地的管辖权基础。① 捷克共和国《关于国际私法的法律》第 74 条第 1 款规定："对于继承事项的审理，如果被继承人死亡时在捷克共和国境内有经常居所，则捷克法院具有审判权。"②《瑞士联邦国际私法法规》第 86 条至第 88 条也分别以被继承人死亡前

① 《日本民诉法》第 3－3 条第 12 项规定："关于继承权或者遗留份的诉讼、关于遗赠以及其他依据死亡而生效的行为的诉讼：继承开始时，被继承人在日本国内有住所；继承开始时，没有住所或者住所不明时，被继承人在日本国内有居所；继承开始时，没有居所或居所不明，在继承开始前，被继承人在日本国内有最后住所（在日本国内有最后住所但其后在外国有住所的情形除外）时，可向日本裁判所提起诉讼。"参见《日本民事诉讼法典》，曹云吉译，厦门大学出版社 2017 年版，第 5 页。

② 参见邹国勇译注：《外国国际私法立法选译》，武汉大学出版社 2017 年版，第 323 页。

的最后住所地、遗产所在地作为连结点确立了管辖权规范。

遗产继承纠纷兼具身份性质和财产性质，且均与被继承人一方联系较为密切。考虑到被继承人在生前可能会变更其经常居所和遗产的位置，选取被继承人死亡时（这一时刻之后被继承人的遗产继承通常无法发生进一步变动）更有利于法院确定被继承人的身份和财产关系。为了避免因被继承人少量遗产位于我国领域内引起的人民法院过度管辖，规定主要遗产所在地更为妥当。因此，通则建议条文选取了被继承人死亡时的经常居所地和主要遗产所在地作为涉外遗产继承诉讼的连结点。

从结构设置的角度，通则建议条文一个较大的变动就是将法定继承这一诉讼类型从专属管辖中移除。我国现行《民事诉讼法》第 34 条将遗产继承纠纷纳入专属管辖的范围，这是极为罕见的，也在实践中引发了许多问题。其一，遗产继承纠纷本身并不与一国的社会公共利益紧密联系，并不具备应当被纳入专属管辖的理论基础；其二，遗产继承纠纷专属管辖与不动产纠纷专属管辖发生冲突时，管辖权的确定面临很大的不确定性，法院也难以提供具有说服力的解释；①其三，条文本身规定的是选择性的管辖权根据，已经不具有“专属性”的特征，②正如学者观点指出的：“苟专属地域管辖案件亦可一任当事人之意愿而为管辖法院之选择，殊与专属地域管辖之本旨相违。”③

① 参见吴保宏、高嫦馨：《论遗产继承纠纷专属管辖的法律困境》，载《安徽工业大学学报（社会科学版）》2020 年第 2 期。

② 参见何其生：《大国司法理念与中国国际民事诉讼制度的发展》，载《中国社会科学》2017 年第 5 期。

③ 占善刚：《略论专属地域管辖适用之特质》，载《法学评论》2002 年第 5 期。

二十六、侵　　权

现行规定

《民事诉讼法》

第 29 条　因侵权行为提起的诉讼，由侵权行为地或者被告住所地人民法院管辖。

★2023 年修订

第 276 条　因涉外民事纠纷，对在中华人民共和国领域内没有住所的被告提起除身份关系以外的诉讼，如果合同签订地、合同履行地、诉讼标的物所在地、可供扣押财产所在地、侵权行为地、代表机构住所地位于中华人民共和国领域内的，可以由合同签订地、合同履行地、诉讼标的物所在地、可供扣押财产所在地、侵权行为地、代表机构住所地人民法院管辖。

除前款规定外，涉外民事纠纷与中华人民共和国存在其他适当联系的，可以由人民法院管辖。

《民事诉讼法解释》

第 24 条　民事诉讼法第二十九条规定的侵权行为地，包括侵权行为实施地、侵权结果发生地。

条文释义

《民事诉讼法》第276条是关于中国法院行使涉外民事案件管辖权的一般规定，主要规定了中国法院的国际民事管辖权。其中，对侵权行为地人民法院管辖的规定可视为涉外侵权案件的管辖权依据。规定侵权行为地法院享有侵权管辖权是国际上普遍的做法，这一做法也被本条文采纳。

《民事诉讼法》第276条第1款首先规定了涉外民事案件的范围，修改后的《民事诉讼法》将我国法院的管辖范围由"合同纠纷或其他财产权益纠纷"扩大至"除身份关系以外"的所有涉外民事纠纷。第1款中"侵权行为地……位于中华人民共和国领域内的，可以由……侵权行为地……人民法院管辖"规定了侵权纠纷的管辖权依据。侵权行为地与侵权纠纷具有最直接且密切的联系，是侵权行为人侵权目的体现最为集中的地方，也是证据收集、案情查明最便利的地方。因此，侵权行为地对于侵权案件的管辖权是合理的。

同时，第276条在第1款保留了"合同签订地、合同履行地、诉讼标的物所在地、可供扣押财产所在地、侵权行为地、代表机构住所地"六种对于实际联系地的规定，又在第2款规定了涉外民事纠纷与中华人民共和国存在适当联系的，也可以由人民法院管辖。这一规定合理地扩大了人民法院对侵权案件的管辖范围。

与《民事诉讼法》第29条和《民事诉讼法解释》第24条相比，《民事诉讼法》第276条适用于因涉外民事纠纷对在中华人民共和国领域内没有住所的被告提起除身份关系以外的所有诉讼，既包括合同纠纷、也包括侵权纠纷。

典型案例

杨某某与堀雄某某损害股东利益责任纠纷案[①]

本案系损害股东利益责任纠纷。2013 年,Stellarworks Holding Ltd.(以下简称 SW 控股公司)在英属维尔京群岛注册成立,股东为堀雄某某和杨某某 2 人,持股比例分别为 70% 和 30%,堀雄某某被任命为董事。SW 控股公司系 Stellarworks Investment Ltd.(以下简称 SW 投资公司)全资股东,SW 投资公司系富迅国际贸易有限公司(以下简称富讯公司)全资股东。2014 年 3 月,Stellarworks International Ltd.(以下简称 SW 国际公司)在英属维尔京群岛注册成立,股东为堀雄某某,持股比例 100%。SW 控股公司拟将其持有的 SW 投资公司全部股份转让给 SW 国际公司,对 SW 投资公司唯一实质性资产即富迅公司资产进行了评估。评估过程中堀雄某某向评估公司提出了若干建议,后堀雄某某作为 SW 控股公司的唯一董事批准了股份转让协议。杨某某认为,堀雄某某作为 SW 控股公司的大股东、唯一董事,在转让公司资产给自己名下其他公司时,故意压低评估价格,损害了小股东杨某某的利益,因此主张其赔偿损失。

上海市闵行区人民法院认为,堀雄某某系日本国公民,杨某某以堀雄某某在执行 SW 控股公司事务时侵害其的股东权益为由主张赔偿。

① 参见《上海法院域外法查明典型案例(附中英文版全文)》,载微信公众号“上海高院”2022 年 9 月 13 日,https://mp. weixin. qq. com/s/YVbEo0Omlv2lz－QmlbDELQ。

本案属涉外侵权纠纷，应根据《法律适用法》第44条的规定，本案所涉侵权责任问题应适用侵权行为地法律。因杨某某所主张侵权行为为股权转让行为，故侵权行为地为SW投资公司的住所地。SW投资公司住所地位于英属维尔京群岛，故本案应适用英属维尔京群岛法律。杨某某为此提供了《2004年英属维尔京群岛商业公司法》法条规定和律师法律意见书，上海市闵行区人民法院认为，根据英属维尔京群岛法律，若杨某某作为SW控股公司股东的权利受到堀雄某某执行SW控股公司事务时的不公平行为损害，则杨某某有权向堀雄某某主张赔偿。

堀雄某某提起上诉，要求适用双方共同经常居所地即中华人民共和国法律。

上海市第一中级人民法院认为，堀雄某某提供的外国人就业证等证据不足以证明其经常居所地在中华人民共和国境内，案件管辖权认定中的"住所地"概念与前述法律规定中的"经常居所地"并非同一概念，因此上海市闵行区人民法院适用侵权行为地即英属维尔京群岛法律并无不当。

学理阐释

（一）通则建议条文

【侵权】对因侵权行为提起的诉讼，如侵权行为实施地或损害结果发生地位于中华人民共和国领域内，中华人民共和国人民法院享有管辖权。

(二)理论解读

通则建议条文是对中国法院享有因侵权行为提起诉讼的管辖权的规定,首先规定了适用的案件范围,即因侵权行为提起的诉讼;之后,本条将侵权行为实施地和损害发生地作为涉外侵权纠纷的管辖权依据。

上述连结点的规定与国内规定相符。《民事诉讼法》第29条①规定侵权行为地是侵权纠纷的管辖权依据,《民事诉讼法解释》第24条②规定侵权行为地包括侵权行为实施地与损害结果发生地。《国际私法示范法》第32条③规定侵权纠纷由侵权行为实施地与损害结果发生地法院管辖。

从国际上司法主权的角度来看,属地管辖权是国家领土主权在国际民商事案件司法管辖权问题上的体现。各国为了对外维护国家主权与对内合理分配管辖权限,大多采取侵权行为地这一属地管辖依据。在各国的立法与实践中,侵权行为地也受到各国的广泛采纳,具有长期且稳固的立法和司法基础,如《布鲁塞尔条例Ⅰ》(重订)第7条④、《瑞士联邦国际私法法规》第129条⑤与《管辖权及判决公约临时文本》第10条⑥的

---

① 《民事诉讼法》第29条规定:“因侵权行为提起的诉讼,由侵权行为地或者被告住所地人民法院管辖。”

② 《民事诉讼法解释》第24条规定:“民事诉讼法第二十九条规定的侵权行为地,包括侵权行为实施地、侵权结果发生地。”

③ 《国际私法示范法》第32条规定:“对因侵权行为提起的诉讼,如侵权行为实施地或者侵权结果发生地位于中华人民共和国境内,中华人民共和国法院享有管辖权。”

④ 《布鲁塞尔条例Ⅰ》(重订)第7条第2款规定:“有关侵权行为或准侵权行为的案件,在侵权行为发生或可能发生地的法院。”

⑤ 《瑞士联邦国际私法法规》第129条第2款规定:“如果被告在瑞士既无住所或习惯居所又无营业地,诉讼可在行为地或结果地的瑞士法院提起”。

⑥ 《管辖权及判决公约临时文本》第10条第1款规定:“原告可以就侵权案件在下列国家的法院提起诉讼:(一)导致损害的作为或不作为地,或(二)损害结果发生地,除非被告证明被指控应承担责任的人不能合理地预见到作为或不作为会在该国导致同类性质的损害。”

相关规定。

侵权行为地包括行为实施地,也包括结果发生地。除我国《民事诉讼法解释》第24条明确规定"民事诉讼法第二十九条规定的侵权行为地,包括侵权行为实施地、侵权结果发生地"之外,《最高人民法院关于审理名誉权案件若干问题的解释》(已废止)第1条也规定了侵权结果发生地包括受侵权的公民、法人和其他组织的住所地。本条所指的侵权行为地也可作扩大解释,参考《布鲁塞尔条例Ⅰ》(重订)第7条第2款的规定,将侵权行为地法院扩大到侵权行为可能发生地的法院。在一些特殊的侵权案件,如反不正当竞争、反垄断或者环境污染侵权中,常常会出现领域外主体的侵权行为尚未完成,但已经对我国领域内相关主体产生影响的情况。在这种情况下,人民法院对于这些尚未完成的侵权行为进行管辖,有利于保护我国相关主体的利益。

二十七、网络侵权

现行规定

《民事诉讼法》

★2023年修订

第276条　因涉外民事纠纷,对在中华人民共和国领域内没有住所的被告提起除身份关系以外的诉讼，如果合同签订地、合同履行地、诉讼标的物所在地、可供扣押财产所在地、侵权行为地、代表机构住所地位于中华人民共和国领域内的，可以由合同签订地、合同履行地、诉讼标的物所在地、可供扣押财产所在地、侵权行为地、代表机构住所地人民法院管辖。

除前款规定外，涉外民事纠纷与中华人民共和国存在其他适当联系的，可以由人民法院管辖。

《民事诉讼法解释》

第 25 条　信息网络侵权行为实施地包括实施被诉侵权行为的计算机等信息设备所在地，侵权结果发生地包括被侵权人住所地。

《最高人民法院关于审理侵害信息网络传播权民事纠纷案件适用法律若干问题的规定》（以下简称《信网权纠纷解释》）

第 15 条　侵害信息网络传播权民事纠纷案件由侵权行为地或者被告住所地人民法院管辖。侵权行为地包括实施被诉侵权行为的网络服务器、计算机终端等设备所在地。侵权行为地和被告住所地均难以确定或者在境外的，原告发现侵权内容的计算机终端等设备所在地可以视为侵权行为地。

条文释义

《民事诉讼法》第 276 条是关于中国法院行使涉外民事案件管辖权的一般规定，该条规定也包含了涉外网络侵权案件的管辖权依据。根据该规定，在网络侵权纠纷中，如果侵权行为地位于中华人民共和国领域内,则可以由侵权行为地人民法院管辖。

《民事诉讼法解释》和《信网权纠纷解释》进一步解释了信息网络侵权行为地的范畴,即侵权行为地又分为侵权行为实施地和侵权结果发生地。根据上述条文,信息网络侵权行为地包括被诉侵权行为的网络服务器、计算机终端等设备所在地,即信息网络侵权的行为实施地;包括被侵权人住所地,即信息网络侵权的侵权结果发生地。

典型案例

吴某明与胡某明、胡某智等网络侵权责任纠纷案①

原告吴某明与被告胡某明、胡某智、广州澳美房地产开发有限公司(以下简称澳美公司)网络侵权责任纠纷一案,于2019年11月20日立案后,依法适用简易程序,公开开庭进行了审理。方兴公司成立于1995年12月11日,经营范围含房地产开发经营、室内装饰、设计。吴某明系方兴公司股东。澳美公司成立于1992年11月13日,经营范围为:房地产开发经营、房屋建筑工程施工、自有房地产经营活动、房屋租赁、物业管理。胡某智系澳美公司董事长、法定代表人。2019年8月31日22时16分,微信公众号“广州澳洲山庄”发布《天下奇闻:“还债难”!!!——广州第一烂尾楼背后黑幕》一文,文章以胡某智名义撰写,文章包括众多主张吴某明涉嫌侵权内容。原告吴某明主张胡某智撰写的文章中的内容构成侵权。

法院认为,胡某智系澳大利亚籍,本案为涉外纠纷。吴某明以胡某

① 参见广州互联网法院民事判决书,(2019)粤0192民初48420号。

明、胡某智、澳美公司侵犯其名誉权为由提起本案诉讼,根据《民事诉讼法》第 28 条有关"因侵权行为提起的诉讼,由侵权行为地或者被告住所地人民法院管辖"之规定,吴某明的住所地在广州,故本院对本案有管辖权。《法律适用法》第 3 条规定:"当事人依照法律规定可以明示选择涉外民事关系适用的法律。"第 44 条规定:"侵权责任,适用侵权行为地法律,但当事人有共同经常居所地的,适用共同经常居所地法律。侵权行为发生后,当事人协议选择适用法律的,按照其协议。"第 46 条规定:"通过网络或者采用其他方式侵害姓名权、肖像权、名誉权、隐私权等人格权的,适用被侵权人经常居所地法律。"据此,本案适用吴某明住所地法律,即以中国法律为准据法。

学理阐释

(一)通则建议条文

【网络侵权】对因网络信息侵权行为造成损害提起的诉讼,如实施被诉侵权行为的计算机等信息设备所在地、损害结果发生地或被侵权人经常居所地位于中华人民共和国领域内,中华人民共和国人民法院享有管辖权。

(二)理论解读

通则建议条文规定了网络环境下侵权纠纷的管辖权依据,其参考了《民事诉讼法解释》第 25 条的规定,所规定的管辖权依据是对前款侵权行为地的具体解释。被诉侵权行为的计算机等信息设备所在地被视为侵权行为实施地,被侵权人经常居所地被视为损害结果发生地。

基于互联网的去中心化与超越国界的特征,虽然网络侵权行为的地域性被明显弱化,但互联网并未改变侵权法律关系的本质,也并未创设新的法律关系。网络侵权案件是现实主体在网络设备上实施的真实行为,其侵权的内容也需要在信息网络设备中传输和显现并对现实世界产生影响。网络侵权依然符合一般侵权行为的特征,与地域性高度关联,可以在现实中找到其侵权行为地。

网络侵权行为是借助网络实施的较为特殊的侵权行为。从行为主体上看,网络侵权可分为网络用户侵权和网络服务商侵权两大类。就网络用户而言,其侵权行为的实施过程一般可分解为发出指令、传输指令和执行指令三个步骤。首先,网络用户通过在计算机终端设备上的操作发出侵权指令;其次,这些侵权指令和相关信息内容通过各种网络设备传输至提供相关网络内容服务的服务器;最后,这些侵权指令在该服务器上得以执行,用户的侵权操作得以完成。由此可见,网络用户侵权行为的两个关键环节在于该用户在计算机终端设备上发出侵权指令的操作以及相关网络服务器上执行侵权指令的操作。所以,实施侵权行为的计算机终端设备以及相关网络服务器是网络用户进行网络侵权的必要工具和关键因素,在侵权行为中起到决定性作用。因此,其所在地是网络侵权行为的实施地。

2012 年最高人民法院颁布的《信网权纠纷解释》第 15 条规定,侵权行为地和被告住所地均难以确认或在境外的,原告发现侵权内容的计算机终端设备所在地可以视为侵权行为地。2014 年颁布的《最高人民法院关于审理利用信息网络侵害人身权益民事纠纷案件适用法律若干问题的规定》第 2 条规定,利用信息网络侵害人身权益提起的诉讼,由侵权行为地或被告住所地人民法院管辖,侵权行为地包括计算机设备终端所在地,侵权结果发生地包括被侵权人住所地。

在涉外网络侵权案件中，经常发生被告经常居所地和侵权行为地在境外，而侵权结果发生在境内的情况。如果人民法院不能对此类案件行使管辖权，则无法保护权利人的合法权益。如《俄罗斯民事诉讼法》第402条第3款第10项与第11项①专门规定了在互联网及信息侵权案件中，原告经常居所地法院的管辖权。因此，中国境内的被侵权人经常居所地法院拥有管辖权，便于权利人在我国起诉，保护其合法权益。

二十八、产品责任

现行规定

《民事诉讼法解释》

第26条　因产品、服务质量不合格造成他人财产、人身损害提起的诉讼，产品制造地、产品销售地、服务提供地、侵权行为地和被告住所地人民法院都有管辖权。

---

① 《俄罗斯民事诉讼法》第402条第3款规定："有下列情形之一的，俄罗斯联邦法院也有权审理涉外案件：(10)保护主体个人信息包括精神损害赔偿的原告在俄罗斯联邦有住所地的案件；(11)终端国际互联网接入服务案件的原告在俄罗斯联邦有住所地的。"

条文释义

本条规定了产品责任纠纷的管辖权依据,适用的案件主要是产品责任侵权纠纷。产品责任是一种侵权责任,是产品的生产销售者因其生产的产品、出售的产品造成他人人身、财产损害而应承担的赔偿责任。《民法典》第1203条规定,在产品责任纠纷中,被侵权人可以向生产者与销售者请求赔偿。①

本条规定的产品制造地,是指不需要加工的产品原材料来源地或者是产品的初始制造地。产品销售地,是指产品销售的地理区域,是销售目标所在的地方。服务提供地,是指一个服务机构或者服务企业所负责的服务范围涉及的地方。

本条与《法律适用法》第45条②的规定相互补充,作为产品责任纠纷的被侵权人可以主动选择适用侵权人主营业地法律、损害发生地法律,保障消费者的合理预期。

---

① 《民法典》第1203条规定:"因产品存在缺陷造成他人损害的,被侵权人可以向产品的生产者请求赔偿,也可以向产品的销售者请求赔偿。"

② 《法律适用法》第45条规定:"产品责任,适用被侵权人经常居所地法律;被侵权人选择适用侵权人主营业地法律、损害发生地法律的,或者侵权人在被侵权人经常居所地没有从事相关经营活动的,适用侵权人主营业地法律或者损害发生地法律。"

典型案例

普里莫床上服务器公司、常州市怡华卫生材料有限公司产品责任纠纷案①

上诉人常州市怡华卫生材料有限公司(以下简称怡华公司)因与被上诉人普里莫床上用品公司(PrimoBedding Company INC.,以下简称普里莫公司)、原审被告宁波市朗客日用品有限公司产品责任纠纷一案,不服浙江省宁波市鄞州区人民法院(2023)浙0212民初4937号民事裁定,向宁波市中级人民法院提起上诉。

怡华公司上诉请求:撤销原裁定,将本案移送常州市天宁区人民法院管辖。事实和理由:一审法院适用法律错误。本案属于侵权之诉,根据《民事诉讼法》有关规定,本案应由侵权行为地或被告住所地人民法院管辖。普里莫公司曾在常州市中级人民法院提起本案诉讼,因主体材料不全被驳回起诉。

同时,怡华公司为第一被告,应将怡华公司住所地(江苏省常州市天宁区郑陆镇三河口村)视为被告住所地,故本案应由常州市天宁区人民法院管辖。

普里莫公司辩称:根据《民事诉讼法》规定,侵权之诉由侵权行为地或被告住所地人民法院管辖,同一诉讼的几个被告住所地、经常居住地在两个以上法院辖区的,各该法院均有管辖权,原告可以向其中一个法院起诉。本案中,普里莫公司将怡华公司、朗客公司列为共同被告,朗客

① 参见宁波市中级人民法院民事判决书,(2023)浙02民辖终177号。

公司的住所地位于浙江省宁波市鄞州区,故一审法院对本案享有管辖权。

一审法院经审查认为,因侵权行为提起的诉讼,由侵权行为地或者被告住所地人民法院管辖;两个以上人民法院都有管辖权的诉讼,原告可以向其中一个人民法院起诉。

宁波中级人民法院经审查认为,本案系普里莫公司以怡华公司、朗客公司作为共同被告提起的产品责任纠纷之诉。根据《民事诉讼法》有关规定,普里莫公司有权选择向侵权行为地或被告住所地法院起诉。普里莫公司之前在常州市中级人民法院对怡华公司、朗客公司起诉的行为与本案管辖权的确定无关。朗客公司的住所地位于浙江省宁波市鄞州区,故一审法院对本案有管辖权,怡华公司的上诉理由缺乏依据,法院不予采信。

学理阐释

(一)通则建议条文

【产品责任】对因产品责任造成损害提起的诉讼,如被侵权人经常居所地、损害结果发生地、产品制造地、产品销售地或服务提供地位于中华人民共和国领域内,中华人民共和国人民法院享有管辖权。

(二)理论解读

通则建议条文规定了产品责任案件的管辖权依据,是对产品侵权案件中侵权行为地的具体解释。

本条参考了《国际私法示范法》第37条[①]的规定，同时援引《民事诉讼法解释》第26条[②]的规定增加了被侵权人经常居所地与服务提供地作为管辖权基础。在产品责任侵权中，侵权行为实施地一般可以被产品制造地、产品销售地或服务提供地所覆盖，因此本条仅单独规定了损害结果发生地。设置多个有管辖权的法院有助于保护消费者的利益，进一步平衡产品生产者、销售者和消费者之间的权益，以上复数连结点的规定可以更好地保护受害人的利益，便于其行使诉权。

随着社会发展与生活水平的提升，人们消费的对象已经不再单单是产品，也包括了服务。如近年频发的酒店餐饮服务业侵权纠纷，酒店餐饮的服务提供地就是此类案件的侵权行为实施地。[③]

---

① 《国际私法示范法》第37条规定："对因产品责任造成损害提起的诉讼，如损害发生地、产品制造地或者产品销售地位于中华人民共和国境内，中华人民共和国法院享有管辖权。"

② 《民事诉讼法解释》第26条规定："因产品、服务质量不合格造成他人财产、人身损害提起的诉讼，产品制造地、产品销售地、服务提供地、侵权行为地和被告住所地人民法院都有管辖权。"

③ 参见最高人民法院修改后民事诉讼法贯彻实施工作领导小组：《最高人民法院民事诉讼法司法解释理解与适用(上)》，人民法院出版社2015年版，第174页。

二十九、交通事故

现行规定

《民事诉讼法》

第30条　因铁路、公路、水上和航空事故请求损害赔偿提起的诉讼，由事故发生地或者车辆、船舶最先到达地、航空器最先降落地或者被告住所地人民法院管辖。

条文释义

本条规定了交通事故侵权纠纷的管辖权基础。交通事故侵权是由车辆、船舶或者航空器的所有人或管理人的侵权行为造成的。本条适用的案件范围为因铁路、公路、水上和航空事故请求损害赔偿提起的诉讼。

本条规定，除事故发生地即侵权行为地作为侵权的一般管辖依据外，此类纠纷中车辆最先到达地（事故发生后，车辆第一个停靠站）、船舶最先到达地（事故发生后，船舶第一个停靠港或沉没地）、航空器最先降落地（飞机、飞艇、卫星等最先降落地或因事故而坠落地）与纠纷具有密切联系,其所在地法院拥有案件的管辖权。

典型案例

河南乔治海茵茨飞机制造有限公司与 REIDGARYMITCHELL 等民用航空器损害责任纠纷案①

杰森·雷德生前系美国国籍,其受江苏乔治公司邀请,2015 年 4 月 15 日进入中国境内,4 月 16 日到达河南从事商务活动。事发飞机型号为 CH750HD 的两人座轻型运动飞机,其零部件系由陈某委托北京祥丰和盛航空设备有限公司进口,于 2013 年 7 月至 2014 年年初在北京完成装配。2014 年年初,该飞机被运至江苏乔治公司完成地面测试及飞行试验。2015 年 4 月,飞机由江苏乔治公司运至河南乔治公司。因淮北市九天城建测绘有限公司意向购买此型飞机,2015 年 4 月 20 日,河南乔治公司受陈某指令,安排人员驾驶该飞机飞到淮北,并停放在淮北市濉溪县开发区安徽省立坤重型钢材工程有限公司院内,供淮北方面考察。5 月 2 日,杰森·雷德接到通知:将 MY-002 飞机从安徽省淮北市濉溪县飞回河南周口。5 月 3 日,杰森·雷德、赵某某及河南乔治公司人员一起驾车到达淮北市濉溪县 MY-002 飞机的停放地。在为飞机加油后,杰森·雷德和赵某某一起进入飞机,飞机起飞后,向南飞行约 500 米,飞行高度约 20 米,飞机发生左侧倾斜,随即在安徽省濉溪县开发区金桂西路中段坠地起火,杰森·雷德及赵某某均当场死亡。杰森·雷德系 2 原告之子,杰森·雷德未结婚,亦未生育子女。

---

① 参见北京市第三中级人民法院民事裁定书,(2016)京 03 民辖终 882 号。

北京市第三中级人民法院经审查认为:本案系以民用航空器损害责任纠纷为由提起的诉讼,并请求判令设备公司、制造公司、陈某连带赔偿原告人民币1,672,304元。《民事诉讼法》第28条规定:“因侵权行为提起的诉讼,由侵权行为地或者被告住所地人民法院管辖。”《民事诉讼法》第21条第3款规定:“同一诉讼的几个被告住所地、经常居住地在两个以上人民法院辖区的,各该人民法院都有管辖权。”本案中,原审被告设备公司的住所地位于北京市密云区,故北京市密云区人民法院依法对本案有管辖权。制造公司的上诉理由不成立,其上诉请求应予驳回。

……………………

畅某、云南昆明交通运输集团有限公司机动车交通事故责任纠纷案①

一审法院认为,本案系因交通事故造成的侵权责任,产生该民事关系的法律事实发生在中华人民共和国领域外,故应为涉外民事关系,而涉外民事关系所适用的法律,应依据《法律适用法》确定。《法律适用法》第44条规定:“侵权责任,适用侵权行为地法律,但当事人有共同经常居所地的,适用共同经常居所地法律。侵权行为发生后,当事人协议选择适用法律的,按照其协议”。本案中,根据被告云南昆明交通运输集团有限公司提交的经由老挝公证机构证明、中华人民共和国驻老挝大使馆认证的调解协议,从内容上可以反映出,本案的侵权行为发生地为老挝,死者家属也与被告云南昆明交通运输集团有限公司按照老挝当地法律达成了调解协议且已支付了赔偿款并结案,由此可以证明当事人实际

---

① 参见昆明市中级人民法院民事裁定书,(2019)云01民终6621号。

已通过协议选择适用老挝法律来解决纠纷，故原告现请求再适用中国法律来解决纠纷，没有法律依据，也违反了一事不再理的民事诉讼原则。据此，依照《涉外民事关系法律适用法》第 2 条、第 44 条及《民事诉讼法》第 154 条第 1 款第 3 项之规定，裁定驳回原告畅某的起诉。

学理阐释

（一）通则建议条文

【交通事故】对因铁路、公路、水上和航空事故请求损害赔偿提起的诉讼，如事故发生地、车辆、船舶最先到达地或者航空器最先降落地位于中华人民共和国领域内，中华人民共和国人民法院享有管辖权。

（二）理论解读

通则建议条文规定了交通事故侵权的管辖权依据，其参考了《国际私法示范法》第 33 条①的规定，并参照《民事诉讼法》第 30 条②作出了修改。首先，加害船舶被扣留涉及海商法，是基于海事纠纷的问题，因此本条将其删除。其次，交通事故案件中，事故发生地是案件的第一现场，与

① 《国际私法示范法》第 33 条规定："对因铁路、公路、水上和航空事故请求损害赔偿提起的诉讼，如车辆、船舶最先到达地、加害船舶被扣留地或者航空器最先降落地位于中华人民共和国境内，中华人民共和国法院享有管辖权。"

② 《民事诉讼法》第 30 条规定："因铁路、公路、水上和航空事故请求损害赔偿提起的诉讼，由事故发生地或者车辆、船舶最先到达地、航空器最先降落地或者被告住所地人民法院管辖。"

案件有着最密切联系，事故发生地法院最便于调查取证，行使管辖权。因此，本条也参照《民事诉讼法解释》第21条加入了事故发生地作为管辖权依据。

三十、环境污染与生态破坏

现行规定

[我国并无关于环境污染与生态破坏管辖权的专门性规定，下述规定仅供参考。]

《民法典》

第1229条　因污染环境、破坏生态造成他人损害的，侵权人应当承担侵权责任。

条文释义

环境污染侵权，是指违反国家保护环境防止污染的规定，污染环境造成他人损害的行为。根据《最高人民法院关于审理生态环境侵权责任纠纷案件适用法律若干问题的解释》的规定，违反国家规定的环境污染行为主要有以下几种：(1)排放废气、废水、废渣、医疗废物、粉尘、恶臭气体、放射性物质等污染环境的；(2)排放噪声、振动、光辐射、电磁辐射等污染环境的；(3)不合理开发利用自然资源的；(4)违反国家规定，未经批准，擅自引进、释放、丢弃外来物种的；(5)其他污染环境、破坏生态的行为。

对于上述生态环境侵权行为，侵权人造成他人人身、财产损害的，侵权人应当承担侵权责任。

典型案例

[在环境污染与生态破坏方面，尚未搜索到涉外案件，下述案件仅供参考。]

吴某某诉中铁五局(集团)有限公司、中铁五局集团路桥工程有限责任公司等噪声污染责任纠纷案[①]

中铁五局、中铁五局路桥公司施工期间曾造成吴某某10只鸡死亡和3个鸡笼损坏，中铁五局金马路2标段项目部于2013年11月15日向吴某某赔偿了2300元。随后，吴某某的养殖场出现蛋鸡大量死亡，产生软蛋、畸形蛋等情况。吴某某认为，蛋鸡大量死亡，产生软蛋、畸形蛋等情况是由中铁五局、中铁五局路桥公司所造成的。

法院认为，公民合法的民事权益受到法律保护，《侵权责任法》(已废止)第65条规定，因污染环境造成损害的，污染者应当承担侵权责任。

① 参见贵阳市中级人民法院民事判决书，(2015)筑环保民终字第2号。

据有关科学论证,噪声污染作为环境污染的一种,对动物生理机能会产生一定影响,使动物出现烦躁不安、失去常态的症状,严重的可能会导致死亡,如鸟类在噪声环境中会出现毛脱落、影响产卵率等情况。

学理阐释

(一)通则建议条文

【环境污染与生态破坏】对因环境污染、破坏生态造成损害提起的诉讼,如侵权行为实施地或者损害结果发生地位于中华人民共和国领域内,或对中华人民共和国领域内造成影响的,中华人民共和国人民法院享有管辖权。[①]

(二)理论解读

通则建议条文规定了环境污染侵权的管辖权依据,其参考了《国际私法示范法》第 38 条[②]的规定,并结合我国民法的发展作出了调整。首先,原《侵权责任法》第八章的章标题为“环境污染责任”,《国际私法示范法》第 38 条也使用“环境污染”。但是在《民法典》中,相关表述已经更新为“污染环境与破坏生态”。本条与《民法典》文本保持一致,所指环境污染包括污染环境与破坏生态的行为。其次,考虑到环境污染侵权的特殊性,本条在侵权行为实施地或损害结果发生地之外,特别规定中

① 本条款的起草特别感谢中国海洋大学法学院梅宏教授提供的宝贵意见。

② 《国际私法示范法》第 38 条规定:“对因环境污染造成损害提起的诉讼,如污染损害发生地位于中华人民共和国境内,中华人民共和国法院享有管辖权。”

国法院基于效果原则享有管辖权。

鉴于《民法典》第七编“侵权责任”第七章专章规定了“环境污染和生态破坏责任”,其中第1229条规定“因污染环境、破坏生态造成他人损害的,侵权人应当承担侵权责任”,第1234条规定“违反国家规定造成生态环境损害……侵权人在合理期限内承担修复责任”。《民法典》的上述规定,不仅是第一编“总则”第一章“基本规定”第9条规定①(绿色条款)在侵权法中的展开,也体现了《民法典》对我国近20多年来环境法治建设的响应与支持。

无论是《民法典(草案)》第一稿、第二稿,还是第三稿,及至全国人大公布的《民法典》法案,均未沿用原《侵权责任法》中“环境污染责任”章标题及“因污染环境造成损害的,污染者应当承担侵权责任”的表述。这是因为,经过20多年的环境法治建设,我国法学界充分认识到,违法利用环境、造成不良影响的行为不只是“污染环境”的行为,还有“破坏生态”的行为;二者造成的损害,不仅包括“因污染环境、破坏生态造成他人损害”,还包括“生态环境损害”。如果当事人能够举证证明上述损害即将发生,为预防环境损害(包括上述环境侵权损害和生态环境损害)的严重后果,或考虑及时止损,法律应当允许当事人借助司法程序对因污染环境、破坏生态的行为造成的环境风险予以规制,即发挥环境诉讼的预防性功能。因环境损害以及可能发生的损害而提起的诉讼,不仅要考虑在环境利用行为的发生地依法行使诉讼管辖权,还要考虑将“行为影响地”作为管辖权基础。

---

① 《民法典》第9条规定:“民事主体从事民事活动,应当有利于节约资源、保护生态环境。”

三十一、反　垄　断

现行规定

［我国并无关于反垄断管辖权的专门性规定，下述规定仅供参考。］

《中华人民共和国反垄断法》（以下简称《反垄断法》）

第 3 条　本法规定的垄断行为包括：

（一）经营者达成垄断协议；

（二）经营者滥用市场支配地位；

（三）具有或者可能具有排除、限制竞争效果的经营者集中。

第 60 条　经营者实施垄断行为，给他人造成损失的，依法承担民事责任。

经营者实施垄断行为，损害社会公共利益的，设区的市级以上人民检察院可以依法向人民法院提起民事公益诉讼。

条文释义

根据我国《反垄断法》第 3 条规定，垄断行为是经营者通过不正当手段限制竞争,破坏市场,损害消费者和其他经营者的行为。该法第60条对垄断行为造成的民事责任作出了规定,这是确定垄断行为管辖权依据的前提规定。同时,第60条对经营者实施垄断行为损害公共利益的情况作出了规定,即对于损害社会公共利益的,检察机关可以提起民事公益诉讼。

典型案例

西斯威尔滥用市场支配地位纠纷案①

OPPO广东移动通信有限公司(以下简称OPPO公司)和OPPO广东移动通信有限公司深圳分公司(以下简称OPPO深圳分公司)是全球性智能终端制造商和移动互联网服务提供商,其共同向广州知识产权法院提起诉讼,主张西斯威尔国际有限公司及其子公司西斯威尔香港有限公司(以下简称西斯威尔方)拥有无线通信领域相关标准必要专利,具有市场支配地位,在标准必要专利的许可协商中违反了公平、合理和无歧视(FRAND)的原则,实施了收取不公平高价许可费等滥用市场支配地位的行为,并就相同专利在不同国家提起诉讼,给OPPO公司、OPPO深圳分公司的经营行为造成负面影响和经济损失。西斯威尔方提出管辖权异议,主张在案证据不足以证明广州知识产权法院对该案具有管辖权,西斯威尔方已就标准必要专利许可问题在英国法院提起诉讼,本案应由英国法院审理。广州知识产权法院驳回了西斯威尔方的管辖权异议。西斯威尔方不服,提起上诉。

① 参见最高人民法院民事裁定书,(2020)最高法知民辖终392号。

最高人民法院二审认为:《反垄断法》第 2 条规定:“中华人民共和国境外的垄断行为,对境内市场竞争产生排除、限制影响的,适用本法。”上述规定明确了反垄断法的域外适用原则。同时,上述规定也表明,垄断纠纷案件的管辖可以被诉垄断行为产生排除、限制竞争影响的结果地作为管辖连结点。《最高人民法院关于审理因垄断行为引发的民事纠纷案件应用法律若干问题的规定》第 4 条规定:“垄断民事纠纷案件的地域管辖,根据案件具体情况,依照民事诉讼法及相关司法解释有关侵权纠纷、合同纠纷等的管辖规定确定。”本案中,OPPO 公司、OPPO 深圳分公司注册地址和主要经营场所均在中国,其起诉主张西斯威尔公司、西斯威尔香港公司滥用市场支配地位的行为包括收取不公平的高价专利许可费、捆绑销售过期专利以及对相同专利进行重复收费等,对 OPPO 公司、OPPO 深圳分公司在中国市场产生排除、限制竞争效果并造成经济损失,中国法院对此具有管辖权。

《民事诉讼法》第 28 条规定:“因侵权行为提起的诉讼,由侵权行为地或者被告住所地人民法院管辖。”《民事诉讼法解释》第 24 条规定:“民事诉讼法第二十八条规定的侵权行为地,包括侵权行为实施地、侵权结果发生地。”据此,对于垄断民事纠纷案件,被诉侵权行为实施地、侵权结果发生地、被告住所地人民法院均有权管辖。在管辖权异议案件中,人民法院只需审理与建立案件管辖连结点相关的事实。如果与建立管辖连结点相关的事实同时涉及案件实体争议内容的,只需审查案件初步证据是否能够证明一个可争辩的管辖连结点事实即可,一般不对案件实体争议内容作出明确认定。本案中,OPPO 公司、OPPO 深圳分公司提交的初步证据证明西斯威尔公司、西斯威尔香港公司可能存在基于标准必要专利相关的市场支配地位,并实施收取不公平的高价专利许可费、捆绑销售过期专利等滥用市场支配地位行为。鉴于标准必要专利许可市场的特殊性,结合西斯威尔公司已在其他国家提起对于 OPPO 公司的专利侵权诉讼,可能对OPPO公司、OPPO深圳分公司参与国内相关市场的竞争造成直接、实质、显著地排除与限制竞争效果,OPPO公司住所地广东省东莞市可以作为本案侵权结果发生地,原审法院对本案行使管辖权并无不当。

学理阐释

(一)通则建议条文

【反垄断】对因反垄断纠纷造成损害提起的诉讼,如反垄断行为实施地或者损害结果发生地位于中华人民共和国领域内,中华人民共和国人民法院享有管辖权。

在中华人民共和国领域外发生的反垄断行为,对中华人民共和国领域内产生直接或可预见影响的,中华人民共和国人民法院享有管辖权。

(二)理论解读

《最高人民法院关于审理垄断民事纠纷案件适用法律若干问题的规定(公开征求意见稿)》(以下简称《垄断纠纷法律适用意见稿》)规定了境外垄断行为的管辖权依据。根据《垄断纠纷法律适用意见稿》第7条规定,"中华人民共和国境外的垄断行为对境内市场竞争产生排除、限制影响,当事人依据反垄断法对在中华人民共和国境内没有住所的被告提起民事诉讼的,由境内市场竞争受到直接实质性影响的结果发生地的人民法院管辖;结果发生地难以确定的,由与纠纷存在其他适当联系的地点或者原告住所地的人民法院管辖”。

该条款是对侵权行为地的一般性规定，属于属地管辖条款。同时，该条款体现了对属地管辖原则的淡化，即结果发生地难以确定的，可以由与纠纷存在适当联系地点的人民法院管辖，将“适当联系”作为人民法院享有管辖权的依据。第 2 款也规定了原告住所地人民法院的管辖权，是属人管辖原则的体现。

从比较法的角度来看，欧美国家反垄断法域外适用时的一个重要原则是效果原则，效果原则是客观属地原则的延伸，美国法律将效果原则的判定标准定义为“直接、重大及可合理预见的”。通则建议条文规定并没有直接沿用“直接、重大及可合理预见的”，而代之以“直接或可预见的”，目的在于缩小中国法院判断某一域外行为是否对中华人民共和国领域内产生效果的因素的限制，扩大法院在处理这类问题时的自主权。“直接”与“可预见”将现已经发生的以及中国法院基于个案可以预见的对中华人民共和国域内产生实际效果的域外行为都纳入了中国法院可以享有管辖权的范围。

三十二、信　　托

现行规定

［我国并无关于信托管辖权的专门性规定，下述规定仅供参考。］

《中华人民共和国信托法》(以下简称《信托法》)

第2条　本法所称信托,是指委托人基于对受托人的信任,将其财产权委托给受托人,由受托人按委托人的意愿以自己的名义,为受益人的利益或者特定目的,进行管理或者处分的行为。

条文释义

根据《信托法》的规定,信托是委托人将财产权委托给受托人的行为。这一行为是基于对受托人的信任,本质是受人之托,代人理财。因此,信托当事人进行信托活动,必须遵守法律、行政法规,设立信托必须有合法的信托目的,必须有确定的信托财产,并采取书面模式。我国《信托法》对信托的设立条件、信托财产的概念和流通、信托当事人的权利和义务均作出了规定。设置相应的涉外民事管辖权规则已成为回应实体法发展的需要。

典型案例

世欣荣和投资管理股份有限公司与长安国际信托股份有限公司等信托合同纠纷案[1]

上诉人世欣荣和投资管理股份有限公司(以下简称世欣荣和公司)为与被上诉人长安国际信托股份有限公司(以下简称长安信托)、天津

① 参见最高人民法院民事判决书,(2016)最高法民终19号。

鼎晖股权投资一期基金(有限合伙)(以下简称鼎晖一期)、天津鼎晖元博股权投资基金(有限合伙)(以下简称鼎晖元博)、天津鼎晖股权投资管理中心(有限合伙)(以下简称鼎晖管理中心)、原审第三人天津东方高圣诚成股权投资合伙企业(有限合伙)(以下简称东方高圣)信托合同纠纷一案,不服陕西省高级人民法院(以下简称陕西高院)(2015)陕民二初字第00012号民事判决,向最高人民法院提起上诉。

最高人民法院认为:(1)有限合伙企业中,如果执行事务合伙人怠于行使诉讼权利时,不执行合伙事务的有限合伙人可以为了合伙企业的利益以自己的名义提起诉讼。(2)资金信托设立时,受托人因承诺信托而从委托人处取得的资金是信托财产;资金信托设立后,受托人管理运用、处分该资金而取得的财产也属于信托财产。(3)信托财产的确定体现为该财产明确且特定。信托财产的确定要求其从委托人的自有财产中隔离和指定出来,而且在数量和边界上应当明确,以便受托人为实现信托目的对其进行管理运用、处分;信托财产上存在权利负担或者他人就该财产享有购买权益,与信托财产的确定属不同的法律问题,也不当然影响信托财产的确定。(4)当事人以信托财产上存在权利负担或者他人就该财产享有购买权益,主张信托无效的,不能成立。

学理阐释

(一)通则建议条文

【信托】对因信托纠纷提起的诉讼,如信托管理地、信托财产所在地、受托人的经常居所地或营业所所在地位于中华人民共和国领域内,中华人民共和国人民法院享有管辖权。

(二)理论解读

通则建议条文规定了信托纠纷的管辖权依据,其参考了《国际私法示范法》第25条[①]的规定,并基于本章一般管辖的规定,在文本上统一采取"经常居所地"。本条所涉及的"因信托纠纷提起的诉讼",是指信托内部关系之纠纷,即信托人、受托人与受益人之间的关系。本条规定除被告住所地即受托人的经常居所地或者营业所所在地外,信托管理地与信托财产所在地法院有管辖权。

信托是英美法系国家的传统法律制度,在管辖权问题上多以信托财产所在地为管辖权根据,后来延伸至只要该信托受一国法律支配,该国法院即享有管辖权。本条之规定采取信托财产所在地作为基本管辖权根据,并特别列出受托人的经常居所地或营业所所在地作为管辖权根据,目的在于保护受益人的利益,为其寻求司法救济的权利。《管辖权及判决公约临时文本》第11条第2款规定信托主要管理地、信托准据法所属国与信托最密切联系国家法院有管辖权,其中最密切联系地特别列举了受托人住所或营业地、信托的资产状况、信托对象及其履行地等。[②]

① 《国际私法示范法》第25条规定:"对因信托纠纷提起的诉讼,如信托管理地、信托财产所在地、受托人的住所地、惯常居所地或者营业所所在地位于中华人民共和国境内,中华人民共和国法院享有管辖权。"

② 《管辖权及判决公约临时文本》第11条规定:"……二、在缺少该[有效]指定的情况下,当事人可向以下国家的法院提起诉讼:(一)信托主要管理地;或(二)信托适用的法律所在地;或(三)与诉讼目的和信托关系最密切的,特别是考虑到信托的主要管理地、受托人的住所或者营业地、信托的资产状况、信托对象及其履行地;或(四)委托人及所有在世受益人的惯常居所地,如果其惯常居住在同一国家。"

三十三、票　　据

现行规定

《民事诉讼法》

第 26 条　因票据纠纷提起的诉讼，由票据支付地或者被告住所地人民法院管辖。

《中华人民共和国票据法》（以下简称《票据法》）

第 94 条第 2 款　前款所称涉外票据，是指出票、背书、承兑、保证、付款等行为中，既有发生在中华人民共和国境内又有发生在中华人民共和国境外的票据。

条文释义

《民事诉讼法》第 26 条规定了票据纠纷的管辖权依据。适用的案件范围是因票据纠纷提起的诉讼。票据，是指由出票人所签发的，写明在一定时间、地点由本人或者指定他人按照票面所载文义，向持票人无条件支付一定金额的有价证券。票据分为本票、汇票和支票三种。票据纠纷,是指出票人或者付款人与持票人之间因票据承兑发生的争议,往往涉及被告不履行义务或者票据兑付义务。

票据支付地,是指票据上所载明的付款地,票据上未载明付款地的,汇票付款人或者代理付款人的营业场所、住所或者经常居所地,本票出票人的营业场所,支票付款人或者代理付款人的营业场所所在地为票据付款地。

典型案例

广东纵海建设有限公司、北京乾坤盛世科技发展有限公司票据付款请求权纠纷案①

上诉人广东纵海建设有限公司(以下简称纵海公司)因与被上诉人北京乾坤盛世科技发展有限公司(以下简称乾坤公司)票据付款请求权纠纷一案,不服广东省广州市增城区人民法院(2023)粤0118民初7033号民事裁定,向广州市中级人民法院提起上诉。

纵海公司上诉称,双方当事人已于案外达成和解并开始履行新的和解协议。虽然原告以票据请求权纠纷向法院提起诉讼,但双方已经达成新的和解协议并对履行地点没有约定,争议标的为给付货币,接收货币一方所在地为合同履行地。依据我国《民事诉讼法》的相关规定,由此产生的争议应由接收货币的一方,即乾坤公司所在地北京市通州区人民法院管辖。故上诉请求撤销原审裁定,将本案移送北京市通州区人民法

① 参见广州市中级人民法院民事裁定书,(2023)粤01民辖终1206号。

院审理。

广州市中级人民法院经审查认为,乾坤公司起诉主张,其通过背书转让方式取得案涉汇票,现该汇票已到期要求承兑被拒,故提起本案诉讼,请求出票人纵海公司支付票据款。据此,本案为票据付款请求权纠纷。《民事诉讼法》第26条规定:“因票据纠纷提起的诉讼,由票据支付地或被告所在地人民法院管辖。”纵海公司作为本案原审被告,其住所地位于广州市增城区,故原审法院作为被告住所地法院,对本案有管辖权。对于纵海公司提出的双方已经签订和解协议,本案应当按照合同纠纷确定管辖法院的意见,本院认为,原告系基于票据关系提起本案诉讼,故即便双方签订有和解协议,在原告未依据该和解协议起诉,讼争双方又未另行约定管辖法院的情况下,原审法院按照票据纠纷确定管辖并无不当,依法应予以维持。纵海公司的上诉请求不成立,本院予以驳回。

学理阐释

(一)通则建议条文

【票据】对因票据纠纷提起的诉讼,如与票据纠纷相关的行为地位于中华人民共和国领域内,中华人民共和国人民法院享有管辖权。

(二)理论解读

通则建议条文规定了票据纠纷的管辖权依据。

本条参考了《国际私法示范法》第 29 条[1]的规定，并在票据付款地的基础上扩大了管辖权基础，调整为票据纠纷相关行为地。《票据法》第 94 条第 2 款规定："前款所称涉外票据，是指出票、背书、承兑、保证、付款等行为中，既有发生在中华人民共和国境内又有发生在中华人民共和国境外的票据。"因此，上述票据行为的发生地法院实质上都与票据纠纷具有最密切联系。本条概括性地规定为票据纠纷相关行为地，使其涵盖上述所有票据行为地的管辖权依据。

一般情况下，票据付款地法院与票据出票地法院与纠纷有最密切联系，其所在地法院有管辖权。现行《民事诉讼法》第 26 条关于票据纠纷的特殊管辖只规定了票据支付地作为管辖权依据，《日本民诉法》第 3－3 条第 2 款[2]也规定了票据支付地的管辖权。[3]《国际私法示范法》第 29 条增加了票据签发地作为管辖权基础。但是在具体的票据纠纷中，往往还涉及背书问题，票据的背书重点不在于空间，在票据法中没有背书地、质押地等表述。考虑到票据债权人、出票人和付款人之间法律关系的复杂性与其纠纷的多样性，本条统一以票据纠纷相关行为地作为管辖权依据，用以涵盖多种票据纠纷的形式，扩大法院的受案范围。

---

① 《国际私法示范法》第 29 条规定："对因票据纠纷提起的诉讼，如票据签发地或者支付地位于中华人民共和国境内，中华人民共和国法院享有管辖权。"

② 《日本民诉法》第 3－3 条规定："2. 依票据或者支票请求支付金钱的诉讼：票据或者支票的支付地在日本国内时，可向日本裁判所提起诉讼。"

③ 《民事诉讼法》第 26 条规定："因票据纠纷提起的诉讼，由票据支付地或者被告住所地人民法院管辖。"

三十四、破　　产

现行规定

《企业破产法》

第 3 条　破产案件由债务人住所地人民法院管辖。

条文释义

本条规定了破产案件的管辖权依据。破产，是指债务人因不能偿债或者资不抵债时，由债权人或债务人诉请法院宣告破产并依破产程序偿还债务的一种法律制度。破产人，是指因丧失债务清偿能力而被法院宣告破产还债的人。本条规定的破产案件既涉及破产程序的启动、进行和终止等程序性问题，又涉及破产能力、破产财产等实体性问题。

在破产诉讼中，破产人一般是债务人，且破产人一般是被告。因此，债务人住所地通常为破产人的主要办事机构所在地。这是“被告经常居所地管辖”的延伸，是一般管辖原则的体现。

典型案例

海南中航特玻材料有限公司破产重整案[①]

海南中航特玻材料有限公司(以下简称中航特玻公司)成立于2008年12月26日,是一家位于海南省老城经济开发区国有控股企业。2020年12月17日,中航通用飞机有限责任公司(以下简称中航通用公司)以中航特玻公司不能清偿到期债务、资产不足以清偿全部债务、连年亏损、扭亏无望、明显丧失清偿能力、具有重整价值,且进入破产重整是国资委"处僵治困"具体工作要求为由,向海南省第一中级人民法院(以下简称海南一中院)申请对中航特玻公司进行破产重整。

海南一中院认为,根据《企业破产法》第3条"破产案件由债务人住所地人民法院管辖",以及《最高人民法院关于审理企业破产案件若干问题的规定》第1条"企业破产案件由债务人住所地人民法院管辖。债务人住所地指债务人的主要办事机构所在地。债务人无办事机构的,由其注册地人民法院管辖",第2条第1款"基层人民法院一般管辖县、县级市或者区的工商行政管理机关核准登记企业的破产案"的规定,中航特玻公司的破产重整应由澄迈县人民法院管辖。综上,海南一中院于2020年12月31日作出(2020)琼96破申12号民事裁定,裁定受理中航特玻公司的破产重整申请,并指令由澄迈县人民法院进行审理。

---

① 参见海南省第一中级人民法院民事裁定书,(2020)琼96破申12号。

学理阐释

（一）通则建议条文

【破产】对因破产提起的诉讼，如破产人主要办事机构所在地或者可供破产清算的财产所在地位于中华人民共和国领域内，中华人民共和国人民法院享有管辖权。

（二）理论解读

通则建议条文规定了破产案件的管辖权依据，主要参考了《国际私法示范法》第26条①的规定。破产人在破产诉讼中一般是被告，因此破产人主要办事机构属于"被告经常居所地管辖"的延伸，是一般管辖原则的体现。可供破产清算的财产所在法院作为物之所在地法院，与案件有最密切联系而享有管辖权。

在跨国破产案件中，破产人主要办事机构所在地与破产财产所在地是破产案件管辖权的两个主要连结点。对破产案件在理论上最有管辖权的法院应当是经济意义上与债务人具有最密切联系的法院，即债务人的主要办事机构或营业中心所在地。采用这一标准的优势在于使破产程序包括了破产人的所有财产而无论其在何处，有助于实现所有债权人公平分配债务人财产的破产程序目的。

---

① 《国际私法示范法》第26条规定："因破产提起的诉讼，如破产人主要办事机构所在地或者可供破产清算的财产所在地位于中华人民共和国境内，中华人民共和国法院享有管辖权。"

在跨国破产案件中,由于破产登记延迟、跨国诉讼成本高昂、实体法律冲突等因素,本国债权人难以得到合理清偿。破产财产所在地这一连结点使有破产财产位于中国境内时,中国法院享有管辖权,有助于保护本国债权人的合法利益。同时,该连结点有助于保护破产财产不受债权人个别行为的查封、扣押,使这些财产能够进行有序分配。《瑞士联邦国际私法法规》第167条①和《德国破产法》第354条②也规定了财产所在地法院的管辖。

三十五、阻断法律管辖/追偿诉讼的管辖

现行规定

[我国并无追偿诉讼管辖权的专门性规定,但可参考《民事诉讼法》第276条的规定。]

① 《瑞士联邦国际私法法规》第167条第1款规定:“承认在国外作出的外国宣告的请求,应在财产所在地的瑞士法院提出。”

② 《德国破产法》第354条规定:“……债务人在德国没有注册办事机构的,债务人财产所在地的破产法院具有管辖权。”

《民事诉讼法》

★2023年修订

第276条　因涉外民事纠纷，对在中华人民共和国领域内没有住所的被告提起除身份关系以外的诉讼，如果合同签订地、合同履行地、诉讼标的物所在地、可供扣押财产所在地、侵权行为地、代表机构住所地位于中华人民共和国领域内的，可以由合同签订地、合同履行地、诉讼标的物所在地、可供扣押财产所在地、侵权行为地、代表机构住所地人民法院管辖。

除前款规定外，涉外民事纠纷与中华人民共和国存在其他适当联系的，可以由人民法院管辖。

学理阐释

（一）通则建议条文

【阻断法律管辖/追偿诉讼的管辖】对我国当事人因外国法律与措施的不当域外适用所提起的损害赔偿诉讼，人民法院参照本编管辖权部分的规定行使管辖权。

（二）理论解读

出于反制裁、反干涉、反“长臂管辖”的战略考量，我国《反外国制裁法》第12条借鉴欧盟、英国等国家和地区的实践，确立反制裁追偿诉讼制度。根据规定，我国因外国法律与措施不当域外适用而遭受损失的企业、组织或个人,有权在人民法院提起诉讼,要求相关当事人停止侵害、赔偿损失。① 在追偿诉讼中,确定管辖权是人民法院审理案件的前提,具有十分重要的意义。② 正因如此,部分国家在确立追偿诉讼制度的同时,还会专门就追偿诉讼中的管辖权问题进行规定,以保障本国法院在追偿诉讼中管辖权的行使。③ 对我国而言,《反外国制裁法》并未对追偿诉讼的管辖权问题进行特别安排,因此需要与《民事诉讼法》管辖权规则进行衔接。

在追偿诉讼中,我国公民、法人或其他组织可能基于不同的诉讼事由提起追偿之诉。在此次《民事诉讼法》修订以前,当追偿诉讼的被告人在我国领域内没有住所时,人民法院可以基于 2021 年《民事诉讼法》第 272 条所列举的六种管辖权依据确立管辖权,包括合同签订地、合同履行地、诉讼标的物所在地、可供扣押财产所在地、侵权行为地或者代表机构住所地。这一规定的局限在于,当我国当事人的海外利益受到侵害,但是上述六种管辖权依据均不在我国领域内时,人民法院在追偿诉讼中会面临无法行使管辖权的局面,反制裁追偿诉讼的威慑和救济功能也有可能因此而落空。④ 正因如此,2021 年《民事诉讼法》第 272 条的合理性不断受到质疑和挑战。最高人民法院的法官曾指出,2021 年《民事

---

① 《中华人民共和国反外国制裁法》第 12 条规定:"任何组织和个人均不得执行或者协助执行外国国家对我国公民、组织采取的歧视性限制措施。组织和个人违反前款规定,侵害我国公民、组织合法权益的,我国公民、组织可以依法向人民法院提起诉讼,要求其停止侵害、赔偿损失。"

② 参见李双元、欧福永主编:《国际私法》(第 6 版),北京大学出版社 2022 年版,第 367 页。

③ 日本的《保护公司免受〈美国 1916 年法〉之利润返还的特别措施法》第 5 条规定,追偿诉讼由遭受损失的原告住所地法院审理。英国为保障本国法院在追偿诉讼中对外国当事人管辖权的确立,曾专门修订送达的规定,允许英国法院基于《保护贸易利益法》向追偿诉讼中的外国当事人进行送达。

④ 参见杜涛、周美华:《应对美国单边经济制裁的域外经验与中国方案——从〈阻断办法〉到〈反外国制裁法〉》,载《武大国际法评论》2021 年第 4 期。

诉讼法》第272条所规定的六项管辖权依据“过于保守”,[①]并且“覆盖面过窄,不能完善适应我国开放型经济发展的需要”。[②] 我国国际法学者也不断呼吁构建与我国大国地位相匹配的涉外民商事管辖权制度。[③]

为回应司法实践中的问题以及法学界的关切,2023年《民事诉讼法》对我国涉外民商事管辖权制度进行了突破性的修改。其中,2023年《民事诉讼法》第276条在保留合同签订地、合同履行地、诉讼标的物所在地、可供扣押财产所在地、侵权行为地、代表机构住所地这六项管辖依据的同时,新增一项“适当联系”条款,规定“涉外民事纠纷与中华人民共和国存在其他适当联系的,可以由人民法院管辖”。“适当联系”条款是2023年《民事诉讼法》的一项创新性修改,具有三项重要功能:

第一,保护性功能。“适当联系”条款赋予人民法院在行使管辖权方面的自由裁量权,有助于填补由于立法技术等原因造成的管辖空白,[④]有助于保护我国当事人诉诸司法的权利,进而保障我国当事人能够在当地获得司法救济。

第二,防御性功能。“适当联系”条款能够提供弹性和灵活的管辖权基础,为人民法院通过反制裁追偿诉讼等方式介入关涉我国国家利益和国民利益的案件提供正当法律依据,从而提高我国对他国法律挑衅的司法反制能力。

第三,竞争性功能。在现代国际社会,司法制度竞争成为大国竞争

---

① 参见张春波:《陶凯元委员提案建议 完善涉外民商事案件管辖制度 加快涉外法治工作战略布局》,载《中国审判》2021年第5期。

② 参见沈红雨:《我国法的域外适用法律体系构建与涉外民商事诉讼管辖权制度的改革——兼论不方便法院原则和禁诉令机制的构建》,载《中国应用法学》2020年第5期。

③ 参见何其生:《大国司法理念与中国国际民事诉讼制度的发展》,载《中国社会科学》2017年第5期;刘敬东:《大国司法:中国国际民事诉讼制度之重构》,载《法学》2016年第7期。

④ 参见中国国际私法学会编:《中华人民共和国国际私法示范法》,法律出版社2000年版,第112页。

中的一项重要因素,管辖权制度则是维持司法竞争力的重要支柱。[①] 当前,国家间关于民事管辖权的争夺日趋激烈,“适当联系”条款所具有的开放式的特征,能够降低中外当事人在我国法院提起诉讼的门槛,提升我国管辖权制度的吸引力,助力我国实现打造全球争议解决中心的美好愿景。[②]

鉴于《民事诉讼法》第276条所规定的“适当联系”条款能够为人民法院在追偿诉讼中行使管辖权提供依据,通则建议通过概括性的规定,明确追偿诉讼中人民法院可参照该条规定行使管辖权。

---

① 参见何其生:《大国司法理念与中国国际民事诉讼制度的发展》,载《中国社会科学》2017年第5期。

② 参见刘桂强:《我国反制裁追偿诉讼制度面临的困境与挑战》,载《环球法律评论》2023年第3期。

三十六、专属管辖

现行规定

《民事诉讼法》

第 34 条 下列案件，由本条规定的人民法院专属管辖：

（一）因不动产纠纷提起的诉讼，由不动产所在地人民法院管辖；

（二）因港口作业中发生纠纷提起的诉讼，由港口所在地人民法院管辖；

（三）因继承遗产纠纷提起的诉讼，由被继承人死亡时住所地或者主要遗产所在地人民法院管辖。

★2023 年新增

第 279 条 下列民事案件，由人民法院专属管辖：

（一）因在中华人民共和国领域内设立的法人或者其他组织的设立、解散、清算，以及该法人或者其他组织作出的决议的效力等纠纷提起的诉讼；

（二）因与在中华人民共和国领域内审查授予的知识产权的有效性

有关的纠纷提起的诉讼;

(三)因在中华人民共和国领域内履行中外合资经营企业合同、中外合作经营企业合同、中外合作勘探开发自然资源合同发生纠纷提起的诉讼。

《民事诉讼法解释》

第28条　民事诉讼法第三十四条第一项规定的不动产纠纷是指因不动产的权利确认、分割、相邻关系等引起的物权纠纷。

农村土地承包经营合同纠纷、房屋租赁合同纠纷、建设工程施工合同纠纷、政策性房屋买卖合同纠纷,按照不动产纠纷确定管辖。

不动产已登记的,以不动产登记簿记载的所在地为不动产所在地;不动产未登记的,以不动产实际所在地为不动产所在地。

条文释义

《民事诉讼法》第279条规定了我国法院对于特定类型的涉外民事诉讼享有专属管辖权的情形。《民事诉讼法》专门设立了涉外民事诉讼的专属管辖,包括以下三种情况:一是法人及其他组织拟制人格相关纠纷,包含因在中华人民共和国领域内设立的法人或者其他组织的设立、解散、清算,以及该法人或者其他组织作出的决议的效力等纠纷提起的诉讼;二是因与在中华人民共和国领域内审查授予的知识产权的有效性有关的纠纷提起的诉讼;三是保留了原有的中外合资经营企业合同、中外合作经营企业合同、中外合作勘探开发自然资源合同纠纷,并明确为专属管辖。

此前,《民事诉讼法》并未在涉外编中明确单独设置专属管辖条款。

《民事诉讼法》(2021年修正)第273条规定了中外合资经营企业合同、中外合作经营企业合同、中外合作勘探开发自然资源合同纠纷应当由我国法院管辖。此外,第34条规定了非涉外诉讼的专属管辖,包括不动产纠纷、港口作业纠纷和遗产继承纠纷。

学理阐释

(一)通则建议条文

【专属管辖】下列诉讼,由中华人民共和国人民法院专属管辖:

(一)因位于中华人民共和国领域内的不动产物权提起的诉讼;

(二)因在中华人民共和国领域内设立的法人或者其他组织的设立、解散、清算,以及该法人或者其他组织作出的决议的效力等纠纷提起的诉讼;

(三)因与在中华人民共和国领域内审查授予的知识产权的有效性有关的纠纷提起的诉讼;

(四)因在中华人民共和国领域内的公共登记纠纷提起的诉讼。

(二)理论解读

涉外民事诉讼的专属管辖旨在将与我国及我国国民的根本利益具有密切联系的国际民商事案件纳入我国法院排他性管辖的范围。

通则建议条文,未纳入中外合资经营企业合同、中外合作经营企业合同、中外合作勘探开发自然资源合同的专属管辖,纳入了新修订的《民事诉讼法》添加的两种专属管辖情形。一是因在中华人民共和国领域内设立的法人或者其他组织的设立、解散、清算,以及该法人或者其他组织作出的决议的效力等纠纷提起的诉讼。涉及我国法人与非法人组织拟制人格的争议,尤其是大型国有企业,涉及军工、能源、基础设施等重要行业和关键领域的企业,与我国的公共政策密切相关,与我国的经济、社会发展具有紧密的联系。因此,有关拟制人格本身及通过拟制人格作出决定的纠纷,公司登记注册地或主要办事机构所在地在我国境内的,应当由我国法院进行专属管辖。

二是因与在中华人民共和国领域内审查授予的知识产权的有效性有关的纠纷提起的诉讼。当涉及注册(登记)性知识产权的存在、注册和效力问题时,注册地法院通常会采取专属管辖,即回归严格属地主义模式,排斥外国知识产权。① 大多数国内立法原则上都规定注册性知识产权的效力性争议由本国法院专属管辖,不承认法院判断外国知识产权效力的管辖权。《日本民诉法》第 3 - 5 条第(3)款规定了注册性知识产权有效性纠纷诉讼专属管辖。欧盟也采用了类似的立法规定。《布鲁塞尔条例Ⅰ》(重订)第 24 条第(4)款规定,由专利、商标、(外观)设计和其他注册性权利引发的争议一律由注册地法院专属管辖,此处的注册地法院包括注册申请地的法院和其他应当被视为注册地的法院。② 近期,在

---

① 参见范子豪:《外国知识产权司法管辖的领域解读》,载《山东社会科学》2023 年第 3 期。

② 《布鲁塞尔条例Ⅰ》(重订)第 24 条规定:"无论当事人住所位于何地,下列成员国法院应有专属管辖权:……(4)有关专利、商标、外观设计或必须备案或注册的其他类似权利的注册或有效性的诉讼中,不论该问题是作为起诉还是抗辩提出,备案或注册之申请提出地,或备案或注册之进行地,或按照本联盟文件或国际公约视为已经备案或注册地成员国法院。……各成员国法院针对向该国颁发的欧洲专利的注册或有效性的诉讼具有专属管辖权……"

标准必要专利全球许可费率的裁决上，有外国法院尝试扩张其对于外国专利的管辖权。在这种情况下，我国确定注册性知识产权有效性争议的专属管辖权，有利于维护"走出去"企业的合法权益。遵循地域性要求巩固知识财产制度仍然是保护我国知识产权发展、促进私人利益保护的必要举措。专属管辖制度可以有效、合法地使我国尚不成熟的知识产权事业免受全球争议解决市场竞争的挤压，创造更有利的发展环境。[①]

除上述二者之外，《民事诉讼法》中因不动产纠纷提起的诉讼，也应被纳入涉外专属管辖的情形，即不动产所在地在我国领域内的，由我国法院专属管辖。在这一问题上，不同国家或地区的司法实践有一定的差别。具体而言，欧盟采取了"分割化模式"，即不动产物权和长期租赁实行排他性管辖，而不动产的其他问题则不实行排他性管辖；巴西、以色列等国则采取了统一化模式，即不仅对不动产物权行使排他性管辖权，对不动产对人权也行使排他性管辖权；[②]很多普通法系国家则主张对于不动产纠纷行使对物管辖权（jurisdiction *in rem*），而不采取专属管辖的立法模式。[③] 2001 年《管辖权及判决公约临时文本》和 2019 年《海牙判决公约》都经过了充分的国际博弈，也因此，为了寻求与会各国的广泛共识，二者中关于不动产专属管辖的规定都最终采取了"分割化模式"。按照《民事诉讼法》第 34 条的规定，我国采纳了统一化模式。尽管如此，我国在《民诉法解释》第 28 条中对这一问题进一步规定了三层含义：一是对"不动产纠纷"进行了解释，确认其为物权纠纷；二是对于与不动产有关的某些合同纠纷，如农村土地承包经营合同纠纷、房屋租赁合同纠

---

① 参见范子豪：《外国知识产权司法管辖的领域解读》，载《山东社会科学》2023 年第 3 期。

② 参见何其生：《统一化与分割化：〈海牙判决公约〉下的不动产问题》，载《国际法学刊》2020 年第 1 期。

③ 同上。

纷、建设工程施工合同纠纷、政策性房屋买卖合同纠纷，按照不动产纠纷确定管辖；三是确立了判断不动产所在地的方法，即不动产已登记的，以不动产登记簿记载的所在地为不动产所在地，不动产未登记的，以不动产实际所在地为不动产所在地。因此，我国《民事诉讼法》中所指的不动产纠纷，事实上是指不动产物权纠纷。然而，为了司法实践的连续性，通则建议条文参照《民事诉讼法》第34条不动产争议国内专属管辖的措辞，将“不动产物权”纳入专属管辖。

除此之外，结合国际民事诉讼法的理论和立法实践，因在中华人民共和国领域内的公共登记纠纷提起的诉讼也宜纳入我国涉外专属管辖的范畴。从国际立法实践来看，公共登记事项由登记国法院专属管辖是普遍趋势。但是，把登记作为一项行政管理手段是我国登记制度的特点。这也导致了我国的公共登记具有公法和私法的双重属性。登记行为的性质究竟应为行政行为还是民事行为，立法界、学术界和实务界仍在论证中。[①] 如果针对登记这一具体行政行为提起诉讼，那么这一行政诉讼将脱离民事诉讼法适用的范围。但是，我国《民法典》第220条第2款规定：“不动产登记簿记载的权利人不同意更正的，利害关系人可以申请异议登记。登记机构予以异议登记，申请人自异议登记之日起十五日内不提起诉讼的，异议登记失效。异议登记不当，造成权利人损害的，权利人可以向申请人请求损害赔偿。”由此可知，这一条文似乎并不排除当事人对于公共登记事项提起民事诉讼的可能。鉴于此种情况，本通则建议将公共登记纳入专属管辖的规定当中。

于此基础上，在未来的适用和解释过程中，《民事诉讼法》国内编的港口作业纠纷、遗产继承纠纷两类国内专属管辖情形的确定与涉外专属

---

① 参见最高人民法院民法典贯彻实施工作领导小组主编：《中华人民共和国民法典物权编理解与适用》，人民法院出版社2020年版，第124页。

管辖的关系也应予妥善解决。若上述两种国内专属管辖在涉外民事诉讼中类比适用,则规定缺乏理论依据,且不符合国际社会通行的立法实践,[①]有过度管辖之嫌,我国法院做出的判决极有可能无法在外国得到承认。因此,本通则认为,应当在《民事诉讼法》第279条的基础上,纳入不动产物权纠纷专属管辖与公共登记事项专属管辖。同时,在第270条的基础上,涉外编的专属管辖规定在涉外民事诉讼案件中将优于国内编专属管辖规定的适用。

---

① 参见肖永平:《提升中国司法的国际公信力:共建"一带一路"的抓手》,载《武大国际法评论》2017年第1期。

三十七、协议管辖

现行规定

《民事诉讼法》

第 35 条 合同或者其他财产权益纠纷的当事人可以书面协议选择被告住所地、合同履行地、合同签订地、原告住所地、标的物所在地等与争议有实际联系的地点的人民法院管辖,但不得违反本法对级别管辖和专属管辖的规定。

第 270 条 在中华人民共和国领域内进行涉外民事诉讼,适用本编规定。本编没有规定的,适用本法其他有关规定。

★2023 年新增

第 277 条 涉外民事纠纷的当事人书面协议选择人民法院管辖的,可以由人民法院管辖。

《民事诉讼法解释》

第 529 条 涉外合同或者其他财产权益纠纷的当事人,可以书面协议选择被告住所地、合同履行地、合同签订地、原告住所地、标的物所在地、侵权行为地等与争议有实际联系地点的外国法院管辖。

根据民事诉讼法第三十四条和第二百七十三条规定，属于中华人民共和国法院专属管辖的案件，当事人不得协议选择外国法院管辖，但协议选择仲裁的除外。

条文释义

上述条文对涉外协议管辖的范围、要件及效力作出规定。就涉外协议管辖的范围来说，涉外协议管辖适用于涉外民事纠纷，这是《民事诉讼法》2023年修改后就涉外协议管辖适用范围的重大转变。相较而言，《民事诉讼法》在涉外协议管辖的适用范围上与2005年《选择法院协议公约》等有关协议管辖的适用范围存在重大差异。2005年《选择法院协议公约》适用于国际民商事事项，但将消费者合同、雇佣合同以及涉及自然人地位和能力、扶养及其他家事事项等排除在外。将涉外协议管辖的适用范围拓展至“涉外民事纠纷”也不同于2023年修改之前的《民事诉讼法》将涉外协议管辖的适用范围限定为“涉外合同或者其他财产权益纠纷”的做法。对非涉外协议管辖来说，当事人仅可就“合同或者其他财产权益纠纷”协议选择法院。

从形式要件来说，《民事诉讼法》要求涉外管辖遵循书面协议形式。通常来说，书面协议管辖包括书面合同中的协议管辖条款或者诉讼前以书面形式达成的选择管辖的协议。尽管该规定与以往涉外协议管辖的书面协议要件相同，但在现代通信技术迅猛发展的情形下，书面协议形式已经大大拓展。其中，《民法典》将书面形式界定为“合同书、信件、电报、电传、传真等可以有形地表现所载内容的形式。以电子数据交换、电子邮件等方式能够有形地表现所载内容,并可以随时调取查用的数据电文,视为书面形式”。该书面形式界定进一步发展了1999年原《合同法》中书面形式是指“合同书、信件和数据电文(包括电报、电传、传真、电子数据交换和电子邮件)等可以有形地表现所载内容的形式”的规定。相应地,2023年《民事诉讼法》中“书面协议”内涵发生了变化,应在广义上理解书面协议并与《民法典》对书面形式的界定保持一致。由此来说,若可以通过有形的方式呈现所载内容并可随时调取查用所载内容的涉外协议管辖,均可被认定为满足形式要件。未来,《民法典》等法律对书面协议的界定会同时影响到涉外协议管辖的形式要件。

从实质要件来说,涉外协议管辖应以当事人之间的合意为基础。不同于以往涉外协议管辖的规定,2023年修改后的《民事诉讼法》并没有明确载明不得违反我国的专属管辖规定,但是结合《民事诉讼法解释》及各国普遍做法,涉外协议管辖不得违反我国专属管辖的规定。2023年修改前的《民事诉讼法》及相关司法解释要求涉外协议管辖须以争议与被选择法院存在实际联系为基础。多数人认为该要件的适用不利于涉外协议管辖基本目的之实现,不利于我国国际商事法庭管辖案件的多元化、国际化,也与国际主流实践相悖。2023年修改后的《民事诉讼法》删除了实质联系要件,是重大进步。

典型案例

山东聚丰网络有限公司与韩国MGAME公司、天津风云网络技术有限公司网络游戏代理及许可合同纠纷管辖权异议案[①]

山东聚丰网络有限公司与韩国MGAME公司于2005年3月25日签订《独家游戏发行和许可协议》,聚丰网络有限公司成为MGAME公司的独家游戏发行商,并按照合同条款和条件在中国内地(不包括香港特别行政区)推广产品。《独家游戏发行和许可协议》第21条约定:“本协议应当受中国法律管辖并根据中国法律解释。由本协议产生或与本协议相关的所有争议应当在新加坡最终解决,且所有由本协议产生的争议应当接受新加坡的司法管辖。”

在合同履行中,当事人山东聚丰网络有限公司、韩国MGAME公司(MGAME CORPORATION)和第三人天津风云网络技术有限公司就网络游戏代理及许可合同发生纠纷。聚丰网络公司于2008年7月30日向山东省高级人民法院提起诉讼。MGAME公司不服山东省高级人民法院关于管辖权的(2008)鲁民三初字第1号民事裁定,向最高人民法院

① 参见山东聚丰网络有限公司与韩国MGAME公司、天津风云网络技术有限公司网络游戏代理及许可合同纠纷管辖权异议案,载《最高人民法院公报》2010年第3期,第29~35页。本案是我国法院在2023年《民事诉讼法》修改之前裁判的案件,代表我国法院在涉外协议管辖效力认定中的过往立场。2023年修改后的《民事诉讼法》在涉外协议管辖实质要件上不再要求实际联系,但除此之外并无实质变化。未来我国法院在涉外协议管辖的效力认定中,除了实质要件因循《民事诉讼法》的最新规制之外,很可能会继续遵循本案确立的基本裁判思路。

提起上诉。MGAME公司在上诉中指出,根据MGAME公司与聚丰网络公司于2005年3月25日签订的《独家游戏发行和许可协议》的约定,由该协议引起的所有争议应由新加坡的法院管辖,山东省高级人民法院对本案没有管辖权。该约定的本意是避免任何可能由于国家或者地方保护主义而导致的对与协议有关的争议的不公平处理。由原审法院管辖因本协议引起的争议,显然违反了双方当事人的真实意思表示,对MGAME公司来说亦有失公平,原审法院对本案没有管辖权。

山东省高级人民法院在一审中认为:

虽然原告聚丰网络公司与被告MGAME公司于2005年3月25日签订的《游戏许可协议》第21条约定产生的争议应当接受新加坡的司法管辖,但是双方同时约定"本协议应当受中国法律管辖并根据中国法律解释",双方在协议适用法律上选择中国法律为准据法。因此,双方协议管辖条款也必须符合选择的准据法即中国法律的有关规定。《中华人民共和国民事诉讼法》第242条规定:涉外合同或者涉外财产权益纠纷的当事人,可以用书面协议选择与争议有实际联系的地点的法院管辖。选择的管辖法院应限定在与争议案件有实际联系的范围内。而本案聚丰网络公司与MGAME公司协议约定的管辖地新加坡,既不是双方当事人的住所地,也不是本案游戏许可协议的签订地、履行地、争议发生地,所以与本案争议无任何联系,其约定超出了与争议有实际联系的限定范围,该约定管辖应属无效。山东省高级人民法院为原告聚丰网络公司住所地法院,与本案有实际联系,在双方协议约定管辖无效的情况下,对本案行使管辖权,并无不当,符合法律规定。

最高人民法院在审理中认为:

《中华人民共和国民法通则》第145条规定:"涉外合同的当事人可以选择处理合同争议所适用的法律,法律另有规定的除外。涉外合同的当事人没有选择的,适用与合同有最密切联系的国家的法律。"《中华人民共和国民事诉讼法》第242条规定:"涉外合同或者涉外财产权益纠纷的当事人,可以用书面协议选择与争议有实际联系的地点的法院管辖。选择中华人民共和国人民法院管辖的,不得违反本法关于级别管辖和专属管辖的规定。"最高人民法院《关于审理涉外民事或商事合同纠纷案件法律适用若干问题的规定》第1条规定:"涉外民事或商事合同应适用的法律,是指有关国家或地区的实体法,不包括冲突法和程序法。"据此,涉外合同的当事人协议选择适用法律与协议选择管辖法院是两个截然不同的法律行为,应当根据相关法律规定分别判断其效力。对于协议选择管辖法院条款的效力,应当依据法院地法进行判断,与准据法所属国的法律规定无关。前述《中华人民共和国民事诉讼法》第242条的规定属于授权性规范,而非指示性规范,即按照我国现行法律规定,对于涉外合同或者涉外财产权益纠纷案件当事人协议选择管辖法院的问题,仍应当坚持书面形式和实际联系原则。根据上述法律规定特别是《中华人民共和国民事诉讼法》第242条的规定,涉外合同当事人协议选择管辖法院应当选择与争议有实际联系的地点的法院,而本案当事人协议指向的新加坡,既非当事人住所地,又非合同履行地、合同签订地、标的物所在地,同时本案当事人协议选择适用的法律也并非新加坡法律,上诉人也未能证明新加坡与本案争议有其他实际联系。因此,应当认为新加坡与本案争议没有实际联系。相应地,涉案合同第21条关于争议管辖的约定应属无效约定,不能作为确定本案管辖的依据。上诉人据此约定提出的有关争议管辖问题的主张,不能得到支持。原审裁定将争议发生地也作为判断是否属于《中华人民共和国民事诉讼法》第242条规定的与争议有实际联系的地点的连结点之一,虽有不当,但并不影响对涉案合同第21条有关争议管辖约定的效力的认定。

聚丰网络公司的所在地山东省是合同履行地。据此,山东省高级人民法院作为本案合同履行地法院,对本案具有管辖权。原审裁定以山东省高级人民法院为原告聚丰网络公司住所地法院，与本案有实际联系为由，认定该院对本案有管辖权，理由虽有不当，但结果并无错误。

学理阐释

（一）通则建议条文

【协议管辖】涉外合同或者其他财产权益纠纷的当事人，可以书面形式选择中华人民共和国人民法院或者外国法院管辖有关该合同或者其他财产权益纠纷，但不得违反本编关于专属管辖的规定。

合同不生效、无效、被撤销或者终止的，不影响合同中协议选择法院条款的效力。

除当事人另有约定外，协议选择法院管辖具有排他性，当事人不得就相关纠纷提交所选择法院之外的其他法院。

（二）理论解读

涉外协议管辖是我国确立涉外民事诉讼管辖权的重要根据。从1991年《民事诉讼法》颁行以来，涉外协议管辖在我国涉外司法实践中发挥着重要作用。涉外协议管辖倚重当事人的意思自治确立涉外民事诉讼管辖权，有效增进涉外民事诉讼管辖权的可预见性和纠纷解决的中立性。涉外协议管辖价值的实现在很大程度上取决于涉外协议管辖效力的有效保障与范围的合理框定。我国《民事诉讼法》及相关司法解释不断调整涉外协议管辖的有效性要件及适用范围，以完善我国涉外协议管辖制度。

从效力要件来说，涉外协议管辖采用书面形式是一般做法，而从实质上来说，涉外协议管辖不宜要求被选法院与争议之间存在实际联系，故建议稿去除了实际联系要件，这与2023年修改后《民事诉讼法》的规定一致。根据2023年修改后《民事诉讼法》，涉外协议管辖适用于涉外民事纠纷。该规定极大扩展了涉外协议管辖的范围，但并未充分考虑涉外协议管辖不宜适用的领域。从国际主流实践来看，将涉外协议管辖的适用范围限定为"合同或其他财产权益纠纷"是合理的。值得注意的是，《民事诉讼法解释》第31条规定的经营者使用格式条款与消费者订立管辖协议，未采取合理方式提请消费者注意，消费者主张管辖协议无效的，人民法院应予支持。尽管该规定是2023年《民事诉讼法》修改之前的规定，其仍应有效。对于涉及弱势当事人情形下的协议管辖，我国目前仅仅规定了涉及消费者的协议管辖。对于涉及劳动者和被保险人等弱势当事人的情形，现行《民事诉讼法》及最高人民法院的司法解释均未规范。

协议管辖条款的独立性是广为接受的原则，原《合同法》第57条确立了争议解决条款的独立性，规定"合同无效、被撤销或者终止的，不影响合同中独立存在的有关解决争议方法的条款的效力"。《民法典》第507条再次确定了争议解决条款的独立性，规定"合同不生效、无效、被撤销或者终止的，不影响合同中有关解决争议方法的条款的效力"。通则建议条文拟在措辞上参照《民法典》的表述，确认该项原则在涉外语境中的适用。涉外语境下协议管辖条款独立性的确立有两个方面的基本考虑：一方面，这有利于明确协议管辖条款在涉外诉讼中适用的独立性，保障涉外协议管辖条款的有效性认定；另一方面，这也为我国有关涉外协议管辖制度与《选择法院协议公约》之间的衔接提供基础。《选择法院协议公约》第3条第4款明确载明，"构成合同一部分的排他性选择法院协议应当被视为独立于合同其他条款的一项协议。不得仅以合同无效为由否定排他性选择法院协议的有效性”。从内容上来说,《选择法院协议公约》有关协议管辖条款独立性的规定与我国现有的规定是一致的。

按照协议管辖的一般理论,涉外协议管辖可分为排他性和非排他性协议管辖;前者赋予被选择法院以排他性管辖权,被选择法院之外的法院没有管辖权,而后者赋予被选择法院以非排他管辖权,即在被选择法院之外,当事人仍然可以依据其他管辖权根据提起诉讼。一般来说,当事人可以约定其管辖权是排他性的还是非排他性的;在没有该约定时,推定该管辖权是排他性的,这是支持涉外协议管辖的体现。

三十八、应诉管辖

现行规定

《民事诉讼法》

★2023年修正在第2款“应诉答辩”的基础上增加“或者提出反诉”

第130条 人民法院受理案件后,当事人对管辖权有异议的,应当在提交答辩状期间提出。人民法院对当事人提出的异议,应当审查。异议成立的,裁定将案件移送有管辖权的人民法院;异议不成立的,裁定驳回。

当事人未提出管辖异议,并应诉答辩或者提出反诉的,视为受诉人民法院有管辖权,但违反级别管辖和专属管辖规定的除外。

★2023年新增

第278条　当事人未提出管辖异议,并应诉答辩或者提出反诉的,视为人民法院有管辖权。

《民事诉讼法解释》

第223条　当事人在提交答辩状期间提出管辖异议,又针对起诉状的内容进行答辩的,人民法院应当依照民事诉讼法第一百三十条第一款的规定,对管辖异议进行审查。

当事人未提出管辖异议,就案件实体内容进行答辩、陈述或者反诉的,可以认定为民事诉讼法第一百三十条第二款规定的应诉答辩。

条文释义

上述条文规定了我国法院对涉外民事诉讼中被告一方以出庭应诉并就争议的实质问题答辩同意接受我国人民法院管辖的情形,旨在明确被告应诉并就争议实质内容答辩或者提起反诉的行为可以推定为当事人之间就本诉管辖权问题没有产生异议,成为法院享有管辖权的合理依据。

我国《民事诉讼法》中,被告应诉管辖条款经历了发展的过程。1991年《民事诉讼法》仅就管辖权异议作出规定,但并未明确应诉管辖问题。2012年《民事诉讼法》首次在国内编中纳入被告应诉管辖,并在2015年的《民事诉讼法解释》中指出:(1)当事人提出管辖异议并应诉答辩的,人民法院仍要审查管辖异议;(2)应诉答辩的具体情形即当事人未提出管辖异议,就案件实体内容进行答辩、陈述或者反诉。但此时涉外编并未单独规定人民法院对于涉外诉讼中的被告应诉管辖问题,因此仍应当适用国内编有关规定。此种情况并不合理,因为被告应诉管辖本就是从国际民事诉讼法中借鉴而来的。[①] 2023 年修正的《民事诉讼法》首次在涉外编中规定被告应诉管辖。与国内编第 130 条的内容相比,该规定取消了级别管辖和专属管辖的限制。因为就涉外民商事诉讼而言,《民事诉讼法》的规定旨在确定我国法院的管辖权,而非确定上下级人民法院受理案件的分工和权限;同时,如果依《民事诉讼法》我国法院对案件进行专属管辖,当事人应诉并不会与法院的专属管辖权冲突。当然,该条款与《民事诉讼法解释》的适用衔接问题仍需后续解决。

学理阐释

(一)通则建议条文

【应诉管辖】涉外民事诉讼的被告对中华人民共和国人民法院的管辖权未提出异议,就争议的实质问题进行答辩或者提起反诉的,视为承认该人民法院为有管辖权的法院,但不得违反本编关于专属管辖的规定。

被告出庭仅就案件的管辖权作出抗辩的,不能作为人民法院行使管辖权的依据。

① 参见全国人大常委会法制工作委员会民法室编:《中华人民共和国民事诉讼法条文说明、立法理由及相关规定(2012 修订版)》,北京大学出版社 2012 年版,第 227 页。

(二)理论解读

应诉管辖又称“默示同意管辖”或“推定同意管辖”,是指原告方在提起诉讼后,被告一方未提出管辖权异议的情况下出庭应诉并就争议实体内容答辩的情形。被告方的此种行为事实上认可了法院的管辖权。此处应特别注意的是,只有当事人就案件实体内容答辩的,才能形成应诉管辖的基础,提出管辖权异议或者对程序问题进行答辩的则不在此列。在此种情况下,原告的起诉和被告的应诉可被推定为双方已就当前法院的管辖权达成一致。当然,被告出庭就管辖权提起抗辩的行为并不能构成同意的意思表示。推定的当事人意思自治不应当优先于法院地的重大利益与公共政策,因此应诉管辖也不能对抗级别管辖和专属管辖的规定。应诉管辖制度对于节省司法资源具有积极意义,不仅可以减少当事人诉累,也为法院管辖赋予正当的法律依据,节省司法资源,体现公正与效率。①

确定被告应诉管辖是当今国际社会的主流做法。《布鲁塞尔条例Ⅰ》(重订)第26条规定:“除本条例其他条款所赋予的管辖权外,被告出庭应诉的成员国法院也对案件享有管辖权。这一规则不适用于(被告)出庭就管辖权问题提出抗辩,也不能违反第24条有关专属管辖的规定。”《日本民诉法》第3-8条规定:“被告未提出日本裁判所无管辖权的抗辩且对于本案进行辩论,或者在辩论准备程序中进行陈述时,日本裁判所有管辖权。”②《瑞士联邦国际私法法规》第6条规定:“对于财产争议,被告对受理案件的瑞士法院不提出管辖权异议而直接就案件的实质问题应诉答辩的,法院即据此享有管辖权,除非该法院在第5条第3

① 参见全国人大常委会法制工作委员会民法室编:《中华人民共和国民事诉讼法条文说明、立法理由及相关规定(2012修订版)》,北京大学出版社2012年版,第227页。

② 参见《日本民事诉讼法典》,曹云吉译,厦门大学出版社2017年版,第5页。

款允许的范围内拒绝管辖。”[1] 2001年《管辖权及判决公约临时文本》第27A条第1款(d)项、[2]《海牙判决公约》第5条第1款第(f)项[3]也对被告应诉管辖作了规定。

本通则建议在“协议管辖”条文之后单独设置被告应诉管辖的条款。第1款规定了在何种情况下被告出庭应诉可以构成人民法院行使管辖权的基础。被告出庭并就争议的实质问题进行答辩或对本诉原告提起反诉,而非提出管辖权抗辩,即放弃其抗辩人民法院行使管辖权的诉讼权利,可以推定为其认可人民法院的管辖权。在此种情况下,原告的起诉和被告就争议实体内容的应诉可被推定为双方已就当前法院的管辖权达成一致意见。但是,以当事人合意为基础的管辖权不能对抗基于我国社会公共利益形成的专属管辖之规定。

第2款是对第1款的进一步明确,说明了被告出庭就管辖权提出抗辩不构成人民法院行使管辖权的基础。被告提出管辖权异议意味着被告没有同意法院行使管辖权,推定双方形成合意的基础也就不复存在。

---

① 参见邹国勇译注:《外国国际私法立法选译》,武汉大学出版社2017年版,第377页。

② 《管辖权及判决公约临时文本》第27A条第1款规定:“如果原审国法院的诉讼程序……d)被告在不主张管辖权异议的情况下就实体问题继续答辩,被告在被申请国法院将无法对原审国法院的管辖权提出异议。”

③ 《海牙判决公约》第5条第1款第(f)项规定:“在满足下列条件之一时,判决可以被承认与执行……(f)在原审国法律规定的时间内,被告没有对原审国法院的管辖权提出异议,并就实体争议答辩,除非基于原审国法律对原审国法院的管辖权(及其行使)的异议明显无法成功。”

三十九、反诉管辖

现行规定

《民事诉讼法》

★2023 年修正在第2款“应诉答辩”的基础上增加“或者提出反诉”

第 130 条　人民法院受理案件后，当事人对管辖权有异议的，应当在提交答辩状期间提出。人民法院对当事人提出的异议，应当审查。异议成立的，裁定将案件移送有管辖权的人民法院；异议不成立的，裁定驳回。

当事人未提出管辖异议，并应诉答辩或者提出反诉的，视为受诉人民法院有管辖权，但违反级别管辖和专属管辖规定的除外。

第 143 条　原告增加诉讼请求，被告提出反诉，第三人提出与本案有关的诉讼请求，可以合并审理。

★2023 年新增

第 278 条　当事人未提出管辖异议，并应诉答辩或者提出反诉的，视为人民法院有管辖权。

《民事诉讼法解释》

第232条 在案件受理后，法庭辩论结束前，原告增加诉讼请求，被告提出反诉，第三人提出与本案有关的诉讼请求，可以合并审理的，人民法院应当合并审理。

第233条 反诉的当事人应当限于本诉的当事人的范围。

反诉与本诉的诉讼请求基于相同法律关系、诉讼请求之间具有因果关系，或者反诉与本诉的诉讼请求基于相同事实的，人民法院应当合并审理。

反诉应由其他人民法院专属管辖，或者与本诉的诉讼标的及诉讼请求所依据的事实、理由无关联的，裁定不予受理，告知另行起诉。

条文释义

本部分规定了我国法院对涉外民事诉讼中被告一方就同一案件提起的反诉享有管辖权，旨在以本诉和反诉之间的密切联系作为人民法院行使管辖权的基础。

我国《民事诉讼法》自1991年生效实施便规定了反诉与本诉可以合并审理。但反诉作为一个独立的诉，法院的审理活动同样应基于适当的管辖权基础。该问题在2023年修正中予以解决。一方面，《民事诉讼法》国内编第130条在“应诉答辩”的基础上增加了“提出反诉”，赋予法院合并审理反诉的管辖权基础；另一方面，此次《民事诉讼法》涉外编新加入的第278条明确了涉外民商事诉讼中人民法院就当事人应诉答辩和提出反诉的管辖权基础。

当然，法院审理涉外民商事诉讼的反诉管辖权不同于国内民商事诉讼。相较于《民事诉讼法》第130条第2款，该法第278条取消了级别管辖和专属管辖的限制。因为就涉外民商事诉讼而言，《民事诉讼法》的规定旨在确定我国法院的管辖权，而非确定上下级人民法院受理案件的分工和权限；同时，如果依《民事诉讼法》我国法院对案件进行专属管辖，一方当事人再向我国法院提出反诉并不会与法院的专属管辖权冲突。当然，该条款与《民事诉讼法解释》的适用衔接问题仍需后续解决。

典型案例

大信工业株式会社与李某某、郑州宏远置业有限公司财产损害赔偿纠纷案[①]

在大信工业株式会社与李某某、郑州宏远置业有限公司财产损害赔偿纠纷案中，2018年7月24日，被告李某某、宏远公司、新星公司、大信塑胶公司向本院提出反诉请求。郑州市中级人民法院经审查认为，本诉原告大信株式会社系依照日本国法律在日本国注册成立的企业，大信株式会社针对本诉被告提起的诉讼，以及本诉被告针对大信株式会社提出的反诉，均为涉外民商事纠纷案件。本诉与反诉系同一事实、同一法律关系，决定依法合并审理。

① 河南省郑州市中级人民法院民事判决书，(2017)豫01民初402号。

学理阐释

(一)通则建议条文

【反诉管辖】对本诉享有管辖权的中华人民共和国人民法院,对被告就同一案件提起的反诉享有管辖权。

(二)理论解读

反诉,是指在正在进行的诉讼中(诉讼系属中),本诉的被告以本诉的原告为被告提起的诉讼。一方面,反诉具有独立性,作为单独的诉存在;另一方面,又与本诉具有密切关系,可以与本诉合并审理,其最核心的体现便是诉讼当事人,即本诉的原告在反诉中称为"反诉被告",本诉的被告称为"反诉原告"。德国、日本民事诉讼法通常要求反诉须与本诉有一定的牵连关系,通常归纳为:(1)反诉和本诉的诉讼标的属于同一法律关系或同一权利;(2)反诉请求与本诉请求基于同一法律关系或同一原因事实;(3)反诉请求与本诉请求互不相容或其中一个请求为另一请求的先决问题。① 此种要求也为《民事诉讼法解释》所采用,该法第233条第2款规定:"反诉与本诉的诉讼请求基于相同法律关系、诉讼请求之间具有因果关系,或者反诉与本诉的诉讼请求基于相同事实的,人民法院应当合并审理。"

反诉制度的目的在于,通过反诉与本诉合并审理,减少当事人的讼

① 参见张卫平:《民事诉讼法》(第5版),法律出版社2019年版,第322页。

累,降低诉讼成本,便于判决的执行。[1] 确立反诉管辖权同样是当今主流国际民事诉讼法的发展趋势。《布鲁塞尔条例 I》(重订)第 8 条第(3)款规定:"住所位于一缔约国的人也可能在如下法院被诉:……(3)基于与本诉相同的合同或事实提起的反诉时,正在审理本诉的法院……"捷克《关于国际私法的法律》第 6 条第 2 款规定:"如果捷克法院享有审判权,则其对因同一法律关系或同一事实而引起的反诉亦有审判权。"[2]《瑞士联邦国际私法法规》第 8 条规定:"如果本诉与反诉之间互有关联,则受理本诉的法院也有权受理反诉。"[3]《海牙判决公约》第 5 条第 1 款第(1)项[4]、《管辖权及判决临时文本》第 15 条[5]也对反诉管辖权作出了规定。

本通则将反诉管辖权单独作出规定,与被告应诉管辖权相独立。这一做法的考虑在于,应诉答辩与提出反诉并不具有相同的管辖权基础。被告应诉管辖的合理性在于从应诉答辩行为可以推断当事人接受法院管辖权的默示意思,而反诉管辖权的基础在于两个独立的诉间具有密切的关系,因此更宜分开规定。

---

① 参见张卫平:《民事诉讼法》(第 5 版),法律出版社 2019 年版,第 320 ~ 321 页。

② 参见邹国勇译注:《外国国际私法立法选译》,武汉大学出版社 2017 年版,第 304 页。

③ 同上书,第 378 页。

④ 《海牙判决公约》第 5 条第 1 款第(1)项规定:"在满足下列条件之一时,判决可以被承认与执行……(1)基于反诉作出的判决……"

⑤ 《管辖权及判决临时文本》第 15 条规定:"基于本公约规定,对本诉享有管辖权的法院对因与本诉相同的交易或者事件提起的反诉也享有管辖权。"

第五节 管辖权的行使与协调

四十、必要管辖

现行规定

[我国并无关于必要管辖的专门性规定。]

学理阐释

(一)通则建议条文

【必要管辖】在中华人民共和国人民法院对原告提起的诉讼,本法未规定任何地方的法院有管辖权,且诉讼不可能在外国进行或在外国提起诉讼不合理时,中华人民共和国人民法院可以行使管辖权。

(二)理论解读

通则建议条文之必要管辖是基于原告的起诉行为行使的管辖权,是对“被告经常居所地管辖”的一般规定之例外。必要管辖是“诉诸司法”(access to justice)这一基本权利的体现,当当事人无法在人民法院以外的任何地方提起诉讼、寻求争议的司法解决时,如果我国人民法院不行使管辖权,原告将无法寻求司法保护。因此,为了保障原告的权利,势必要为原告在人民法院寻求争议解决创造可能。

许多国家也在其立法中纳入了必要管辖的规定。黑山共和国2013年《关于国际私法的法律》第113条规定:“如果本法未规定黑山法院或者其他机关具有管辖权,但在任何其他国家均无法启动诉讼程序或者无法合理地在另一国家合理地启动此种程序,则与争议有充分联系的地点所在的黑山法院或者其他机关具有管辖权。”①《瑞士联邦国际私法法规》第3条规定:“本法未规定在瑞士的任何地方的法院或行政机关有管辖权,而诉讼不可能在外国进行或者在外国提起诉讼不合理时,由与案件有充分联系的瑞士地方法院或行政机关管辖。”②

本条的草拟主要参考了《国际私法示范法》第52条的规定。《国际私法示范法》第52条规定:“中华人民共和国法院对原告提起的诉讼,在其明显没有其他的法院可以提供司法救济时,可以行使管辖权。”同时,为了防止我国法院过度管辖,本条也为我国法院行使必要管辖权施加了必要的条件。其一,法院行使必要管辖必须基于本法没有规定其他管辖权基础,否则,原告应当按照本法相关管辖权规定,到相应的人民法院提起诉讼。其二,为了体现国际礼让,对其他国家行使适当的司法管辖权也要体现出相应的尊重。因此,只有在诉讼不可能在外国进行或在外国提起诉讼不合理时,我国人民法院才可以基于本条之规定行使必要管辖权。

---

① 参见邹国勇译注:《外国国际私法立法选译》,武汉大学出版社2017年版,第365页。

② 同上书,第377页。

本条规定了在管辖权不明确且原告无法在外国寻求适当司法救济时我国人民法院的管辖权,旨在维护司法正义,保护原告正当的诉讼权益。从宏观层面上看,这一规定也可以在一定程度上解决国际民事诉讼管辖权的消极冲突,通过实现司法正义实现对人权的尊重和保障。

四十一、平 行 诉 讼

现行规定

《民事诉讼法》

★2023 年新增

第 280 条　当事人之间的同一纠纷,一方当事人向外国法院起诉,另一方当事人向人民法院起诉,或者一方当事人既向外国法院起诉,又向人民法院起诉,人民法院依照本法有管辖权的,可以受理。当事人订立排他性管辖协议选择外国法院管辖且不违反本法对专属管辖的规定,不涉及中华人民共和国主权、安全或者社会公共利益的,人民法院可以裁定不予受理;已经受理的,裁定驳回起诉。

★2023 年新增

第 281 条　人民法院依据前条规定受理案件后,当事人以外国法院已经先于人民法院受理为由，书面申请人民法院中止诉讼的，人民法院可以裁定中止诉讼，但是存在下列情形之一的除外：

（一）当事人协议选择人民法院管辖，或者纠纷属于人民法院专属管辖；

（二）由人民法院审理明显更为方便。

外国法院未采取必要措施审理案件，或者未在合理期限内审结的，依当事人的书面申请，人民法院应当恢复诉讼。

外国法院作出的发生法律效力的判决、裁定，已经被人民法院全部或者部分承认，当事人对已经获得承认的部分又向人民法院起诉的，裁定不予受理；已经受理的，裁定驳回起诉。

《民事诉讼法解释》

第 531 条　中华人民共和国法院和外国法院都有管辖权的案件，一方当事人向外国法院起诉，而另一方当事人向中华人民共和国法院起诉的，人民法院可予受理。判决后，外国法院申请或者当事人请求人民法院承认和执行外国法院对本案作出的判决、裁定的，不予准许；但双方共同缔结或者参加的国际条约另有规定的除外。

外国法院判决、裁定已经被人民法院承认，当事人就同一争议向人民法院起诉的，人民法院不予受理。

《第二次审判纪要》

10. 我国法院和外国法院都享有管辖权的涉外商事纠纷案件，一方当事人向外国法院起诉且被受理后又就同一争议向我国法院提起诉讼，或者对方当事人就同一争议向我国法院提起诉讼的，外国法院是否已经受理案件或者作出判决，不影响我国法院行使管辖权，但是否受理，由我国法院根据案件具体情况决定。外国法院判决已经被我国法院承认和执行的，人民法院不应受理。我国缔结或者参加的国际条约另有规定的，按规定办理。

条文释义

上述《民事诉讼法》的新增条款明确了我国法院对国际平行诉讼的一般处理规则，提供了管辖权冲突协调机制，是对以往有关国际平行诉讼的司法解释的确认和进一步完善。

平行诉讼是国际民事诉讼管辖权行使中的常见现象，如何协调平行诉讼是各国涉外管辖权行使中须处理的重要问题之一。然而，国际社会并不存在统一的国际公约规范国家间管辖权的行使，也不存在相关的管辖权协调规则。因此，各国主要靠国内法协调国际民事诉讼管辖权行使。1992 年最高人民法院《民事诉讼法意见》在涉外民事诉讼程序的特别规定部分明确，“中华人民共和国人民法院和外国法院都有管辖权的案件，一方当事人向外国法院起诉，而另一方当事人向中华人民共和国人民法院起诉的，人民法院可予受理。判决后，外国法院申请或者当事人请求人民法院承认和执行外国法院对本案作出的判决、裁定的，不予准许；但双方共同参加或者签订的国际条约另有规定的除外”。该规定反映出的基本观点是，我国法院享有的国际民事诉讼管辖权原则上不受其他国家法院是否行使管辖权的影响。上述我国法院处理平行诉讼的基本立场在 2005 年《第二次审判纪要》①、2015 年及之后修正的《民事诉讼法解释》②中都得以沿用。此次《民事诉讼法》的新增条款也进一步肯定了该立场，虽在表述上有些许调整，但基本立场一致。

---

① 参见《第二次审判纪要》(法发〔2005〕26 号)第 10 条。

② 参见《民事诉讼法解释》第 531 条。

我国法院的国际民事诉讼管辖权不受其他国家法院是否行使管辖权的影响之基本原则也存在例外。如果当事人订立有排他性管辖协议选择外国法院管辖,在不违反我国专属管辖的规定且不涉及中华人民共和国主权、安全或者社会公共利益的前提下,人民法院可以尊重其协议管辖进而裁定不予受理,已经受理的,裁定驳回起诉。这既是国际社会的惯常实践,也与2015年《选择法院协议公约》的做法保持了一致。此外,如果外国法院作出的发生法律效力的判决、裁定,已经被人民法院全部或者部分承认,当事人对已经获得承认的部分又向人民法院起诉的,裁定不予受理;已经受理的,裁定驳回起诉。当然,根据《民事诉讼法》第157条的规定,对于不予受理、驳回起诉的裁定,当事人可以上诉。

2023年修正的《民事诉讼法》第280条对于国际平行诉讼的规定进一步彰显了我国的司法主权,但随着我国对外民商事交往的日益增多,我国法院与外国法院之间的平行诉讼问题将不可避免地导致司法资源浪费、冲突判决等问题。因此,2023年《民事诉讼法》第281条将第36条的"先受理法院规则"扩大适用于涉外案件,以作为国际平行诉讼的协调措施,规定"人民法院依据前条规定受理案件后,当事人以外国法院已经先于人民法院受理为由,书面申请人民法院中止诉讼的,人民法院可以裁定中止诉讼"。中止诉讼同时意味着,如果外国法院未采取必要措施审理案件,或者未在合理期限内审结的,依当事人的书面申请,人民法院应当恢复诉讼。与此同时,为防止实践中当事人采取通过向与案件无关的法院起诉来拖延诉讼进程的恶意诉讼策略,2023年《民事诉讼法》第281条同时对"先受理法院规则"施加了两个限制:一是不得突破当事人之间的协议管辖和人民法院的专属管辖;二是不得突破不方便法院原则,即在域外法院优先受理时,如果由人民法院审理明显更为方便,人民法院仍然可以行使管辖权。

典型案例

夏普株式会社、赛恩倍吉日本株式会社、OPPO广东移动通信有限公司、OPPO广东移动通信有限公司深圳分公司标准必要专利许可纠纷案①

上诉人夏普株式会社、赛恩倍吉日本株式会社因与被上诉人OPPO广东移动通信有限公司(以下简称OPPO公司)、OPPO广东移动通信有限公司深圳分公司(以下简称OPPO深圳公司)标准必要专利许可纠纷管辖权异议一案,不服中华人民共和国广东省深圳市中级人民法院(以下简称原审法院)于2020年10月16日作出的(2020)粤03民初689号民事裁定(以下简称原审裁定),提起上诉。夏普株式会社、赛恩倍吉日本株式会社其中一个上诉理由认为,夏普株式会社已先行在日本、德国等地针对OPPO公司提起了专利侵权损害赔偿诉讼,在计算损害赔偿数额时极可能涉及许可费率问题,本案的受理将与上述在先诉讼形成冲突。

最高人民法院认为:首先,从已查明的事实来看,上述诉讼所涉及的专利均为其主张的专利侵权行为地所在法域专利,且纠纷的核心问题为是否构成专利侵权,系典型的专利侵权诉讼,本案标准必要专利组合涉及中国以及美国、日本等多族专利,且纠纷实质主要是所涉标准必要专利全球许可条件的确定,本案诉讼与上述域外诉讼在核心诉争问题上有明显不同,如域外法院在相关专利侵权诉讼中认定构成侵权,一般也只

① 参见最高人民法院民事裁定书,(2020)最高法知民辖终517号。

能就已发生的侵权行为作出赔偿判决，而本案需要确定的是专利许可条件，与侵权损害赔偿在性质上明显不同。其次，《民事诉讼法解释》（2020 年修正）第 533 条第 1 款规定："中华人民共和国法院和外国法院都有管辖权的案件，一方当事人向外国法院起诉，而另一方当事人向中华人民共和国法院起诉的，人民法院可予受理。判决后，外国法院申请或者当事人请求人民法院承认和执行外国法院对本案作出的判决、裁定的，不予准许；但双方共同缔结或者参加的国际条约另有规定的除外。"根据上述规定，即便某个案件的平行诉讼正在外国法院审理，只要中国法院对该案件依法具有管辖权，外国法院的平行诉讼原则上也不影响中国法院对该案行使管辖权。因此，夏普株式会社、赛恩倍吉日本株式会社的该项上诉理由亦无事实和法律依据，本院不予支持。

学理阐释

（一）通则建议条文

【平行诉讼】中华人民共和国人民法院和外国法院都有管辖权的案件，一方当事人向外国法院起诉，另一方当事人向人民法院起诉的，人民法院可予受理，但我国缔结或参加的国际条约另有规定的除外。

在外国法院先予受理相同当事人之间就同一诉讼标的进行的诉讼，且已经作出判决或者正在进行审理的情况下，如果预期该外国法院判决能够在中华人民共和国人民法院得到承认，人民法院可以中止诉讼。

(二)理论解读

通则建议条文是对我国现行司法实践的反映,也是各国处理平行诉讼问题的基本立场。由于存在若干的协调国家之间管辖权行使的国际条约,尤其是2005年《选择法院协议公约》统一了缔约国之间的排他性协议管辖,因此,如果此类国际条约适用于中国,那么本条款便不再适用,这是规定"但我国缔结或参加的国际条约另有规定的除外"的原因。

依据该"预期承认理论",若外国法院先于我国法院行使管辖权,其管辖权的行使具有合理性且我国法院预期该外国判决可在我国获得承认与执行,那么中国法院在此情形下可以中止行使管辖权。"预期承认"是我国法院行使自由裁量权的结果。为避免当事人在外国法院抢先进行诉讼以及借鉴国际社会在处理平行诉讼中通常遵循的"先立案原则",该建议条文加入了"外国法院先予受理"的条件。2023年《民事诉讼法》第281条在处理平行诉讼上采取"先受理法院规则",这不同于"预期承认理论"。相较于"先受理法院规则","预期承认理论"要求中止我国诉讼的裁定建立在外国法院判决具有潜在的可被承认与执行性,这在处理平行诉讼上具有更强的合理性。

作为一种诉讼策略,选择发起平行诉讼:一是可以选择更有利于自己的另一国法院提起诉讼,更大程度地掌握主动权;二是能够通过在多个国家得到判决进而更方便地执行所涉国家中对方当事人的财产;三是通过增加对方当事人的诉讼负担来促使达成和解或者实现其他利益。但是平行诉讼也存在一定的弊端,同时提起两个及以上的诉讼会加重诉累,耗费当事人大量的时间和经济成本,延缓诉讼程序的推进,甚至出现"同案不同判"的局面,使判决的承认与执行存在不确定性。因此,当事人在判断是否提起平行诉讼时,需要结合个案的情况进行综合考量。如果双方当事人想要避免平行诉讼的发生,可以事先订立排他性管辖协议，并考虑我国有关涉外协议管辖的规定。

四十二、不方便法院原则

现行规定

《民事诉讼法》

★2023 年新增

第 282 条　人民法院受理的涉外民事案件，被告提出管辖异议，且同时有下列情形的，可以裁定驳回起诉，告知原告向更为方便的外国法院提起诉讼：

（一）案件争议的基本事实不是发生在中华人民共和国领域内，人民法院审理案件和当事人参加诉讼均明显不方便；

（二）当事人之间不存在选择人民法院管辖的协议；

（三）案件不属于人民法院专属管辖；

（四）案件不涉及中华人民共和国主权、安全或者社会公共利益；

（五）外国法院审理案件更为方便。

裁定驳回起诉后，外国法院对纠纷拒绝行使管辖权，或者未采取必要措施审理案件，或者未在合理期限内审结，当事人又向人民法院起诉的，人民法院应当受理。

《民事诉讼法解释》

第530条 涉外民事案件同时符合下列情形的,人民法院可以裁定驳回原告的起诉,告知其向更方便的外国法院提起诉讼:

(一)被告提出案件应由更方便外国法院管辖的请求,或者提出管辖异议;

(二)当事人之间不存在选择中华人民共和国法院管辖的协议;

(三)案件不属于中华人民共和国法院专属管辖;

(四)案件不涉及中华人民共和国国家、公民、法人或者其他组织的利益;

(五)案件争议的主要事实不是发生在中华人民共和国境内,且案件不适用中华人民共和国法律,人民法院审理案件在认定事实和适用法律方面存在重大困难;

(六)外国法院对案件享有管辖权,且审理该案件更加方便。

条文释义

上述条款首次在《民事诉讼法》中正式引入不方便法院原则。

不方便法院原则最初由最高人民法院在2005年印发的《第二次审判纪要》中予以确定,《第二次审判纪要》第11条同时列举了不方便法院原则适用时需要满足的七个条件。[①] 2015 年,最高人民法院公布《民事诉讼法解释》,以司法解释的形式进一步明确了不方便法院原则及其适用条件。[②] 相比此前《第二次审判纪要》所规定的七个条件,《民事诉讼法解释》删除了“受理案件的我国法院对案件享有管辖权”这一要件,并对其他六个条件进行了表述上的调整,实质上没有变化。此后两次民诉法解释的修改均未在该条款上产生变化。

2023 年修正的《民事诉讼法》在不方便法院原则方面相比此前有较大突破,一方面首次以法律形式确立了不方便法院原则,另一方面对原先不方便法院原则极其苛刻的适用条件进行了修改,特别是删除了以往司法解释确立的“案件不涉及中华人民共和国国家、公民、法人或者其他组织的利益”。

首先,根据第 282 条的规定,不方便法院原则的启动需要由被告主动以管辖异议的方式提出并承担举证责任,由法院自由裁量行使或者放弃管辖权,法院不得主动援引适用这一原则。不方便法院原则适用程序的启动主体设置及举证责任分配体现了该原则适用的被动性。

其次,在此前提下,不方便法院原则的适用应当同时满足五个要求:其一,要求“案件争议的基本事实不是发生在中华人民共和国领域内,人民法院审理案件和当事人参加诉讼均明显不方便”。这可能包含法院与争议缺乏必要的联系,法院对当事人的送达、法院的取证存在较大困难,

① 《第二次审判纪要》第 11 条规定:我国法院在审理涉外商事纠纷案件过程中,如发现案件存在不方便管辖的因素,可以根据“不方便法院原则”裁定驳回原告的起诉。“不方便法院原则”的适用应符合下列条件:(1)被告提出适用“不方便法院原则”的请求,或者提出管辖异议而受诉法院认为可以考虑适用“不方便法院原则”;(2)受理案件的我国法院对案件享有管辖权;(3)当事人之间不存在选择我国法院管辖的协议;(4)案件不属于我国法院专属管辖;(5)案件不涉及我国公民、法人或者其他组织的利益;(6)案件争议发生的主要事实不在我国境内且不适用我国法律,我国法院若受理案件在认定事实和适用法律方面存在重大困难;(7)外国法院对案件享有管辖权且审理该案件更加方便。

② 参见 2015 年《民事诉讼法解释》第 532 条。

无法保障后续诉讼程序顺利进行等情形。该规定改变了原《民事诉讼法解释》中“案件争议的主要事实不是发生在中华人民共和国境内，且案件不适用中华人民共和国法律，人民法院审理案件在认定事实和适用法律方面存在重大困难”的表述，强调了“当事人是否方便参加诉讼”这一标准，同时意味着“不适用我国法律”将不再作为不方便法院原则的适用条件。其二，要求“当事人之间不存在选择人民法院管辖的协议”，体现了对当事人之间排他性管辖协议以及意思自治的尊重。其三，要求交由外国法院审理不会导致对专属管辖的违反。其四，要求“案件不涉及中华人民共和国主权、安全或者社会公共利益”。鉴于司法实践中，我国法院受理的涉外民事案件很少有不涉及我国民事主体的情况，2023 年《民事诉讼法》改变了《民事诉讼法解释》中“案件不涉及中华人民共和国公民、法人或者其他组织的利益”的表述，进一步拓宽了不方便法院原则适用的空间。其五，要求“外国法院审理案件更为方便”，否则我国拒绝行使管辖权的行为将导致原告无处可诉，构成拒绝司法，阻碍当事人争议解决，损害公平正义原则。

最后，法院在满足上述条件的情况下，援引不方便法院原则的结果是可以裁定驳回起诉，告知原告向更为方便的外国法院提起诉讼。根据《民事诉讼法》第 157 条的规定，针对驳回起诉的裁定，可以上诉。[①] 此外，2023 年《民事诉讼法》进一步完善和明确了不方便法院原则适用后的后续救济路径，即裁定驳回起诉后，外国法院对纠纷拒绝行使管辖权，

---

① 《民事诉讼法》第 157 条规定：“裁定适用于下列范围：(一)不予受理；(二)对管辖权有异议的；(三)驳回起诉；(四)保全和先予执行；(五)准许或者不准许撤诉；(六)中止或者终结诉讼；(七)补正判决书中的笔误；(八)中止或者终结执行；(九)撤销或者不予执行仲裁裁决；(十)不予执行公证机关赋予强制执行效力的债权文书；(十一)其他需要裁定解决的事项。对前款第一项至第三项裁定，可以上诉。裁定书应当写明裁定结果和作出该裁定的理由。裁定书由审判人员、书记员署名，加盖人民法院印章。口头裁定的，记入笔录。”

或者未采取必要措施审理案件，或者未在合理期限内审结，当事人又向人民法院起诉的，人民法院应当受理，以保障当事人利益和我国司法主权。

典型案例

黄某盛、黄某豪侵权责任纠纷案①

2012 年 2 月 24 日，黄某盛与黄某豪签订《股权转让协议》，约定黄某盛将其持有的海外投资公司股权作价 100 加拿大元转让给黄某豪。该协议没有约定纠纷管辖法院及所适用的法律。2016 年 11 月 21 日，黄某盛向中华人民共和国广东省珠海市中级人民法院起诉海外投资公司、恒昇公司以及第三人黄某豪，请求确认所涉合同无效。

最高人民法院认为：《股权转让协议》系由黄某盛本人与黄某豪签订的转让注册于加拿大的海外投资公司的协议。2 人皆系境外当事人，对于该协议的法律效力及赔偿争议，黄某盛已经在 2012 年向加拿大不列颠哥伦比亚省高等法院提起诉讼，该法院亦作出判决。因此，即使该合同签订于珠海，人民法院对涉及该合同的纠纷具有管辖权，在黄某豪提出管辖权异议的情况下，也要审查是否存在不方便管辖的情形。在本案中，因《股权转让协议》产生的纠纷不属于中华人民共和国法院专属管辖，因《股权转让协议》所产生的争议的主要事实亦不是发生在中华人民共和国境内，且境外当事人因转让外国公司股权所产生的纠纷亦不适用中华人民共和国法律，人民法院如审理此类案件，在认定事实和适

① 参见最高人民法院民事裁定书，(2019)最高法民终 592 号。

用法律方面是极不方便的。此外,海外投资公司原股东黄某盛与黄某豪之间的纠纷不涉及住所地在中国珠海的加华公司的利益。对与黄某豪的纠纷,黄某盛最初的第一选择就是在加拿大起诉,加拿大法院受理该案并依据黄某盛的申请发出法庭命令,表明加拿大法院对该案具有管辖权且审理案件更加方便。因此,最高人民法院依不方便法院原则驳回黄某盛的诉讼。

学理阐释

(一)通则建议条文

【不方便法院原则】对本法规定中华人民共和国人民法院有管辖权的诉讼,如中华人民共和国人民法院认为行使管辖权对当事人及案件的审理均不方便,且有其他法院更为方便时,经被告申请,可以中止诉讼。

(二)理论解读

法院援引本条之不方便法院原则存在一个前提,也就是针对人民法院依照本法本应享有管辖权的诉讼,如果有符合不方便法院原则要求之情形的,人民法院才可以中止诉讼。

依照本条的表述,不方便法院原则的要求有三项:其一,人民法院须认为行使管辖权对当事人以及案件的审理均不方便,这种情况可能包含法院与争议缺乏必要的联系;法院对当事人的送达、法院的取证存在较大困难,无法保障后续诉讼程序顺利进行;法院行使管辖权可能有违我国社会利益以及公共政策等情形;其二,需有其他法院行使管辖权更为方便,否则,我国拒绝行使管辖权的行为将导致原告无处可诉,构成拒绝司法,阻碍当事人争议解决,损害公平正义原则;其三,法院援引不方便管辖原则须经当事人申请,不能主动援引这一原则。

法院援引不方便法院原则的后果是中止诉讼。这也意味着如果出现其他例外情形,如当事人无法在其他法院寻求争议的公平合理解决,或者出现了其他不应当援引不方便法院原则的情形,我国法院可以恢复行使管辖权,以保障当事人利益和我国司法主权。

不方便法院原则在实践中能够尽量消除管辖权基础宽泛化带来的不良后果,利用法院的自由裁量权规避规范的僵硬性。《民事诉讼法解释》第530条规定了我国法院可以拒绝管辖并向更合适的外国法院另行起诉的情形。但是,第530条的规定过于严苛,无法有效发挥不方便法院原则的功能。因此,本条对第530条之规定作出一定的扩张。

设置不方便法院原则的目的主要是赋予法院自由裁量权,以便在案件与法院地并不具备实际联系,或者法院行使管辖权、审理诉讼极不方便,或者针对平行诉讼等情况可能导致相互冲突判决产生的情况时拒绝行使管辖权,并告知当事人向更合适的法院起诉,进而在一定程度上消除管辖权基础宽泛化带来的不良后果。这一制度起源于苏格兰,发扬于英美法系,如今已经得到世界各国的广泛应用,如日本、欧盟国家都采取了这一制度。

现行《民事诉讼法解释》第530条中的不方便法院原则的触发条件极其苛刻,事实上无法赋予法院自由裁量权限。2023年修正的《民事诉讼法》一方面首次以法律形式确立了不方便法院原则,另一方面对原先不方便法院原则极其苛刻的适用条件作出了一定的修改,使其在事实上既可以为我国法院应对当事人挑选法院、平行诉讼等问题提供解决管辖权冲突的有效途径,又可以展现我国在司法实践中愿意适度体现国际礼让的司法立场。

四十三、禁 诉 令

现行规定

[我国现行法律中对禁诉令没有作出明确规定,不过,我国民事诉讼法的行为保全制度和海事强制令制度与英美法系的“禁令制度”虽然在具体称谓上不尽相同,但两者无论是在内容上,还是在法律效果上均有相似之处。因此,在我国未制定禁诉令立法之前,现有的行为保全制度和海事强制令制度可以暂行禁诉令的功能,暂时作为我国应对国际平行诉讼和反制外国法院禁诉令的手段。]

《民事诉讼法》

第 103 条　人民法院对于可能因当事人一方的行为或者其他原因,使判决难以执行或者造成当事人其他损害的案件,根据对方当事人的申请,可以裁定对其财产进行保全、责令其作出一定行为或者禁止其作出一定行为;当事人没有提出申请的,人民法院在必要时也可以裁定采取保全措施。

人民法院采取保全措施,可以责令申请人提供担保,申请人不提供担保的,裁定驳回申请。

人民法院接受申请后,对情况紧急的,必须在四十八小时内作出裁定;裁定采取保全措施的,应当立即开始执行。

第 111 条　当事人对保全或者先予执行的裁定不服的,可以申请复议一次。复议期间不停止裁定的执行。

第 114 条　诉讼参与人或者其他人有下列行为之一的,人民法院可以根据情节轻重予以罚款、拘留;构成犯罪的,依法追究刑事责任:

……

(三)隐藏、转移、变卖、毁损已被查封、扣押的财产,或者已被清点并责令其保管的财产,转移已被冻结的财产的;

……

(六)拒不履行人民法院已经发生法律效力的判决、裁定的。

人民法院对有前款规定的行为之一的单位,可以对其主要负责人或者直接责任人员予以罚款、拘留;构成犯罪的,依法追究刑事责任。

第 118 条　对个人的罚款金额,为人民币十万元以下。对单位的罚款金额,为人民币五万元以上一百万元以下。

拘留的期限,为十五日以下。

被拘留的人,由人民法院交公安机关看管。在拘留期间,被拘留人承认并改正错误的,人民法院可以决定提前解除拘留。

第 119 条　拘传、罚款、拘留必须经院长批准。

拘传应当发拘传票。

罚款、拘留应当用决定书。对决定不服的,可以向上一级人民法院申请复议一次。复议期间不停止执行。

《民事诉讼法解释》

第 152 条　人民法院依照民事诉讼法第一百零三条、第一百零四条规定,在采取诉前保全、诉讼保全措施时,责令利害关系人或者当事人提供担保的,应当书面通知。

利害关系人申请诉前保全的，应当提供担保。申请诉前财产保全的，应当提供相当于请求保全数额的担保；情况特殊的，人民法院可以酌情处理。申请诉前行为保全的，担保的数额由人民法院根据案件的具体情况决定。

在诉讼中，人民法院依申请或者依职权采取保全措施的，应当根据案件的具体情况，决定当事人是否应当提供担保以及担保的数额。

第 171 条　当事人对保全或者先予执行裁定不服的，可以自收到裁定书之日起五日内向作出裁定的人民法院申请复议。人民法院应当在收到复议申请后十日内审查。裁定正确的，驳回当事人的申请；裁定不当的，变更或者撤销原裁定。

第 172 条　利害关系人对保全或者先予执行的裁定不服申请复议的，由作出裁定的人民法院依照民事诉讼法第一百一十一条规定处理。

《最高人民法院关于审查知识产权纠纷行为保全案件适用法律若干问题的规定》(2018 年)

第 4 条　向人民法院申请行为保全，应当递交申请书和相应证据。申请书应当载明下列事项：

（一）申请人与被申请人的身份、送达地址、联系方式；

（二）申请采取行为保全措施的内容和期限；

（三）申请所依据的事实、理由，包括被申请人的行为将会使申请人的合法权益受到难以弥补的损害或者造成案件裁决难以执行等损害的具体说明；

（四）为行为保全提供担保的财产信息或资信证明，或者不需要提供担保的理由；

（五）其他需要载明的事项。

第 5 条　人民法院裁定采取行为保全措施前，应当询问申请人和被申请人，但因情况紧急或者询问可能影响保全措施执行等情形除外。

人民法院裁定采取行为保全措施或者裁定驳回申请的，应当向申请人、被申请人送达裁定书。向被申请人送达裁定书可能影响采取保全措施的，人民法院可以在采取保全措施后及时向被申请人送达裁定书，至迟不得超过五日。

当事人在仲裁过程中申请行为保全的，应当通过仲裁机构向人民法院提交申请书、仲裁案件受理通知书等相关材料。人民法院裁定采取行为保全措施或者裁定驳回申请的，应当将裁定书送达当事人，并通知仲裁机构。

第6条　有下列情况之一，不立即采取行为保全措施即足以损害申请人利益的，应当认定属于民事诉讼法第一百条、第一百零一条规定的“情况紧急”：

（一）申请人的商业秘密即将被非法披露；

（二）申请人的发表权、隐私权等人身权利即将受到侵害；

（三）诉争的知识产权即将被非法处分；

（四）申请人的知识产权在展销会等时效性较强的场合正在或者即将受到侵害；

（五）时效性较强的热播节目正在或者即将受到侵害；

（六）其他需要立即采取行为保全措施的情况。

第7条　人民法院审查行为保全申请，应当综合考量下列因素：

（一）申请人的请求是否具有事实基础和法律依据，包括请求保护的知识产权效力是否稳定；

（二）不采取行为保全措施是否会使申请人的合法权益受到难以弥补的损害或者造成案件裁决难以执行等损害；

（三）不采取行为保全措施对申请人造成的损害是否超过采取行为保全措施对被申请人造成的损害；

（四）采取行为保全措施是否损害社会公共利益；

（五）其他应当考量的因素。

第10条 在知识产权与不正当竞争纠纷行为保全案件中，有下列情形之一的，应当认定属于民事诉讼法第一百零一条规定的“难以弥补的损害”：

（一）被申请人的行为将会侵害申请人享有的商誉或者发表权、隐私权等人身性质的权利且造成无法挽回的损害；

（二）被申请人的行为将会导致侵权行为难以控制且显著增加申请人损害；

（三）被申请人的侵害行为将会导致申请人的相关市场份额明显减少；

（四）对申请人造成其他难以弥补的损害。

第11条 申请人申请行为保全的，应当依法提供担保。

申请人提供的担保数额，应当相当于被申请人可能因执行行为保全措施所遭受的损失，包括责令停止侵权行为所涉产品的销售收益、保管费用等合理损失。

在执行行为保全措施过程中，被申请人可能因此遭受的损失超过申请人担保数额的，人民法院可以责令申请人追加相应的担保。申请人拒不追加的，可以裁定解除或者部分解除保全措施。

第12条 人民法院采取的行为保全措施，一般不因被申请人提供担保而解除，但是申请人同意的除外。

第13条 人民法院裁定采取行为保全措施的，应当根据申请人的请求或者案件具体情况等因素合理确定保全措施的期限。

裁定停止侵害知识产权行为的效力，一般应当维持至案件裁判生效时止。

人民法院根据申请人的请求、追加担保等情况，可以裁定继续采取保全措施。申请人请求续行保全措施的,应当在期限届满前七日内提出。

第 14 条　当事人不服行为保全裁定申请复议的,人民法院应当在收到复议申请后十日内审查并作出裁定。

第十五条　人民法院采取行为保全的方法和措施,依照执行程序相关规定处理。

《海事诉讼特别程序法》

第 51 条　海事强制令是指海事法院根据海事请求人的申请,为使其合法权益免受侵害,责令被请求人作为或者不作为的强制措施。

第 55 条　海事法院受理海事强制令申请,可以责令海事请求人提供担保。海事请求人不提供的,驳回其申请。

第 56 条　作出海事强制令,应当具备下列条件:

(一)请求人有具体的海事请求;

(二)需要纠正被请求人违反法律规定或者合同约定的行为;

(三)情况紧急,不立即作出海事强制令将造成损害或者使损害扩大。

第 57 条　海事法院接受申请后,应当在四十八小时内作出裁定。裁定作出海事强制令的,应当立即执行;对不符合海事强制令条件的,裁定驳回其申请。

第 58 条　当事人对裁定不服的,可以在收到裁定书之日起五日内申请复议一次。海事法院应当在收到复议申请之日起五日内作出复议决定。复议期间不停止裁定的执行。

利害关系人对海事强制令提出异议,海事法院经审查,认为理由成立的,应当裁定撤销海事强制令。

第 59 条　被请求人拒不执行海事强制令的,海事法院可以根据情节轻重处以罚款、拘留;构成犯罪的,依法追究刑事责任。

对个人的罚款金额,为一千元以上三万元以下。对单位的罚款金额,为三万元以上十万元以下。

拘留的期限,为十五日以下。

条文释义

首先,在行为保全方面,《民事诉讼法》第 103 条规定了行为保全作出的条件、担保和作出时间及其执行;第 111 条规定了当事人不服保全裁定的救济;第 114 条规定了对诉讼参与人或者其他人不遵守行为保全裁定的制裁措施;第 118 条规定了罚款的金额和拘留的期限;第 119 条规定了罚款、拘留的程序及其救济。《民事诉讼法解释》第 152 条、第 171 条、第 172 条对上述事项作了补充规定。

其次,在强制令方面,《海事诉讼特别程序法》第 51 条规定了海事强制令的含义;第 55 条规定了申请海事强制令的担保;第 56 条规定了作出海事强制令的条件;第 57 条规定了海事强制令的作出时间和执行;第 58 条规定了对海事强制令的救济;第 59 条规定了对不遵守海事强制令裁定的制裁措施。

最后,在知识产权纠纷行为保全的特别规定上,《最高人民法院关于审查知识产权纠纷行为保全案件适用法律若干问题的规定》详细规定了人民法院审查知识产权纠纷行为保全案件如何适用法律。

典型案例

中国法院最早签发的禁诉令出现在海事诉讼中,如 2017 年,武汉海事法院作出民事裁定,责令被请求人立即向中国香港特别行政区高等法院申请撤回禁诉令。①

近年来,中国知识产权诉讼频繁遭遇他国法院签发的禁诉令:如华为公司与UP公司侵犯标准和非标准必要专利案、康文森公司与中兴公司标准必要专利案、华为公司与三星公司标准必要专利案等案件。在上述案件中,基于他国法院签发禁诉令的威慑,当事人均撤回或部分撤回了在中国的诉讼。如果我国缺少对应的措施,那么会使我国在管辖权竞争中处于劣势,进而使我国企业无法在国际竞争中取得公平公正的参与机会。中国的科技处于一个飞速发展的时期,无论是域外知识产权的应用还是新型专利的申请情况,中国的情形都令人瞩目。随着我国科技的崛起,日后知识产权方面的诉讼必会日益增多。在这个背景下,我国终于在近年的司法实践中通过《民事诉讼法》和《最高人民法院关于审查知识产权纠纷行为保全案件适用法律若干问题的规定》中的行为保全措施实现了禁诉令制度的基本目的,而这些案件也在全世界引起了广泛关注和讨论。具体来说,包括如下5个案件:

华为技术有限公司、华为终端有限公司、华为软件技术有限公司与康文森无线许可有限公司确认不侵害专利权及标准必要专利许可纠纷系列案(以下简称华为诉康文森案);②

中兴通讯股份有限公司与康文森无线许可有限公司标准必要专利许可纠纷案(以下简称中兴诉康文森案);③

小米通讯公司与美国交互数字公司FRAND费率纠纷案(以下简称

---

① 参见华泰财产保险有限公司深圳分公司与克利伯租船公司船舶租用合同纠纷案,武汉海事法院(2017)鄂72行保3号民事裁定书。

② 参见最高人民法院民事裁定书,(2019)最高法知民终732、733、734号之一。

③ 参见广东省深圳市中级人民法院民事裁定书,(2018)粤03民初335号之一。

小米诉交互数字案);①

OPPO 广东移动通信有限公司、OPPO 广东移动通信有限公司深圳分公司与夏普株式会社、赛恩倍吉日本株式会社标准必要专利许可纠纷案(以下简称 OPPO 诉夏普案);②

三星电子株式会社、三星(中国)投资有限公司、三星(中国)投资有限公司武汉分公司诉被申请人爱立信公司标准必要专利许可使用费纠纷案(以下简称三星诉爱立信案)。③

其中,华为诉康文森案、OPPO 诉夏普案入选了 2020 年最高人民法院发布的知识产权十大案例。下面以华为诉康文森案为例加以说明。

康文森公司与华为公司标准必要专利许可纠纷案④

2018 年 1 月,华为公司向江苏省南京市中级人民法院(以下简称南京中院)提起三案诉讼,请求确认中国地区标准必要专利的许可费率。2018 年 4 月,为反制华为公司的中国诉讼,康文森公司向德国杜塞尔多夫法院提起标准必要专利侵权诉讼,请求判令华为公司停止侵权并赔偿损失。2019 年 9 月 16 日,南京中院作出三案一审判决,确定华为公司及其中国关联公司与康文森公司所涉标准必要专利的许可费率。康文森公司不服一审判决,向最高人民法院提起上诉,主张原审法院确定的标

① 参见湖北省武汉市中级人民法院民事裁定书,(2020)鄂 01 知民初 169 号之一。

② 参见广东省深圳市中级人民法院民事裁定书,(2020)粤 03 民初 689 号。

③ 参见湖北省武汉市中级人民法院民事裁定书,(2020)鄂 01 知民初 743 号。

④ 最高人民法院知识产权法庭:《中国知识产权审判发出的首例禁诉令——案件合议庭详解康文森公司与华为公司标准必要专利许可纠纷案》,载最高人民法院知识产权法庭官网 2021 年 2 月 16 日,https://enipc.court.gov.cn/zh-cn/news/view-1056.html;最高人民法院:《最高人民法院知识产权法庭 2020 年 10 件技术类知识产权典型案例》,载中华人民共和国最高人民法院官网 2021 年 2 月 26 日,https://www.court.gov.cn/zixun/xiangqing/288071.html。

准必要专利许可费率过低。

2020 年 8 月 27 日，最高人民法院知识产权法庭收到华为公司的禁诉令申请。该公司主张，德国杜塞尔多夫法院作出一审判决，认定华为公司及其德国关联公司侵害了康文森公司的欧洲专利（即本案涉案专利的同族专利），判令禁止华为公司及其德国关联公司提供、销售、使用或为上述目的进口或持有相关移动终端，禁止向客户提供或者交付侵权手机和平板电脑，提供相关侵权行为和销售行为信息，销毁并召回侵权产品，承担诉讼费用。该判决可以在康文森公司提供价值 240 万欧元担保后获得临时执行。该判决认定，康文森公司向华为公司提出的标准必要专利许可费率要约未违反公平、合理、无歧视（FRAND）原则。康文森公司的前述要约中多模 2G/3G/4G 移动终端产品的标准必要专利许可费率约为南京中院三案一审判决所确定中国标准必要专利许可费率的 18.3 倍。

在收到华为公司的禁诉令申请后，最高人民法院综合考虑了必要性、损益平衡、国际礼让原则等因素，在要求华为公司提供担保的基础上，于 48 小时内作出行为保全裁定：康文森公司不得在最高人民法院终审判决前，申请执行上述德国判决。如违反本裁定，自违反之日起，处每日罚款人民币 100 万元，按日累计。该裁定于当日送达。康文森公司在复议期内提起复议，9 月 4 日最高人民法院针对康文森公司的复议申请组织双方听证，并于 9 月 11 日作出复议裁定，驳回康文森公司的复议请求。

首先，禁诉令作出的基本考量因素和创新点。① 禁诉令不同于传统意义上的行为保全裁定。禁诉令与传统意义上的行为保全裁定最本质

---

① 参见最高人民法院知识产权法庭：《中国知识产权审判发出的首例禁诉令——案件合议庭详解康文森公司与华为公司标准必要专利许可纠纷案》，载最高人民法院知识产权法庭官网 2021 年 2 月 16 日，https://enipc.court.gov.cn/zh-cn/news/view-1056.html。

的区别在于其涉及国际平行诉讼,因此在具体的考量因素上二者存在一定差异。在本案中,合议庭考量了五个因素:域外判决临时执行对中国诉讼的影响;采取行为保全措施是否确属必要;损益平衡;采取行为保全措施是否损害公共利益;国际礼让原则。本案禁诉令裁定的创新点有:必要性判断的全面性;关于国际礼让原则的阐述;关于"按日计罚"措施的适用。

其次,典型意义。本案是我国知识产权诉讼首例具有"禁诉令"性质的行为保全裁定,明确了采取禁止申请执行域外法院判决的行为保全措施时应考虑的必要性、损害程度、适应性、公共利益以及国际礼让因素等,并首次探索日罚金制度,初步构建起中国"禁诉令"的司法实践路径。本案裁定促成当事人最终达成全球一揽子和解协议,结束了在全球多个国家的平行诉讼,取得了良好的法律效果和社会效果。①

学理阐释

(一)通则建议条文

【禁诉令】中华人民共和国人民法院或仲裁机构对实体争议有管辖权或当事人在仲裁协议中约定的仲裁地在中国时,存在下列情形之一,经一方当事人申请,人民法院可以签发禁止另一方当事人在外国法院起诉或继续进行诉讼的禁诉令:

① 参见最高人民法院:《2020 年中国法院 10 大知识产权案件和 50 件典型知识产权案例》,载中国法院网 2021 年 4 月 22 日,https://www.chinacourt.org/article/detail/2021/04/id/5991264.shtml。

（一）违反当事人达成的选择中华人民共和国人民法院的排他性选择法院协议或者选择中华人民共和国仲裁机构或约定仲裁地在中国的排他性仲裁协议，在外国法院起诉的；

（二）依照本编规定，案件属于中华人民共和国人民法院专属管辖的；

（三）外国诉讼明显违反中华人民共和国的主权、安全或者社会公共利益的；

（四）外国诉讼属于恶意诉讼，不作出禁诉令或反禁诉令将会给申请人造成难以挽回的损害或者使损害扩大。

针对外国法院签发的禁诉令，中华人民共和国人民法院可以签发反禁诉令，命令当事人申请撤回禁诉令申请或者不得执行外国禁诉令。

当事人对禁诉令或反禁诉令的裁定不服的，可以申请复议一次[上诉]。复议[上诉]期间不停止裁定的执行。

中华人民共和国人民法院应谨慎地签发禁诉令或反禁诉令，尽量减少对国际礼让的损害。

中华人民共和国人民法院对违反禁诉令或反禁诉令的当事人，可予以罚款、拘留；构成犯罪的，依法追究刑事责任。人民法院并可判决禁诉令或反禁诉令的被申请人赔偿申请人因参加外国诉讼而产生的诉讼费用和遭受的损失。对于被申请人通过违反人民法院签发的禁诉令或反禁诉令而获得的外国判决，人民法院不予承认和执行。

(二)理论解读

1. 禁诉令的概念和分类

禁诉令(anti-suit injunction)是普通法系和部分大陆法系国家和地区用来协调挑选法院和平行诉讼的手段,它是指一国法院对其有管辖权的当事人签发的,阻止当事人在外国法院提起或者继续进行已提起的、与在本国法院未决的诉讼相同或者相似的诉讼的限制性命令。禁诉令是普通法系国家和地区的一种禁令救济,旨在禁止被申请人实施侵犯申请人权利的不法行为,它体现了英美等国家"实际控制"管辖权原则和美国的"长臂管辖"原则,反映了各国对管辖权的积极争夺。

英国、美国、加拿大、澳大利亚、印度、新西兰、新加坡、巴基斯坦等国家和我国香港特别行政区等利用禁诉令对抗挑选法院和平行诉讼。大陆法系国家和地区中的德国、法国、荷兰、比利时、意大利、巴西、阿根廷、埃塞俄比亚、印度尼西亚、加拿大魁北克省和英国的苏格兰地区也签发或承认过禁诉令。巴基斯坦等普通法系国家和地区,以及巴西、阿根廷、埃塞俄比亚、印度尼西亚和加拿大魁北克省等大陆法系国家和地区的法院还签发了阻止外国仲裁程序的禁诉令(该禁令更可取的名称应该是反仲裁禁令:anti-arbitration injunction)。[①]

有学者把禁诉令分为三种:

第一,防御性禁诉令(defensive anti-suit injunction)。该禁令的签发是为了保护禁令签发国法院的管辖权。虽然一国法院容忍国外的平行诉讼同时进行,但是如果一方当事人在外国寻求的救济干预了国内法院审理案件的能力或者干预了当事人在国内法院提起诉讼的能力,则可以

① 参见欧福永:《国际民事诉讼中的禁诉令》,北京大学出版社 2007 年版,第 6 ~ 7 页。

签发防御性禁诉令。

第二,反禁诉令(anti-anti-suit injunction)。反禁诉令是在外国法院签发禁诉令之后,针对外国的禁令所签发的对抗禁令,命令当事人撤回禁诉令或不得申请执行外国禁诉令所要求的行为。如果外国法院签发禁令,禁止当事人在国内法院诉讼,国内法院就可以签发反制性的反禁诉令。例如,法国巴黎高等法院在 2019 年 IPCom 诉联想案中应 IPCom 的请求针对美国禁诉令签发了反禁诉令,认为本国法院对该案具有管辖权,且美国法院的禁诉令不仅有违欧盟法律,而且有悖于法国的公共秩序,侵犯了 IPCom 在法国的相关权利,因此要求联想停止利用美国签发的禁诉令;2020 年 3 月,法国巴黎上诉法院维持了一审法院的反禁诉令裁决。德国慕尼黑地方法院在 2019 年的诺基亚与 Continental(大陆公司)的诉讼中依据诺基亚的申请对 Continental 在美国的禁诉令动议签发了反禁诉令,要求大陆公司从美国法院撤回对诺基亚的禁诉令。德国法院认为本国法院对双方争议有权管辖,申请人诺基亚享有针对大陆公司的停止侵害请求权,且法院具有正当理由对诺基亚的利益予以保护,而美国的禁诉令实际上是对诺基亚权利的侵害以及对德国司法管辖权的侵犯。

第三,攻击性禁诉令(offensive anti-suit injunction)。该禁令被广泛签发,它通过禁止当事人在外国提起平行诉讼保护禁诉令签发国的排他性管辖权。这种禁诉令基于"方便法院"或"自然法院"的理论,若外国法院是不方便法院,禁诉令会明确禁止一方当事人在外国法院开始或推进诉讼;若本国法院是自然法院,禁诉令也可能会禁止当事人在任何其他国家进行诉讼。

但是,由于防御性禁诉令和攻击性禁诉令的签发理由和要求实质上相同,加之上述分类只是学者的主张,因此,通则建议条文中没有区分防御性禁诉令和攻击性禁诉令。

2. 禁诉令与行为保全

行为保全，是指在民事诉讼中，为了避免当事人或者利害关系人的合法权益受到不应有的损害或进一步的损害，法院有权根据他们的申请或者依职权对被申请人的行为采取强制措施，责令其作为或者不作为。行为保全制度并非我国法治社会发展的自然产物，早在古罗马时期便有“禁止令状”的存在，而后经过教会法与欧洲王室法的发展，逐步形成了英美法系的“禁令制度”与大陆法系的“假处分制度”。尽管在具体称谓上不尽相同，但是两者无论是在内容上，还是法律效果上均有相似之处。因此，我国现有的民事诉讼行为保全制度、海事强制令制度可以暂时作为应对和反制外国法院禁诉令的手段。但是，我国现有的民事诉讼行为保全制度、海事强制令制度过于原则，不足以应对国际平行诉讼和反制外国法院禁诉令。具体表现主要有：

第一，知识产权领域行为保全制度、海事强制令制度仅适用于特定的知识产权和海事诉讼领域，无法满足禁诉令适用于很多法律关系的普遍性需求，同时它们在申请和适用条件、针对对象等方面与禁诉令制度存在一定差距。

我国知识产权领域行为保全要求知识产权相关权利人或者利害关系人必须要有证据证明以下两点方可申请“行为保全”：“一是该行为从性质上属于侵权行为，二是如不及时制止该侵权行为，申请人的合法权益将受到难以弥补的损害。”但是在绝大多数的情况下，由于受客观条件的制约，申请人获取的往往只是初步证据或者一些零散的间接证据，对于“合法权益受到难以弥补的损害”也常常难以证明。而在申请禁诉令时，它所要求的是申请人能够证明外国诉讼违反排他性法院选择协议或仲裁协议，或违反法院地的重要公共政策或威胁其管辖权，所以二者的要求并不相同。同时，知识产权诉前行为保全针对的是被申请人的侵权行为，而禁诉令所禁止的是当事人在外国的诉讼行为，这并不能被定义为侵权行为,甚至有时当事人在外国起诉的行为是一种合法行为,因为其诉权是外国法授予的。

海事强制令与禁诉令也有一些区别。首先,海事强制令的作出条件不宜直接适用于禁诉令。《海事诉讼特别程序法》第56条规定了海事强制令作出的三项条件:请求人有具体的海事请求;需要纠正被请求人的违法或者违约行为;情况紧急,不立即作出海事强制令将造成损害或者使损害扩大。存在的问题如下:(1)禁诉令的签发没有上述要求,它所要求的是申请人能够证明外国诉讼违反排他性法院选择协议或仲裁协议,或违反法院地的重要公共政策或威胁其管辖权。(2)当事人的禁诉令申请是否属于"请求人有具体的海事请求"的规定也有待明确。(3)被请求人在国外提起诉讼或者仲裁的行为是否可被认定为"情况紧急"的行为有待探讨。(4)海事强制令针对的必须是正在发生的行为,而禁诉令所针对的诉讼行为并不一定都是实际发生的,也有可能是预期发生的,是申请人为防止被申请人在外国提起诉讼而申请的。而在"新泰海"轮案中,青岛海事法院根据我国《海商法》禁止被请求人"在今后"扣押请求人财产,但是对海事强制令是否可以禁止未来可能发生的行为理论上尚不明确。其次,海事强制令管辖权的缺陷导致其无法脱离实体诉讼。《海事诉讼特别程序法》第52条规定:"当事人在起诉前申请海事强制令,应当向海事纠纷发生地海事法院提出。"但是,"纠纷发生地"通常在国外,因此当事人无法在诉前申请海事强制令,仅能在我国提起实体诉讼之后再申请禁止国外诉讼或者仲裁行为。而英美法系的禁诉令不需要以提起实体诉讼为前提,对于克制国外诉讼行为更加方便。最后,海事强制令制度作为我国海事诉讼领域的特别制度,无法扩展适用于普通民事诉讼。

第二,我国的民事行为保全制度在目的、申请和适用条件等方面与禁诉令制度也存在一定差距。首先,行为保全与禁诉令的目的不同,行为保全的目的是保证将来判决的执行或避免损失扩大而不是像禁诉令是为了保证诉讼在某一国家进行。其次,二者在适用情形等方面也是不同的,行为保全所限制或禁止的行为是否包括诉讼行为有待探讨。

第三,我国缺乏永久禁令的规定。永久禁令,是指在案件经过实质审理并对争议问题进行充分调查之后,法庭认定被告侵权,在作出判决时给予胜诉方的一种救济,可以确保被告永远不再危害原告的利益。例如,针对专利权剩余保护期下达的、以禁止被告再次侵权的一种判决。永久禁令不属于临时措施制度(行为保全)范畴。

第四,我国现有的民事诉讼行为保全、海事强制令规定过于原则化。如果要使其发挥禁诉令的功能或作为应对禁诉令的措施,需要在司法解释中对此项制度进行细化,明确其适用条件、法律效力以及违反后的法律后果。

第五,我国现行法律对当事人违反行为保全裁定、海事强制令的处罚力度有待强化。我国法院对违反行为保全决定的当事人可以依据《民事诉讼法》第114条第1款第6项的规定进行处罚,即诉讼参与人或者其他人拒不履行人民法院已经发生法律效力的判决、裁定的,人民法院可以根据情节轻重予以罚款、拘留;构成犯罪的,依法追究刑事责任。《民事诉讼法》第118条规定,"对个人的罚款金额,为人民币十万元以下。对单位的罚款金额,为人民币五万元以上一百万元以下。拘留的期限,为十五日以下"。

《海事诉讼特别程序法》第59条规定,"被请求人拒不执行海事强制令的,海事法院可以根据情节轻重处以罚款、拘留;构成犯罪的,依法追究刑事责任。对个人的罚款金额,为一千元以上三万元以下。对单位的罚款金额,为三万元以上十万元以下。拘留的期限,为十五日以下"。

我国相关制度的处罚力度与外国的禁诉令相比较小,力度不够。如违反美国禁诉令,可以视作藐视法庭处理,据此处以罚金或者监禁等。而且,我国实践中没有追究刑事责任的先例,总体来看威慑力需要大大加强。

综上,一方面,目前我国的行为保全制度还不够完善,其适用还缺乏全面具体、明确的规定,还需进一步完善;另一方面,禁诉令在适用条件和内容效果上还具有特殊性,相应地,发挥其功能的行为保全也需要具体的、特殊的设计。

3. 禁诉令的应用与发展趋势

合理的禁诉令制度不违反国际法原则。国际法协会2003年通过的《确定不方便法院原则和禁诉令适用的原则》没有排斥禁诉令,对签发条件受到严格限制的禁诉令持勉强支持态度。① 根据2005年海牙《选择协议法院公约》的规定,在一方当事人违反了排他性法院选择协议向其他缔约国法院起诉的情况下,禁诉令的签发应当是符合公约的主旨精神的。根据1958年《纽约公约》的规定,对违反排他性仲裁协议或条款的公约缔约方的当事人,缔约方法院有权签发禁诉令。根据1965年《海牙送达公约》的规定,送达合法合理的禁诉令一般并不等于对公约缔约方主权的严重侵犯,送达并不等于承认禁诉令的效力。

在欧盟法律框架内,虽然欧洲法院在加塞尔与米萨特案[Gasser v. Misat (2003)]②和特纳与罗维特案[Turner v. Grovit (2004)]③及安联与西部邮轮案[Allianz v. West Tankers(Front Comor, 2009;前科莫尔)]④中裁决,英国法院根据排他性法院选择条款和仲裁协议对欧盟国家诉讼中的当事人签发禁诉令违反1968年《布鲁塞尔公约》和2001年《布鲁塞尔条例Ⅰ》,但是欧洲法院对禁诉令的这种敌对态度也在逐渐发生改变:首先,对于前科莫尔案关于在欧盟境内不能授予禁诉令以执行仲裁条款的裁决所产生的后果,许多人感到遗憾;其次,欧洲法院法律

---

① Thomas Rapheal, *Anti-suit Injunction* (second edition), Oxford University Press, 2019, p.7.

② Case C-116/02, Gasser GmbH v. Misat Srl., Judgment of 9 Dec 2003, [2004] 1 Lloyd's Rep. 222.

③ Case C-159/02, Turner v. Grovit, E.C.R. 2004.

④ Case C-185/07.

总顾问沃特莱特(Wautelet)在 2015 年俄罗斯天然气工业股份公司案(Gazprom)[①]中提出:根据《布鲁塞尔条例 I》(重订)第 12 条的规定,布鲁塞尔—卢加诺体制不应排除对违反仲裁条款的诉讼程序签发禁诉令。虽然大陆法系国家对禁诉令的反对意见仍然存在,但是现在敌意不再是庞大而僵化、普遍的,禁诉令反而得到了更大的理解。[②]

4. 英美法系国家的规则

英美法系国家签发禁诉令的法律依据主要是判例法,但是也存在一些成文法依据。

(1)英国

英国法院签发禁诉令的成文法根据是英国 1981 年《最高法院规则》第 37 条、1996 年《仲裁法》第 44 条和 1999 年《民事诉讼规则》第 25 章第 1 节。1981 年《最高法院规则》第 37 条第 1 款规定,在法院认为合理且方便的情况下,高等法院可通过命令(无论是中间还是最终的)授予禁令或任命接管人。[③] 根据该条规定,只要法院认为公正而且做起来方便,高等法院就可以命令的形式签发禁令。1996 年《仲裁法》第 44 条(法院为协助仲裁可行使的权力)也明确规定了英国法院为协助仲裁有同样作出禁诉令等禁令的权力,该条规定:"(1)除非当事人另有不同约定,为了仲裁目的法院在与仲裁有关事项具有同样的权力作出以下命令。包括:……(e)作出中间禁令……"然而,该法第 44(5)条规定,在任

---

① Case C - 536/61, Gazprom, EU:C:2015:316; AG[134], [188].

② Thomas Rapheal, *Anti-suit Injunction* (second edition), Oxford University Press, 2019, p. 8.

③ 37 Powers of High Court with respect to injunctions and receivers (1) The High Court may by order (whether interlocutory or final) grant an injunction or appoint a receiver in all cases in which it appears to the court to be just and convenient to do so. ……*Supreme Court Act* 1981, *Legislation. gov. uk*, http://www. legislation. gov. uk/ukpga/1981/54/section/37/enacted.

何情况下,法院只有在仲裁庭没有权力或暂时无法有效行动的情况下,才能行动。因此,在仲裁背景下,高等法院会充分考虑英国《仲裁法》的体系和条款,谨慎地行使这一权力。1999 年《民事诉讼规则》第 25 章第 1 节(临时性救济)也规定了英国法院可以签发临时性禁令、中期裁判等临时性救济命令①。但是,英国法院这种泛泛的自由裁量权,受到一系列判例的制约。

英国法院签发禁诉令的条件如下:(1)由于能够向被申请人送达传票,英国法院在禁诉令申请所针对的诉求上对被申请人有属人管辖权。(2)如果确立了管辖权,则给予救济必须有诉讼理由,或类似的实质性依据或权利。这些权利包括:申请人有不在外国被诉的合法权利,诸如产生于排他性管辖协议、仲裁条款、当事人之间达成的包含禁止提起有关诉讼的有约束力的和解协议的权利;执行仲裁裁决的权利;执行英国判决的权利;申请人有不在外国被诉的衡平法权利,例如英国法院是自然法院并且外国诉讼是无理缠讼的或者不公正的;等等。②

(2)美国

美国的"中间禁令"制度与英国具有相似之处,但是由于美国在建国之初便有一定的成文法传统,因而,美国的"中间禁令"制度在英国法的基础上得到了继续的发展,相关做法在长期司法实践之中已经成型。受到英国禁诉令制度的影响,美国在 1793 年将该制度规定于《反禁令法》(Anti-Injunction Act)中。该法规定,除了少数例外,联邦法院不应签发禁诉令禁止州法院的诉讼。该法后于 1874 年、1948 年两次修订,但是

---

① 25.1—(1) The court may grant the following interim remedies—(a) an interim injunction(GL);(b) an interim declaration;……*The Civil Procedure Rules* 1998, *Legislation. gov. uk*, http://www.legislation.gov.uk/uksi/1998/3132/article/25.1/made.

② Adrian Briggs, *The Conflict of Laws* (fourth edition), 2019, p. 120 – 121.

均用于解决其国内联邦法院与州法院的管辖权冲突问题,①而不适用于国际管辖权冲突。美国《联邦民事诉讼规则》在第8章“临时性和终局性救济方法”(第64~71条)中对“临时救济”(包括扣押和中间禁令)的适用作出了具体的规定,从而使得这一衡平救济“成文法化”。当然,美国法院签发禁诉令的自由裁量权,也受到一系列判例的制约。

美国法院签发禁诉令标准的争论由来已久,法律标准至今模棱两可又支离破碎——指导性原则的缺乏导致了法院在何种情形下可以签发禁诉令存在不确定性。这种不确定性最为明显的表现是:巡回法院审查禁诉令申请存在两种主要路径:第五、七、九巡回法院所采用的“自由主义路径”与第一、二、三、六、八巡回法院和哥伦比亚特区巡回法院采用的“保守主义路径”,而关于此问题美国联邦上诉法院至今也没有作出有明确结论的判例。② 审理奎亚克与克林菲尔德·皮亚特·马威克·戈德尔公司审计师案(Quaak v. Klynveld Peat Marwick Goerdeler Bedrijfsrevisoren)③的法院似乎认为这两种路径的主要区别在于与赋予礼让的权重不同——保守主义路径明显赋予国际礼让以更大的权重。

首先,“自由主义路径”。按照自由主义路径,只要当事人和系争点相同,并且同时进行诉讼会阻碍案件判决的速度和效率,就可以签发国际禁诉令,约有一半的联邦法院适用自由主义路径,它赋予了法院禁止外国诉讼的扩张性权力。联邦法院在适用自由主义路径时,会在公正的基础上考虑外国诉讼是否是令人“困扰的”“欺压性的”或有“偏见”的等因素来决定是否签发禁诉令。在具体的案件中,这种路径主要关注对同

---

① 参见王娟:《关于我国引入禁诉令制度的思考》,载《法学评论》2009年第6期;Diane P. Wood, *Fine - Tuning Judicial Federalism: A Proposal for Reform of the Anti-Injunction Act*, 1990 BYU L. Rev. 289 (1990).

② S. I. Strong, *Anti - Suit Injunctions in Judicial and Arbitral Procedures in the United States*, 66 Am. J. Comp. L. 153 (2018).

③ 361 F.3d 11, 16 (1st Cir. 2004).

一诉讼请求进行平行诉讼给当事人带来的不便以及对司法管理造成的不便。从政策分析的角度,美国有学者将这类标准称为"基于方便性签发禁诉令"。[①] 1987 年的西雅图图腾俱乐部公司与国家冰球联盟案(Seattle Totems Club Inc. v. National Hockey League)[②]是美国法院适用自由主义路径签发禁诉令的典型案件。

其次,"保守主义路径"。按照保守主义路径,法院只对危害法院所属国管辖权或对重大国家政策造成威胁和国内利益大于国际礼让的外国诉讼签发禁诉令。包括哥伦比亚特区上诉法院、第一巡回和第六巡回上诉法院在内的一些法院都认为,当事人及争议问题的重复本身并不足以证明签发禁诉令的合理性。采取这种立场的法院依据国际礼让理念,并类推适用国内判例,运用联邦法院针对州法院诉讼签发禁诉令的严格标准。美国学者称此类标准为"根据公共政策签发禁诉令"。

5. 大陆法系国家:德国

19 世纪 70 年代,随着《德国民事诉讼法》的颁布,大陆法系的行为保全制度逐渐走向定型化、法典化和体系化。大陆法系的民事保全程序分为"假扣押"和"假处分",其中"假"乃"临时、暂时"之意。

《德国民事诉讼法》第 916 条(假扣押请求权)第 1 款规定,为保全根据金钱债权或根据可以换成金钱债权的请求权对动产或不动产的强制执行,可以实行假扣押。就专利侵权诉讼来说,由于德国法院相对低廉的诉讼成本和快速的诉讼程序使德国成为专利侵权的"原告天堂",专利所有者经常选择在德国提起诉讼,因此欧盟大多数专利诉讼发生在德国。

预备禁令是专利权人行使其权利的一种方式,以排除一方在主要诉讼期间制造、使用、出售、要约出售或进口专利发明。在德国,预备禁令

---

① Geoge A. Bermann, *The Use of Anti-suit Injunctions in International Litigation*, Columbia Journal of Transnational Law, Vol. 28, No. 3, 1990.

② 652 F. 2d 852 (9th Cir. 1987).

是通过临时措施授予的。杜塞尔多夫法院在59%的案件中批准了预备禁令,是世界上获得预备禁令最高胜诉率的法院,这可能是杜塞尔多夫法院受理的专利诉讼占德国总数约40%的原因。①

其一,法律依据。《德国民法典》第826条是德国最高法院在RGZ 157, 136 (136) (F. R. G.)案中签发禁诉令的依据,也是1962年科隆巡回法院的上诉庭裁决一方当事人因在国外非法诉讼而支付损害赔偿金的法律依据。该条规定:“故意地以违反善良风俗的方式加损害于他人的人,负有向他人赔偿损害的义务。”1919年,德国最高法院认为,一方当事人通过不真实异议或者造成延误的故意行为,而造成诉讼的系统和蓄意延误,并使他方的当事人遭受损害,是违反公共政策的。因此,故意地和不合理地开始或者继续诉讼是违反公共政策的,这是《德国民法典》第826条善良风俗诉求的根据。最高法院同时认为,恶意地利用诉讼程序或者欺诈性的辩解也是违反公共政策的。

其二,禁诉令签发条件。《德国民事诉讼法》第23条、第29条、第32条适用于禁诉令签发。② (1)在当事人因另一方当事人在国外非法诉讼而在德国法院提起赔偿请求时,《德国民事诉讼法》第23条(住所不在德国的当事人,如果他在德国拥有财产,可以因财产上的请求在德国被诉)适用。但是,最高法院已经作出限制:第23条只能适用于争议的标的物与德国有充分联系的案件。(2)《德国民事诉讼法》第32条(住所不在德国的当事人,如果他在德国拥有财产,可以因财产上的请求在德国被诉)适用于阻止当事人从事侵权行为的禁令。当侵权行为发生在德

---

① Tyler J. Dutton, *Jurisdictional Battles in Both European Union Cross – Border Injunctions and United States Anti – Suit Injunctions*, 27 Emory Int1 L. Rev. 1175 (2013).

② Markus Lenenbach, *Antisuit Injunction in England, German and the Unite States: Their Treatment under European Civil Procedure and the Hague Convention*, Loyola of Los Angeles International and Comparative Law Journal, January 1998.

国,或者德国受到侵权行为有害后果的影响时,德国法院有权阻止该侵权行为。因此,当侵权的外国诉讼损害德国的利益时,第 32 条适用于禁诉令。当外国诉讼涉及《德国民法典》第 823 条(损害赔偿义务)第 1 款(故意地或者有过失地以违法的方式侵害他人的生命、身体、健康、自由、所有权或者其他权利人,负有向他人赔偿由此发生的损害的义务)意义上的权利或者《德国民法典》第 826 条保护的位于德国境内的财产时,损害后果被认为发生在德国。(3)根据《德国民事诉讼法》第 29 条的规定,当合同当事人选择德国法院作为解决争议的法院时,德国法院对因合同引起的争议具有管辖权。

其三,反禁诉令。根据德国法,在两种情况下德国法院可以签发反禁诉令:一是外国禁诉令将违反争议专属由德国法院审判的权利;二是符合《德国民法典》第 823 条第 1 款和第 826 条规定的签发禁诉令的标准。

其四,临时禁令。《德国民事诉讼法》第 940 条也包含签发预备禁令(preliminary injunctions)的规则。对于那些如果不能获得及时的司法保护将处于危险之中的权利,这些规则适用之。根据《德国民事诉讼法》第 940 条的规定,经当事人申请,法院可以签发阻止当事人在外国诉讼的临时禁令。申请禁令的当事人必须提供初步证据证明它有不在外国被诉的权利。对签发临时禁令有管辖权的法院也必须具有签发永久禁令的管辖权。因此,上述管辖权规则同样适用于签发临时禁令。

其五,紧急临时禁令。《德国民事诉讼法》第 937 条第 2 款规定,德国法院可以不经言辞辩论就签发紧急临时禁令(emergency temporary injunction)。

6. 构建中国禁诉令制度的建议

近年来,我国法院与当事人频繁受到外国禁诉令的不利影响,涉及金融、保险、航运和专利等众多领域,这干扰了我国企业正常的诉讼活动,对我国涉外民事诉讼活动施加了负面影响。2018 年,在华为诉三星知识产权案中,被告三星公司向美国加利福尼亚州北区联邦地区法院申请针对华为的禁诉令,禁止执行深圳市中级人民法院对华为诉三星专利侵权案的判决,美国法院签发禁诉令的行为损害了我国的司法权威,损害了我国司法的公信力。

(1)禁诉令的运用及法律效果

禁诉令制度源于各国对民商事案件的管辖权冲突,其本质是争夺和扩大本国对国际民商事案件的管辖权。

英国和美国是签发禁诉令最多的两个国家,原因如下:一是禁诉令起源于英国的衡平法,主要运用于英美普通法系国家。二是英国和美国都是世界金融大国,美国有全球的美元体系,而英国的伦敦也是世界金融中心,便于禁诉令的执行。三是禁诉令有利于扩张英美国家的司法管辖权,维护其全球争议解决中心的地位。例如,2017 年,英国法律行业占国民生产总增加值比重为1.5%,法律服务行业贸易顺差高达40 亿英镑。四是在一些对国家经济发展有重要影响的领域占有优势,如知识产权和海事海商,这有利于其争夺司法话语权。

成文法系国家如欧盟不采纳这一制度。欧盟有案件认为,该制度违反宪法所赋予的私人起诉的权利,而且欧盟内部建立的先受理法院原则可以解决成员国法院的管辖权冲突。

禁诉令制度由于具有极强的对抗性,长期以来争议较大。禁诉令具有如下的法律效果:一是禁诉令具有争夺司法管辖权的效果。禁诉令主要运用于商事领域,在两国都有管辖权的情况下,扩张本国管辖权,阻止当事人在他国进行诉讼活动。二是禁诉令会间接损害他国的司法主权。虽然禁诉令是应一方当事人申请针对另一方当事人而签发的,但强迫当事人从他国撤诉或中止诉讼,间接干涉了他国的审判活动,具有侵犯他国司法主权之嫌。德国就认为,阻止德国当事人继续在德国法院诉讼的禁诉令侵犯了德国的司法主权,德国当事人可以拒绝禁诉令的送达。三是禁诉令禁止执行他国判决,直接贬损了他国司法判决的效力和权威,前述华为与三星案就是如此。

(2)中国建立禁诉令制度需要考虑的因素

禁诉令因为具有极强的对抗性,建立此制度除了需要考虑上面的负面效果,还需要考虑如下几点因素:

一是在中国发展过程中,中国司法以什么样的立场处理与他国司法主权的关系,是以对抗的方式凸显自己司法主权的优越性,还是以合作的方式平等处理各国的管辖权问题?中国应慎重考虑这一制度。

二是禁诉令需要较大的自由裁量权空间。中国是成文法国家,没有英美法系国家衡平法的传统。如何谨慎和审慎行使裁量权,需要一定的制度设计,从而防止被外国当事人利用,以避免落入侵犯他国司法主权之口舌,影响我国的对外关系。

三是禁诉令制度需要一系列制度作为配套。为使本国的禁诉令制度发挥真正的效力,英美国家先后设有罚金和冻结财产等措施,在一定条件下还可以实施藐视法庭罪和监禁等措施。而后者如藐视法庭罪等在我国现有制度中尚属空白。

(3)关于对抗英美国家禁诉令的建议方案

在我国企业频繁遭遇禁诉令的困扰,影响我国正常开展国际经贸活动的背景下,我国需要一些反制的措施。从慎重建立禁诉令制度的角度,有如下两种方案可以考虑。

方案一:利用对等原则,实施反禁诉令,强化实施效果。此方案是在外国对我国企业实施禁诉令的前提下,我国企业申请反禁诉令。利用民事诉讼的对等原则,人民法院采取对应制裁措施。此方案较为谦抑,即“人不犯我,我不犯人;人若犯我,我必犯人”。此方案的优点是无须修改现行《民事诉讼法》,在《民事诉讼法》第 103 条行为保全和《海事诉讼特别程序法》第51条海事强制令的基础上,制定司法解释即可。此方案的不足是以被动的方式处理国际禁诉令纠纷,且如果要达到反制的效果,还需要强化我国反禁诉令的执行能力,加大对违反我国禁诉令当事人处罚的力度,此种力度甚至需要超越英国或者美国的规定,方具有较强的威慑力。

方案二:提高禁诉令的中国门槛,系统修改涉外民事诉讼程序规则,建构系统化的反制措施。构建禁诉令制度需要修改中国的民事诉讼法,考虑到英美禁诉令所产生的消极性效果,我国可区别于英美禁诉令制度,提高签发的门槛,严格实施的条件。系统构建禁诉令制度包括:一是可以构建国际民事诉讼中的禁诉令和国际商事仲裁中的禁诉令;可以构建防御性禁令、反禁令和攻击性禁令。另外,还可以考虑永久性禁令和临时禁令。二是禁诉令制度涉及涉外民事诉讼的管辖权、司法协助、判决的承认与执行等制度,可以一并修改。我国涉外民事诉讼规则目前仍不能适应中国国际民商事纠纷解决的需要。如果能一并修改,则可以建立系统的制度。三是建立禁诉令效力、执行程序和实施保障方面的制度,如藐视法庭罪、拒不执行裁决罪、监禁和罚金等一系列配套制度。此种方案的特点是长治久安、一劳永逸。同时,能够利用新的制度系统反制外国长臂管辖权的滥用。不足之处是需要经过正式的立法程序,需要立法机关、司法机关和中国国际私法学界投入一定的时间和精力。

综合上述两种方案,从临时应对和创造良好国际合作环境的角度,从长远发展和系统构建禁诉令制度的角度,第二种方案较为可行,但此种方案的出台需要时日,而且在规则设计方面要注意提高中国法院签发禁诉令的门槛,以避免频繁滥用、多头出击、四面树敌。

7. 构建我国禁诉令应注意的问题

(1)禁诉令是否违反国际法原则

根据国际法上的国家主权原则,各国有权自行决定对哪些涉及本国的国际民商事案件行使管辖权，但由于国际民商事案件涉及其他国家，各国在确定自己的管辖权时应当基于国家主权平等原则尊重其他国家的主权，把自己的管辖权控制在适当适度的范围内。如果一国过分扩张自己的管辖权，把手伸得太长，奉行过度的不适当的“长臂管辖”，就有不尊重其他相关国家主权，甚至侵犯其他国家主权之嫌。

禁诉令制度在英美法系国家广泛存在，没有一般国际法加以禁止，因此，不违反国际法的基本原则。但由于禁诉令的本质是争夺和扩大本国对国际民商事案件的管辖权，有些国家如德国认为是对他国司法主权的侵犯。欧盟通过案例禁止这一制度。

(2)我国建立禁诉令制度是利大于弊还是弊大于利

我国建立科学、规范、合理、适当的禁诉令制度是利大于弊。出于维护国家司法主权，积极管辖我国理应管辖的国际民商事案件和反制部分国家过度的不适当的行使“长臂管辖权”，我国可以设立禁诉令制度。

在我国建立禁诉令制度，必须长远谋划、统筹兼顾，建议系统构建禁诉令及其相关制度。如果仅仅设置一个禁诉令制度，没有管辖权、司法协助、判决的承认与执行等制度相配合，没有建立禁诉令效力、执行程序和实施保障方面的制度，如拒不执行裁决罪、监禁和罚金等一系列配套制度，则禁诉令的实际效果难以保证，将会徒有其名，弊大于利。

8. 通则建议条文释义

本条为对禁诉令签发的管辖权条件、理由、要求的规定，以及违反禁诉令的处罚规定。

(1)禁诉令签发的管辖权条件。法院签发禁诉令需要具备一定的管辖权条件：中华人民共和国人民法院或仲裁机构对禁诉令所涉对实体争议有管辖权，或者仲裁协议约定的争议解决的仲裁地在中国。

(2)禁诉令签发的理由。根据国外的实践和我国实际，本条规定了中国法院签发禁诉令的理由。第 1 款规定的第 1 项条件（存在排他性的法院选择协议或仲裁协议)是国外签发禁诉令最常见和最合理的理由。第1款规定的第2~3项条件是为了维护当事人的意思自治或者国家的司法管辖权与社会公共利益。第1款第4项规定是为了维护一方当事人的合法权利与我国的诉讼或仲裁审理秩序。滥用诉讼程序,是指当事人提起的诉讼是纠缠性的、欺压性的或者极不公正的,其唯一目的是造成不便和消耗,或者终止、瘫痪、中止我国的诉讼或者仲裁程序。

(3)反禁诉令。反禁诉令属于禁诉令的一种,是在外国法院签发禁诉令之后,针对外国的禁令所签发的对抗禁令,命令当事人申请撤回外国禁诉令申请或者不得执行外国禁诉令。如果外国法院签发禁令,禁止当事人在我国法院诉讼,我国法院就可以签发反制性的反禁诉令。

(4)关于担保和复议(上诉)。英美法系的禁令制度与大陆法系的行为保全制度,尽管在具体称谓上不尽相同,但是两者无论是在内容上,还是法律效果上均有相似之处。如果把禁诉令视为行为保全,即临时措施的一种,那么依据我国民事诉讼法的规定,应该要求申请人提供担保,对法院作出的禁诉令裁定,只能申请复议。如果把禁诉令裁定视为管辖权异议方面的裁定,那么依据我国民事诉讼法的规定,不要求申请人提供担保,对法院作出的禁诉令裁定,可以上诉。我们更倾向于将其纳入管辖权的范畴。

(5)关于禁诉令签发的要求。虽然禁诉令是针对诉讼当事人签发的,但是如果当事人因遵守禁诉令而放弃在外国的诉讼,则外国法院不能行使对该案的管辖权,从而会间接干预外国法院的管辖权,一些学者和国家借此认为其违背了国际礼让,会侵害他国的司法主权,主张不予送达和承认外国的禁诉令。因此,在禁诉令特别是反禁诉令的签发问题上,各国均应遵循谨慎签发的原则,尽量减少对国际礼让的损害。

(6)对违反禁诉令的处罚措施。禁诉令的实施有赖于强有力的处罚措施,本款规定参考了国际上的普遍实践。比如,违反禁诉令的当事人将被判藐视法庭，可被处以罚金、监禁并赔偿当事人的损失等制裁。禁诉令或反禁诉令的被申请人可被要求赔偿申请人因参加外国诉讼而产生的诉讼费用和遭受的损失。对当事人违反禁诉令获得的裁决，可不予承认和执行。

（7）其他建议。建议人民法院在审查禁诉令或反禁诉令申请时，应特别考虑以下因素：①中国和外国的诉讼和仲裁程序的当事人和系争点的相同性或相似性，受理的先后顺序及其进展；②中国法院管辖案件的方便性，外国法院管辖权依据的合理性；③申请人在中国进行诉讼或仲裁胜诉的可能性；④不签发禁诉令对申请人造成的损害超过签发禁诉令对被申请人造成的损害；⑤签发禁诉令不损害社会公共利益；⑥被申请人申请执行域外法院判决对中国诉讼和仲裁的审理和裁决执行的实质性影响；⑦两国的裁决获得对方承认和执行的可能性。

四十四、管辖权异议

现行规定

《民事诉讼法》

★2023 年修正在第 2 款“应诉答辩”的基础上增加“或者提出反诉”

第 130 条　人民法院受理案件后，当事人对管辖权有异议的，应当在提交答辩状期间提出。人民法院对当事人提出的异议,应当审查。异议成立的,裁定将案件移送有管辖权的人民法院;异议不成立的,裁定驳回。

当事人未提出管辖异议,并应诉答辩或者提出反诉的,视为受诉人民法院有管辖权,但违反级别管辖和专属管辖规定的除外。

★2023 年新增

第 278 条　当事人未提出管辖异议,并应诉答辩或者提出反诉的,视为人民法院有管辖权。

《民事诉讼法解释》

第 223 条　当事人在提交答辩状期间提出管辖异议,又针对起诉状的内容进行答辩的,人民法院应当依照民事诉讼法第一百三十条第一款的规定,对管辖异议进行审查。

当事人未提出管辖异议,就案件实体内容进行答辩、陈述或者反诉的,可以认定为民事诉讼法第一百三十条第二款规定的应诉答辩。

条文释义

本部分规定了被告提出管辖权异议的权利、提出异议的期限以及人民法院的处理方式。管辖权异议在内容上不仅可以针对地域管辖的问题,也可以针对级别管辖的问题,还可以针对法院的诉讼管辖权本身。法院在审查管辖权异议后,认为异议成立的,裁定将该案件移送给有管辖权的法院;如果认为该案件为共同管辖的,应当征求原告的意见,移送给其中一个法院;如果认为异议不成立的,裁定驳回异议。提出异议的当事人对此裁定不服的，可以在10日内向上一级法院提起上诉。[①]

同时，《民事诉讼法解释》专门规定，对于当事人在提交答辩状期间提出管辖异议，又针对起诉状的内容进行答辩的，人民法院应当审查其管辖权异议；未提出异议，直接就案件实体内容进行答辩、陈述或者反诉的，可以直接认定为应诉答辩，从而基于被告应诉管辖肯定法院的管辖权。

尽管现行《民事诉讼法》在应诉答辩和反诉的管辖权前提上明确须未提出管辖异议，但其仍未单独规定人民法院对于涉外民商事诉讼中管辖权异议的方式、期限和后果。因此，依据《民事诉讼法》第270条的规定，涉外民商事诉讼中的管辖权异议问题也应当适用国内编相关规定。

典型案例

吕某、苹果电子产品商贸（北京）有限公司滥用市场支配地位纠纷案[②]

本案中，最高人民法院经审查认为：本案系滥用市场支配地位纠纷管辖权争议，因本案被告之一的苹果公司系美国公司，本案具有涉外因素。吕某向原审法院起诉，原审法院于2022年3月2日决定受理，本案管辖等程序事项的处理，应当适用法院地法即《民事诉讼法》及其司法解释的有关规定。本案原审法院尚未完成向苹果公司送达案件应诉通知书，苹果北京公司受送达后提出管辖权异议，原审法院在裁定书上仅

① 参见张卫平：《民事诉讼法》（第5版），法律出版社2019年版，第121页。

② 参见最高人民法院民事裁定书，（2022）最高法知民辖终398号。

列明原审原告吕某和提出管辖权异议的原审被告苹果北京公司，未列明其他两位原审被告苹果公司、苹果上海公司及原审第三人滴答公司，且未完成向上述当事人的相关送达，在此情况下作出将全案移送北京知识产权法院的裁定，直接涉及其他两位原审被告苹果公司、苹果上海公司及原审第三人滴答公司在诉讼程序中的权利和利益，未能保障相关当事人的知情权和发表意见的权利，且上述程序缺陷在二审阶段不能弥补。综上所述，原审裁定未列明应当列明的当事人且未完成送达，最高人民法院依照《民事诉讼法》第 177 条第 1 款第 4 项、第 178 条之规定，裁定如下：(1)撤销中华人民共和国上海知识产权法院(2022)沪 73 知民初 362 号民事裁定；(2)本案发回中华人民共和国上海知识产权法院重审。

学理阐释

(一)通则建议条文

【管辖权异议】被告有权在提交答辩状期间就管辖权提出异议。

(二)理论解读

管辖权异议，是指人民法院受理案件后，被告对人民法院是否有管辖权提出异议，这是当事人的一项诉讼权利。受诉人民法院收到当事人提出的管辖权异议后，应当认真进行审查，必要时需召集双方当事人听证。具体而言，当事人可能就地域管辖、级别管辖、专属管辖等提出异议,也可能基于已经达成的仲裁协议就人民法院的管辖权提出异议等。[①]

管辖权的行使属于法院的职权,但法院在判断是否属于本院管辖问题上也有可能存在错误,且管辖问题涉及当事人的利益,因此应当给予当事人提出异议的机会,以便受诉法院斟酌其管辖权的行使是否符合法律的规定。[②] 提出管辖权异议是被告重要的诉讼权利,是民事诉讼辩论原则的体现,彰显了程序正义的价值。由于起诉行为归属于原告,出于当事人利益的平衡,被告对于受案法院的管辖权应当享有抗辩的权利。被告行使这一权利也应当受到时间的限制。这一时间应当确定于法院就争议的实体内容进行审理之前,以免造成诉讼程序的反复。

因此,本通则参照《民事诉讼法》第 130 条之规定,在涉外民事诉讼中对管辖权异议问题进行特别明确,并将提出异议的期间确定为"提交答辩状期间"。这样,在法院对争议实体问题进行审理前,被告有权对受案人民法院的管辖权提出异议;法院对争议实体问题开始审理后,被告即丧失这一权利,以保证诉讼程序的顺利进行。

---

① 参见全国人大常委会法制工作委员会民法室编:《中华人民共和国民事诉讼法条文说明、立法理由及相关规定(2012 修订版)》,北京大学出版社 2012 年版,第 226 页。

② 参见张卫平:《民事诉讼法》(第 5 版),法律出版社 2019 年版,第 120 页。

四十五、涉外保全措施的管辖权

现行规定

《民事诉讼法》

第 103 条　人民法院对于可能因当事人一方的行为或者其他原因，使判决难以执行或者造成当事人其他损害的案件，根据对方当事人的申请，可以裁定对其财产进行保全、责令其作出一定行为或者禁止其作出一定行为；当事人没有提出申请的，人民法院在必要时也可以裁定采取保全措施。

人民法院采取保全措施，可以责令申请人提供担保，申请人不提供担保的，裁定驳回申请。

人民法院接受申请后，对情况紧急的，必须在四十八小时内作出裁定；裁定采取保全措施的，应当立即开始执行。

第 104 条　利害关系人因情况紧急，不立即申请保全将会使其合法权益受到难以弥补的损害的，可以在提起诉讼或者申请仲裁前向被保全财产所在地、被申请人住所地或者对案件有管辖权的人民法院申请采取保全措施。申请人应当提供担保，不提供担保的，裁定驳回申请。

人民法院接受申请后，必须在四十八小时内作出裁定；裁定采取保全措施的，应当立即开始执行。

申请人在人民法院采取保全措施后三十日内不依法提起诉讼或者申请仲裁的,人民法院应当解除保全。

第 270 条　在中华人民共和国领域内进行涉外民事诉讼,适用本编规定。本编没有规定的,适用本法其他有关规定。

条文释义

我国现行立法尚未明确涉外保全中的管辖权规则。根据《民事诉讼法》第270条的规定,在中华人民共和国领域内进行涉外民事诉讼,适用第四编"涉外民事诉讼程序的特别规定",没有规定的适用《民事诉讼法》其他有关规定。根据《民事诉讼法》,保全分为诉中保全和诉前保全。在诉中保全的情况下,我国法院根据主诉行使管辖权,同样有权适用保全措施。在诉前保全的情况下,保全措施的不同影响着管辖权行使的不同,财产所在地和证据所在地的法院均可行使保全措施的管辖权,而在行为保全的情况下,因涉及对当事人的行为强制,法院需要虑及主诉管辖权以决定是否采取保全措施。

典型案例

中威轮船公司、陈甲、陈乙与商船三井株式会社定期租船合同及侵权损害赔偿纠纷案①

中威轮船公司(以下简称中威公司)由陈某通于20世纪30年代初

① 参见《最高人民法院2014年9月2日发布海事审判十大典型案例》,载青岛海事法院官网2014年9月25日,http://qdhsfy.sdcourt.gov.cn/qdhsfy/394038/394016/878895/index.html。

在上海设立,1940 年前后歇业。"顺丰"轮、"新太平"轮(以下简称两轮)的所有权人为陈某通。两轮由中威公司经营,船籍港均为上海。该公司并无其他出资人。

1936 年 6 月 16 日和 10 月 14 日,陈某通代表中威公司与大同海运株式会社(商船三井株式会社的前身)分别在上海签订两轮的定期租船合同,租期均为 12 个日历月。合同约定了租金支付方式、还船地点等。合同例外事故条款约定,上述轮船不得被要求进入处于禁运状态的港口或正发生敌对行动的港口,不得装运有害物资,不得进行有可能引起统治者或政府没收、扣留或处罚风险的航行,亦不得装运此类货物等。合同签订后,两轮在上海港分别交付给大同海运株式会社使用。1937 年 8 月,两轮在日本大阪和八幡被日本军方扣留,后日本递信省以定期租船契约的形式将两轮委托大同海运株式会社营运。1938 年和 1944 年,两轮分别触礁沉没、被击沉。

陈某通于 1949 年 8 月 8 日立下遗嘱,将两轮的权益及应收未收之租金应全部归其子陈某群继承。1987 年 12 月 31 日,陈某群立下遗嘱,由其子陈甲、陈乙全权代理向日诉讼。中威公司、陈甲、陈乙向上海海事法院起诉商船三井株式会社(以下简称商船三井),主张两轮租金、营运损失、船舶损失等合计 2,916,477,260.80 日元。

上海海事法院审理认为,以原告身份提起诉讼的是陈某群设立的中威公司,该公司不是涉案定期租船合同的签订方,也不是两轮的登记所有人,无权主张定期租船合同项下的权利和财产所有权人的权利。两轮是陈某通个人所有的财产,陈甲、陈乙根据遗嘱,行使两轮的索赔权依法有据。2007 年 12 月 7 日,上海海事法院作出(1989)沪海法商字第 25 号民事判决:对中威公司的诉讼请求不予支持;商船三井向陈甲、陈乙支付并赔偿两轮的租金、营运损失、船舶损失及孳息。

中威公司、陈甲、陈乙与商船三井均不服一审判决,向上海市高级人民法院提起上诉。该院于2010年8月6日作出(2008)沪高民四(海)终字第80号终审判决,驳回各方当事人的上诉。商船三井不服,向最高人民法院提出再审申请。2010年12月23日最高人民法院作出(2010)民申字第1269号民事裁定书,驳回商船三井的再审申请。由于商船三井未履行生效判决确定的义务,上海海事法院于2014年4月19日依法对到达我国浙江省舟山市嵊泗马迹山港的商船三井所有的226,434吨"BAOSTEEL EMOTION"轮实施了扣押。商船三井于2014年4月23日根据上海海事法院《限期履行通知书》的要求,全面履行生效判决确定的全部义务,2014年4月24日上海海事法院裁定,解除对"BAOSTEEL EMOTION"轮的扣押,同时发布《解除扣押船舶命令》。

本案生效判决最终通过法院扣押船舶的强制措施得以执行。在商船三井未履行生效判决确定的赔偿义务情形下,法院根据申请执行人的申请,对被执行人的船舶采取扣押的强制措施,完全符合《海事诉讼特别程序法》以及《民事诉讼法》的规定。在扣押措施的管辖权根据上,上海海事法院根据可供扣押财产所在地行使了管辖权,有效保障了案涉判决的履行。

学理阐释

(一)通则建议条文

【涉外保全措施的管辖权】对案件实体问题有管辖权的中华人民共和国人民法院,可以根据当事人的申请或在其认为必要时采取保全措施。

除了前款规定,当事人也可以向争议所涉财产所在地、标的物所在地、被告经常居所地的人民法院申请采取保全措施。

中华人民共和国人民法院对案件实体问题没有管辖权并不影响保全措施的做出。

(二)理论解读

从广义上来说,司法管辖权可分为三类:涉及案件实体争议的直接管辖权、程序性管辖权和判决据以承认与执行的间接管辖权。涉外保全措施管辖权属于程序性管辖权。《国际私法示范法》第55条有关"非实体内容管辖权"就是有关涉外保全管辖权的规范。涉外保全措施管辖权在国外一般被称作"临时措施管辖权"或者"保护性措施管辖权"。

鉴于我国现行的法律体系尚未明确规定涉外保全的管辖权体系,对于我国涉外保全的管辖权条款,可以从比较法的角度出发,探求国际社会的普遍做法,结合我国已有的保全立法与实践,架构合理的涉外保全管辖权条款。国际法委员会通过的《国际诉讼中的临时与保护措施原则》确立了临时措施的管辖权应独立于实体问题的管辖权,并指出争议所涉财产的存在可以使得财产所在地作出针对该财产的临时措施。美国法学会与国际统一私法学会通过的《跨境民事诉讼原则》亦确立了临时措施的管辖权独立于实体问题的管辖权。此外,《布鲁塞尔条例Ⅰ》(重订)第35条规定:"对于临时性措施(包括保护措施)的申请可以依据成员国的国内法向该国法院作出,即使其他成员国的法院对于案件的实体争议享有管辖权。"《瑞士国际私法》第10条规定:"瑞士司法或行政部门在如下情况时具有临时措施管辖权:(a)对案件实体争议具有管辖权;(b)位于临时措施将会被执行之所在地。"《管辖权与判决公约临时文本》第13条也规定了临时措施管辖权,但并未就行使的方式达成一致。其中,第13条的A方案同样肯定了将案件实体管辖权与临时保护措施相互分离的做法。

综上所述，对于涉外保全的管辖权而言，应当首先确认对争议实体问题有管辖权的法院具有作出保全措施的管辖权这一基本做法。在此基础之上，所涉争议财产所在地、标的物所在地以及被告经常居所地等也是广为接受的涉外保全管辖权根据，这些管辖权的根据能够保障法院采取的临时措施的执行，可以成为我国涉外保全中的合理管辖权根据。

四十六、管辖恒定

现行规定

［我国并无关于管辖恒定的专门性规定。］

典型案例

赖某与刘某、李某等探望权纠纷案①

本案中，重庆市第五中级人民法院认为，关于本案的管辖权问题，民

① 参见重庆市第五中级人民法院民事判决书，(2018)渝05民终1121号。

事诉讼程序的启动始于当事人的起诉，起诉时对案件有管辖权的法院，不因确定管辖的事实在诉讼过程中发生变化而影响其管辖权。赖某一审诉讼期间加入新西兰国籍，赖某国籍的变化不影响重庆市南岸区人民法院对本案的管辖权。

学理阐释

（一）通则建议条文

【管辖恒定】中华人民共和国人民法院对案件享有的管辖权，在由该案件原始诉因产生的一切后续的诉讼程序中始终有效。

（二）理论解读

管辖恒定，也称“管辖固定”，是指在某些情况下，以起诉为标准时点确定管辖后，即使诉讼中管辖根据发生变化，也不影响已经确定的管辖。[①] 管辖恒定是程序安定原则的重要体现，有利于当事人在其可预见的范围内维护其诉讼利益，也有利于法院提高诉讼效率、节约诉讼资源。人民法院基于本法享有的管辖权不应当为任意性的因素所更改。人民法院基于同一案件对于原诉讼请求享有的管辖权，在后续的诉讼程序中基于本法对管辖权的规定而始终有效，不会受到影响，否则将违反程序安定原则，减损本法的确定性与可预期性，并增加不必要的讼累。

① 参见张卫平：《民事诉讼法》（第5版），法律出版社2019年版，第104页。

《民事诉讼法解释》第39条第1款规定:“人民法院对管辖异议审查后确定有管辖权的,不因当事人提起反诉、增加或者变更诉讼请求等改变管辖,但违反级别管辖、专属管辖规定的除外。”这一条文在国内民商事诉讼中一定程度上实现了管辖恒定原则的安定性价值。具体而言,其一,就地域管辖而言,在诉讼过程中不因为确定地域管辖的根据发生变动而改变案件的管辖法院;其二,有管辖权的人民法院受理案件后,不得以行政区划或者行政区域的变更为由,将案件移送给变更后有管辖权的法院;其三,反诉的管辖是以本诉的管辖为根据确定的,即使本诉撤回,仍不影响本诉法院对反诉的管辖。① 但这一规定并非意在明确我国法院对于涉外民商事案件所享有的管辖权不会发生任意性的改变,级别管辖与专属管辖的问题也不存在于涉外民商事诉讼中。

在该条款的基础上,本通则条文的起草参考了《国际私法示范法》第57条“继续管辖”的内容,其载明:“中华人民共和国法院对案件享有的管辖权,在由该案件原始诉因产生的一切后续的诉讼程序中始终有效。”在涉外民商事诉讼中,这一规定意味着即使当事人的住所、经常居所、国籍等管辖依据发生变化,或者当事人增加或者变更诉讼请求,我国法院依旧可以对案件行使管辖权,从而遏制当事人挑选法院(forum shopping)。

---

① 参见张卫平:《民事诉讼法》(第5版),法律出版社2019年版,第104页。

四十七、刑事附带民事诉讼

现行规定

《刑事诉讼法》

第 101 条　被害人由于被告人的犯罪行为而遭受物质损失的，在刑事诉讼过程中，有权提起附带民事诉讼。被害人死亡或者丧失行为能力的，被害人的法定代理人、近亲属有权提起附带民事诉讼。

如果是国家财产、集体财产遭受损失的，人民检察院在提起公诉的时候，可以提起附带民事诉讼。

第 104 条　附带民事诉讼应当同刑事案件一并审判，只有为了防止刑事案件审判的过分迟延，才可以在刑事案件审判后，由同一审判组织继续审理附带民事诉讼。

条文释义

本部分规定了刑事附带民事诉讼的提起主体和审判要求，适用于刑事诉讼中被害人就其遭受的由被告人犯罪行为所导致的物质损失提起附带民事诉讼的情形。

我国有关刑事附带民事诉讼的内容规定于《刑事诉讼法》第101条至第104条中,其中明确规定刑事诉讼与附带民事诉讼审判主体的一致性:原则上附带民事诉讼应当与刑事案件同时审判,只有在防止刑事审判过分迟延的特殊情况下,才可以先审判刑事案件,但后续审判民事诉讼的仍应当是同一法院。这样便于全面查清案件事实,也节省人力、物力和时间。尽管对当事人提起附带民事诉讼的权利和法院审判附带民事诉讼的职权予以明确,但《刑事诉讼法》和《民事诉讼法》均未明确规定刑事附带民事诉讼的管辖权来源。

《刑事诉讼法》第101条的内容,在2012年修正前为:"被害人由于被告人的犯罪行为而遭受物质损失的,在刑事诉讼过程中,有权提起附带民事诉讼。如果是国家财产、集体财产遭受损失的,人民检察院在提起公诉的时候,可以提起附带民事诉讼。人民法院在必要的时候,可以查封或者扣押被告人的财产。"2012年修正为现行版本。

学理阐释

(一)通则建议条文

【刑事附带民事诉讼】在中华人民共和国人民法院的刑事诉讼程序中,刑事附带民事诉讼的原告提出民事诉讼请求的,人民法院依照本法规定对民事诉讼请求行使管辖权。

(二)理论解读

刑事附带民事诉讼,是指公安司法机关在刑事诉讼过程中,在解决被告人刑事责任的同时,附带解决被告人犯罪行为所造成的物质损失的赔偿问题而进行的诉讼活动。刑事附带民事诉讼就其解决问题的性质而言,和民事诉讼中的损害赔偿是一样的,属于民事诉讼性质。但它和一般的民事诉讼又有不同,因为这种赔偿是由犯罪行为引起的,是在刑事诉讼过程中提起的,由审判刑事案件的审判组织审理,所以它又是刑事诉讼的一部分,是一种特殊的民事诉讼。这一诉讼制度的确立有利于维护被害人的经济利益,有利于打击和制裁犯罪活动,有利于司法机关全面、正确处理案件,有利于保证人民法院审判工作的统一性和严肃性,有利于提高诉讼效率和效益。①

基于其附属性,刑事附带民事诉讼的管辖权问题通常取决于刑事诉讼的管辖权归属,但通常不得超出法院地国家民事诉讼管辖权的范围。例如,《布鲁塞尔条例Ⅰ》(重订)第7条第(3)款规定:"住所在一个成员境内者,除了可以由该成员国法院管辖以外,还可以由另一个成员国法院管辖:……(3)根据产生刑事诉讼的行为而提起的损害赔偿或要求恢复原状的民事诉讼,在审理刑事诉讼的法院,但以该法院依照其本国法有受理民事诉讼管辖权者为限……"《瑞士联邦国际私法法规》第8c条规定:"在刑事诉讼中可附带提起民事诉讼的,如果依照本法,瑞士对该民事诉讼也具有审判权,则受理刑事诉讼的瑞士法院亦有权受理该民事诉讼。"②这一问题在我国立法中存在缺失。这可能导致附带民事诉讼的判决在申请承认与执行时因缺少适当的管辖权基础而被拒绝。考虑到跨境犯罪活动的增长和犯罪行为侵害结果的扩展性,这一后果不利于司法公平与正义的实现。

---

① 参见陈光中主编:《刑事诉讼法》(第7版),北京大学出版社、高等教育出版社2021年版,第262~265页。

② 参见邹国勇译注:《外国国际私法立法选译》,武汉大学出版社2017年版,第378页。

基于以上论述,本通则认为更宜单独确定刑事附带民事诉讼的管辖问题,从而为附带民事诉讼的判决提供完整的管辖权基础。附带民事诉讼的管辖权来源于其所附随的刑事诉讼,但其管辖权的确立须以民事诉讼法的管辖规定为限。

第四章

送达、调查取证、期间

四十八、送达的方式

现行规定

《民事诉讼法》

★2023年修订

第283条 人民法院对在中华人民共和国领域内没有住所的当事人送达诉讼文书,可以采用下列方式:

(一)依照受送达人所在国与中华人民共和国缔结或者共同参加的国际条约中规定的方式送达;

(二)通过外交途径送达;

(三)对具有中华人民共和国国籍的受送达人,可以委托中华人民共和国驻受送达人所在国的使领馆代为送达;

(四)向受送达人在本案中委托的诉讼代理人送达;

(五)向受送达人在中华人民共和国领域内设立的独资企业、代表机构、分支机构或者有权接受送达的业务代办人送达;

(六)受送达人为外国人、无国籍人,其在中华人民共和国领域内设立的法人或者其他组织担任法定代表人或者主要负责人,且与该法人或者其他组织为共同被告的,向该法人或者其他组织送达;

（七）受送达人为外国法人或者其他组织，其法定代表人或者主要负责人在中华人民共和国领域内的，向其法定代表人或者主要负责人送达；

（八）受送达人所在国的法律允许邮寄送达的，可以邮寄送达，自邮寄之日起满三个月，送达回证没有退回，但根据各种情况足以认定已经送达的，期间届满之日视为送达；

（九）采用能够确认受送达人收悉的电子方式送达，但是受送达人所在国法律禁止的除外；

（十）以受送达人同意的其他方式送达，但是受送达人所在国法律禁止的除外。

不能用上述方式送达的，公告送达，自发出公告之日起，经过六十日，即视为送达。

《民事诉讼法解释》

第 532 条　对在中华人民共和国领域内没有住所的当事人，经用公告方式送达诉讼文书，公告期满不应诉，人民法院缺席判决后，仍应当将裁判文书依照民事诉讼法第二百七十四条第八项规定公告送达。自公告送达裁判文书满三个月之日起，经过三十日的上诉期当事人没有上诉的，一审判决即发生法律效力。

第 533 条　外国人或者外国企业、组织的代表人、主要负责人在中华人民共和国领域内的，人民法院可以向该自然人或者外国企业、组织的代表人、主要负责人送达。

外国企业、组织的主要负责人包括该企业、组织的董事、监事、高级管理人员等。

第 534 条　受送达人所在国允许邮寄送达的，人民法院可以邮寄送达。

邮寄送达时应当附有送达回证。受送达人未在送达回证上签收但在邮件回执上签收的,视为送达,签收日期为送达日期。

自邮寄之日起满三个月,如果未收到送达的证明文件,且根据各种情况不足以认定已经送达的,视为不能用邮寄方式送达。

第 535 条 人民法院一审时采取公告方式向当事人送达诉讼文书的,二审时可径行采取公告方式向其送达诉讼文书,但人民法院能够采取公告方式之外的其他方式送达的除外。

条文释义

上述条文旨在明确人民法院域外送达文书的方式。

根据上述条文的规定,当涉案当事人在我国领域内没有住所时,人民法院可采用如下 11 种方式进行送达:

1. 依照条约规定的方式送达。根据国际条约优先原则,如果受送达人所在国与我国有缔结或者共同参加的国际条约,且该条约中有关于文书送达的规定,此时应当按照条约所规定的方式进行送达,除非受送达人所在国在加入条约时对相关条款声明保留。① 在文书送达方面,经全国人大常委会批准,我国于 1991 年 3 月 2 日加入《海牙送达公约》。此外,在我国同 30 多个国家签订的双边司法协助条约中,包含域外文书送达的内容。如果受送达人所在国既与我国签订双边司法协助条约,又是《海牙送达公约》的缔约国,则根据特别优于一般的原则,优先按照双边

① 《民事诉讼法》第 271 条体现国际条约优先原则。根据该条规定,中华人民共和国缔结或者参加的国际条约同本法有不同规定的,适用该国际条约的规定,但中华人民共和国声明保留的条款除外。

司法协助条约规定的方式进行域外送达。①

2. 通过外交途径送达。当我国与被送达人所在国没有缔结或者共同参加的条约时，如果双方已建立外交关系，我国法院可通过外交途径向被送达人进行送达。我国法院通过外交途径向国外当事人送达法律文书，需要根据以下程序进行：第一，人民法院将所需送达文书送交所在省、自治区、直辖市高级人民法院审查；第二，法院审查后，将所需送达文书交由外交部领事司，并由其负责转递给受送达人所在国外交机关；第三，受送达人所在国外交机关将所需送达文书转交该国司法机关，并由该国司法机关进行送达。②

3. 委托驻外使领馆送达。委托驻外使领馆送达是域外送达的重要方式。根据《维也纳领事关系公约》的规定，领事的职务之一包括："依现行国际协定之规定或于无此种国际协定时，以符合接受国法律规章之任何其他方式，转送司法书状与司法以外文件……"③值得注意的是，当人民法院通过驻外使领馆进行文书送达时，《民事诉讼法》对受送达人的国籍进行了限制，即人民法院只能通过驻外使领馆向具有我国国籍的受送达人进行送达。

4. 向受送达人的诉讼代理人送达。当受送达人有委托诉讼代理人时，1991 年及此后 4 次修正的《民事诉讼法》均规定，人民法院可以向受送达人委托的诉讼代理人送达，前提是受送达人委托的诉讼代理人"有权代其接受送达"。④ 2023 年《民事诉讼法》对这一送达方式进行修改，

---

① 参见《最高人民法院关于涉外民事或商事案件司法文书送达问题若干规定》第 6 条。

② 参见《最高人民法院、外交部、司法部关于我国法院和外国法院通过外交途径相互委托送达法律文书若干问题的通知》(外发〔1986〕47 号) 第 4 条；江必新主编：《〈中华人民共和国民事诉讼法〉修改条文解读与应用》，法律出版社 2012 年版，第 476 页。

③ 《维也纳领事关系公约》第 5(10) 条。

④ 参见 1991 年《民事诉讼法》第 247 条第 4 款。

取消了对诉讼代理人“有权代其接受送达”的权限限制，即只要是受送达人在本案中委托的诉讼代理人，均可代为接受送达。有观点认为，这一修改旨在避免一些诉讼代理人通过在授权委托书中明确其代理权限“不包括接收司法文书”来逃避送达。①

5. 向受送达人在我国领域内设立的独资企业、代表机构、分支机构或者有权接受送达的业务代办人送达。1991 年及此后 4 次修正的《民事诉讼法》均规定，我国法院可以向受送达人在我国领域内设立的代表机构送达，也可向“有权接受送达”的分支机构或业务代办人进行送达。2023 年《民事诉讼法》在保留上述规定的基础上，作了两处修改：

第一，新增“受送达人在我国领域内设立的独资企业”作为受送达对象之一，进一步拓宽了受送达对象的范围。这一处修改主要借鉴了《第三次审判纪要》的经验与做法。《第三次审判纪要》第 12 条第 1 款规定，当需要向外国自然人送达文书时，可以向其在我国境内设立的外商独资企业转交送达。值得注意的是，《第三次审判纪要》第 12 条第 1 款仅仅规定人民法院可以通过受送达人在我国设立的独资企业将司法文书“转交”给受送达人，并未将受送达人在我国领域内设立的独资企业作为直接的受送达对象。之所以如此规定，是因为当时的《民事诉讼法》并未规定人民法院可以向外国当事人在我国设立的独资企业直接送达，因此《第三次审判纪要》无权超越法律规定另辟新的送达途径。② 换言之，《第三次审判纪要》第 12 条第 1 款是将外国当事人在我国设立的独资企业作为“代收人”，并未突破当时《民事诉讼法》关于涉外文书送

① 参见刘相文、王涛、王梓尧：《〈民事诉讼法〉修改对涉外商事案件的影响解读》，载中伦网 2023 年 9 月 4 日，https://www.zhonglun.com/Content/2023/09-04/1638420232.html；许安碧：《涉外送达新规：2023 年民事诉讼法涉外送达修改深度解析及实务建议》，载已任网 2023 年 9 月 6 日，https://www.genlaw.com/publications/article/504.html。

② 参见最高人民法院民事审判第四庭：《〈全国法院涉外商事海事审判工作座谈会会议纪要〉理解与适用》，人民法院出版社 2023 年版，第 107 页。

达的规定。2023年《民事诉讼法》则更进一步，首次明确人民法院可以直接向"受送达人在我国领域内设立的独资企业"进行送达。

第二，删除了分支机构接受送达须"有权接受送达"的限定。这一修改意味着，外国当事人在中国设立的分支机构不能以无权限接受送达为由拒绝送达。

6. 向受送达人在我国领域内设立的法人或者其他组织送达。这一送达方式属2023年《民事诉讼法》新增，吸收、借鉴了《第三次审判纪要》的内容。《第三次审判纪要》第12条第2款规定，人民法院可以向受送达人在我国境内担任法定代表人、公司董事、监事和高级管理人员的企业转交送达。之所以如此规定，主要是考虑到公司的法定代表人或主要负责人一般与公司经营管理存在紧密联系，因此当受送达人为我国境内公司的法定代表人或主要负责人时，可以较容易地在与公司的日常联系中获知我国法院向其送达司法文书的信息。① 同独资企业的送达一样，由于当时我国的《民事诉讼法》并未明确规定这一送达方式，因此《第三次审判纪要》仅仅规定向受送达人在我国境内担任法定代表人或主要负责人的企业法人转交送达，而非直接向其送达。在此基础上，2023年《民事诉讼法》则正式确定，人民法院可以向受送达人在我国领域内设立的法人或其他组织送达。值得注意的是，使用这一送达方式需要满足两项限制性条件：第一，该外国自然人需在我国领域内设立的法人或者其他组织担任法定代表人或者主要负责人；第二，该外国自然人需与该法人或者其他组织为共同被告。

7. 向受送达人的法定代表人或者主要负责人送达。这一送达方式属2023年《民事诉讼法》新增，吸收、借鉴了2022年《民事诉讼法解释》

① 参见最高人民法院民事审判第四庭：《〈全国法院涉外商事海事审判工作座谈会会议纪要〉理解与适用》，人民法院出版社2023年版，第107页。

第533条的内容,明确人民法院可以向外国法人或其他组织在中国的法定代表人或者主要负责人进行送达。

8. 邮寄送达。当受送达人所在国的法律允许邮寄送达的,可以邮寄送达。根据《民事诉讼法》的规定,送达诉讼文书必须有送达回证。对于通过邮寄送达但没有退回送达回证的情形,本条进一步规定,自邮寄之日起满3个月,送达回证没有退回,但根据各种情况足以认定已经送达的,期间届满之日视为送达。

9. 电子方式送达。现代通信技术的发展,打破了人与人之间交流的地理限制。为了适应实践的发展,2012年《民事诉讼法》正式在涉外民事诉讼中引入电子送达,规定人民法院可以采用传真、电子邮件等能够确认受送达人收悉的方式送达。[①] 传真、电子邮件、微信等通信工具的出现,在丰富域外送达手段的同时,还提高了域外送达的效率。需要注意的是,实践中各个国家对待电子方式送达的态度不一,有的国家明确拒绝外国司法机关通过电子邮件、传真等方式向位于本国境内的当事人进行送达,并将此种行为视为对本国司法主权的侵权。对此,2023年《民事诉讼法》对使用电子方式送达规定了限制性条件,即通过电子方式向位于我国境外的当事人送达,不得违反受送达人所在国的法律法规。

10. 以受送达人同意的方式送达。除上述送达方式外,2023年《民事诉讼法》新增一项规定,明确人民法院可以通过受送达人同意的方式进行送达。这一规定体现了对当事人意思自治的尊重,有利于提高送达的效率。同时,该条也对以受送达人同意的方式进行送达规定了前提性条件,即不得违反受送达人所在国的法律,体现出对外国司法主权的尊重。

11. 公告送达。根据本条规定,当人民法院穷尽上述送达方式仍然

① 参见2012年《民事诉讼法》第267条第7款。

无法送达时，可采用公告送达的方式进行送达。值得注意的是，《民事诉讼法》的最近几次修正一直在缩短公告送达的期限。2007 年《民事诉讼法》规定的公告送达期限为“自公告之日起满六个月”。[①] 2012 年《民事诉讼法》将公告送达的期限缩短至 3 个月。[②] 2023 年《民事诉讼法》则将公告送达的期限缩短至 60 日。此外，2023 年《民事诉讼法》还进一步明确了公告送达期限的起算时间点，从原来“自公告之日起”修改为“自发出公告之日起”，使公告送达期限的计算更加明确。[③]

典型案例

唐某某、国家开发银行保证合同纠纷案[④]

本案中，一审法院根据日本籍当事人提供的邮寄地址向其送达，但日本在加入《海牙送达公约》时，曾明确排除邮寄送达在日本的适用。由此产生的问题是，我国法院对日本籍当事人进行邮寄送达的做法是否符合正当程序？对此，最高人民法院认为：

本院注意到，作为《关于向国外送达民事或商事司法文书和司法外文书公约》（以下简称 1965 年《海牙送达公约》）成员国的日本，于 2018 年 12 月 21 日针对 1965 年《海牙送达公约》第 10 条 a 项提出保留，排除邮寄送达方式在该国的适用。但是，本案中井上某某书面向本院提供了

① 参见 2007 年《民事诉讼法》第 245 条。

② 参见 2012 年《民事诉讼法》第 267 条。

③ 参见刘相文、王涛、王梓尧：《〈民事诉讼法〉修改对涉外商事案件的影响解读》，载中伦网 2023 年 9 月 4 日，https://www.zhonglun.com/Content/2023/09-04/1638420232.html。

④ 参见最高人民法院民事判决书，(2019) 最高法民终 395 号。

其日本国的邮寄地址,明确表示接受本院以邮寄方式直接向其送达,在收到本院相关诉讼文书后,井上某某签收了诉讼文书并向本院寄回了相应的送达回证。本院认为,就需要进行跨域送达的民事案件而言,一国对1965年《海牙送达公约》中的邮寄送达提出保留后,他国司法机关向该国当事人以邮寄方式送达并不产生程序法上的效力。但1965年《海牙送达公约》属于私法性质的公约,公约内容主要是就民事或商事司法文书和司法外文书的国外送达问题进行规范。就具体个案而言,如当事人明确同意接受他国法院的邮寄送达,属于其自身对程序性权利的处分,尊重当事人基于自身判断而做出的合理选择,反而有利于当事人诉讼利益的保护。因此,日本国当事人井上某某在涉及自身利益的私法案件中就民商事案件的跨域送达问题行使处分权,与日本国政府对邮寄送达方式提出保留,两者并不矛盾。在井上某某书面同意且实际接受的前提下,本院向其邮寄送达相关司法文书符合正当程序。

……………………

莆田市东南香米业发展有限公司、黄某某借款合同纠纷案[①]

本案中,被告人之一许某某为加拿大公民,一审法院通过邮寄方式向其在加拿大的地址送达法律文书,后来该邮件被退回。随后,一审法院对许某某进行缺席审判。被告人提起上诉,争议焦点之一在于,一审法院是否对许某某进行有效送达。对此,最高人民法院认为:

本案中,一审法院向许某某在加拿大的住址邮寄送达法律文书被退

① 参见最高人民法院民事判决书,(2017)最高法民终390号。

回后,未采取其他送达方式送达欠妥。二审期间,本院根据《中华人民共和国民事诉讼法》第二百六十七条第三项的规定,委托我国驻加拿大使领馆代为送达未果。本院依法向许某某公告送达。许某某经传票传唤,没有正当理由拒不到庭,本院遂对其缺席审理。人民法院送达的目的在于使当事人知悉诉讼事宜,充分保障当事人参加诉讼的权利,但不能被滥用为拖延诉讼的手段。黄某某并未提供证据证明其与许某某的夫妻关系已经终止,其主张与许某某无任何联系、许某某不知晓本案诉讼不符合常理。本案中,有合理的理由怀疑许某某逃避诉讼,黄某某借此拖延诉讼。因此,本案一审法院向许某某送达的程序瑕疵不足以导致撤销原判、发回重审的法律后果。

重点指引

围绕司法文书的域外送达问题,除《民事诉讼法》《民事诉讼法解释》《第三次审判纪要》之外,最高人民法院、外交部和司法部等部门还出台了诸多法律文件,对人民法院请求外国司法机关协助进行文书送达的程序性事项予以明确,相关法律文件总结归纳如表4-1所示。

表4-1 关于人民法院请求外国司法机关协助进行文书送达的相关法律文件

序号	年份	出台部门	名称
1	1986	最高人民法院、外交部、司法部	《关于我国法院和外国法院通过外交途径相互委托送达法律文书若干问题的通知》
2	1990	最高人民法院、外交部、司法部	《关于我国法院和外国法院通过外交途径相互委托送达法律文书和调查取证费用收支办法的通知》

续表

序号	年份	出台部门	名称
3	1992	最高人民法院、外交部、司法部	《关于我国法院接受外国法院通过外交途径委托送达法律文书和调查取证收费的通知》
4	1995	最高人民法院	《关于能否向境外当事人的诉讼代理人直接送达法律文书问题的答复》
5	2003	最高人民法院	《关于指定北京市、上海市、广东省、浙江省、江苏省高级人民法院依据海牙送达公约和海牙取证公约直接向外国中央机关提出和转递司法协助请求和相关材料的通知》
6	2013	最高人民法院	《关于依据国际公约和双边司法协助条约办理民商事案件司法文书送达和调查取证司法协助请求的规定》(2020 年修正)
7	2013	最高人民法院	《关于依据国际公约和双边司法协助条约办理民商事案件司法文书送达和调查取证司法协助请求的规定实施细则(试行)》
8	2020	最高人民法院	《关于涉外民事或商事案件司法文书送达问题若干规定》

学理阐释

(一)通则建议条文

【送达的方式】人民法院对在中华人民共和国领域内没有住所的当事人送达诉讼文书,可以采用下列方式:

(一)依照受送达人所在国与中华人民共和国缔结或者共同参加的国际条约中规定的方式送达;

（二）通过外交途径送达；

（三）委托中华人民共和国驻受送达人所在国的使领馆代为送达，但是受送达人所在国法律禁止的除外；

（四）向受送达人在本案中委托的诉讼代理人送达；

（五）向受送达人在中华人民共和国领域内设立的独资企业、代表机构、分支机构或者有权接受送达的业务代办人送达；

（六）受送达人为外国人、无国籍人，其在中华人民共和国领域内设立的法人或者其他组织担任法定代表人或者主要负责人，且与该法人或者其他组织为共同被告的，向该法人或者其他组织送达；

（七）受送达人为外国法人或者其他组织，其法定代表人或者主要负责人在中华人民共和国领域内的，向其法定代表人或者主要负责人送达；

（八）受送达人所在国的法律允许邮寄送达的，可以邮寄送达，自邮寄之日起满三个月，送达回证没有退回，但根据各种情况足以认定已经送达的，期间届满之日视为送达；

（九）采用能够确认受送达人收悉的电子方式送达，但是受送达人所在国法律禁止的除外；

（十）以受送达人在纠纷发生后同意的其他方式送达，但是受送达人所在国法律禁止的除外。

不能用上述方式送达的，公告送达，自发出公告之日起，经过六十日，即视为送达。

(二)理论解读

根据现行《民事诉讼法》关于涉外送达的制度安排,以受送达人在我国领域内有无住所为区分标准,我国法院在涉外民事诉讼程序中向当事人送达司法文书大致可归纳为三种情形(如图 4-1 所示)。

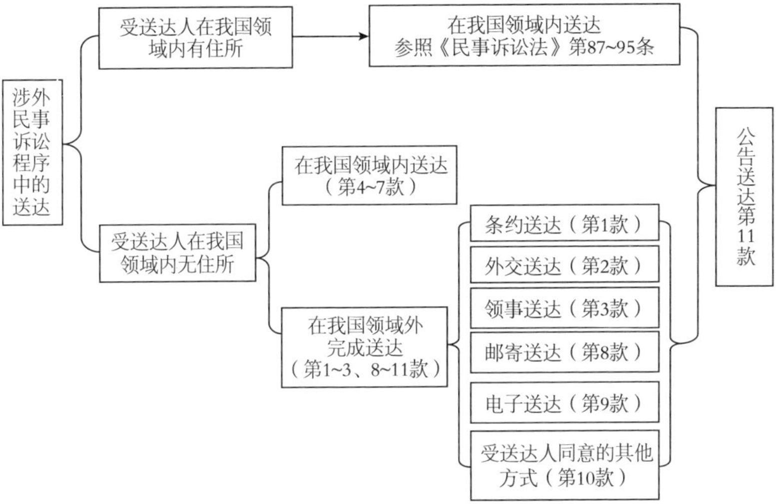

图 4-1　涉外民事诉讼程序中的送达情形

第一,受送达人在我国领域内有住所,在我国领域内完成送达。[①]当受送达人在我国领域内有住所时,由于《民事诉讼法》涉外编部分并未明确规定送达方式,人民法院可参照适用《民事诉讼法》国内编关于送达的规定(集中体现在第 87 ~ 95 条)。具体而言,人民法院最基本的送达方式是直接送达,即将诉讼文书直接送交被送达人。[②] 近年来,随

① 参见涂广建:《我国涉外民事诉讼文书送达制度之考问及续造》,载《国际法研究》2017 年第 3 期。

② 《民事诉讼法》第 88 条规定:"送达诉讼文书,应当直接送交受送达人。"

着现代信息技术的发展,电子送达的方式逐渐得到认可。我国《民事诉讼法》规定,经受送达人同意,人民法院还可以通过传真、电子邮件等方式进行送达。① 当直接送达存在障碍时,人民法院可以委托其他人民法院代为送达,或者邮寄送达。② 当采用上述方式均无法送达时,人民法院还可以进行公告送达。③

第二,受送达人在我国领域内没有住所,但在我国领域内完成送达。④ 2023 年《民事诉讼法》对此类送达方式进行了较大的修正和补充。根据现行规定,在以下四种情形中,即便受送达人在我国领域内没有住所,但人民法院仍可向我国领域内的相关自然人、法人进行送达:(1)向受送达人委托的诉讼代理人送达;(2)向受送达人在我国领域内设立的独资企业、代表机构、分支机构或有权接受送达的业务代办人送达;(3)向受送达人在我国领域内设立的法人或其他组织送达,前提是受送达人在该法人或其他组织中担任法定代表人或主要负责人,以及受送达人与该法人或其他组织为共同被告;(4)向受送达人在我国领域内的法定代表人或主要负责人送达。

第三,受送达人在我国领域内没有住所,在我国领域外完成送达。⑤ 如果通过上述方式无法向当事人送达,人民法院则需要考虑在我国领域外完成送达。此时,人民法院应优先按照条约规定的方式进行送达。当受送达人所在国与我国没有条约关系时,可通过外交途径或领事途径进行送达。与此同时,在不违反受送达人所在国法律规定的情况下,人民法院还可以采用邮寄送达、电子送达或者受送达人同意的方式送达。在

---

① 参见《民事诉讼法》第 90 条。

② 参见《民事诉讼法》第 91 条。

③ 参见《民事诉讼法》第 95 条。

④ 参见涂广建:《我国涉外民事诉讼文书送达制度之考问及续造》,载《国际法研究》2017 年第 3 期。

⑤ 同上。

上述方式均无法送达的情况下,人民法院最终可采取公告送达的方式完成送达。

2023年《民事诉讼法》关于涉外送达部分的修改,一个突出特点是加强了第二种情形的送达。换言之,当受送达人在我国领域内没有住所时,立法者更加注重在我国领域内完成送达,具体体现在《民事诉讼法》第283条第4~7款的内容。这体现出立法者寻求提高送达效率和成功率、解决长期困扰我国司法实践中"送达难"问题的决心。

为实现上述目标,通则建议在现行法律规定的基础上,取消通过使领馆送达中关于受送达人的国籍限制。如前文所述,现行《民事诉讼法》规定,人民法院通过使领馆只能向具有我国国籍的当事人送达,而不能向外国当事人送达。该规定在一定程度上限制了使领馆代为送达的范围。正如学者所言,实践中有部分国家并未限制外国使领馆在其境内进行送达,也并不要求对等。[①] 因此,建议取消使领馆送达中对受送达人的国籍的限制,使人民法院在不违反受送达人所在国法律的前提下进行送达,提高人民法院涉外送达的灵活性。

① 参见徐宏:《国际民事司法协助》,武汉大学出版社2006年版,第136页。

四十九、答辩期间

现行规定

《民事诉讼法》

第 285 条　被告在中华人民共和国领域内没有住所的，人民法院应当将起诉状副本送达被告，并通知被告在收到起诉状副本后三十日内提出答辩状。被告申请延期的，是否准许，由人民法院决定。

条文释义

本条是关于涉外民事诉讼程序中被告答辩期间的特别规定。

在涉外民事诉讼的第一审程序中，以被告在我国领域内是否有住所为区分标准，其答辩期间可能会适用不同的规定：

第一，以被告在我国领域内是否有住所为区分标准，不同被告的答辩期间适用不同的规定。当被告在我国领域内有住所时，其答辩期间应参照适用《民事诉讼法》第128条的规定,[1]即被告应当在收到起诉状副本之日起15日内提出答辩状;当被告在我国领域内有住所时,则适用本条所规定的30日答辩期间。

第二,对于答辩期间是否可以延长,《民事诉讼法》同样以被告在我国领域内是否有住所为区分标准,作出了不同规定。一般而言,答辩期间属于不可变期间,被告不能申请延长。[2] 不过,根据本条规定,在我国领域内没有住所的被告如有特殊事由,可申请延期,并由人民法院决定是否批准。

学理阐释

(一)通则建议条文

通则建议与现行《民事诉讼法》第285条规定一致。

(二)理论解读

之所以对被告的答辩期间进行特别规定,很大程度上是出于保障被告充分行使其诉权的考虑。[3] 在涉外民事诉讼程序中,如果被告在我国领域内没有住所,其委托诉讼代理人、提交答辩状等诉讼行为可能花费

① 《民事诉讼法》第270条规定,在中华人民共和国领域内进行涉外民事诉讼,适用本编规定。本编没有规定的,适用本法其他有关规定。

② 参见杨荣馨主编:《〈中华人民共和国民事诉讼法〉(专家建议稿)立法理由与立法意义》,清华大学出版社2012年版,第273页。

③ 同上。

更多的时间，因此有必要为其设置专门的答辩期间。①

五十、上诉期间

现行规定

《民事诉讼法》

第286条　在中华人民共和国领域内没有住所的当事人，不服第一审人民法院判决、裁定的，有权在判决书、裁定书送达之日起三十日内提起上诉。被上诉人在收到上诉状副本后，应当在三十日内提出答辩状。当事人不能在法定期间提起上诉或者提出答辩状，申请延期的，是否准许，由人民法院决定。

《民事诉讼法解释》

第536条　不服第一审人民法院判决、裁定的上诉期，对在中华人民共和国领域内有住所的当事人，适用民事诉讼法第一百七十一条规定的期限；对在中华人民共和国领域内没有住所的当事人，适用民事诉讼法第二百七十六条规定的期限。当事人的上诉期均已届满没有上诉的，

① 参见杨荣馨主编：《〈中华人民共和国民事诉讼法〉(专家建议稿)立法理由与立法意义》，清华大学出版社2012年版，第273页。

第一审人民法院的判决、裁定即发生法律效力。

条文释义

上述条文是关于涉外民事诉讼程序中当事人上诉和答辩期间的规定。

在涉外民事诉讼的第二审程序中，以相关当事人在我国领域内是否有住所为区分标准，其上诉期间和答辩期间可能会适用不同的规定，需要注意区别：

1. 上诉期间。如果上诉人在我国领域内有住所，其上诉期间应适用现行《民事诉讼法》第171条的规定，即上诉人应当在判决书送达之日起15日内，或在裁定书送达之日起10日内提起上诉。如果上诉人在我国领域内没有住所，则应适用本条规定，在判决书、裁定书送达之日起30日内提起上诉。

2. 第二审程序的答辩期间。如果被上诉人在我国领域内有住所，则应当根据现行《民事诉讼法》第174条的规定，在收到上诉状副本之日起15日内提出答辩状。如果被上诉人在我国领域内没有住所，根据本条规定，其答辩期间为30日。

3. 期间的延长。如果当事人的上诉期均已届满且没有上诉，第一审人民法院的判决、裁定即发生法律效力。通常而言，国内民事诉讼程序中的上诉期间不能变更。不过，对于住所在我国领域外的当事人，如果其不能在法定期间内提出上诉或答辩，可以向人民法院申请延长。至于是否延长、延长多久均由人民法院审查后决定。

学理阐释

（一）通则建议条文

通则建议与现行《民事诉讼法》第286条规定一致。

（二）理论解读

本条规定是出于充分保障当事人行使诉权的考虑。在涉外民事诉讼程序中，如果当事人在我国领域内没有住所，其起草诉讼文书、委托代理人、办理公证认证等方面可能存在不便，往往需要较长的时间完成相应的诉讼行为。因此，本条规定为住所不在我国领域内的当事人提供了专门的上诉期间和答辩期间，具有一定的合理性。

五十一、审理期间

现行规定

《民事诉讼法》

第287条　人民法院审理涉外民事案件的期间，不受本法第一百五十二条、第一百八十三条规定的限制。

《民事诉讼法解释》

第 537 条 人民法院对涉外民事案件的当事人申请再审进行审查的期间,不受民事诉讼法第二百一十一条规定的限制。

典型案例

万宝物业集团有限公司、巴伦世界有限公司财产损害赔偿纠纷案[①]

在本案中,万宝物业集团有限公司(以下简称万宝物业)和巴伦世界有限公司(以下简称巴伦世界)均为在英属维京群岛注册成立的公司。万宝物业和巴伦世界向最高人民法院提出再审申请,认为一审判决程序违法,具体理由如下:

一审 2012 年 5 月 15 日立案,2016 年 12 月 8 日作出判决,没有法定延期事由,违背了民事诉讼法关于一审案件应在 6 个月内审结的规定,程序违法可以发回重审。

对此,最高人民法院认为:

本案具有涉外因素,诉讼程序应适用涉外民事诉讼的相关规定。根据《中华人民共和国民事诉讼法》第二百七十条规定,人民法院审理涉外民事案件的期间不受本法第一百四十九条、第一百七十六条规定的限制。一审判决将判决结果表述为“对万宝公司、巴伦公司的诉讼请求不

① 参见最高人民法院民事裁定书,(2019)最高法民申 1650 号。

予支持”,亦不违反法律规定。万宝公司、巴伦公司关于一审超期审理、判决结论不清晰程序违法的申请理由,没有法律依据。

学理阐释

(一)通则建议条文

通则建议与现行《民事诉讼法》第287条规定一致。

(二)理论解读

表4-2　民事诉讼程序的审理期限

<table>
<tr><th>《民事诉讼法》条文</th><th colspan="2">民事诉讼程序</th><th>审理期限</th><th>是否可以延长</th></tr>
<tr><td>第152条</td><td colspan="2">一审普通程序</td><td>立案之日起6个月内审结</td><td>经本院院长批准,可延长6个月;还需要延长的,报请上级人民法院批准</td></tr>
<tr><td>第164条</td><td colspan="2">简易程序</td><td>立案之日起3个月内审结</td><td>经本院院长批准,可以延长1个月</td></tr>
<tr><td>第168条</td><td colspan="2">小额诉讼程序</td><td>立案之日起2个月内审结</td><td>经本院院长批准,可以延长1个月</td></tr>
<tr><td rowspan="2">第183条</td><td rowspan="2">二审程序</td><td>对判决的上诉案件</td><td>第二审立案之日起3个月内审结</td><td>有特殊情况需要延长的,由本院院长批准</td></tr>
<tr><td>对裁定的上诉案件</td><td>第二审立案之日起30日内作出终审裁定</td><td></td></tr>
</table>

如表4－2所示，人民法院审理国内民事案件，一般需要遵循相应的审理期限。我国《民事诉讼法》有关审理期限的规定，旨在便于案件尽快审结，避免因诉讼程序的拖延和迟滞而损害诉讼当事人的合法权益。

但在涉外民事诉讼中，自1991年《民事诉讼法》出台至今，我国法律均规定人民法院审理涉外民事诉讼，不受一审、二审程序中审限的约束。之所以如此，很大程度上是基于现实层面的考量。一方面，在涉外民事诉讼中，当事人一方或双方都可能位于我国境外，文书送达、域外取证、传唤当事人等诉讼行为很难在短期内完成。鉴于涉外民事诉讼情况复杂、审理案件的时间不易确定，如果继续适用国内民事诉讼关于审理期限的规定，人民法院可能无法在法定期限内审结案件。另一方面，也有学者指出，审理期限是我国民事诉讼中的一项特有制度，外国民事诉讼中鲜有关于审理期限的规定，因此不宜在涉外民事诉讼中对审理期限进行限制。①

需要注意的是，尽管《民事诉讼法》取消了涉外民事诉讼中审理期限的限制，但这并不意味着涉外民事诉讼可以无限期拖延。人民法院在审理涉外案件时，应当按照民事诉讼各阶段的程序特点，正确、及时地进行各种审判行为，在确保公正的前提下，使案件尽可能及早结案。

---

① 参见杨荣馨主编：《〈中华人民共和国民事诉讼法〉（专家建议稿）立法理由与立法意义》，清华大学出版社2012年版，第273页。

五十二、调 查 取 证

现行规定

《民事诉讼法》

★2023 年新增

第 284 条　当事人申请人民法院调查收集的证据位于中华人民共和国领域外，人民法院可以依照证据所在国与中华人民共和国缔结或者共同参加的国际条约中规定的方式，或者通过外交途径调查收集。

在所在国法律不禁止的情况下，人民法院可以采用下列方式调查收集：

（一）对具有中华人民共和国国籍的当事人、证人，可以委托中华人民共和国驻当事人、证人所在国的使领馆代为取证；

（二）经双方当事人同意，通过即时通讯工具取证；

（三）以双方当事人同意的其他方式取证。

《关于依据国际公约和双边司法协助条约办理民商事案件司法文书送达和调查取证司法协助请求的规定》（2020 年修正）

第 1 条　人民法院应当根据便捷、高效的原则确定依据海牙送达公约、海牙取证公约,或者双边民事司法协助条约,对外提出民商事案件司法文书送达和调查取证请求。

第9条 经最高人民法院授权的高级人民法院,可以依据海牙送达公约、海牙取证公约直接对外发出本辖区各级人民法院提出的民商事案件司法文书送达和调查取证请求。

《关于依据国际公约和双边司法协助条约办理民商事案件司法文书送达和调查取证司法协助请求的规定实施细则(试行)》

第3条 人民法院应当根据便捷、高效的原则,优先依据海牙取证公约提出民商事案件调查取证请求。

第4条 有权依据海牙送达公约、海牙取证公约直接对外发出司法协助请求的高级人民法院,应当根据便捷、高效的原则,优先依据海牙送达公约和海牙取证公约提出、转递本辖区各级人民法院提出的民商事案件司法文书送达和调查取证请求。

条文释义

上述条文旨在明确人民法院域外调查取证的方式。

根据上述条文规定,当证据位于我国领域外时,人民法院可以通过以下五种方式进行调查取证:

1. 依据条约规定的方式调查取证。根据国际条约优先原则,如果我国与证据所在国在调查取证方面有缔结或共同参加的国际条约,人民法院应当按照条约规定的方式进行调查取证。在域外取证方面,全国人大常委会于1997年7月3日批准我国加入《海牙取证公约》,该公约已于1998年2月6日对我国生效。此外,我国已经与30多个国家签订双边司法协助条约,为开展域外取证提供法律依据。这些双边司法协助条约,有的直接以民事和商事条约名义签订,如中国同法国、意大利、新加坡、韩国等签订的双边司法协助条约;有的采取的是民事与刑事混合的形式,如中国同波兰、俄罗斯、土耳其、乌克兰、白俄罗斯等签订的司法协助条约。在上述双边司法协助条约中,大都有域外取证的规定。[①]

2. 依据外交途径调查取证。当证据所在国与我国已建立外交关系,但双方没有缔结或共同参加的国际条约时,人民法院可通过外交途径进行域外证据的收集和调取。

3. 委托使领馆代为取证。人民法院委托驻外使领馆代为取证时,需要注意以下三个问题:第一,人民法院委托使领馆取证的对象不仅包括证人,还包括相关当事人。对于委托使领馆取证的对象这一问题,《民事诉讼法》草案一审稿只局限为具有我国国籍的证人。在二次审议时,有代表提出委托使领馆代为取证的范围不应限于证人,还应包括当事人。[②] 这一建议最终在正式立法中得到采纳。第二,人民法院只能委托使领馆向"具有中华人民共和国国籍"的证人、当事人调查取证。第三,人民法院委托使领馆代为取证不得违反驻在国的禁止性法律。

4. 通过即时通讯工具取证。自2012年《民事诉讼法》修正以来,人民法院在审理国内民事诉讼案件中,对于因健康、交通、不可抗力等正当理由无法出庭的证人,可以通过视听传输技术或视听资料等方式作证。在涉外民事诉讼程序中,虽然《民事诉讼法》一直没有明确规定此类取证方式,但实践中不乏人民法院通过微信视频等现代信息技术调取域外

---

① 参见何其生:《国际私法》,北京大学出版社2023年版,第313页。

② 参见黄钰钦、梁晓辉:《民事诉讼法修正草案二审 拟增设域外调查取证相关规定》,载中国人大网2023年8月28日,http://www.npc.gov.cn/npc/c2/c30834/202308/t20230828_431194.html。

证据的案例。[①] 2023 年《民事诉讼法》首次以立法的方式，明确人民法院可以通过即时通讯工具调取域外证据，此举对于提升涉外民事诉讼的效率具有重要意义。

5. 通过双方当事人同意的其他方式取证。除上述域外取证方式外，本条规定人民法院可以采取双方当事人同意的其他方式进行取证。这一规定体现了对诉讼当事人意思自治的尊重，有利于提高域外取证的效率和成功率。本条同时规定，人民法院调取域外证据不得违反证据所在国的禁止性法律，体现出对外国司法主权的尊重。

学理阐释

（一）通则建议条文

【调查取证】当事人申请人民法院调查收集的证据位于中华人民共和国领域外，人民法院可以依照证据所在国与中华人民共和国缔结或者共同参加的国际条约中规定的方式，或者通过外交途径调查收集。

在所在国法律不禁止的情况下，人民法院可以采用下列方式调查收集：

（一）委托中华人民共和国驻当事人、证人所在国的使领馆代为取证；

① 根据《人民法院报》报道，在韩乐比奇贸易有限公司诉开亚国际物流（上海）有限公司案中，上海海事法院"首次利用微信视频的方式，夜间与巴西远程连线，当庭进行跨国取证并确认案件的重要事实，取得良好效果"。参见卫建萍：《上海海事法院利用微信视频跨国取证》，载《人民法院报》2016 年 9 月 25 日，第 4 版。

(二)经双方当事人同意,通过即时通讯工具取证;

(三)以双方当事人同意的其他方式取证。

(二)理论解读

域外调查取证是涉外民事诉讼中的重要环节。在司法实践中,通过条约路径进行调查取证的问题在于,由于牵涉部门较多,往往存在取证周期长、成功率低的问题。[①] 2023年《民事诉讼法》不仅首次对域外调查取证进行规定,而且在条约和外交途径的基础上,明确人民法院可以在不违反证据所在国法律的基础上,通过使领馆、即时通讯工具或者双方当事人同意的其他方式取证。这一规定丰富了人民法院域外调查取证的手段,为人民法院提供了明确的法律指引,对于提高司法审判效率、切实保障当事人合法权益具有重要意义。

在现有条文基础上,通则建议取消通过使领馆代为取证时对当事人、证人的国籍限制。有学者指出,"由于一些国家并不反对外国领事官员在其境内向任何人取证,而且也不要求对等;因此,必要时,我国领事官员也可按照驻在国法律,在这些国家境内向驻在国国民或第三国国民取证"[②]。鉴于此,如果我国法律对通过使领馆取证时证人或当事人的国籍加以限制,一定程度上会自缚手脚。因此通则建议取消有关国籍限制,以提高使领馆取证的灵活性。

---

① 参见刘桂强:《我国民商事域外取证的司法实践:现状、问题与对策》,载《武大国际法评论》2021年第1期。

② 徐宏:《国际民事司法协助》,武汉大学出版社2006年版,第193页。

五十三、域外证据的认定

现行规定

《民事诉讼法》

第 275 条　在中华人民共和国领域内没有住所的外国人、无国籍人、外国企业和组织委托中华人民共和国律师或者其他人代理诉讼,从中华人民共和国领域外寄交或者托交的授权委托书,应当经所在国公证机关证明,并经中华人民共和国驻该国使领馆认证,或者履行中华人民共和国与该所在国订立的有关条约中规定的证明手续后,才具有效力。

《第二次审判纪要》

39. 对当事人提供的在我国境外形成的证据,人民法院应根据不同情况分别作如下处理:(1)对证明诉讼主体资格的证据,应履行相关的公证、认证或者其他证明手续;(2)对其他证据,由提供证据的一方当事人选择是否办理相关的公证、认证或者其他证明手续,但人民法院认为确需办理的除外。

对在我国境外形成的证据,不论是否已办理公证、认证或者其他证明手续,人民法院均应组织当事人进行质证,并结合当事人的质证意见进行审核认定。

《民事诉讼证据规定》

第10条　下列事实，当事人无须举证证明：

……

（五）已为仲裁机构的生效裁决所确认的事实；

（六）已为人民法院发生法律效力的裁判所确认的基本事实；

……

第16条　当事人提供的公文书证系在中华人民共和国领域外形成的，该证据应当经所在国公证机关证明，或者履行中华人民共和国与该所在国订立的有关条约中规定的证明手续。

中华人民共和国领域外形成的涉及身份关系的证据，应当经所在国公证机关证明并经中华人民共和国驻该国使领馆认证，或者履行中华人民共和国与该所在国订立的有关条约中规定的证明手续。

当事人向人民法院提供的证据是在香港、澳门、台湾地区形成的，应当履行相关的证明手续。

《最高人民法院关于设立国际商事法庭若干问题的规定》

第9条　当事人向国际商事法庭提交的证据材料系在中华人民共和国领域外形成的，不论是否已办理公证、认证或者其他证明手续，均应当在法庭上质证。

《第三次审判纪要》

15.【外国法院判决、仲裁裁决等作为证据的认定】一方当事人将外国法院作出的发生法律效力的判决、裁定或者外国仲裁机构作出的仲裁裁决作为证据提交，人民法院应当组织双方当事人质证后进行审查认定，但该判决、裁定或者仲裁裁决认定的事实，不属于民事诉讼法司法解释第九十三条第一款规定的当事人无须举证证明的事实。一方当事人仅以该判决、裁定或者仲裁裁决未经人民法院承认为由主张不能作为证据使用的，人民法院不予支持。

16.【域外公文书证】《最高人民法院关于民事诉讼证据的若干规定》第十六条规定的公文书证包括外国法院作出的判决、裁定，外国行政机关出具的文件，外国公共机构出具的商事登记、出生及死亡证明、婚姻状况证明等文件，但不包括外国鉴定机构等私人机构出具的文件。

公文书证在中华人民共和国领域外形成的，应当经所在国公证机关证明，或者履行相应的证明手续，但是可以通过互联网方式核查公文书证的真实性或者双方当事人对公文书证的真实性均无异议的除外。

条文释义

上述条文旨在明确在我国领域外形成的证据的认定问题，具体包括以下三个方面的内容：

第一，关于域外证据的公证、认证要求。在涉外民事诉讼中，难免会出现证据位于我国领域外的情形。为了保障域外证据的真实性和合法性，我国法律对域外形成的证据施加公证认证等程序上的限制。[①] 与之相关的规定最早体现在最高人民法院2001年颁布的《民事诉讼证据规定》。该规定对域外证据的态度是“全部要求公证认证”，即当事人向人民法院提交的在我国领域外形成的证据，应当经所在国公证机关公证，

① 参见肖凯主编：《上海金融法院涉外、涉港澳台金融案件审判指南》，法律出版社2021年版，第170页；最高人民法院民事审判第四庭：《〈全国法院涉外商事海事审判工作座谈会会议纪要〉理解与适用》，人民法院出版社2023年版，第129页。

并经我国驻该国使领馆予以认证，或者履行我国同该国所签订的条约中的证明手续。① 这一规定给涉外民事诉讼中的当事人带来极大的负担，引发诸多争议。

为回应争议，最高人民法院在2005年的《第二次审判纪要》中提出，应区分域外证据的类型进行公证认证。具体而言，《第二次审判纪要》第39条将域外证据分为"证明诉讼主体资格的证据"和"其他证据"两种类型。对于前者，要求当事人履行相关的公证、认证或者其他证明手续；对于后者，则允许由提供证据的一方当事人选择是否进行公证、认证。

在吸收《第二次审判纪要》第39条规定的基础上，最高人民法院在2019年对《民事诉讼证据规定》进行修正，该规定第16条对域外证据的要求分成三种类型：(1)对于域外形成的公文书证，应当经所在国公证机关公证或履行条约手续，不再要求进行领事认证；(2)对于域外形成的涉及身份关系的证据，需要同时经证据所在国公证机关公证和我国驻该国使领馆认证，或者履行条约手续；(3)对于其他情形，则不再强制要求当事人进行公证、认证。

在《第三次审判纪要》中，最高人民法院对2019年《民事诉讼证据规定》第16条规定作了两方面的补充和解释：一方面，《第三次审判纪要》明确了2019年《民事诉讼证据规定》第16条所规定的"公文书证"的范围，具体包括"外国法院作出的判决、裁定，外国行政机关出具的文件，外国公共机构出具的商事登记、出生及死亡证明、婚姻状况证明等文

---

① 《民事诉讼证据规定》(2001年)第11条规定："当事人向人民法院提供的证据系在中华人民共和国领域外形成的，该证据应当经所在国公证机关予以证明，并经中华人民共和国驻该国使领馆予以认证，或者履行中华人民共和国与该所在国订立的有关条约中规定的证明手续。当事人向人民法院提供的证据是在香港、澳门、台湾地区形成的，应当履行相关的证明手续。"

件,但不包括外国鉴定机构等私人机构出具的文件”。另一方面,《第三次审判纪要》还规定了公文书证进行公证的例外情形,即当事人可以通过互联网方式核查公文书证的真实性或者双方当事人对公文书证的真实性均无异议时,域外形成的公文书证可不用进行公证。①

除上述规定外,我国《民事诉讼法》还对当事人从域外寄交或者托交的授权委托书的公证、认证进行了特别规定。根据《民事诉讼法》第275条的规定,当在我国领域内没有住所的外国人、无国籍人、外国企业和组织委托我国律师或者其他人代理诉讼时,其从我国领域外寄交或者托交的授权委托书,应当经所在国公证机关证明,并经我国驻该国使领馆认证,或者履行条约中规定的证明手续。

结合上述条文,我国法律关于域外证据的公证、认证的要求归纳如图4-2所示。

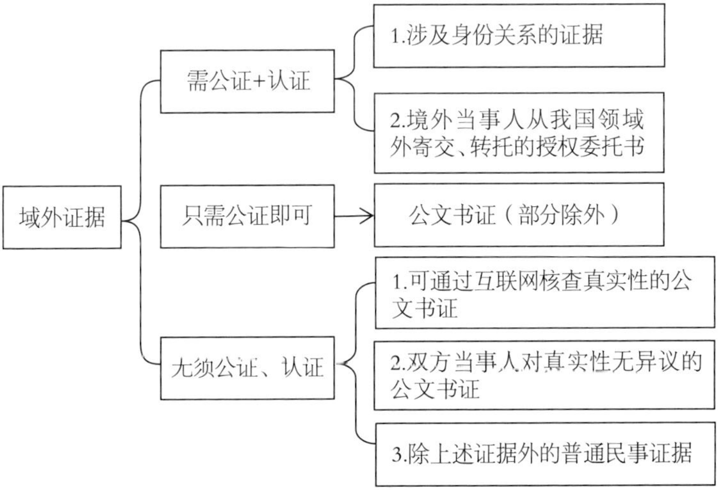

图4-2 域外证据的公证、认证要求

① 参见《第三次审判纪要》第16条。

第二，未履行公证、认证手续的域外证据的证据能力。对于这一问题，我国司法实践中存在一定的争议。早期，由于《民事诉讼证据规定》对域外证据的公证、认证要求使用的是“应当”这一具有强制性的措辞，导致部分法院将其视作对域外证据证明能力的规定，进而将未履行公证、认证手续的域外证据排除在外，不予质证和认证。① 考虑到公证、认证手续普遍耗时较长，受时间等方面的限制，域外证据可能无法在法院质证之前完成公证、认证，因此上述法院的做法遭到质疑和批评，不利于保障当事人的举证权利。② 对此，《第二次审判纪要》第39条予以澄清，规定“对在我国境外形成的证据，不论是否已办理公证、认证或者其他证明手续，人民法院均应组织当事人进行质证，并结合当事人的质证意见进行审核认定”。《最高人民法院关于设立国际商事法庭若干问题的规定》第9条也有类似规定，即当事人向国际商事法庭提交的证据材料系在我国领域外形成的，不论是否已办理公证、认证或者其他证明手续，均应当在法庭上质证。综上所述，对于未履行公证、认证手续的域外证据，我国最高人民法院现阶段的态度是，无论域外证据是否按规定完成公证、认证手续，均不影响该证据的证明能力。换言之，法院不能以域外证据未完成公证、认证手续为由拒绝对该证据进行质证。③

第三，外国法院判决、仲裁裁决等作为证据的认定。在涉外民事诉讼中，不乏当事人将外国民商事判决或仲裁裁决所认定的事实作为证据使用，进而引发外国民商事判决和外国仲裁裁决作为证据的证明力问题。对于这一问题，最高人民法院通过《第三次审判纪要》第15条予以澄清，该条包含以下四层含义：

---

① 参见最高人民法院民事审判第四庭：《〈全国法院涉外商事海事审判工作座谈会会议纪要〉理解与适用》，人民法院出版社2023年版，第133页。

② 同上。

③ 同上。

一是外国法院作出的发生法律效力的判决、裁定或者外国仲裁机构作出的仲裁裁决可以作为证据提交,具有证据资格即证据能力。二是外国法院作出的判决、裁定或者外国仲裁机构作出的仲裁裁决的真实性和法律效力应当由当事人举证证明。三是即使判决、裁定或者仲裁裁决真实且为生效判决,但其认定的事实,不属于《民事诉讼法解释》第93条第5款、第6款规定的当事人无须举证证明的事实。四是上述外国法院裁判、仲裁裁决未经人民法院承认或者认可,在我国不发生法律效力,其认定的事实不属于《民事诉讼法司法解释》第93条规定的免证事实,但不影响人民法院将该判决作为证据之一,结合在案其他证据予以认定。[①]

典型案例

圆谷制作株式会社等与辛波特·桑登猜等侵害著作权纠纷案[②]

圆谷制作株式会社等因与辛波特·桑登猜(以下简称辛波特)等侵害著作权纠纷一案,不服中华人民共和国广东省高级人民法院(2010)粤高法民三终字第63号民事判决,申请再审。在再审过程中,圆谷制作株式会社向最高人民法院提交泰国、日本国法院作出的判决作为支持己方的证据。对此,最高人民法院认为:

首先,中国民事诉讼法(2013年1月1日修改施行前)第六十四条

① 参见最高人民法院民事审判第四庭:《〈全国法院涉外商事海事审判工作座谈会会议纪要〉理解与适用》,人民法院出版社2023年版,第122页。

② 参见最高人民法院民事裁定书,(2011)民申字第259号。

规定:“当事人对自己提出的主张,有责任提供证据。”中国《最高人民法院关于民事诉讼证据的若干规定》第七十二条第一款规定:“一方当事人提出的证据,另一方当事人认可或者提出的相反证据不足以反驳的,人民法院可以确认其证明力。”因日本国、泰国法院判决的效力未经中国民事诉讼程序予以承认,两国判决在中国没有法律效力,不具有约束力,本案不应以日本国、泰国法院判决确认的事实作为本案认定事实的依据。至于泰国鉴定机构针对《1976 年合同》作出的鉴定报告,中国对于直接认定泰国鉴定机构的鉴定结论缺乏法律依据,且泰国法院的判决在中国不具约束力,故对泰国鉴定机构作出鉴定结论不予采信。圆谷制作株式会社提交的泰国法院判决及鉴定结论,不足以反驳《1976 年合同》的真实性。

……

鉴于圆谷制作株式会社、上海圆谷公司申请再审期间提交的泰国法院刑事判决系未生效的一审判决,对此,本院认为,即使该刑事判决系生效判决,也不必然对本案案件事实具有证明力。中国法院审理民事纠纷案件应根据当事人提供的证据及案件事实,依据中国的相关民事程序法及实体法作出裁判。圆谷制作株式会社、上海圆谷公司以泰国法院作出的刑事判决作为否认二审判决已经认定的事实的证据,于法无据,本院不予采纳。

………………

大友某某、李某等财产损害赔偿纠纷案①

再审申请人大友某某因与被申请人李某等财产损害赔偿纠纷一案,

① 参见最高人民法院民事判决书,(2015)民提字第150号。

不服上海市高级人民法院(2014)沪高民一(民)终字第1号民事判决,申请再审。本案涉及大友某某所提供的日本国法院判决作为证据的认定问题。对此,最高人民法院认为:

大友某某提供的日本国法院判决由日本外务省证明法院书记员印章属实,外务省官员的签章由我国驻日领事馆认证属实,李某、何某某未能提供相反证据予以推翻,应认定日本国法院判决是真实的。然而上述外国法院判决未经人民法院承认,在我国不发生法律效力,故其认定的事实不属于《最高人民法院关于适用〈中华人民共和国民事诉讼法〉的解释》第九十三条规定的免证事实,但不影响人民法院将该判决作为证据之一,结合本案其他证据予以认定。

学理阐释

(一)通则建议条文

【域外证据的认定】当事人提供的公文书证系在中华人民共和国领域外形成的,该证据应当经所在国公证机关证明,或者履行中华人民共和国与该所在国订立的有关条约中规定的证明手续。

中华人民共和国领域外形成的涉及身份关系的证据,应当经所在国公证机关证明并经中华人民共和国驻该国使领馆认证,或者履行中华人民共和国与该所在国订立的有关条约中规定的证明手续。

(二)理论解读

在涉外民事诉讼中,我国法院并不禁止双方当事人通过一定方式获取域外证据。[①] 但是,对于域外形成的部分证据材料,我国法院难以直接对其真实性和合法性进行调查,因此有必要对其设置一定的程序限制。通则建议条文借鉴了《民事诉讼证据规定》第16条的内容。根据本条以及《民事诉讼法》第275条的规定,对于域外证据的公证、认证要求可以分为以下三种情形:

第一,除条约另有规定外,在我国领域外形成的涉及身份关系的证据、在我国领域内没有住所的当事人从我国领域外寄交或者托交的授权委托书,均需要履行"公证+认证"的手续。之所以如此规定,是基于以下两点考虑:一是对于涉及身份关系的证据,考虑到与身份关系相关的证据涉及社会基本伦理价值和秩序,对域外形成的证据应当有更为严格的要求,涉及身份关系的证据由所在国公证机关证明并经我国驻该国使领馆认证有其必要性与合理性。[②] 二是对于在我国领域内没有住所的当事人提交的授权委托书,考虑到授权委托书意味着委托人授予代理人在民事诉讼中行使相关处分权限,是民事诉讼中的重要诉讼文件,如果委托人在我国领域内没有经常居所,人民法院无法直接传唤、联系委托人,进而不便对授权委托书的真实性、合法性、自愿性进行核实。为更好维护当事人的合法权益,确保诉讼的顺利进行,本条要求对在我国领域内没有经常居所的当事人提交的授权委托书,同样需要履行"公证+认证"的手续。

第二,除条约另有规定外,在我国领域外形成的公文书证,经所在国

---

① 参见何其生:《国际私法》,北京大学出版社2023年版,第312页。

② 参见宋春雨等:《理解和适用新民事证据司法解释的几个重点问题》,载《人民司法》2020年第16期。

公证机关公证或履行条约手续即可，并不需要进行领事认证。之所以如此规定，是由于公文书证适用推定真实的规则，而对于域外形成的公文书证是否真实，人民法院无法采取依职权查询等针对一般公文书证的方法检验，因此，由所在国公证机关证明是必要的。①

第三，对于其他域外形成的证据，无须办理公证、认证等证明手续。之所以取消对此类域外证据的公证、认证限制，是因为普通民事法律关系中的证据，一般仅涉及当事人之间的权利义务，其真实性通过质证程序检验即可，一概要求经所在国公证机关证明或者经我国驻该国使领馆认证，没有必要，也会增加当事人的诉讼成本和我国驻外使领馆的工作负担。②

五十四、涉外保全

现行规定

《民事诉讼法》

第 103 条　人民法院对于可能因当事人一方的行为或者其他原因，

① 参见宋春雨等：《理解和适用新民事证据司法解释的几个重点问题》，载《人民司法》2020 年第 16 期。

② 同上。

使判决难以执行或者造成当事人其他损害的案件，根据对方当事人的申请，可以裁定对其财产进行保全、责令其作出一定行为或者禁止其作出一定行为；当事人没有提出申请的，人民法院在必要时也可以裁定采取保全措施。

人民法院采取保全措施，可以责令申请人提供担保，申请人不提供担保的，裁定驳回申请。

人民法院接受申请后，对情况紧急的，必须在四十八小时内作出裁定；裁定采取保全措施的，应当立即开始执行。

第 104 条　利害关系人因情况紧急，不立即申请保全将会使其合法权益受到难以弥补的损害的，可以在提起诉讼或者申请仲裁前向被保全财产所在地、被申请人住所地或者对案件有管辖权的人民法院申请采取保全措施。申请人应当提供担保，不提供担保的，裁定驳回申请。

人民法院接受申请后，必须在四十八小时内作出裁定；裁定采取保全措施的，应当立即开始执行。

申请人在人民法院采取保全措施后三十日内不依法提起诉讼或者申请仲裁的，人民法院应当解除保全。

第 270 条　在中华人民共和国领域内进行涉外民事诉讼，适用本编规定。本编没有规定的，适用本法其他有关规定。

条文释义

《民事诉讼法》涉外编没有专门规定涉外保全。根据《民事诉讼法》第 270 条的规定，涉外保全参照适用非涉外保全的规定。就保全的基本要件来说，我国现有立法强调判决难以执行或者造成当事人难以弥补的损害或其他损害，并无明文规定的其他要件。总体来说，现有的保全要件体系相对宽泛。尽管我国现行立法区分诉前保全和诉中保全,但是其适用要件体系基本一致,通常来说,“情况紧急”这一要件应同样适用于诉前和诉中保全。对于保全中的担保来说,《民事诉讼法》的规定与国际社会的普遍做法一致,将其作为一项法院自由裁量的要件,该要件适用于诉前和诉中保全。

值得特别注意的是,我国司法实践中已有依据涉外保全裁定适用“禁诉令”的实践(如前述典型案例“华为技术有限公司等与康文森无线许可有限公司确认不侵害专利权及标准必要专利许可纠纷案”),并在国际社会引起广泛关注。通过行为保全禁止当事人在其他国家提起诉讼或继续诉讼或执行判决,我国法院开拓性地适用禁诉令,保障案涉当事人不可弥补的利益。虽然我国法院在禁诉令的法律依据上援引的是行为保全的法律根据,但是我国法院考量的因素已经超过了传统行为保全的相关规定,在禁诉令的签发条件中考虑到了外国诉讼见之于我国诉讼程序的影响、国际礼让以及公共利益等因素,这是我国行为保全的规定并未触及的要素。从整体上来看,我国法院适用禁诉令的条件在诸多方面与我国现行行为保全的规定存在重大差异。由于“禁诉令”关涉国家间司法管辖权的行使和协调,不宜简单以行为保全的规定作出。若要适用禁诉令,我国立法应在行为保全规则之外明确禁诉令的法律基础,在禁诉令要件体系的构建中综合考虑管辖权、平行诉讼以及滥诉行为等要素。

学理阐释

（一）通则建议条文

【涉外保全】因情况紧急，不采取保全措施可能会使判决难以执行或者造成当事人难以弥补的损失的，中华人民共和国人民法院可以根据当事人的申请或其认为必要时采取保全措施。

在诉讼提起之前或在诉讼进行之中，中华人民共和国人民法院可以裁定对相关财产进行保全、责令当事人作出一定行为或者禁止其作出一定行为。在证据可能灭失或者以后难以取得的情况下，人民法院可以裁定保全证据。

在裁定保全时，人民法院应平衡考虑保全的适用可能会对当事人造成的难以弥补的损失、担保提供的情况以及申请人的实体请求获得支持的可能性。

（二）理论解读

通则建议条文规定了涉外保全的目的、主要类型以及适用的基本条件。

第1款将涉外保全的目的定位于"保障判决的执行以及避免不可弥补的损失"。

第2款主要是引入了涉外保全的类型，即区分了财产保全、行为保全和证据保全。就涉外保全的类型来说，我国现有的保全制度涉及财产保全、行为保全和证据保全，这和国际社会的主流实践相一致，因此，该部分确认了我国现有的有关保全类型的立法和实践。

第3款就涉外保全的基本要件作了规定，包括难以弥补的损失、担保的提供以及胜诉可能性等基本要件。作为一项基本的程序机制，保全在涉外与非涉外语境下的实质要件体系应当是一致的，即涉外保全与非涉外保全在目的、类型与适用条件等基本制度架构上保持一致。通则建议突出涉外保全应综合考虑不可弥补的损失、单边提供、实体胜诉可能性等要件，回应我国涉外保全要件体系的不完善问题。我国现行的保全制度规定在非涉外诉讼部分，制度架构较为滞后，尤其是在保全的适用条件方面过于宽泛，不利于保全价值的实现。在非涉外保全制度未能修改的情况下，涉外保全引入独立的涉外保全制度具有必要性。

从比较法的视野出发，特别是参考国际法委员会（International Law Association）通过的《国际诉讼中的临时与保护措施原则》（The International Law Association Committee on International Civil and Commercial Litigation：Provisional Principles and Protective Measures in International Litigation）以及美国法学会与国际统一私法学会通过的《跨境民事诉讼原则》，综合考虑已有的保全制度，以提出我国涉外保全制度的架构方向和要点。

第五章

国际司法协助

五十五、一般规定

现行规定

《民事诉讼法》

第 293 条　根据中华人民共和国缔结或者参加的国际条约，或者按照互惠原则，人民法院和外国法院可以相互请求，代为送达文书、调查取证以及进行其他诉讼行为。

外国法院请求协助的事项有损于中华人民共和国的主权、安全或者社会公共利益的，人民法院不予执行。

条文释义

本条规定了我国同外国法院之间互相开展民商事司法协助的相关事项，包括请求司法协助的依据、开展司法协助的范围以及我国法院拒绝提供司法协助的情形。

1. 本条第 1 款规定了开展司法协助的依据。根据本条规定，存在国际条约是我国同外国开展司法协助的重要依据。在没有条约关系的情形下，我国人民法院还可以基于互惠原则同外国法院之间开展司法协助。

2. 本条第1款还规定了开展司法协助的范围。根据本条规定，我国法院同外国法院开展司法协助的范围包括送达文书、调查取证以及进行其他诉讼行为。其中，“其他诉讼行为”是一项兜底性规定，对其理解可以适当参照《海牙取证公约》对于“其他司法行为”的解读。《海牙取证公约》特委会建议从广义上对“其他司法行为”进行理解，将所有产生法律后果的行为都纳入“其他司法行为”的范畴，[①]包括类似于获取家庭状况或个人能力变更的信息、复制经官方注册的文书、就家事法事项获取当事人的协议或者被请求国专门的司法机关的意见、向居住在国外的当事人获取正式的结婚同意书等。[②]

3. 本条第2款规定了我国拒绝执行外国司法协助请求的情形。根据本款规定，外国法院请求我国法院提供司法协助，不得有损于我国的主权、安全或者社会公共利益。

---

① See Practical Handbook on the Operation of the Hague Evidence Convention, p. 32, para. 69.

② Ibid., p. 33, footnote 146.

典型案例

阿根廷共和国布宜诺斯艾利斯自治市商业事务初审国家法院司法协助调查取证案[①]

在阿根廷共和国布宜诺斯艾利斯自治市商业事务初审国家法院受理的一起案件中，涉诉争议涉及因足球运动员乔瓦尼·安德烈斯·莫雷诺·卡多纳（Giovani Andrés Moreno Cardona）转会而产生的经济权利的相应转让。由于该足球运动员曾系上海申花联盛足球俱乐部签约运动员，阿根廷法院需要了解上海申花联盛足球俱乐部向该案被告曾经支付的转会价款、罚款或与该球员相关的其他款项支付情况和索赔情况。

布宜诺斯艾利斯自治市商业事务初审国家法院于2021年10月依据《海牙取证公约》向我国司法部提出司法协助调查取证请求，经最高人民法院国际合作局、上海市高级人民法院转递，浦东新区人民法院于2021年12月29日收到司法协助调查取证函。收到协助调查取证函后，浦东新区人民法院经快速且审慎的形式审查与实质审查后认为，本案应当及时回应请求，尽快协助进行调查取证。2022年1月10日，浦东新区人民法院承办法官前往被调查人上海申花联盛足球俱乐部有限公司经营地址进行材料送达及调查取证。调查取证过程中，承办法官积极向被

① 参见《上海市浦东新区人民法院发布7起涉外及涉外商投资企业商事典型案例之二：阿根廷共和国布宜诺斯艾利斯自治市商业事务初审国家 法院司法协助调查取证案——高效办理司法协助调查取证请求 积极履行〈海牙取证公约〉国际义务》，载北大法宝网2022年9月21日，https://www.pkulaw.com/pfnl/95b2ca8d4055fce1d2f7d8c685869665ce2f295b465f6812bdfb.html。

调查人履行释明义务,就阿根廷法院在函件中列明的内容一一进行调查询问,并制作调查笔录,由被调查人确认签字。本案于 2022 年 1 月 21 日成功办结,办理期限仅 23 天。

……………

上海市浦东新区人民法院涉外商事审判十大典型案例：越南社会主义共和国平定省法院司法协助调查案

2014 年 11 月 12 日,一家越南公司与一家中国公司签订了原生塑料颗粒买卖合同,约定由越南公司向中国公司购买原生塑料颗粒 25 吨,货物总价为 33,910 美元,付款方式为信用证支付。2014 年 12 月 4 日,越南公司与中国银行胡志明市分行签订信用证合同,由中国银行胡志明市分行开具编号为 LC5110314000131 的信用证用于结算。

2015 年 1 月 2 日,中国公司托运的货物运抵岘港的仙沙港口,越南公司在验货时发现货物与合同约定的货物不一致,故于 2015 年 1 月 8 日发送通知书给中国银行胡志明市分行要求暂停转款给中国公司。2015 年 1 月 9 日,越南公司向越南平定省法院提起诉讼,并要求采取暂时紧急方法。平定省法院于 2015 年 1 月 12 日 11 时 50 分向中国银行胡志明市分行送达决定书,要求中国银行胡志明市分行停止向中国公司结算信用证,中国银行胡志明市分行回复已于 2015 年 1 月 12 日 10 时 11 分将总金额结算给信用证受益人,同时告知信用证在中国国内的结算银行为南洋商业银行(中国)有限公司。由于对信用证是否已经兑付无法查实,平定省法院委托我国司法机关对结算信用证的南洋商业银行(中国)有限公司送达司法文书,并就相关问题进行调查。

浦东新区人民法院于 2019 年 10 月 18 日收到委托后,迅速组织查明了我国民事诉讼法对委托调查事项的相关规定，同时还查明中越两国于 1998 年 10 月 19 日签订了《中华人民共和国和越南社会主义共和国关于民事和刑事司法协助的条约》。在审慎审查了平定省法院提交的材料后，浦东新区人民法院认为该调查取证符合条约规定，可以对南洋商业银行（中国）有限公司进行送达及调查取证。

2019 年 10 月 25 日，本案承办法官依据《民事诉讼法》的规定，至南洋商业银行（中国）有限公司依法送达及调查取证，根据平定省法院在委托函件中列明的调查问题一一进行了询问，并记录在卷，由被调查人确认签字。调查结束后，浦东新区人民法院将调查结果进行了书面回复。

学理阐释

（一）通则建议条文

通则建议与现行《民事诉讼法》保持一致。

（二）理论解读

本条涉及我国同外国法院开展司法协助的依据、范围和例外情形三个问题：

第一，开展国际司法协助的依据。国家间开展司法协助需要一定的依据。一方面，条约是国家间开展司法协助的最可靠依据。[①] 目前，我国是《海牙取证公约》与《海牙送达公约》的成员国，同时我国还与 30 多

① 参见徐宏：《国际民事司法协助》，武汉大学出版社 2006 年版，第 35 页。

个国家就民事、民商事、民刑事以及民商刑事签订双边司法协助条约。上述条约是我国同外国开展司法协助的重要依据。另一方面,互惠关系是国家间开展司法协助的另一个重要依据。① 基于互惠关系开展司法协助,是平等互利原则和保护当事人合法权益原则的体现。

第二,开展国际司法协助的范围。对于"国际司法协助"的范围,存在广义和狭义两种理解。狭义的观点认为,国际司法协助仅包括代为送达文书、传讯证人和收集证据。广义的观点认为,国际司法协助除包括代为送达文书、传讯证人和调取证据外,还包括外国法院判决和仲裁裁决的承认与执行。②《民事诉讼法》本条规定对"国际司法协助"的概念采用狭义理解。

第三,国际司法协助的拒绝。由于国家之间法律规定、价值观念、社会传统等方面的差异,符合外国法律规定的诉讼行为并不必然符合我国的法律规定,在某种情况下还会与我国现行法律以及社会公共秩序相悖,如同性婚姻、代孕等。因此,无论是基于条约关系还是互惠关系,各国均在条约或国内法中就拒绝提供司法协助的情形进行了规定。在诸多拒绝提供司法协助的理由中,违反被请求国公共秩序是一项重要的考量因素。《海牙送达公约》第 13 条规定:"如果送达请求书符合本公约的规定,则文书发往国只在其认为执行请求将损害其主权或安全时才可拒绝执行。"《海牙取证公约》第 12 条规定,当被请求国认为,请求书的执行将会损害其主权和安全时,可以拒绝执行外国的取证请求。③ 我国同外国签订的双边司法协助条约也有类似规定。由此可见,国家间开展

---

① 参见韩德培主编、肖永平主持修订:《国际私法》,高等教育出版社、北京大学出版社 2014 年版,第 505 页。

② 同上书,第 503 页。

③ Convention on the Taking of Evidence Abroad In Civil or Commercial Matters, Art. 12(2).

司法协助不能损害一国的社会公共秩序与重大利益是一项国际社会普遍接受的原则。因此,本条规定,我国法院执行外国的司法协助请求不得有损于我国的主权、安全或者社会公共利益。

五十六、司法协助的途径

现行规定

《民事诉讼法》

第 294 条　请求和提供司法协助,应当依照中华人民共和国缔结或者参加的国际条约所规定的途径进行;没有条约关系的,通过外交途径进行。

外国驻中华人民共和国的使领馆可以向该国公民送达文书和调查取证,但不得违反中华人民共和国的法律,并不得采取强制措施。

除前款规定的情况外,未经中华人民共和国主管机关准许,任何外国机关或者个人不得在中华人民共和国领域内送达文书、调查取证。

条文释义

本条规定我国同外国司法机关开展司法协助的途径,主要包括三方面的内容：

第一，本条第1款规定人民法院请求和提供司法协助需要通过条约或外交途径进行。就条约途径而言，我国是《海牙送达公约》和《海牙取证公约》的缔约国，上述两项公约建立了以“中央机关”为主的司法协助渠道，由成员国指定的“中央机关”负责接收、转递其他成员国提起的送达文书或调查取证的请求。我国同外国签订的双边司法协助条约也同样基于“中央机关”工作模式展开。在民商事领域的司法协助中，司法部是我国《海牙取证公约》、《海牙送达公约》以及双边司法协助条约中所指定的中央机关。需要注意的是，在实践中，最高人民法院曾指定北京市、上海市、广东省、浙江省、江苏省高级人民法院依据《海牙送达公约》和《海牙取证公约》直接向外国中央机关提出和转递司法协助请求和相关材料。[①] 在没有条约关系的情况下，司法协助的请求和执行可通过外交途径进行。

第二，本条第2款是对条约和外交途径的补充性规定，明确除上述两种途径外，外国驻华使领馆可以向该国国民进行文书送达和调查取证。第2款同时规定，外国驻华使领馆在上述活动中，不得采取强制措施。

第三，本条第3款强调司法协助行为是司法机关的职权，任何外国机关和个人不得擅自在我国领域内进行文书送达和调查取证等活动。

---

① 参见《最高人民法院关于指定北京市、上海市、广东省、浙江省、江苏省高级人民法院依据海牙送达公约和海牙取证公约直接向外国中央机关提出和转递司法协助请求和相关材料的通知》（法办〔2003〕297号）。

学理阐释

（一）通则建议条文

通则建议与现行《民事诉讼法》保持一致。

（二）理论解读

我国同外国开展司法协助需要由我国司法机关来负责实施。在条约途径下，司法协助的开展主要通过"中央机关"的模式进行。例如，《海牙送达公约》第 2 条规定："每一缔约国应指定一个中央机关，负责……接收来自其他缔约国的送达请求书，并予以转递。每一缔约国应依其本国法律组建中央机关。"《海牙取证公约》同样也采纳了"中央机关"模式。上述国际性公约规定中央机关模式的主要目的，是简化和加速相互之间进行司法协助的程序。中央机关在收到请求书并进行审查后，转递给本国主管机关。这样既可以减少联系环节，又可以避免由于不了解其他国家的司法制度而将请求书送至非主管该项请求的机关，进而避免造成时间上的浪费。"中央机关"的模式逐渐得到国际社会的认可，我国同外国签订的双边司法协助条约也采用"中央机关"模式。

除条约途径外，司法协助的请求还可以通过外交途径的方式提出，即由我国外交部负责接收并审查来自外国的司法协助请求，通过审查后将请求转递给我国人民法院予以实施。外交途径是早期国家间开展司法协助的一个重要途径。由于外交途径环节较多，需要的时间较长，在当前国家之间请求和提供司法协助日益频繁的情况下，其已经不能完全适应当下提升司法协助效率的需求。不过，外交途径在任何情况下都是其他途径的重要补充。在同我国没有条约关系的国家开展司法协助时，外交途径是一个重要选择。

外国驻我国使领馆可以向在我国的该国公民送达文书、进行调查取证。但是，上述行为不得违反我国法律规定，并且不得采取强制措施。本条第2款的规定与我国缔结或加入的国际条约保持一致。其中，《海牙取证公约》强调使领馆取证应在不采取强制措施的前提下进行，《海牙送达公约》也有类似规定。我国与俄罗斯及意大利的民事司法协助条约中也明确规定，两国使领馆予以司法协助时，不得采取强制措施。①

本条第3款的规定主要是针对普通法系国家当事人及其代理律师自行送达文书、调查取证的行为。由于普通法系国家将调查取证等行为视为个人行为，使当事人及其代理律师可以自行调查取证。实践中，曾多次出现外国律师在我国自行收集证据、获取证人证言的情形。由于我国将调查取证、文书送达等视为司法行为，因此外国当事人及其代理律师未经允许在我国境内自行调查取证、送达文书的行为构成对我国司法主权的侵犯。为明确我国立场，本条第3款明确规定，未经我国主管机关允许，外国当事人及其代理律师不得自行在我国领域内送达文书、收集证据。

① 参见《中华人民共和国和俄罗斯联邦关于民事和刑事司法协助的条约》第15条；《中华人民共和国和意大利共和国关于民事司法协助的条约》第13条。

五十七、司法协助的语言

现行规定

《民事诉讼法》

第 295 条　外国法院请求人民法院提供司法协助的请求书及其所附文件,应当附有中文译本或者国际条约规定的其他文字文本。

人民法院请求外国法院提供司法协助的请求书及其所附文件,应当附有该国文字译本或者国际条约规定的其他文字文本。

学理阐释

(一)通则建议条文

通则建议与现行《民事诉讼法》保持一致。

(二)理论解读

国家之间开展司法协助,使用被请求国的官方文字有利于被请求国主管机关正确理解请求司法协助的内容,以便准确提供司法协助。同时,司法协助请求书使用被请求国的官方文字是对该国司法主权的尊重。因此,本条规定,外国向我国法院发出的司法协助请求书,应当附有中文译本。同理,我国请求外国法院提供司法协助的请求书应当附有该外国官方文字的译本。

同样出于促进司法协助开展的考虑,本条规定请求书及其附件的译本可以根据双方缔结或参加的国际条约的规定提出。实践中,由于国家之间语言差异较大,一国在提出司法协助请求时将请求书及其附件翻译成被请求国的官方文字存在困难,在国际条约或双边司法协助条约中一般会允许请求书使用第三国的文字。在我国与外国谈判缔结司法协助协定的过程中,不少国家提出,要求他们把司法协助请求书及所附文件均译成中文确有困难,因为在有些国家懂中文并且能够翻译法律文书的人并不多。考虑到有些国家的实际困难,也考虑到在我国有一些小语种,如波兰文、罗马尼亚文、土耳其文等也不易找到翻译人员,即使找到了法律文书亦不易翻译准确。因此,在我国同外国签订的双边司法协助条约中,大多数规定除可以附对方官方文字的译本外,也可以附共同商定的第三国文字的译本,一般规定为英文或法文译本。①

① 参见徐宏:《国际民事司法协助》,武汉大学出版社 2006 年版,第 153 页。

五十八、司法协助的法律适用

现行规定

《民事诉讼法》

第 296 条　人民法院提供司法协助，依照中华人民共和国法律规定的程序进行。外国法院请求采用特殊方式的，也可以按照其请求的特殊方式进行，但请求采用的特殊方式不得违反中华人民共和国法律。

条文释义

本条规定了人民法院提供司法协助时所应遵循的程序。

根据本条规定，我国人民法院对外提供司法协助时，应当根据我国法律规定的程序进行。例如，代为送达文书、调查取证，均应当根据我国民事诉讼法关于送达文书和调查取证的相关规定进行。如果外国司法机关请求我国人民法院采取我国民事诉讼法规定方式以外的特殊方式进行，在不违反我国法律规定的情况下，也可以采取该特殊方式进行。如果请求采用的特殊方式违反我国法律,我国法院可以拒绝协助执行。

学理阐释

(一)通则建议条文

通则建议与现行《民事诉讼法》保持一致。

(二)理论解读

在司法职权理念下,送达文书、调查取证是一国司法机关行使司法职权的行为。因此,被请求国法院在提供司法协助时,应当适用被请求国关于文书送达、调查取证的规则。

当然,司法协助适用被请求国的法律这一规则存在一定的例外情形。实践中,由于请求国法律对于证据、送达等方面存在特殊规定,请求国往往会请求被请求国依照特别的程序执行所提出的司法协助请求。在这种情形下,为了使司法协助更加符合请求国进行的诉讼程序的要求,避免资源浪费,被请求国可以按照请求国提出的特殊方式予以执行,前提是该特殊方式不得与被请求国国内法相冲突、不得有损于被请求国的社会公共秩序。对于上述立场,《海牙送达公约》《海牙取证公约》等国际性公约都予以承认。《海牙取证公约》第9条规定,执行请求书的司法机关应适用其本国法规定的方式和程序,但是,该机关应采纳请求机关提出的采用特殊方式或程序的请求,除非其与执行国国内法相抵触,或者因其国内惯例和程序或存在实际困难而不可能执行。《海牙送达公约》第5条也有类似规定。[①]

① 《海牙送达公约》第5条规定："文书发往国中央机关应按照下列方法之一，自行送达该文书，或者安排经由一适当机构使之得以送达：(一)按照其国内法规定的在国内诉讼中对在其境内的人员送达文书的方法，或(二)按照申请者所请求采用的特定方法，除非这一方法与文书发往国法律相抵触，除本条第一款第(二)项规定外，均可通过将文书交付自愿接受的收件人的方法进行送达。"

第六章

外国法院判决、外国仲裁裁决和外国和解协议

五十九、承认和执行外国法院判决的一般规定

现行规定

《民事诉讼法》

★2023年修订

第299条　人民法院对申请或者请求承认和执行的外国法院作出的发生法律效力的判决、裁定,依照中华人民共和国缔结或者参加的国际条约,或者按照互惠原则进行审查后,认为不违反中华人民共和国法律的基本原则且不损害国家主权、安全、社会公共利益的,裁定承认其效力;需要执行的,发出执行令,依照本法的有关规定执行。

《民事诉讼法解释》

第544条　对外国法院作出的发生法律效力的判决、裁定或者外国仲裁裁决,需要中华人民共和国法院执行的,当事人应当先向人民法院申请承认。人民法院经审查,裁定承认后,再根据民事诉讼法第三编的规定予以执行。

当事人仅申请承认而未同时申请执行的，人民法院仅对应否承认进行审查并作出裁定。

2020年《最高人民法院关于中国公民申请承认外国法院离婚判决程序问题的规定》

第1条　对与我国没有订立司法协助协议的外国法院作出的离婚判决，中国籍当事人可以根据本规定向人民法院申请承认该外国法院的离婚判决。

对与我国有司法协助协议的外国法院作出的离婚判决，按照协议的规定申请承认。

第2条　外国法院离婚判决中的夫妻财产分割、生活费负担、子女抚养方面判决的承认执行，不适用本规定。

《第三次审判纪要》

44.【互惠关系的认定】人民法院在审理申请承认和执行外国法院判决、裁定案件时，有下列情形之一的，可以认定存在互惠关系：

(1)根据该法院所在国的法律，人民法院作出的民商事判决可以得到该国法院的承认和执行；

(2)我国与该法院所在国达成了互惠的谅解或者共识；

(3)该法院所在国通过外交途径对我国作出互惠承诺或者我国通过外交途径对该法院所在国作出互惠承诺，且没有证据证明该法院所在国曾以不存在互惠关系为由拒绝承认和执行人民法院作出的判决、裁定。

人民法院对于是否存在互惠关系应当逐案审查确定。

条文释义

本部分是关于人民法院如何承认和执行外国法院判决、裁定的规定。

《民事诉讼法》第299条自1991年通过第268条确立后，在2007年第266条、2012年第282条、2017年第282条，以及2021年第289条进行了保留，但2023年对有关措辞进行了修改，并对语序进行了调整。这主要体现在将2021年《民事诉讼法》第289条最后一句删除，将原来的"认为不违反中华人民共和国法律的基本原则或者国家主权、安全、社会公共利益的，裁定承认其效力"，改为"认为不违反中华人民共和国法律的基本原则且不损害国家主权、安全、社会公共利益的，裁定承认其效力"。这样的修改将我国法律的基本原则与"国家主权、安全、社会公共利益"从选择的关系变为并列关系，避免了原条款内容上的重复。

首先，根据该条规定，我国人民法院对当事人申请或者外国法院请求承认和执行的外国法院作出的已经发生法律效力的判决、裁定，应当依照我国缔结或者参加的国际条约或者按照互惠原则进行审查。经审查认为该判决、裁定不违反我国法律的基本原则以及国家主权、安全、社会公共利益的，以裁定的方式承认其效力，需要执行的，发出执行令，依照本法第三编执行程序的规定予以执行。如果经审查认为申请或者请求承认和执行的外国法院的判决、裁定违反我国法律的基本原则或者国家主权、安全、社会公共利益的，则人民法院不予承认和执行。我国人民法院对外国法院判决、裁定的审查，仅限于审查外国法院的判决、裁定是否符合我国法律规定的承认和执行外国法院判决、裁定的条件，对其裁判中的事实认定和法律适用问题不予以审查。①

其次，对于承认和执行外国法院判决的基础，要求存在条约关系或互惠关系，这体现了相互尊重司法主权和平等互利原则。就双边条约而言，目前中国对外缔结的30多个包含民事司法协助内容的双边条约中大部分均载有相互承认和执行法院判决的条款。就多边公约而言，中国还加入了载有相互承认和执行法院判决内容的《国际油污损害民事责任公约》。同时，随着2019年《海牙判决公约》的通过，其与2005年海牙《选择法院协议公约》共同构建了国际民商事判决承认和执行的国际机制。因此，将条约作为承认和执行外国法院判决的法律依据可以进一步促进我国参与国际司法合作。

再次，就互惠关系而言，《民事诉讼法》将互惠原则作为承认和执行外国法院判决的依据之一，但并未对互惠原则的适用作出进一步的规定，导致实践中缺乏具体操作的依据。在最高人民法院组织调研时，各级人民法院反映较为集中的一个问题即互惠关系如何认定的问题。互惠原则分为"法律互惠"与"事实互惠"，从我国现有的法律规定来看，我国采用的是"事实互惠"，这要求对方国家有承认本国判决的先例。实践中确认两国间互惠关系的存在十分困难，而且现有法律并未规定适用互惠原则的标准，各地法院不敢适用互惠原则，因而大大减少了与我国没有缔结国际条约的国家法院所作出的判决在我国得到承认和执行的可能。加之目前与我国订立双边司法协助条约的国家数量有限，且不包含美国、英国、德国、日本等与中国有密切民商事往来的重要国家，相当一部分判决因人民法院的审查标准过于严格而没有得到承认和执行。同时，人民法院作出的"我国与他国间不存在互惠关系"的结论也会在

① 参见姚红主编：《中华人民共和国民事诉讼法释义》，法律出版社2007年版，第269页。

对方国家法院的实践中被进一步确认,致使两国之间更无以互惠关系承认对方判决的可能。随着国际交往的日益频繁、世界一体化进程的加剧,越来越多的国家开始逐步放弃互惠要求,或者将互惠要求限制在一些特定的领域。我国也应在实践中以更为灵活、合理的方式适用互惠原则,以应对新形势下的国际司法要求。

除了法律互惠与事实互惠,实践中还发展出第三种互惠关系,即承诺互惠。承诺互惠,是指在外国法院请求我国承认和执行该国判决,且该国与我国并未签订相关司法协助条约的情况下,该国在外交照会中作出互惠承诺。实践中,我国曾通过司法协助渠道向没有条约关系的国家提出过承认和执行请求,并在请求中作出互惠承诺。承诺互惠本身是一种单方承诺,作出即生效,如我国法院收到对方国家当事人的申请,只要对方国家未以不存在互惠关系为由拒绝承认和执行我国法院判决,我国即应信守承诺。典型的案例是请求阿塞拜疆承认与执行我国民事判决案。[①] 由于我国与阿塞拜疆之间没有订立关于相互承认与执行民商事判决的双边条约,故义乌市人民法院根据《民事诉讼法》请求按照互惠原则通过外交途径向阿塞拜疆提出司法协助请求,拟请阿塞拜疆主管法院承认并执行其作出的判决。最高人民法院经过研究决定向阿塞拜疆提出判决承认与执行的司法协助请求,并作出互惠承诺。2019 年,我国驻阿塞拜疆使馆在提出司法协助请求的同时,以外交照会方式向阿塞拜疆作出“在类似情况下,将依法向阿方提供同等协助”的承诺。这是我

---

① 基本案情:2018 年 7 月,浙江省义乌市人民法院就原告周某等与被告 VUSAL(阿塞拜疆国籍)买卖合同纠纷一案作出一审民事判决书,判决被告 VUSAL 向原告周某等支付货款。被告 VUSAL 经法庭合法传唤未到庭应诉,且未在上诉期间提出上诉,该判决于 2018 年 8 月生效。其后,被告 VUSAL 拒不履行生效判决确定的义务,经原告申请,义乌市人民法院立案,但未发现被告 VUSAL 在我国境内有可供执行的财产。该院遂提出司法协助请求,拟请阿塞拜疆主管法院承认并执行其作出的上述判决。

国首次主动就承认和执行民商事判决向外国作出互惠承诺。①

最后,承认外国法院判决与执行外国法院判决,是两个不同的法律步骤。承认外国法院判决,是指承认外国法院判决中所确立的当事人之间的权利和义务关系;执行外国法院判决,是指法院在承认的基础上,强制当事人履行外国法院判决中所确立的义务。有的判决,如一些纯粹涉及确认当事人身份关系的判决,只需承认无须执行;对于涉及金钱支付等财产内容的判决,在承认后还须执行。

典型案例

李某某申请承认和执行阿拉伯联合酋长国迪拜初级法院民事判决案②

李某某以田某拒绝还款为由,于 2016 年 9 月 26 日向阿拉伯联合酋长国(以下简称阿联酋)迪拜初级法院提起案件编号为 417/2016(2016 年 417 号)的民事诉讼。在该案审理中,李某某的律师提交了有助于通知田某的资料。迪拜初级法院多次通知田某前来应诉,但田某仍未出庭遂进行缺席审理。2016 年 12 月 14 日,该院就本案所涉事项判决田某向李某某支付人民币 1,145,000 元或等值阿联酋货币 631,582 迪拉姆,并支付自司法诉求之日起至完全偿还完毕期间实际 9% 的法定利息(条件是不能超过被判债务本金),并且承担诉讼中产生的所有税费、各项花费以及律师费 1000 迪拉姆。后李某某向宁夏回族自治区银川市中级人民

① 参见最高人民法院民四庭编著:《〈全国法院涉外商事海事审判工作座谈会会议纪要〉理解与适用》,人民法院出版社 2023 年版,第 296 页。

② 参见宁夏回族自治区银川市中级人民法院民事裁定书,(2017)宁 01 协外认 1 号。

法院申请承认和执行迪拜初级法院作出的上述判决。

银川市中级人民法院认为,根据《中华人民共和国和阿拉伯联合酋长国关于民事和商事司法协助的协定》(该协定于 2005 年 4 月 12 日生效)第 17 条第 1 款之规定,“双方应当根据本国法律,承认和执行另一方法院作出的民事、商事和身份裁决,以及刑事附带民事裁决”。本案中,被申请人田某住所地在贺兰县,银川市中级人民法院作为被申请人财产所在地和住所地(经常居住地)法院,对本案依法享有管辖权。申请人李某某递交了申请承认和执行申请书和经证明无误的阿联酋迪拜初级法院作出的编号为 417/2016(2016 年 417 号)民事判决副本、中文译本,符合申请承认和执行外国法院判决的形式要件。因阿联酋与我国缔结了相互承认和执行民事判决的国际条约,申请人的申请应予以支持。同时,承认该民事判决并不违反我国法律的基本原则或者国家主权、安全、社会公共利益。因此,对申请人提出承认和执行阿联酋法院判决的请求,法院予以支持。故依照《民事诉讼法》(2012 年 8 月 31 日修正)第 154 条第 1 款第 11 项、第 281 条、第 282 条,《民事诉讼法解释》第 543 条第 1 款、第 546 第 1 款的规定,裁定:承认并执行阿拉伯联合酋长国迪拜初级法院 417/2016(2016 年 417 号)民事判决。

…………………

乌兹别克斯坦共和国 CHORVANASLXIZMAT 有限责任公司申请承认和执行乌兹别克斯坦共和国费尔干纳州经济法院作出的 N015－08－06/9474 号民事判决案①

申请人乌兹别克斯坦共和国 CHORVANASLXIZMAT 有限责任公司依照《中华人民共和国和乌兹别克斯坦共和国关于民事和刑事司法协助的条约》(以下简称《中乌条约》)第3条之规定,通过民事司法协助程序向新疆维吾尔自治区乌鲁木齐市中级人民法院提出申请,要求承认乌兹别克斯坦共和国费尔干纳州经济法院对其与中国霍尔果斯海洪贸易有限责任公司(以下简称海洪公司)买卖合同纠纷一案作出的 NO15－08－06/9474 号民事判决在中国领域内的法律效力,并予以执行。法院经审查认为,案涉民事判决应否予以承认和执行,应按照《中乌条约》的规定来审查。《中乌条约》第3条第1款规定,除本条约另有规定外,缔约双方相互请求和提供民事和刑事司法协助,应通过各自的中央机关进行联系。《中乌条约》第13条规定,送达文书和调查取证的请求应以请求书的形式提出。根据前述规定,乌兹别克斯坦共和国法院向我国境内当事人送达开庭传票和判决书,应由乌兹别克斯坦共和国的中央机关以请求书的形式向我国中央机关提出请求,由我国中央机关进行送达。本案中,乌兹别克斯坦共和国费尔干纳州经济法院先是通过我国驻乌兹别克斯坦共和国大使馆经商参处转新疆维吾尔自治区外经贸厅转交海洪

---

① 参见《最高人民法院关于对乌兹别克斯坦共和国 CHORVANASLXIZMAT 有限责任公司申请承认和执行乌兹别克斯坦共和国费尔干纳州经济法院作出的 NO15－08－06/9474 号民事判决一案的请示的复函》(〔2011〕民四他字第18号)。

公司及传真方式送达开庭传票,后又通过传真方式送达判决书,送达方式均不符合《中乌条约》规定,有损我国的司法主权。根据《中乌条约》第21条第5项之规定,应不予承认和执行乌兹别克斯坦共和国费尔干纳州经济法院所作的民事判决。

……………

熊某某申请承认法国法院民事判决案[①]

熊某某向湖北省孝感市中级人民法院申请承认法国埃罗省蒙彼利埃市大审法庭家事法官于2017年10月24日下达的离婚判决书。孝感市中级人民法院经审查认为,根据《最高人民法院关于中国公民申请承认外国法院离婚判决程序问题的规定》第1条第2款、《中华人民共和国和法兰西共和国关于民事、商事司法协助的协定》第21条的相关规定,法国法院的离婚裁判副本是申请人必须提交的材料之一。申请人经该院电话和书面通知,均无法提交其予以申请的法国埃罗省蒙彼利埃市大审法庭家事法官下达的离婚判决书副本及经证明无误的中文译本,其提交的结婚证副本和中华人民共和国驻法兰西共和国大使馆认证的翻译件,虽然载明双方当事人的婚姻关系解除,并载明2017年10月24日埃罗省蒙彼利埃市大审法庭家事法官下达离婚判决书,但仅提供该证据不符合《最高人民法院关于中国公民申请承认外国法院离婚判决程序问题的规定》第3条和《中华人民共和国和法兰西共和国关于民事、商事司法协助的协定》第21条的规定。据此,裁定:对申请人的申请,不予受理。

① 参见湖北省孝感市中级人民法院民事裁定书,(2021)鄂09协外认1号。

………………

三廷特(波兰)有限责任公司申请承认和执行波兰人民共和国华沙莫库托瓦地方法院第IIIK1004/14号刑事判决案①

根据《民事诉讼法》(2012年8月31日修正)第281条及第282条规定,因中华人民共和国与波兰人民共和国缔结了《关于民事和刑事司法协助的协定》,对案涉判决的承认和执行应当依据该协定的相关规定进行审查。三廷特(波兰)有限责任公司(以下简称三廷特公司)申请承认和执行的内容是波兰人民共和国华沙莫库托瓦地方法院第三刑事审判庭于2017年3月23日作出的第IIIK1004/14号刑事判决中关于张某某赔付三廷特公司566,781.37兹罗提的判决,属于上述协定规定的"法院对刑事案件中有关赔偿请求所作出的裁决"范围,且该判决内容不违反中华人民共和国法律的基本原则或者国家主权、安全、社会公共利益。因此,对申请人三廷特公司提出的承认和执行波兰人民共和国刑事判决中有关赔偿请求的申请,依法予以支持。

学理阐释

(一)通则建议条文

【承认和执行外国法院判决的一般规定】应外国法院或者当事人的请求,在该外国与中华人民共和国在判决的相互

① 参见湖北省襄阳市中级人民法院民事裁定书,(2018)鄂06协外认1号。

承认和执行方面存在国际条约或者互惠关系的情况下，外国法院判决可以在中华人民共和国得到承认和执行，但中华人民共和国缔结或者参加的国际条约或者本法另有规定的除外。①

本章所称的外国法院判决，是指外国法院作出的已发生法律效力的下列法律文书：

（一）就民商事案件作出的判决、裁定、决定和调解书等；

（二）在刑事案件中就民事损害赔偿作出的判决、调解书等。

上述文书不包括外国法院作出的保全裁定以及其他程序性法律文书。

（二）理论解读

通则建议条文涉及承认和执行外国法院判决的一般性规定。具体而言，主要考虑以下几个方面：

1. 外国法院判决的理解

（1）外国法院判决的范围。根据我国《民事诉讼法》的规定，此类案件中承认和执行的对象是外国法院作出的判决、裁定。但判决是一个广义的概念，由于各国法律制度的差异，在司法实践中，判决往往以不同的名目出现，本条系对判决范围的界定。从名称上看，本条第2款参照了《民事诉讼法》中的概念，列举了外国判决的各种名称，包括判决、裁定、

① 参考《国际私法示范法》第157条。

决定和调解书。对此应作灵活的理解，即只要是外国法院在诉讼程序中对案件的实质问题作出的裁判，无论依其本国法采用何种名称，均可适用本章有关承认和执行的规定，满足条件的可予以承认和执行。从我国签订的承认和执行外国民商事判决的双边司法协助条约来看，有的采用列举的形式，有的直接对判决作出定义，有的采用“定义 + 列举”的形式。无论是双边司法协助条约，还是《选择法院协议公约》《海牙判决公约》，由于各国法律规定的差异，对判决如何定义均有很大争议，但对于判决必须是针对实体问题作出这一点存在共识。因此，本章采用了“正向规定 + 反向排除”的方式，通过排除程序性法律文书来明确承认和执行的对象是针对实体问题作出的判决。实践中，因各国法律规定不同，判决也形式多样，一般包含判决、裁定、决定、命令以及诉讼费用的开支及负担等法律文书。无论其称谓为何，人民法院应根据其实质的内容判断是否属于本规定项下“判决”的范围。

同时，本条不再强调裁定的概念。《最高人民法院关于修订部分司法统计报表及相关事项的通知》(法〔2011〕33 号)中明确：司法协助中的外国法院“民事判决”应作广义理解，包括民事裁定等其他具有法院判决性质的法律文书(如调解书、支付令)。实践中，有些大陆法系国家存在司法和解书(Judicial Settlement)，包括法院批准的或者当事人在诉讼程序中在法庭面前达成的和解书，如果其在判决作出国和判决享有相同的执行效力，原则上也属于本规定所称的“判决”。

(2)对“外国”应当理解为国际法上承认的主权国家、主权国家的法域或国际组织。

(3)对“法院”宜作广义理解，欧盟《布鲁塞尔条例 I》第 1 条规定，“本条例适用于民商事领域，但不考虑法院或审判机构的性质”。在某些情况下，行政机关对处理民商事案件亦有管辖权。如在波兰等国，公证处也有权处理小额财产纠纷以及有关遗嘱的有效性、遗产保护的纠纷。法院有普通法院、特别法院、行政法院、宪法法院,甚至可能是被一国赋予了一定的司法权的公共机构、教会法院等。

(4)外国法院判决承认和执行一般限于民商事领域,刑事判决和行政法方面的判决具有惩罚性和较强的公法性质,除特别情况如签订国际公约外,各国一般不予承认和执行,故本规定将外国判决限定为民商事性质。民商事的含义,由人民法院根据我国法律规定进行解释。民事和商业事项的特征应该取决于诉讼请求的性质,而不一定取决于提起诉讼的法院的性质,无论是民商事、刑事还是行政法院。特别是,以刑事诉讼方式提起的犯罪受害者的民事索赔不应该因此被剥夺民事性质。

2. 需要执行的判决依据原审国法须具有执行力

申请承认和执行的法院判决必须是已经确定的判决,这是承认与执行判决的一项基本前提。这一点在各国立法及有关国际条约中均得到确认,但关于判决确定性的具体含义,则存在争议。生效(或具有法律效力,have effect / come into effect)是最合适的判决确定性审查标准,适用于各种类型判决的确定性审查。《海牙判决公约解释报告》对生效的定义是:法院判决具有法律意义上的有效性,能够被实施,能够分配当事人权利义务。生效看似模糊,实则平衡了大陆法系国家和英美法系国家立法的差异。从大陆法系角度出发,生效的含义实质上是判决确定之后所具有的形成力和执行力,能够确认或改变现有法律关系的状态,影响当事人实体权利义务。从英美法系角度出发,英美法系国家较为注重判决所产生的结果,而非专注于抽象的理论概念,生效与英美法系国家民事诉讼终局后的法律后果基本一致。与此同时,生效并非英美法系国家或大陆法系国家特有的概念,以其作为判决确定性的审查标准,能够满足缔约双方对双边协定条款内容的合理期待。

《民事诉讼法》规定可予承认和执行的外国判决是外国法院作出的"发生法律效力的判决、裁定",即要求人民法院对判决是否发生法律效力进行审查。本条明确了认定判决是否发生法律效力所应适用的法律。由于各国司法制度的不同,对判决终局性(final and conclusive,终局的且不可推翻)的规定也不相同,对于被请求国的法院而言,确认该判决的效力较为艰难。本规定因此确定了认定判决终局性所依据的法律,并在之后的条款中规定了证明的责任在申请人,由其提供判决发生法律效力的文件(如由作出判决的法院出具该判决的生效证明文书等)。具体的实践问题,还需人民法院在案件审理的过程中解决。

3. 判决确定性的审查

关于判决确定性的审查,以下三个问题需要考虑:

第一,关于判决确定性审查的法律依据,本条规定依据原审国法审查,这也是最常使用的审查方式。大多数双边协定采用依据原审国法的模式,少数双边协定则依据被请求国法进行审查,还有相当数量的双边协定没有规定相关法律依据。

第二,确定的判决,是指已生效的判决;尚可依普通程序提起上诉的判决,因其效力未定,通常应予排除。确定的判决也并非仅指终审判决,根据大多数国家的立法和司法实践,在一定的条件下,外国法院作出的临时或保护性措施的中间裁决也是可以得到承认和执行的。至于当事人是否对已生效的判决提出申诉或申请再审,由于当事人提出申诉或申请再审之前,有关判决已经发生法律效力,加之判决的效力通常并不因当事人的申诉或申请再审而直接受到影响,因此在审查时不予考虑。

第三,对于需要执行的判决,除审查其是否已生效外,尚需审查其是否具有执行效力。如果由于案外人对执行标的提出异议而导致原审法院裁定中止执行,或者被执行人提供担保而使原审法院裁定暂缓执行,或者双方当事人在接到判决后自行和解达成协议而使判决不具有执行效力,则我国也应不予执行。

4. 请求的提出

根据本条规定，承认和执行外国法院判决的请求，应由外国法院或者当事人提出。这是考虑到各国在提出请求方面有不同的做法，如有的国家是由法院提出请求，有的国家则只规定由当事人直接向国外提出申请。

5. “当事人”

“当事人”应当进行广义解释，包括诉讼当事人及其权利、义务继受人，但不包括利害关系人。关于当事人是否包括利害关系人的问题，曾有不同的意见。一种意见认为，利害关系人无权提起申请，因为《民事诉讼法》中的当事人显然不包括利害关系人。另一种意见认为，实践中有些案件需要利害关系人提起申请，如外国离婚判决的一方当事人去世后，其子女在我国财产继承纠纷的案件中因涉及财产是否属于夫妻共同财产等问题需要申请承认该离婚判决以确定父母离婚的事实，因此有必要赋予利害关系人申请的权利。通则建议采纳了第一种意见，因为《民事诉讼法》对案外人与当事人作了明确的区分，法律并未规定利害关系人可以提出申请，故本条应当与《民事诉讼法》的其他规定保持一致。利害关系人若有需要，可以在其参与的诉讼中将外国判决作为证据提交，以证明相关事实。

6. 承认和执行外国法院判决的基础

承认和执行外国法院判决的基础，即需存在条约关系或互惠关系，这体现了相互尊重司法主权和平等互利原则。

7. 互惠关系的认定

关于互惠关系的认定，在由外国法院提出请求的情况下，一般应要求外国法院或其他有权机关通过外交途径作出互惠的承诺；在由当事人直接提出申请的情况下，可通过双方外交部门协助确认是否存在互惠关系，也可根据该外国有关法律的要求、司法实践等情况综合判断是否可以认为存在互惠关系,如有的国家法律不以互惠为前提,只要求对方法律在承认和执行方面的规定与己方法院规定相类似,即可认定存在"推定的互惠"关系。

本条列举了两种可以认定存在互惠关系的情形。第一种是针对"法律互惠"的;第二种是针对两国之间存在合作交流意向或共识的。2015年《最高人民法院关于人民法院为"一带一路"建设提供司法服务和保障的若干意见》指出:"要在沿线一些国家尚未与我国缔结司法协助协定的情况下,根据国际司法合作交流意向、对方国家承诺将给予我国司法互惠等情况,可以考虑由我国法院先行给予对方国家当事人司法协助,积极促成形成互惠关系。"2017年6月8日在南宁通过的《第二届中国——东盟大法官论坛南宁声明》即属于一种司法合作共识。该声明第7条规定:"区域内的跨境交易和投资需要以各国适当的判决的相互承认和执行机制作为司法保障。在本国国内法允许的范围内,与会各国法院将善意解释国内法,减少不必要的平行诉讼,考虑适当促进各国民商事判决的相互承认和执行。尚未缔结有关外国民商事判决承认和执行国际条约的国家,在承认与执行对方国家民商事判决的司法程序中,如对方国家的法院不存在以互惠为理由拒绝承认和执行本国民商事判决的先例,在本国国内法允许的范围内,即可推定与对方国家之间存在互惠关系。"

相比于《民事诉讼法》第299条的规定,通则建议条文第1款最后一句规定"但中华人民共和国缔结或者参加的国际条约或者本法另有规定的除外",这表明,在中国与该外国缔结或共同参加的国际条约的情形下,根据该国际条约的规定予以审查和处理;在没有国际条约的情形下,则根据本法规定予以审查和处理;若符合国际条约或本法所规定的拒绝承认或执行的情况,则不予承认和执行。

六十、管辖法院

现行规定

《民事诉讼法》

第 298 条 外国法院作出的发生法律效力的判决、裁定,需要人民法院承认和执行的,可以由当事人直接向有管辖权的中级人民法院申请承认和执行,也可以由外国法院依照该国与中华人民共和国缔结或者参加的国际条约的规定,或者按照互惠原则,请求人民法院承认和执行。

《民事诉讼法解释》

第 542 条 当事人向中华人民共和国有管辖权的中级人民法院申请承认和执行外国法院作出的发生法律效力的判决、裁定的,如果该法院所在国与中华人民共和国没有缔结或者共同参加国际条约,也没有互惠关系的,裁定驳回申请,但当事人向人民法院申请承认外国法院作出的发生法律效力的离婚判决的除外。

承认和执行申请被裁定驳回的,当事人可以向人民法院起诉。

《第三次审判纪要》

34.【申请人住所地法院管辖的情形】申请人申请承认外国法院判决、裁定,但被申请人在我国境内没有住所地,且其财产也不在我国境内的,可以由申请人住所地的中级人民法院管辖。

条文释义

上述条文旨在明确申请承认和执行外国民商事判决案件的管辖法院,以及当事人或外国法院请求我国人民法院承认和执行外国法院判决、裁定。

两国法院之间互相委托、承认和执行对方法院作出的生效判决、裁定和仲裁机构作出的裁决的制度,在学理上也被称为特殊司法协助。之所以特殊,主要是因为涉及国家的民事审判制度、司法制度以及当事人的切身利益。因此,各国对此都规定了严格的承认和执行程序。根据本条的规定,外国法院作出的生效判决、裁定需要我国人民法院承认和执行的,可以由当事人直接向我国有管辖权的中级人民法院提出申请,即由当事人直接向中国有管辖权的中级人民法院提交承认与执行的申请书。人民法院接到申请书或者请求书后,予以立案,根据我国法律或者我国缔结或参加的国际条约的规定,或者按照互惠原则进行形式审查。我国人民法院经审查,对符合条件的,裁定承认其效力,需要执行的,发出执行令,依照《民事诉讼法》第三编规定的执行程序予以执行;对不符合条件的,人民法院不予承认和执行。①

① 参见姚红主编:《中华人民共和国民事诉讼法释义》,法律出版社 2007 年版,第 268 ~ 269 页。

当事人向中华人民共和国有管辖权的中级人民法院申请承认和执行外国法院作出的发生法律效力的判决、裁定的，如果该法院所在国与中华人民共和国没有缔结或者共同参加国际条约，也没有互惠关系的，当事人可以向人民法院起诉，由有管辖权的人民法院作出判决，予以执行。与我国没有司法协助协议又无互惠关系的国家的法院，未通过外交途径，直接请求我国法院司法协助的，我国法院应予退回，并说明理由。

典型案例

林某诉马某某、李某某案①

本案中，被告马某某未经林某同意，将2人在夫妻关系存续期间的房子卖给李某某。林某认为该买卖合同无效。在诉讼期间，原、被告均向法院提交了美国新泽西州高级法院作出的判决书（案件号：FM－11－301－09－C）。庭审中，原告确认其与被告马某某经美国新泽西州高级法院作出的判决书解除了婚姻关系，在该判决书中对本案涉及的房产也已进行了处理。

法院认为：根据我国《民事诉讼法》第281条规定："外国法院作出的发生法律效力的判决、裁定，需要中华人民共和国人民法院承认和执行的，可以由当事人直接向中华人民共和国有管辖权的中级人民法院申请承认和执行，也可以由外国法院依照该国与中华人民共和国缔结或者参加的国际条约的规定，或者按照互惠原则，请求人民法院承认和执行。"本案中，当事人未申请人民法院承认外国法院离婚判决，直接起诉

① 参见海南省海口市龙华区人民法院民事裁定书，(2013)龙民一初字第973号。

处理夫妻共同财产,不符合法律规定,本院不予支持……驳回原告林某的起诉。

…………………

申请人(株)KRNC 申请承认和执行韩国首尔中央地方法院作出的 2015cha47512 号支付令案[①]

申请人(株)KRNC 申请承认和执行韩国首尔中央地方法院作出的 2015cha47512 号支付令一案,大连市中级人民法院于 2021 年 4 月 8 日立案,依法组成合议庭进行了审查,现已审查终结。

申请人(株)KRNC 申请称,请求承认韩国首尔中央地方法院作出的 2015cha47512 号支付令的效力,并请求予以执行。具体理由如下:申请人因与被申请人受让金纠纷,于 2015 年 9 月 24 日向韩国首尔中央地方法院申请支付令,韩国首尔中央地方法院向被申请人发出 2015cha47512 号支付令,责令被申请人向申请人支付韩币 1,000,000,000 元及利息,利息自 1997 年 3 月 24 日起至 2004 年 10 月 20 日止按 5% 年利率计算,2004 年 10 月 21 日以后按 20% 年利率支付延迟损害赔偿金,直至债务清偿完毕止。支付令于 2016 年 5 月 18 日送达后,被申请人未在法定期限内提出异议,支付令遂于 2016 年 6 月 1 日生效。支付令生效后,因被申请人仍未履行义务,申请人于 2017 年 6 月 2 日、2018 年 9 月 4 日向韩国首尔中央地方法院申请强制执行,经法院强制执行后,截至本申请日前被申请人尚有韩币 4,654,794,521 元债务至今未能履行。现申请人发现被申请人在中国大连有可供执行的财产(房产位置:大连市,房产证

① 参见辽宁省大连市中级人民法院民事裁定书,(2021)辽 02 协外认 7 号。

号:辽房权证大连市字第××号,房屋所有权人:CHOOKYUSHIK),因此,申请人依据《民事诉讼法》第283条之规定,向申请人财产所在地大连市中级人民法院提出申请,请求承认韩国首尔中央地方法院作出的2015cha47512号支付令的效力,并请求予以执行。

经审查申请人提交的证据,本案申请人系以其所提供的一份房产证照片打印件作为本院管辖的关联因素证据。该打印件显示,被申请人名下有坐落于大连市房屋一套。对于该房产证照片打印件的合法来源及该房产信息的真实有效性,申请人未能提供证据予以证明。

大连市中级人民法院经审查认为,本案中,申请人请求承认韩国首尔中央地方法院作出的2015cha47512号支付令的效力,并请求予以执行。根据《民事诉讼法》第281条、第224条之规定,申请人应向被申请人住所地或被执行财产所在地的中级人民法院提出承认和执行申请。本案中,申请人虽提供了一份房产证照片打印件以证明被申请人在本院辖区范围内有被执行财产,但申请人未能说明该房产证照片打印件的合法来源,亦未能提供其他有效证据证明该房产信息的真实有效性。因申请人亦未能提供证据证明被申请人住所地在本院辖区范围内,故尚无有效证据证明本案应由本院管辖,申请人本案提出的申请依法应予驳回。

综上,依据《民事诉讼法》第224条、第281条、《民事诉讼法解释》第544条之规定,裁定驳回(株)KRNC的申请。

学理阐释

(一)通则建议条文

【管辖法院】当事人申请承认和执行外国法院判决、外国仲裁裁决、经调解后外国和解协议的案件，由当事人经常居所地、财产所在地中级人民法院管辖。

申请承认外国法院离婚判决的申请人住所地不在国内，且无法根据第一款的规定确定管辖法院的，由申请人原国内经常居所地中级人民法院管辖。

(二)理论解读

通则建议条文规定当事人的经常居所地以及财产所在地法院均有权管辖此类案件，以最大限度地确保此类案件得到人民法院的审理。法律依据是《民事诉讼法》第298条、《民事诉讼法解释》第544条，同时参考了《选择法院协议公约》第4条和《海牙判决公约》第4条。

对外国法院判决进行审查，是一国司法机关行使司法主权的一种重要形式，只能由有关国家的法院来实施。关于受理的法院，大部分国家都对该类法院在级别和地域上进行了限制。在西班牙，应当向其初审法院提交；在法国，执行令之诉一律由被申请执行人的住所或居所所在地或财产所在地的大审法院受理；在英国，一般应由高等法院受理。承认与执行外国法院判决是一种司法行为，无疑应该由人民法院来完成。①

① 参见何其生:《中国国际民事诉讼原则与规则:外国法院判决的承认与执行(建议稿)》,载《武大国际法评论》2016年第2期。

六十一、对外国法院判决的审查

现行规定

《民事诉讼法》

★2023 年在措辞上进行了修改

第 299 条 人民法院对申请或者请求承认和执行的外国法院作出的发生法律效力的判决、裁定，依照中华人民共和国缔结或者参加的国际条约，或者按照互惠原则进行审查后，认为不违反中华人民共和国法律的基本原则且不损害国家主权、安全、社会公共利益的，裁定承认其效力；需要执行的，发出执行令，依照本法的有关规定执行。

第 303 条 当事人对承认和执行或者不予承认和执行的裁定不服的，可以自裁定送达之日起十日内向上一级人民法院申请复议。

双边条约

1.《中华人民共和国和巴西联邦共和国关于民事和商事司法协助的条约》

第 24 条第 2 款 被请求方法院应当仅限于审查裁判是否符合本条约规定的条件，不得对裁判作任何实质性审查。

2.《中华人民共和国和土耳其共和国关于民事、商事和刑事司法协助的协定》

第 24 条第 2 款　被请求法院仅限于审查本协定所规定的条件是否具备。

3.《中华人民共和国和哈萨克斯坦关于民事和刑事司法协助的条约》

第 19 条第 2 款　被请求法院只能审查该裁决是否符合本条约的规定。

4.《中华人民共和国和塞浦路斯共和国关于民事、商事和刑事司法协助的条约》

第 28 条第 2 款　法院在对请求承认或执行裁决的申请作出决定时,应仅限于就是否符合第二十五条规定的条件进行审查。

5.《中华人民共和国和古巴共和国关于民事和刑事司法协助的协定》

第 23 条第 2 款　被请求的缔约一方法院对提出请求的缔约一方法院作出的请求承认与执行的裁决的实质不进行审查。

条文释义

上述条文规定了人民法院对外国法院判决的审查原则。

人民法院对申请或者请求承认和执行的外国法院作出的发生法律效力的判决、裁定,依照中华人民共和国缔结或者参加的国际条约,或者按照互惠原则进行审查。

从世界各国立法及实践来看,在决定是否承认和执行外国判决时对其进行审查,是大多数国家的一般做法,其目的在于确保有关判决的承认和执行不损害本国的根本利益。从理论上讲,判决作为司法裁判权行使的结果,与一国的司法主权密切相关,原则上仅在其本国管辖的领域内具有法律效力。对外国判决的承认和执行,实际上是外国司法裁判权的效力在本国的延伸。鉴于各国司法制度、法律传统的差异,规定审查制度对判决的域外效力加以合理限制,从而防止对本国司法主权的侵蚀,符合各国的国家利益。并且,规定具体的审查条件和程序,使得外国判决的承认和执行有必要的确定性和可预见性,有利于国际民商事交往的顺利开展。

形式审查,是指被请求法院不对原判决的事实和法律进行审查,而仅审查外国法院的判决是否符合本国法律或有关公约中规定的承认和执行的条件,不对案件判决的实质性作任何变动,不改变原判决的结论。形式审查体现了一项重要的价值理念,即被请求国法院承认和执行外国判决时应对外国法院认定的事实和适用的法律给予尊重和信任,避免成为外国判决的上诉法院。因此,本条第1款规定中国法院对于申请承认和执行的外国法院的判决,应当依据本章的规定进行审查,但不对该判决作实质审查。

典型案例

Kolmar Group AG(高尔集团股份有限公司)与江苏省纺织工业(集团)进出口有限公司申请承认和执行外国法院判决、裁定案[①]

对申请人高尔集团股份有限公司(以下简称高尔集团)申请承认和

① 参见江苏省南京市中级人民法院民事裁定书,(2016)苏01协外认3号。

执行新加坡共和国高等法院于2015年10月22日作出的O13号民事判决一案，南京市中级人民法院裁定如下：

高尔集团申请称，高尔集团因与江苏省纺织工业(集团)进出口有限公司(以下简称省纺集团)买卖合同纠纷，双方达成和解协议，省纺集团承诺赔偿高尔集团35万美元，后因省纺集团未履行和解协议，高尔集团依据和解协议中的约定管辖条款向新加坡共和国高等法院提起诉讼。经合法传唤，省纺集团未到庭，新加坡共和国高等法院于2015年10月22日作出O13号缺席判决，判令省纺集团偿付35万美元及自传讯令状签发之日起至判决之日止按年利率5.33%计算的利息、费用4137.9新元，高尔集团亦向省纺集团进行了送达，但省纺集团完全不予理会。因省纺集团及其财产均在中国境内，现依据《中华人民共和国民事诉讼法》及司法解释相关规定，请求法院对该判决予以承认和执行。

……

经审查认定：新加坡共和国高等法院于2015年10月22日作出O13号民事判决，判令省纺集团支付高尔集团35万美元及自传讯令状签发之日起至判决之日止按年利率5.33%计算的利息，并且支付费用4137.9新元。省纺集团在本案听证中承认其得到了新加坡共和国高等法院的合法传唤，但未参加庭审，其亦收到了案涉判决书。另查明，2014年1月，新加坡共和国高等法院作出〔2014〕SGHC16号判决，内容为对我国江苏省苏州市中级人民法院作出的判决进行承认和执行。

本院认为，《中华人民共和国民事诉讼法》第二百八十二条规定，“人民法院对申请或者请求承认和执行的外国法院作出的发生法律效力的判决、裁定，依照中华人民共和国缔结或者参加的国际条约，或者按照互惠原则进行审查后，认为不违反中华人民共和国法律的基本原则或者国家主权、安全、社会公共利益的，裁定承认其效力，需要执行的，发出执行令，依照本法的有关规定执行。违反中华人民共和国法律的基本原则或者国家主权、安全、社会公共利益的，不予承认和执行”，案涉民事判决系新加坡共和国法院作出，我国与新加坡共和国之间并未缔结或者共同参加关于相互承认和执行生效裁判文书的国际条约，但由于新加坡共和国高等法院曾于2014年1月对我国江苏省苏州市中级人民法院的民事判决进行了执行，根据互惠原则，我国法院可以对符合条件的新加坡法院的民事判决予以承认和执行。经审查，案涉判决亦不违反我国法律的基本原则或者国家主权、安全、社会公共利益，故依照《中华人民共和国民事诉讼法》第二百八十二条之规定，裁定承认和执行新加坡共和国高等法院于2015年10月22日作出的O13号民事判决。

…………………

崔某某申请承认和执行韩国水原地方法院2017甲单15740号民事判决案[①]

在崔某某、尹某某申请承认与执行法院判决案中，青岛市中级人民法院承认和执行韩国水原地方法院2017甲单(GADAN)15740号民事判决。青岛市中级人民法院认为：

根据《中华人民共和国民事诉讼法》第二百八十一条之规定，外国法院作出的发生法律效力的判决、裁定，需要中华人民共和国人民法院承认和执行的，可以由当事人直接向中华人民共和国有管辖权的中级人民法院申请承认与执行。现申请人向本院提出申请承认与执行涉案判决，根据本院查明事实，被申请人十年前即来到中华人民共和国，其经常居所地位于中华人民共和国山东省青岛市城阳区，故本院对本案有管

① 参见山东省青岛市中级人民法院民事裁定书，(2018)鲁02协外认6号。

辖权。

……涉案民事判决系韩国法院作出,我国与韩国之间并未缔结或者共同参加关于相互承认和执行生效裁判文书的国际条约,两国之间缔结的关于民事和商事司法协助的条约中仅规定了对仲裁裁决的承认和执行,所以本案申请人的申请是否应予支持,应依据互惠关系原则进行审查。由于韩国法院曾在司法实践中对我国山东省潍坊市中级人民法院的一份民事判决进行了承认,根据互惠原则,我国法院可以对符合条件的韩国法院的民事判决予以承认和执行。同时,上述韩国水原地方法院的判决系对申请人与被申请人之间的借贷关系作出,承认该民事判决并不违反我国法律的基本原则或者国家主权、安全、社会公共利益。虽然本案中被申请人声称没有收到过该判决书,但判决书中载明该判决的送达方式是依据韩国民事诉讼法进行的"公示送达",申请人也出示了韩国法院出具的已送达被申请人及判决已发生效力的证据,该证据经过公证认证,并经被申请人质证,对其真实性本院予以确认。关于被申请人抗辩称判决书中所涉 8000 万元韩币是双方在 2009 年刑事诉讼中涉及的,当时刑事诉讼中认定为投资资金,不同意 8000 万元韩币是借款资金的主张,本院认为,本案为承认和执行外国法院判决、裁定,关于外国法院判决认定的案件事实及法律适用不在本案审查的范围之内。

学理阐释

(一)通则建议条文

【形式审查】中华人民共和国人民法院对于申请承认和执行的外国法院的判决,应当依据本章的规定进行审查,除出于承认或执行外国法院判决的需要才进行实质审查外，不对该判决进行实质审查。

外国法院判决所涉及的当事人或者其他利害关系人可以对承认和执行该判决的裁定提出上诉。

(二)理论解读

通则建议条文规定了两方面内容：一是形式审查的基本原则；二是法院依职权审查和有关人员上诉权相结合的原则。法律依据为《民事诉讼法》第127条、第154条，并参照了《海牙判决公约》第4条和《选择法院协议公约》第8条。

1. 外国法院判决审查的基本原则是与审查范围密切相关的一个问题。审查事项通常为程序性问题，不涉及案件的事实认定和法律适用。在本条第1款中进一步确认了上述范围，明确规定“不对该判决进行实质审查”。根据第1款的规定，法院应依职权对申请承认和执行的判决进行审查，但是这并不排除有关人员对判决的承认和执行所作裁定提出异议。

2. 本条第2款规定了提出上诉的权利。第2款规定当事人对人民法院作出的裁定(包括承认和执行以及不予承认和执行的)可以提出上诉。

关于有权提出上诉的人员范围，此款规定为“外国法院判决所涉及的当事人或者其他利害关系人”，这表明，有权提出上诉的人员并不仅限于有关判决的当事人，判决的承认和执行将影响其现实利益的人均有权提出上诉。例如，案件当事人争议的标的物实际为另一人所有，则此案外人对于判定争议标的物权归属的判决的承认和执行自应有权提出上诉。对于案外人而言,没有必要受上述审查范围的限制,可就有关争议的实质内容提出异议和证据,但对于一些专属于案件当事人的诉讼权利以及诉讼程序方面的问题,案外人似不应仅以此为由提出异议。

此外,鉴于公共秩序问题的特殊性,应将其交由中国法院依职权独立审查,任何人不得据此提出上诉。关于提出时间,有关形式和程序方面的异议应在我国法院对外国法院判决进行审查的期间内提出,一旦完成审查作出裁定,则不得提出;对于有关可执行性的异议,不受上述期限的限制,在此后的执行程序中亦得提出,但必须遵循我国法律规定的程序。对于上诉的提出时间,必须遵循我国法律关于上诉程序的规定。

复议和上诉是各国法律规定的当事人对法院作出的裁定(包括承认和执行以及不予承认和执行的)的两种主要救济途径,且从世界范围内来看,多数国家允许当事人对判决的承认和执行的裁定提起上诉。

相比复议,上诉救济的优点有:第一,通过上诉程序,上级法院可对下级法院进行有效的审判监督。上诉法院通过对上诉案件的审判,及时作出新判决纠正下级法院可能发生错误的判决、裁定,维持正确的原判决、裁定,使当事人合法权益得到审判的保障,进而完成上诉程序实现法律适用统一性任务。第二,通过上诉程序,上级法院可以对拥有上诉利益的上诉人进行救济,可对下级法院进行有效的审判监督,实现我国上诉法院的监督与救济双重功能。上诉审的监督功能对应事后审查制,上诉法院必须在相同的事实基础上判断一审裁判的正误。我国民事诉讼法允许上诉人在二审中提出新的事实和证据,这显然是偏重救济当事人的功能的。但是,上诉救济亦有不足,如它不属于《民事诉讼法》第154条规定的可以上诉的裁定范围,则当事人无法提起上诉。

六十二、间接管辖权

现行规定

《民事诉讼法》

★2023年新增

第301条 有下列情形之一的，人民法院应当认定该外国法院对案件无管辖权：

（一）外国法院依照其法律对案件没有管辖权，或者虽然依照其法律有管辖权但与案件所涉纠纷无适当联系；

（二）违反本法对专属管辖的规定；

（三）违反当事人排他性选择法院管辖的协议。

条文释义

本条系对间接管辖权认定标准作出的规定。

在国际民事诉讼中，管辖权规范按其所起的作用可以分为直接管辖权规范和间接管辖权规范。根据间接管辖权规范，如果被请求法院认为作出判决的外国法院对于案件没有管辖权,就会拒绝对该项判决予以承认和执行。对于外国法院管辖权的审查,主要目的是保护本国法院的管辖权和其他重大利益不受损害。但是此前《民事诉讼法》《民事诉讼法解释》对判断外国法院管辖权的问题并未提及。《最高人民法院关于中国公民申请承认外国法院离婚判决程序问题的规定》明确,若进行判决的外国法院对案件无管辖权,人民法院不予承认该外国法院离婚判决,但是未就审查外国法院管辖权的具体标准和法律依据作进一步阐释。

对于在没有国际公约、条约规定的情况下,人民法院对外国民商事判决管辖权的审查究竟适用哪国法律这一问题,本条采用的是原审国模式,即对于管辖权问题的审查应当适用判决作出国的法律,只要不违反我国法律规定的专属管辖规定以及当事人排他性法院管辖协议,都可以视为管辖权适格。但本条也同时兼顾了依被请求国法律(中国法)判断判决作出国对案件是否有管辖权的标准,即对于"与案件所涉纠纷无适当联系"的判断。

典型案例

肖莱公司、特力股份有限公司申请承认和执行法兰西共和国波比尼商事法庭 2011F01203 号民事判决案[①]

2010 年 2 月 26 日,肖莱公司向法兰西共和国波比尼商事法庭起诉特力股份有限公司。2010 年 5 月 27 日,特力股份有限公司要求追加道明光学股份有限公司介入诉讼,并要求法庭将担保请求和主诉并案审

① 参见浙江省金华市中级人民法院民事裁定书,(2016)浙 07 协外认 1 号。

理。该案于 2010 年 9 月 2 日开庭审理,道明光学股份有限公司未到庭。法庭在开庭时将担保请求与主诉请求合并审理,案件登记号为 2010F00300。2011 年 6 月 16 日,道明光学股份有限公司到庭并阅读了特力股份有限公司呈交的诉状。2011 年 10 月 18 日,波比尼商事法院作出判决。该判决于 2011 年 11 月 4 日送达给道明光学股份有限公司。道明光学股份有限公司在上诉期未提起上诉。特力股份有限公司于 2012 年 1 月 31 日向巴黎上诉法院提起上诉,后特力股份有限公司撤回上诉。巴黎上诉法院于 2014 年 2 月 25 日签发全部诉讼程序终结的裁定。肖莱公司、特力股份有限公司向浙江省金华市中级人民法院申请承认和执行法兰西共和国波比尼商事法庭作出的上述 2011F01203 号民事判决。

浙江省金华市中级人民法院认为,1987 年 5 月 4 日,中华人民共和国和法兰西共和国签订了《中华人民共和国和法兰西共和国关于民事、商事司法协助的协定》,该协定于 1988 年 2 月 8 日正式生效。根据该协定第 2 条关于司法协助的范围的规定、第 22 条关于拒绝承认和执行的规定以及第 23 条关于程序的规定,我国法院在审核法兰西共和国法院作出的裁决时不得对裁决作任何实质性审查。对于道明光学股份有限公司主张的该案纠纷的管辖权问题,根据我国《民事诉讼法》(2012 年 8 月 31 日修正)第 34 条和第 127 条的规定,道明光学股份有限公司委托律师应诉,在诉讼过程中也未向波比尼商事法院提出管辖权异议,波比尼商事法院受理本案纠纷也不违背我国《民事诉讼法》有关级别关系和专属管辖的强制性规定,该案不存在拒绝承认和执行法兰西共和国波比尼商事法院 2011F01203 号判决的理由。依照《民事诉讼法》(2012 年 8 月 31 日修正)第 282 条的规定,裁定:承认和执行法兰西共和国波比尼商事法院于 2011 年 10 月 18 日作出的案件号为 2010F0300,判决书号为 2011F01203 的民事判决。

学理阐释

（一）通则建议条文

【间接管辖权】依照中华人民共和国法律的规定，或者依照中华人民共和国缔结或者参加的国际条约的规定，作出判决的外国法院无管辖权，则不承认和执行该判决。

（二）理论解读

通则建议条文对作出判决的法院是否对案件享有管辖权进行判断的标准作出了规定。

依照我国法律的规定，或者依照我国缔结或者参加的国际条约的规定，作出该外国法院判决的外国法院如无管辖权，则不承认和执行该国法院作出的判决。目前，“中华人民共和国缔结或者参加的国际条约”，主要是指对管辖权问题有规定的双边民商事司法协助条约和就专门事项的管辖权问题作出规定的国际公约。在不存在上述条约的情况下，则应依据本法的相关规定进行审查。

司法管辖权作为整个民事诉讼程序的基础，是判决承认和执行的前提，在国际条约和各国立法中，管辖权都是对外国判决进行审查的重点，鉴于一国在其境内如何分配司法管辖权纯属一国内政，因此对外国判决的审查通常不涉及有关案件的地域管辖和级别管辖，而主要是针对有关案件的国际管辖权，即审查在国际层面上一国对涉外民事案件的管辖划分是否得当。

从我国签订的双边民商事司法协助协定、条约来看,对判断管辖权是否适格的方式一般有三种:第一种是“简单规定方式”,即以被请求国法律判断作出判决的法院对案件是否有管辖权(如我国与阿根廷、保加利亚、波兰、法国、古巴等国签订的司法协助协定、条约);第二种是“专属管辖排除方式”,即根据被请求国法院对该案件是否具备专属管辖权,从而判断作出判决的法院对案件是否具备管辖权(如我国与哈萨克斯坦、俄罗斯、吉尔吉斯斯坦、塔吉克斯坦、乌克兰等国家缔结的司法协助协定、条约);第三种是“列举方式”,即列举若干项管辖权的标准作为审查依据(如我国与老挝、塞浦路斯、突尼斯、西班牙、意大利、越南等国签订的司法协助协定、条约。协定、条约中还规定基础性标准不应影响缔约双方法律规定的专属管辖权)。

关于审查所依据的标准,如果有关国家之间订有条约或共同参加了某项国际公约,则通常依条约的规定进行审查;如未有条约规定上述问题,绝大多数国家规定依本国法律审查,印度、爱尔兰以及北欧诸国规定依原审法院所在国的法律审查,法国、以色列等少数国家规定应结合本国法律和原审法院所在国的法律进行审查,此外,匈牙利、波兰在审查外国判决时尚要求考虑第三国的法律。

适用被请求国法律应该是中国立法的首选。而对于具体的判断标准,则可以考虑由最高人民法院制定规范性文件,采用清单模式为主并辅以实质联系作为补缺性条款的综合模式来加以解决。在采纳清单模式中,《海牙判决公约》的规定无疑是最好的参考。在立法进行原则性规定之后,由司法机关通过发布司法解释的方式,来增加法律规则的具体化和可操作性,是一种相对稳妥的方案。

六十三、拒绝承认和执行的理由

现行规定

《民事诉讼法》

★2023 年新增

第 300 条　对申请或者请求承认和执行的外国法院作出的发生法律效力的判决、裁定，人民法院经审查，有下列情形之一的，裁定不予承认和执行：

（一）依据本法第三百零一条的规定，外国法院对案件无管辖权；

（二）被申请人未得到合法传唤或者虽经合法传唤但未获得合理的陈述、辩论机会，或者无诉讼行为能力的当事人未得到适当代理；

（三）判决、裁定是通过欺诈方式取得；

（四）人民法院已对同一纠纷作出判决、裁定，或者已经承认第三国法院对同一纠纷作出的判决、裁定；

（五）违反中华人民共和国法律的基本原则或者损害国家主权、安全、社会公共利益。

《选择法院协议公约》

第 9 条　承认或者执行的拒绝

承认或者执行可以被拒绝，如果：

（一）该协议根据被选择法院国法律是无效的，除非被选择法院已确定该协议是有效的；

（二）根据被请求国法律，一方当事人缺乏缔结该协议的能力；

（三）提起诉讼的文书或者同等文件，包括请求的基本要素：

1. 没有在足够的时间内以一定方式通知被告使其能够安排答辩，除非被告在原审法院出庭并答辩，且在原审国法律允许就通知提出异议的条件下，被告未就原审法庭的通知问题提出异议；

2. 在被请求国通知被告的方式与被请求国有关文书送达的基本原则不符；

（四）该判决是通过与程序事项有关的欺诈获得的；

（五）承认或者执行将会与被请求国的公共政策明显相悖，包括导致该判决的具体诉讼程序不符合被请求国程序公正基本原则的情形；

（六）该判决与被请求国就相同当事人间争议作出的判决相冲突；

（七）该判决与较早前第三国就相同当事人间就相同诉因所作出的判决相冲突，且该较早判决满足在被请求国得到承认所必需的条件。

《海牙判决公约》

第 7 条　承认与执行的拒绝

一、如果存在下列情形，可以拒绝承认或者执行：

（一）提起诉讼的文书或同等文书，包括诉讼请求的本质要素：

1. 没有在足够的时间内以一定方式通知被告使其能够安排答辩，除非被告在原审法院出庭，且在原审国法律允许就通知提出异议的条件

下，被告未就原审法庭的通知问题提出抗辩；或者

2. 在被请求国通知被告的方式与被请求国有关文书送达的基本原则不符；

（二）判决是通过欺诈获得的；

（三）承认或者执行将会与被请求国的公共政策明显相悖，包括作出该判决的具体诉讼程序不符合被请求国程序公正的基本原则，以及侵犯该国主权和安全的情形；

（四）原审国的诉讼与当事人协议或信托文书的指定相悖，根据该文书，争议应该由其他国家法院解决，而并非原审国法院；

（五）该判决与被请求国法院就相同当事人间争议作出的判决相冲突；

（六）该判决与较早前第三国法院就相同当事人间相同标的所作出的判决相冲突，且较早判决满足在被请求国得到承认所必需的条件。

条文释义

上述条文规定了拒绝承认和执行外国判决的条件。

根据《民事诉讼法》第300条规定，人民法院拒绝承认与执行外国法院判决的五种情形包括：(1)原审法院对案件无管辖权；(2)原审被告未获得合法传唤，或者未能行使陈述、辩论或被代理的诉讼权利；(3)判决系通过欺诈获得；(4)在平行诉讼情况下，同一纠纷人民法院业已判决或者另一外国法院对相同纠纷的判决也已获得人民法院承认与执行；(5)违反公共政策。

此前我国《民事诉讼法》仅规定按照互惠原则审查时，不违反公共政策的应予以承认和执行，但对人民法院具体的审查标准和内容未作出

规定。根据国际私法理论,承认和执行一项外国法院判决需要审查的事项主要涉及管辖权适格、诉讼程序的正当性、欺诈抗辩、平行诉讼、公共秩序等。《民事诉讼法》新增的第300条的规定契合了有关判决承认和执行的国际条约、我国签订的双边司法协助条约以及相关司法解释的有关规定,规定了不予承认和执行的事由。人民法院在认定两国间存在互惠关系后,还要依据本条规定审查外国法院判决是否满足承认和执行的条件。[①]

典型案例

海湾发展集团有限公司、陈某1、陈某2申请承认与执行法院判决、仲裁裁决案[②]

在申请人海湾发展集团有限公司(Oceanside Development Group Limited,以下简称海湾公司)申请承认新加坡共和国高等法庭S139/2012号民事判决案中,浙江省温州市中级人民法院认为:

我国与新加坡共和国并未缔结或者共同参加关于相互承认和执行生效民商事裁判文书的双边协定或国际条约,依照《中华人民共和国民事诉讼法》第二百八十二条的规定,我国法院可以按照互惠原则进行审查,对符合条件的新加坡共和国法院作出的民事判决可予以承认。经审查,本院对于海湾公司提出的关于承认新加坡共和国高等法庭于2013年2月15日作出的S139/2012号民事判决的效力请求,予以支持。理

---

① 参见最高人民法院民事审判第四庭编著:《〈全国法院涉外商事海事审判工作座谈会会议纪要〉理解与适用》,人民法院出版社2023年版,第318页。

② 参见浙江省温州市中级人民法院民事裁定书,(2017)浙03协外认7号。

由是:其一,该民事判决确定给付的部分款项在新加坡共和国已经予以执行,可以确定该判决在新加坡共和国已经生效;其二,该案系缺席判决,但陈某1、陈某2已经得到合法传唤。新加坡共和国高等法庭根据陈某1、陈某2要求撤销律师亲自出席等行为,于2013年2月1日作出要求陈某1、陈某2提供担保才能答辩的庭令,不违反新加坡共和国民事诉讼法律有关法庭规则的规定。陈某1、陈某2在该案审理中已经得到正当程序权利。其三,该案也不存在违反中华人民共和国法律的基本原则或者国家主权安全、社会公共利益的情形。

学理阐释

(一)通则建议条文

【拒绝承认和执行的理由】外国法院作出的判决,有下列情形之一的,应予拒绝承认和执行:

(一)判决作出国与中华人民共和国没有共同缔结或者参加的国际条约,也不存在互惠关系。

承认和执行外国法院判决取决于互惠关系时,根据判决作出国法律的规定,在同等情形下中华人民共和国人民法院作出的判决可以得到判决作出国法院的承认和执行;或者根据判决作出国与我国达成的国际司法合作共识等可以认定两国之间存在互惠关系情形的,人民法院可以认定存在互惠关系。

(二)依据判决作出国的法律,该判决尚未生效或者不具有执行效力。

（三）在判决作出国法院的诉讼程序中，被申请人未经合法传唤，或者在没有诉讼行为能力时未得到适当代理的。

（四）判决是通过欺诈方式取得的。

（五）人民法院已对[相同当事人]同一争议作出判决，或正在审理；或者第三国法院对[相同当事人]同一争议作出判决且已被人民法院认可或承认。

（六）有损于中华人民共和国的公共秩序的。

（二）理论解读

通则建议条文规定了应予拒绝承认和执行外国判决的条件。

拒绝承认与执行外国法院判决的理由，无论是各国国内法的规定还是国际法律文书的规定，在全球范围已经高度一致。有所不同的是可能是个别术语的理解有所差异，如互惠、确定的判决、欺诈、一事不再理、公共秩序等。本规则采用排除法，即如果不存在本条所规定的情形，即应承认与执行的外国法院的判决。本条主要是借鉴了现行的我国与外国订立的双边司法协助协定方面的规定，具体而言参考了《选择法院协议公约》第 9 条和《海牙判决公约》第 7 条。

1. 第 1 项有关我国法院承认与执行外国法院判决的基础。根据《民事诉讼法》第 300 条以及《民事诉讼法解释》第 542 条的规定，条约关系和互惠关系是我国法院承认与执行外国法院判决的基础。如果二者均不存在，则应拒绝承认与执行。

2. 第 2 项规定判决必须具有确定性。判决的确定性是各国法律和有关条约规定的承认与执行外国法院判决的前提。如果一项判决在作出国尚未生效或不具有执行力，在本国就不会被执行，在其他国家当然也不会被承认或执行。而赋予权益已经确定的判决在外国的执行力，一方面，避免了重复诉讼所带来的双重浪费；另一方面，也避免了对判决胜诉一方的无理骚扰，有助于保护当事人的合法权益。更重要的是它能维护相关法律关系的稳定性，促进国际民商事关系的发展。因此，申请承认与执行的判决必须是依判决作出国的法律已经生效和可以执行的。

某一外国判决是否应被视为“确定的”判决，它在什么时候开始成为终局的判决等问题，通常应该依据判决作出国的法律而不是依据被请求承认与执行国的法律来判断。或者说，只有作出判决的法院才有权决定它作出的判决的法律意义。

3. 第3项规定了对诉讼程序公正性的审查。程序是否正当依据判决作出国法律进行审查。未得到合法传唤的主体限定为被申请人，若一方当事人虽然未得到合法传唤，但其希望承认和执行该判决并提出了申请，则不在不予承认和执行之列。

原审法院审理案件的诉讼程序是否公正，直接影响案件当事人的实体利益。因此在决定是否承认和执行外国法院判决时，有必要对其诉讼程序进行审查。审查诉讼程序是否公正，一个重要标准是法院对当事人基本诉讼权利的保障程序，在审查决定是否承认和执行外国法院判决时，主要考虑败诉方的诉讼权利是否被剥夺或受到不合理限制，其中“是否经合法传唤”与“是否得到适当代理”是审查的重点。

此项规定的适用不必限于缺席判决的情况。因为对于传唤而言，其主要目的固然是告知有关当事人出庭应诉，但也有告知当事人出庭时间以便于其收集证据、组织辩护的目的，仅因当事人出庭应诉便置其基本诉讼权利于不问，似有不妥。如当事人依传闻而仓促应诉以至于无机会委托律师、收集证据、组织辩护，此诉讼程序的公正性不应免予审查。对于无诉讼行为能力者是否得到适当代理，由于“是否得到适当代理”与

"是否为缺席判决"并非有一致的关系,无诉讼行为能力者出庭也存在是否得到适当代理的问题。因此,在结构上,"是否得到适当代理"应与"是否经合法传唤"相独立。

此项规定的审查依据为"该外国的法律"。对于"是否得到适当代理",根据程序问题依法院地法的原则,依原审法院国的法律审查是比较合理的。对于"是否得到合法传唤",则情况比较复杂。如果不存在域外送达的情况,则应依上述法律进行审查;如果进行了域外送达特别是向中国境内当事人进行了送达,则审查时不能仅依上述法律,因为有些在原审国认为合法有效的送达严重损害中国利益而为中国法律禁止,在有关条约的缔约国之间的送达,应依有关条约的规定进行审查。因此,在此项中可不明确规定审查依据,而由审查外国法院判决的法院根据具体情况确定审查依据。

4. 第4项规定涉及外国法院判决的合法性问题,即欺诈的审查。大多数国家的立法和司法实践都强调,运用欺诈手段获得的外国法院判决不能在内国境内得到承认和执行。判决承认和执行中的欺诈例外条款在多边国际公约和一些外国双边协定中有所涉及,如《海牙判决公约》第7条第1款第2项、《选择法院协议公约》第9条。在双边协定中纳入欺诈例外条款的缔约国中,大陆法系国家并不少见,但主要见之于大陆法系国家和英美法系国家缔结的双边协定,大陆法系国家之间缔结的双边协定几乎没有纳入欺诈例外条款。由于现有中外双边协定的缔约对象均为大陆法系国家,共有34项中外双边协定均未单独规定欺诈例外条款。

欺诈例外的范围应作广义解释,不应区分内部欺诈和外部欺诈、程序性欺诈和实体性欺诈;只要欺诈与诉讼有关,就构成承认与执行外国法院判决的抗辩事由。一般认为,欺诈具有以下构成要件:(1)实施的行为是虚假陈述或者隐瞒事实,这种行为可能是积极的作为,可能是消极的不作为；(2)行为目的是损害他人权益，目的具有非法性；(3)主观上行为人对自己行为的性质具有认知，一般是故意。

5. 第5项规定了“一事不再理”原则。一般说来，如果一国法院对于当事人之间一定诉讼标的的案件作出了判决，出于对本国法院判决效力和司法机关权威的维护，各国通常不会承认与执行外国法院就相同标的的案件所作出的判决。如果第三国法院对相同当事人之间的同一诉讼标的已作出判决，并得到本国的承认，则该判决在本国取得了与本国法院判决同等的效力，该国也不能再承认与执行其他外国法院的判决。在本规定中，所谓“同一争议”，是指当事人权利与义务所指向的对象具有同一性。在争议标的可分或转换的情况下，同一性的标准似可放宽。所谓“相同当事人”，在多方诉讼的情况下，存在如何认定的问题，从维护本国司法制度尊严的角度考虑，在适用此原则时，对于“相同当事人”的要求似不应过于严格，只要双方当事人中均有任一相同人员，对于此“相同当事人”的条件即为满足。所谓“已经作出”，是指在当事人提出承认和执行外国判决的申请之前，中国法院已就同一案件作出判决，至于中国法院与原审法院受理案件的先后、判决作出的先后，均不予考虑。

此外，综观各国立法及国际条约，仅以本国法院受理在先为由拒绝承认和执行外国法院判决的规定至为罕见，通常是以“受理在先”进一步限制本国法院正在审理同一案件时“一案不再理”原则的适用。这在中国与意大利、蒙古国等国缔结的司法协助条约中已有所体现。从逻辑上讲，“受理在先”和“正在审理”不是选择性的关系。因此，参照中国的缔约实践，仅规定“正在审理”这一条件。

6. 第6项规定的事由是违反公共秩序。本规定吸收了《民事诉讼法》第300条的表述。根据上述规定，人民法院在进行公共秩序审查时，不仅要审查判决本身，而且要审查承认和执行外国法院判决在我国可能产生的效果。中国法院在进行公共秩序审查时，不得对外国判决的事实认定和法律适用作实质审查。关于本条适用的情形主要包括:(1)外国法院判决违反我国主权、安全或其他重大利益,如外国法院判决是针对我国政府的,或者有关判决执行将影响我国国家安全的情况等;(2)外国判决违反我国社会的善良风俗和基本道德准则的等。

为保护本国的社会制度和国家利益不因外国判决的承认和执行而受到损害,规定此项“安全阀”条款是完全必要的,此项内容因此为各国立法及国际条约所共有,但在具体规定上存在差异。有的国家规定外国法院判决本身不得违背本国公共秩序,有的国家则强调外国法院判决的承认和执行,即外国法院判决在本国产生的效果不得违背本国公共秩序。

鉴于在实践中判决本身与判决的效果很难明确区分,且公共秩序审查本身要求有必要的灵活性,此项规定未作上述区分,而仅表述为“有损于中华人民共和国的公共秩序的”。因此,人民法院在实践中应当采取审慎的态度适用公共政策。

六十四、可分割的判决

现行规定

[我国并无专门性规定,下述规定仅供参考。]

《选择法院协议公约》

第 15 条　可分割的判决

如果一项判决可分割的部分被申请承认或者执行,或者依据本公约只有部分判决可以被承认或者执行,则该部分判决应当予以承认或者执行。

《海牙判决公约》

第 9 条　可分割的判决

如果一项判决可分割的部分被申请承认或者执行,或者依据本公约只有部分判决可以被承认或者执行,则该部分判决应当予以承认或者执行。

条文释义

可分割判决的规定有利于鼓励被请求国尽可能地承认与执行外国法院判决。海牙《选择法院协议公约》和《海牙判决公约》专门规定了可分割判决的承认与执行,即如果当事人只申请部分的承认或者执行外国法院判决,或者根据该公约只有部分判决能够予以承认或者执行,则该项外国判决可分割的部分应予承认或者执行。

判决的分割既适用于当事人仅申请承认外国判决程序上,也适用于当事人申请承认与执行的程序中。对于可分割的部分,争议的问题必须具有相对独立性;而在判决的分割问题上,则适用被请求国法律。由于我国目前实践中很少有外国法院的判决被承认与执行,这方面的实践尚未出现。但在外国仲裁裁决的承认与执行中,我国法院则有相关的案例。例如,在美国 GMI 公司与芜湖冶炼厂买卖合同纠纷案就对裁决进行了分割。①

学理阐释

(一)通则建议条文

【可分割的判决】根据中华人民共和国法律,外国法院判决事项是可分割的,或者根据中华人民共和国法律只有部分判决能够予以承认和执行的,如果申请人就可分割部分提出请求的,人民法院可承认或执行该外国法院判决可分割的部分。

(二)理论解读

通则建议条文系对可分割的判决部分承认和执行的规定。

涉及惩罚性赔偿判决等情况时,明确对于可分割的外国法院民商事判决,可以部分承认和部分执行,有利于人民法院灵活处理此类案件。

需要注意的是,在判决的可分割问题上,适用被请求国法律进行审查。对于可分割的部分,争议的问题必须具有相对独立性。通则建议条文未明确"可分割"如何界定的问题:一是为了赋予人民法院针对具体的案件进行自由裁量的空间;二是因为我国目前审理判决的承认和执行案件中少有此种案例,需要人民法院在实践中不断完善界定的标准,该标准大致可以分为判项分割标准、诉讼标的分割标准和事实分割标准。

① 参见何其生:《中国国际民事诉讼原则与规则:外国法院判决的承认与执行(建议稿)》,载《武大国际法评论》2016 年第 2 期。

六十五、惩罚性赔偿

现行规定

《第三次审判纪要》

45.【惩罚性赔偿判决】外国法院判决的判项为损害赔偿金且明显超出实际损失的,人民法院可以对超出部分裁定不予承认和执行。

《选择法院协议公约》

第 11 条　损害赔偿

一、如果判决判定的损害赔偿,包括惩戒性或者惩罚性赔偿,并非弥补当事人的实际损失或者所受伤害,则可以在该限度内拒绝承认或者执行该判决。

二、被申请法院应当考虑原审法院判定的赔偿是否以及在何种程度上涵盖诉讼相关费用和开支。

《海牙判决公约》

第 10 条　损害赔偿

一、如果判决判定的损害赔偿,包括惩戒性或者惩罚性赔偿,并非弥补当事人的实际损失或者所受伤害，则可以在该限度内拒绝承认或者执行该判决。

二、被申请法院应当考虑原审法院判定的赔偿是否以及在何种程度上涵盖诉讼相关费用和开支。

条文释义

本部分主要涉及惩罚性赔偿判决的承认与执行。由于各国对惩罚性赔偿制度的认可程度不同、制度的规定不同、赔偿金的计算方式不同，这给惩罚性赔偿判决的承认和执行带来了争议和挑战。

对于惩罚性赔偿的承认和执行，有的国家采取比例原则，有的国家采取分割主义。关于惩罚性损害赔偿金的问题，各国倾向于运用公共政策予以排除。德国联邦最高法院拒绝承认和执行惩罚性赔偿判决的理由即是其与德国实体法上的额公共秩序相悖。

典型案例

蒋某、黄某等申请承认与执行美国法院民事判决六案①

广东省广州市中级人民法院经审理查明，美国加利福尼亚州中区美国地区法院作出编号 CaseNo. CV17 – 7149 – MWF（RAOx）民事判决。该判决于 2018 年 2 月 27 日生效。该民事判决记载，针对所有被告缺席

① 参见广州市中级人民法院民事裁定书，（2019）粤 01 协外认 58 号。

判决和禁令。上述事宜根据原告要求缺席判决的动议，提交给居所位于上述法院5A审判庭的美国联邦地区法官。被告已经按常规方式被送达了司法文书，没有委托律师并在本诉讼中答辩，所有被告缺席已于2017年12月12日记录在案，原告已要求对缺席被告作出判决；已考虑过原告的动议及支持文件，显示了良好因由，遂根据《联邦民事诉讼规则》，判决被告支付各原告特别损害赔偿金、一般及惩罚性赔偿金。

广东省广州市中级人民法院认为，六案为申请承认和执行外国民商事判决。根据《民事诉讼法》第289条的规定，我国与美国没有缔结或者共同参加关于相互承认和执行民商事判决的国际条约，因此，应当按照互惠原则进行审查。经审查，六案当事人已提交美国法院承认和执行我国法院民商事判决的有效案例，承认本案所涉美国法院判决不违反我国法律的基本原则，也不会损害我国国家主权、安全、社会公共利益，因此，六案可以根据互惠原则承认和执行案涉美国法院判决，但对其中明显超出实际损失的惩罚性赔偿金部分，不予承认和执行。

学理阐释

（一）通则建议条文

【惩罚性赔偿】被申请人主张外国法院判决确定的损害赔偿金判项具有惩罚性质，中华人民共和国人民法院经审查认为其主张成立的，可以裁定不予承认和执行该惩罚性赔偿判项。

(二)理论解读

通则建议条文系对惩罚性赔偿判决承认和执行的规定。

《选择法院协议公约》《海牙判决公约》均对惩罚性赔偿的问题作出了规定。惩罚性赔偿多出现在侵权案件中,在美国民事诉讼程序中比较普遍,在我国则不然,因此对于惩罚性赔偿判决,我国原则上不予承认和执行。但如果能够对判决进行分割,则对于判决确定的损害赔偿未超出当事人实际损失的部分可以承认和执行。本条规定吸收了公约规定的精神,在文本上作出调整。

《海牙判决公约》和《选择法院协议公约》安排了对于损害赔偿的特别规定,旨在让那些不愿意承认或执行惩戒性或惩罚性损害赔偿判决的国家可以据此拒绝承认外国法院的此种损害赔偿判决,这一条规定对于公约获得国际社会广泛接受非常重要。

六十六、需提供的文件

现行规定

《民事诉讼法解释》

第541条　申请人向人民法院申请承认和执行外国法院作出的发

生法律效力的判决、裁定，应当提交申请书，并附外国法院作出的发生法律效力的判决、裁定正本或者经证明无误的副本以及中文译本。外国法院判决、裁定为缺席判决、裁定的，申请人应当同时提交该外国法院已经合法传唤的证明文件，但判决、裁定已经对此予以明确说明的除外。

中华人民共和国缔结或者参加的国际条约对提交文件有规定的，按照规定办理。

《第三次审判纪要》

35.【申请材料】申请人申请承认和执行外国法院判决、裁定，应当提交申请书并附下列文件：

(1)判决书正本或者经证明无误的副本；

(2)证明判决已经发生法律效力的文件；

(3)缺席判决的，证明外国法院合法传唤缺席方的文件。

判决、裁定对前款第2项、第3项的情形已经予以说明的，无需提交其他证明文件。

申请人提交的判决及其他文件为外文的，应当附有加盖翻译机构印章的中文译本。

申请人提交的文件如果是在我国领域外形成的，应当办理公证认证手续，或者履行中华人民共和国与该所在国订立的有关国际条约规定的证明手续。

36.【申请书】申请书应当载明下列事项：

(1)申请人、被申请人。申请人或者被申请人为自然人的，应当载明其姓名、性别、出生年月、国籍、住所及身份证件号码；为法人或者非法人组织的，应当载明其名称、住所地，以及法定代表人或者代表人的姓名和职务；

(2)作出判决的外国法院名称、裁判文书案号、诉讼程序开始日期

和判决日期;

(3)具体的请求和理由;

(4)申请执行判决的,应当提供被申请人的财产状况和财产所在地,并说明该判决在我国领域外的执行情况;

(5)其他需要说明的情况。

《选择法院协议公约》

第13条 需提供的文件

一、申请承认或者申请执行的当事人应当提供:

(一)完整的经证明无误的判决书副本;

(二)排他性选择法院协议,经证明无误的副本或者其他证明存在该协议的证据;

(三)如果判决是缺席作出的,关于确立已将提起诉讼的文书或者同等文书通知缺席方的文件原件或者经证明无误的副本;

(四)任何确立判决在原审国有效,或者如适用可执行的必要文件;

(五)在第十二条所述情形下,原审国法院出具的有关司法和解协议或者其一部分在该国可以与判决以相同方式获得执行的证明。

二、如果判决的内容无法使被申请法院核实本章所列条件是否得到满足,该法院可以要求提供任何必要的文件。

三、承认或执行的申请可以附有原审国法院(包括法院官员)签发的,采用海牙国际私法会议推荐并公布的表格样式的文件。

四、除非被请求国法律另有规定,如果本条所指的文件没有使用被请求国的一种官方语言,则这些文件应当附有经证明无误的官方语言译文。

《海牙判决公约》

第 12 条　需提供的文件

一、寻求承认或者申请执行的当事人应提供：

（一）经证明无误的完整的判决书副本；

（二）如果判决是缺席作出的，证实提起诉讼的文书或者同等文书已通知缺席当事人的文件原件或经证明无误的副本；

（三）用来证明该判决在原审国具有效力或者如若适用在原审国是可执行的任何必要文件；

（四）在第十一条所指情况下，原审国法院（包括法院官员）出具的司法和解协议或者其一部分在该国可以与判决相同方式予以执行的法院证明。

二、如果判决的内容无法使被请求法院核实本章所列的条件是否得到满足，该法院可要求提供任何必要的文件。

三、承认或者执行的申请可以附有原审国法院（包括法院官员）签发的、以海牙国际私法会议推荐和公布的表格样式写成的、与判决相关的文件。

四、如果本条所指的文件没有使用被请求国的官方语言，除非被请求国法律另有规定，这些文件应当附有经证明无误的该国官方语言的译文。

条文释义

本部分涉及的内容为申请承认与执行外国法院判决所应提交的文件。

关于有权申请承认与执行外国法院判决的主体,不仅包括有关当事人,而且包括外国法院。本部分规定了当事人申请承认与执行时应提交的文件,对于外国法院提出请求的情形,该规定应同样适用。关于提交的具体文件,本部分的规定与中国缔结的司法协助条约中的规定基本一致。

学理阐释

(一)通则建议条文

【需提供的文件】申请承认和执行外国法院判决的当事人应当提交申请书和下列文件:

(一)经证明无误的判决副本,如果判决副本未明确表明判决已发生法律效力并可以执行,应附有有关法院为此出具的证明;

(二)败诉的被告已经合法传唤的证明;

(三)没有诉讼行为能力的被告已得到适当代理的证明;

(四)申请书和上列各项文件经证明无误的中文译文或者国际条约规定的其他文字文本。

人民法院在必要时,可以要求提出申请的当事人或者外国法院在规定期限内提供补充材料。

(二)理论解读

通则建议条文规定了申请承认和执行外国法院判决所应提交的文件,参考了《国际私法示范法》第160条,以及《选择法院协议公约》第13

条和《海牙判决公约》第12条的规定，法律依据是《民事诉讼法解释》第541条、《民事诉讼证据规定》第11条。

1. 申请人向人民法院提出申请时负有初步的举证责任，除提交申请书外，还要提交的文件主要包括：外国法院的判决及相关效力的证明、法院审理程序的正当性证明、被请求国官方文字的译本。我国缔结的双边司法协助协定对上述文件均有或详或简的规定。

2. 本条第1款规定了应提交的文件。其中第1项旨在强调申请人需提交有关境外判决终局性的证明，可以是作出判决法院出具的证明或者是其他证明材料，即判决终局性的举证责任在于申请人。第4项规定外文文件需要提交中文译本。

关于有权申请承认和执行外国法院判决的主体，不仅包括有关当事人，而且包括外国法院。本条规定了当事人申请承认和执行时应提交的文件，对于外国法院提出请求的情形，本条规定应同样适用。

关于提交的具体文件，本条的规定与中国缔结的司法协助条约中的规定基本一致。如经证明无误的判决副本未明确表明判决已发生法律效力并可以执行，应附有有关法院为此出具的证明书；败诉的被告已经合法传唤的证明书；没有诉讼行为能力的被告已得到适当代理的证明书。

六十七、承认和执行的程序

现行规定

《第三次审判纪要》

33.【审查标准及适用范围】人民法院在审理申请承认和执行外国法院判决、裁定案件时，应当根据民事诉讼法第二百八十九条以及民事诉讼法司法解释第五百四十四条第一款的规定，首先审查该国与我国是否缔结或者共同参加了国际条约。有国际条约的，依照国际条约办理；没有国际条约，或者虽然有国际条约但国际条约对相关事项未作规定的，具体审查标准可以适用本纪要。

破产案件、知识产权案件、不正当竞争案件以及垄断案件因具有较强的地域性、特殊性，相关判决的承认和执行不适用本纪要。

49.【承认和执行外国法院判决的报备及通报机制】各级人民法院审结当事人申请承认和执行外国法院判决案件的，应当在作出裁定后十五日内逐级报至最高人民法院备案。备案材料包括申请人提交的申请书、外国法院判决及其中文译本、人民法院作出的裁定。

人民法院根据互惠原则进行审查的案件，在作出裁定前，应当将拟处理意见报本辖区所属高级人民法院进行审查；高级人民法院同意拟处理意见的,应将其审查意见报最高人民法院审核。待最高人民法院答复后,方可作出裁定。

条文释义

审理申请承认与执行外国民商事判决的案件,明确的法律依据是《民事诉讼法》,但民诉法的规定较为原则,导致实践中审查尺度不一,亟须加以规范。人民法院在审查此类案件时,首先面临的就是审查的依据问题,上述规定即对此进行了明确。

学理阐释

(一)通则建议条文

【承认和执行的程序】中华人民共和国人民法院对外国法院判决的承认和执行依照中华人民共和国法律规定的程序进行。

(二)理论解读

通则建议条文规定了承认和执行外国法院判决的程序,参考了《国际私法示范法》第162条[①]的内容。

---

① 《国际私法示范法》第162条规定:"中华人民共和国法院对外国法院判决的承认与执行依照中华人民共和国法律规定的程序进行。"

从维护本国司法制度统一性的角度考虑，外国法院判决的承认和执行程序应依本国法律进行，这一点已为各国立法及有关国际条约所确认。对于判决的承认而言，程序比较简单；对于判决的执行而言，则存在执行程序中的权利和限制的问题。根据本条的规定，已获承认的外国法院判决的执行应适用与本国法院判决执行相同的程序。一方面，我国《民事诉讼法》赋予执行程序当事人及利害关系人的有关权利，外国判决执行过程中的有关人员应同样享有；另一方面，中国法律对判决执行规定的限制，也同样约束外国判决执行过程中的有关人员。

六十八、承认和执行的方式

现行规定

《民事诉讼法》

★2023 年新增

第 299 条　人民法院对申请或者请求承认和执行的外国法院作出的发生法律效力的判决、裁定，依照中华人民共和国缔结或者参加的国际条约，或者按照互惠原则进行审查后，认为不违反中华人民共和国法律的基本原则且不损害国家主权、安全、社会公共利益的，裁定承认其效力；需要执行的，发出执行令，依照本法的有关规定执行。

《民事诉讼法解释》

第546条　承认和执行外国法院作出的发生法律效力的判决、裁定或者外国仲裁裁决的案件,人民法院应当组成合议庭进行审查。

人民法院应当将申请书送达被申请人。被申请人可以陈述意见。

人民法院经审查作出的裁定,一经送达即发生法律效力。

条文释义

从维护本国司法裁判权的统一角度来看,一国法院原则上只承认和执行本国法院作出的判决。因此,法院对于经审查认定可承认和执行外国法院判决的,必须制作法律文书。根据《民事诉讼法》第299条的规定,承认外国法院判决的,人民法院应作出裁定;对于需予执行的,应发出执行令。需要注意的是,执行令是人民法院作出的承认和执行外国法院判决的裁定的结果。

学理阐释

(一)通则建议条文

【承认和执行的方式】中华人民共和国人民法院经过审查认为,外国法院判决不具有拒绝承认情形的,裁定承认其效力;需要执行的,发出执行令,予以执行。

（二）理论解读

本条规定承认和执行外国判决的形式要求，参考了《国际私法示范法》第163条[①]的规定。

从维护本国司法裁判权的统一角度来看，一国法院原则上只承认和执行本国法院作出的判决。因此，法院对于经审查认定可承认和执行外国法院判决的，必须制作法律文书。根据《民事诉讼法》第299条的规定，承认外国法院判决的，人民法院应作出裁定；对于需要执行的，应发出执行令。需要注意的是，执行令是人民法院作出的承认和执行外国法院判决的裁定的结果。

本条澄清了承认程序和执行程序的差异，并明确了人民法院涉外民商事审判部门需要审查的内容，包括当事人一并申请承认和执行，或者仅申请承认、仅申请执行时人民法院如何审查的问题。本条的法律依据是《民事诉讼法》第299条和《民事诉讼法解释》第546条等。

1. 承认程序、执行程序为两个相互区别又密切联系的程序。承认外国法院判决，意味着外国法院判决中所确定的权利义务关系在内国法院得到了确认。当判决一方当事人在该国就相同事实提起不同之诉时，另一方当事人可以用该被承认的判决作为对抗他人的理由。执行外国法院判决是人民法院运用其强制力，强制当事人履行外国法院的判决，因此承认是执行的前提条件，执行是承认的结果。

2. 外国法院的民商事判决只有经过法定的承认程序才能在我国领域内具有法律效力，因此必须先经过人民法院的承认，方可申请执行。《民事诉讼法解释》第546条即体现了此观点。实践中，当事人可能提出

---

① 《国际私法示范法》第163条规定："中华人民共和国法院对外国法院判决经过审查，认为不具有拒绝承认与执行的情形的，裁定承认其效力，需要执行的，发出执行令，予以执行。"

申请的情形一般是三种：一是同时申请承认和执行；二是仅申请承认；三是仅申请执行。《最高人民法院关于执行权合理配置和科学运行的若干意见》第19条规定："境外法院、仲裁机构作出的生效法律文书的执行申请，由审判机构负责审查；依法裁定准予执行或者发出执行令的，移交执行局执行。"审查此类案件的审判机构是中级人民法院的涉外民商事审判部门。为便于法院操作和为当事人提供指引，本条明确人民法院应当针对当事人具体的申请内容进行审查并作出裁定：(1)如果当事人申请中同时包含了承认和执行的，则应对是否承认和执行一并作出裁定。(2)对于没有给付内容，或者基于某些情况只需要通过司法程序予以承认的外国判决，当事人可以只申请承认。

六十九、诉讼中止及恢复

现行规定

《民事诉讼法》

★2023年新增

第302条　当事人向人民法院申请承认和执行外国法院作出的发生法律效力的判决、裁定，该判决、裁定涉及的纠纷与人民法院正在审理的纠纷属于同一纠纷的，人民法院可以裁定中止诉讼。

外国法院作出的发生法律效力的判决、裁定不符合本法规定的承认条件的，人民法院裁定不予承认和执行，并恢复已经中止的诉讼；符合本法规定的承认条件的，人民法院裁定承认其效力；需要执行的，发出执行令，依照本法的有关规定执行；对已经中止的诉讼，裁定驳回起诉。

第250条 申请执行的期间为二年。申请执行时效的中止、中断，适用法律有关诉讼时效中止、中断的规定。

前款规定的期间，从法律文书规定履行期间的最后一日起计算；法律文书规定分期履行的，从最后一期履行期限届满之日起计算；法律文书未规定履行期间的，从法律文书生效之日起计算。

《民事诉讼法解释》

第545条 当事人申请承认和执行外国法院作出的发生法律效力的判决、裁定或者外国仲裁裁决的期间，适用民事诉讼法第二百四十六条的规定。

当事人仅申请承认而未同时申请执行的，申请执行的期间自人民法院对承认申请作出的裁定生效之日起重新计算。

条文释义

上述条文是关于判决的承认与执行中诉讼中止及恢复机制的规定。

《民事诉讼法》第302条为《民事诉讼法》新增加的规定，参考了《海牙判决公约》的规定，明确了因同一纠纷向我国法院申请承认和执行程序与我国法院案件审理程序的关系。当事人申请承认和执行外国法院判决，所涉争议与我国法院正在审理案件属于同一争议的，我国法院可以中止审理，以稳定相关法律关系。同时，明确了我国法院恢复诉讼程序的情形。

典型案例

弗里古波尔股份有限公司与宁波市甬昌工贸实业公司国际货物买卖合同纠纷案[①]

宁波市甬昌工贸实业公司(以下简称甬昌公司)因与弗里古波尔股份有限公司(以下简称弗里古波尔公司)发生买卖合同纠纷,先后于2004年和2006年在波兰绿山城地区法院和奥波莱地区法院提起诉讼,诉请弗里古波尔公司支付65,454美元及相关利息。波兰上述法院均判决驳回甬昌公司的诉请,但波兰弗罗茨瓦夫上诉法院改判宁波甬昌公司胜诉。其后,波兰最高法院裁定撤销波兰弗罗茨瓦夫上诉法院判决,将本案发回重审。2009年4月8日,波兰弗罗茨瓦夫上诉法院作出判决,驳回甬昌公司请求,并判令其退还弗里古波尔公司根据弗罗茨瓦夫上诉法院判决已经向其支付的54,521美元及相关诉讼费用。波兰弗罗茨瓦夫上诉法院作出的该终局判决于2009年5月12日生效。2011年4月8日,弗里古波尔公司向宁波市中级人民法院寄送申请承认与执行波兰法院判决的相关材料。2013年2月5日,弗里古波尔公司又补充提交了相关材料,该案正式立案。甬昌公司提出异议,认为判决的申请强制执行期限已过,且代理其参加波兰相关诉讼的律师并未获得授权。宁波市中级人民法院认为:

我国和波兰共和国为《中华人民共和国和波兰人民共和国关于民事

① 参见浙江省宁波市中级人民法院民事裁定书,(2013)浙甬民确字第1号。

和刑事司法协助的协定》(以下简称《协定》)的缔约国,应当根据该《协定》的有关规定审查IACa231/9判决是否应予承认。

本案的争议焦点为:一、弗里古波尔公司是否在法定期限内提出申请;二、IACa231/9判决是否违反《协定》第二十条第(三)、(四)项的规定,也即甬昌公司是否未经法院合法传唤,是否被剥夺了答辩的可能性。对于第一个争议焦点,本院认为,申请我国法院承认及执行外国判决,应当在我国民事诉讼法规定的申请执行期限内提出。根据2007年10月修改的《中华人民共和国民事诉讼法》相关规定,申请执行的期限为二年,申请执行时效的中止、中断,适用法律有关诉讼时效中止、中断的规定。弗里古波尔公司在IACa231/9判决生效后二年内首次提出承认与执行申请,其申请承认与执行的时效中断,申请承认与执行期限重新计算,2013年2月5日弗里古波尔公司补充提交申请时距首次申请未满二年,故其申请未过法定期限。对于第二个争议焦点,本院认为,甬昌公司在2008年3月26日之前的绿山城地区法院、奥波莱地区法院以及弗罗茨瓦夫上诉法院均以《授权书》委托AgnieszkaKanawka参加诉讼,该《授权书》对AgnieszkaKanawka作出了概括授权,并且无论判决有利或者不利,甬昌公司均予认可。况且甬昌公司受领弗里古波尔公司根据弗罗茨瓦夫上诉法院的二审判决支付的54,521美元和34,600兹罗提。波兰共和国最高法院以及重审本案的弗罗茨瓦夫上诉法院据此有理由确信AgnieszkaKanawka有权代理甬昌公司参加诉讼,并且AgnieszkaKanawka也实际代理甬昌公司参加了诉讼,故本案并无《协定》第二十条规定的"败诉一方当事人未经法院合法传唤"以及"当事人被剥夺了答辩的可能性"之情形。综上,本案并不存在拒绝承认IACa231/9判决的理由。

学理阐释

（一）通则建议条文

【诉讼中止及恢复】当事人向人民法院申请承认和执行外国法院作出的发生法律效力的判决、裁定，该判决、裁定涉及的纠纷与人民法院正在审理的纠纷属于同一纠纷的，人民法院可以裁定中止诉讼。

外国法院作出的发生法律效力的判决、裁定不符合本法规定的承认条件的，人民法院裁定不予承认和执行，并恢复已经中止的诉讼；符合本法规定的承认条件的，人民法院裁定承认其效力；需要执行的，发出执行令，依照本法的有关规定执行；对已经中止的诉讼，裁定驳回起诉。

（二）理论解读

通则建议条文规定的核心内容是已被外国法院受理的民商事纠纷由中国法院受理的诉讼中止及恢复机制。具体而言，我国法院受理涉外民商事案件后，当事人以外国法院受理在先为由，向我国法院申请中止诉讼的，我国法院可以裁定中止诉讼，但是存在下列情形之一的除外：当事人协议选择人民法院管辖，或者纠纷属于人民法院专属管辖；由人民法院审理明显更为方便。

如果我国法院中止诉讼之后，外国法院未采取必要措施审理案件，或者未在合理期限内审结的，依当事人的书面申请，我国法院应当恢复诉讼。前述诉讼中止机制避免了我国法院重复审理外国法院受理在先的案件，而诉讼恢复机制则协调了我国法院和外国法院在管辖权方面的消极冲突，避免出现因外国法院处理不力、中国法院不予处理，导致当事人权益得不到充分救济的情况。

七十、外国仲裁裁决的承认和执行

现行规定

《民事诉讼法》

★2023 年新增

第 304 条　在中华人民共和国领域外作出的发生法律效力的仲裁裁决，需要人民法院承认和执行的，当事人可以直接向被执行人住所地或者其财产所在地的中级人民法院申请。被执行人住所地或者其财产不在中华人民共和国领域内的，当事人可以向申请人住所地或者与裁决的纠纷有适当联系的地点的中级人民法院申请。人民法院应当依照中华人民共和国缔结或者参加的国际条约，或者按照互惠原则办理。

《最高人民法院关于审理仲裁司法审查案件若干问题的规定》

第 3 条　外国仲裁裁决与人民法院审理的案件存在关联，被申请人住所地、被申请人财产所在地均不在我国内地，申请人申请承认外国仲裁裁决的，由受理关联案件的人民法院管辖。受理关联案件的人民法院为基层人民法院的，申请承认外国仲裁裁决的案件应当由该基层人民法院的上一级人民法院管辖。受理关联案件的人民法院是高级人民法院或者最高人民法院的，由上述法院决定自行审查或者指定中级人民法院审查。

外国仲裁裁决与我国内地仲裁机构审理的案件存在关联，被申请人住所地、被申请人财产所在地均不在我国内地，申请人申请承认外国仲裁裁决的，由受理关联案件的仲裁机构所在地的中级人民法院管辖。

第 4 条　申请人向两个以上有管辖权的人民法院提出申请的，由最先立案的人民法院管辖。

第 16 条　人民法院适用《承认及执行外国仲裁裁决公约》审查当事人申请承认和执行外国仲裁裁决案件时，被申请人以仲裁协议无效为由提出抗辩的，人民法院应当依照该公约第五条第一款(甲)项的规定，确定确认仲裁协议效力应当适用的法律。

条文释义

《民事诉讼法》第 304 条是关于外国仲裁裁决的承认和执行的规定。

第 304 条旨在凸显我国恪守国际条约义务，积极推进仲裁裁决的国际流通。将认定仲裁裁决籍属的标准由仲裁机构标准修改为裁决地标准，促进仲裁裁决的跨境执行。增设申请人住所地法院、与裁决所涉纠纷有适当联系地法院为仲裁司法审查的管辖法院，最大限度便利仲裁当事人权利救济。

第 304 条完善了仲裁裁决籍属认定方式，增加了中国法院受理申请承认与执行仲裁裁决的连结点。一方面,本次民事诉讼法修改统一了仲裁裁决籍属认定方式,从2021年《民事诉讼法》第290条"国外仲裁机构的裁决"调整为"在中华人民共和国领域外作出的……仲裁裁决",顺应了司法实践的转变。另一方面,本次民事诉讼法修改扩大了向人民法院申请承认与执行仲裁裁决的范围。2021年《民事诉讼法》规定当事人"应当"向被执行人住所地或者其财产所在地的中级人民法院申请执行国外仲裁机构的裁决,现在修改为:当事人"可以"向被执行人住所地或者其财产所在地的中级人民法院申请在中国领域外作出的仲裁裁决;被执行人住所地或者其财产不在中国领域内的,当事人可以向申请人住所地或者与裁决的纠纷有适当联系的地点的中级人民法院申请。

这一修改为中国境内的申请人提供了较大便利,即使境外被执行人住所地或者财产不在中国境内,中国境内的申请人也可以向前述有关人民法院申请,再由人民法院依据国际条约、双边协定、互惠原则等向域外法院要求协助执行我国领域外作出的生效仲裁裁决。

典型案例

美国布兰特伍德工业有限公司申请承认和执行外国仲裁裁决案①

正启公司为买方,美国布兰特伍德工业有限公司(以下简称布兰特伍德公司)为卖方,在广州签订合同及补充协议,合同第16条争议解决方式约定:"凡因本合同引起的或与本合同有关的任何争议,双方应通过

① 参见广州市中级人民法院民事裁定书,(2015)穗中法民四初第62号。

友好协商解决。如果协商不能解决,应提交国际商会仲裁委员会根据国际惯例在项目所在地进行仲裁。该仲裁委员会作出的裁决是终局性的,对双方均有约束力。除仲裁委员会另有规定外,仲裁费用由败诉一方负担。仲裁语言为中、英双语。"该仲裁条款中所称的"项目"系补充协议第3条所列明的"广州猎德污水处理厂四期工程",地点在中国广州。后因合同履行发生争议,布兰特伍德公司向国际商会国际仲裁院秘书处提起仲裁申请。该院独任仲裁员在广州作出终局裁决。后布兰特伍德公司向广州市中级人民法院申请承认和执行前述仲裁裁决。

广州市中级人民法院审查认为,案涉裁决系外国仲裁机构在我国作出的仲裁裁决,可以视为我国涉外仲裁裁决。被申请人不履行裁决的,布兰特伍德公司可以参照民事诉讼法关于执行涉外仲裁裁决的规定向被申请人住所地或财产所在地的中级人民法院申请执行。布兰特伍德公司依据《纽约公约》申请承认和执行仲裁裁决,法律依据显属错误,故裁定终结审查。布兰特伍德公司可依法另行提起执行申请。

本案经报核至最高人民法院同意,首次明确了外国仲裁机构在我国作出的仲裁裁决籍属的认定规则,将该类裁决视为我国涉外仲裁裁决,确认该类裁决能够在我国直接申请执行,有利于提升我国仲裁制度的国际化水平,树立了"仲裁友好型"的司法形象,对于我国仲裁业务的对外开放及仲裁国际化发展具有里程碑意义。

……………

Progress Bulk Carriers. Ltd 与日照吴宇新型建材有限公司申请承认外国仲裁裁决案[①]

申请人提供的案涉仲裁裁决是在英国伦敦作出的,英国和我国均为《纽约公约》的缔约国,根据《民事诉讼法》《最高人民法院关于执行我国加入的〈承认和执行外国仲裁裁决公约〉的通知》的规定,我国对在另一缔约国领土内作出的仲裁裁决的承认和执行适用该公约。《纽约公约》第4条规定:"当事人申请承认和执行外国裁决,应当在请求时提供经正式认证的裁决正本或者经正式证明的副本。"申请人在申请时只提供了该最终裁决书原件,未提供正式认证的证据,且被申请人辩称未收到涉案裁决书,申请人又不能提供证据证实裁决书已送达被申请人,无法认定该最终裁决书在境外确已发生法律效力,申请人所提供材料不完备,可在证据完备时另行提出申请。据此,依照《纽约公约》第4条的规定,裁定驳回申请人 Pro-gress Bulk Carriers Ltd 的申请。

学理阐释

(一)通则建议条文

【外国仲裁裁决的承认和执行】当事人申请承认和执行外国仲裁裁决的,人民法院应当依照中华人民共和国缔结或参加的国际条约,或者按照互惠原则,予以承认和执行。

① 参见山东省日照市中级人民法院民事裁定书,(2010)日民三初字第5号。

(二)理论解读

通则建议条文对中国法院承认和执行外国仲裁裁决规定了两个原则:第一,依我国缔结或参加的国际条约办理的原则;第二,依互惠办理的原则,即对公约缔约国作出的仲裁裁决,如对方承诺互惠,可在此互惠的基础上予以承认和执行。

上述两个原则基本符合《民事诉讼法》关于承认和执行外国仲裁裁决的规定。《民事诉讼法》第304条规定,在中华人民共和国领域外作出的发生法律效力的仲裁裁决,需要中华人民共和国法院承认和执行的,当事人可以直接向被执行人住所地或者其财产所在地的中级人民法院申请;被执行人住所地或者其财产不在中华人民共和国领域内的,当事人可以向申请人住所地或者与裁决的纠纷有适当联系的地点的中级人民法院申请;人民法院应当依照中华人民共和国缔结或者参加的国际条约,或者按照互惠原则办理。

这两个原则基本符合中国《民事诉讼法》关于承认与执行外国仲裁裁决的规定,以及中国在加入《纽约公约》时所作的两项保留。

中国加入《纽约公约》时作了两点保留:(1)互惠保留,即声明中国仅对在另一缔约国领土内作出的仲裁裁决的承认与执行适用该公约。这与本条规定的依互惠办理的原则是一致的。(2)商事保留,即声明我国仅对按照我国法律属于契约性和非契约性商事法律关系所引起的争议适用该公约。

根据本条的规定,在中国申请承认与执行外国仲裁裁决,分两种不同的情况:第一,如该仲裁裁决是在《纽约公约》的缔约国领域内作出的,则其承认与执行应适用《纽约公约》的规定。第二,如该仲裁裁决是在非《纽约公约》缔约国领域内作出的,则其承认与执行可在互惠的基础上进行。

中国承认与执行外国仲裁裁决虽然主要是以上两种情况,但并不能穷尽:对非《纽约公约》缔约国,但与中国就民商事司法协助缔结了双边条约的国家,承认与执行其仲裁裁决的基础,既非《纽约公约》也非互惠,而是双边条约。

七十一、经调解后外国和解协议的救济

现行规定

[我国并无专门性规定,下述规定仅供参考。]

《最高人民法院关于执行和解若干问题的规定》

第1条 当事人可以自愿协商达成和解协议,依法变更生效法律文书确定的权利义务主体、履行标的、期限、地点和方式等内容。

和解协议一般采用书面形式。

第2条 和解协议达成后,有下列情形之一的,人民法院可以裁定中止执行:

(一)各方当事人共同向人民法院提交书面和解协议的;

(二)一方当事人向人民法院提交书面和解协议,其他当事人予以认可的;

（三）当事人达成口头和解协议，执行人员将和解协议内容记入笔录，由各方当事人签名或者盖章的。

第 3 条　中止执行后，申请执行人申请解除查封、扣押、冻结的，人民法院可以准许。

第 4 条　委托代理人代为执行和解，应当有委托人的特别授权。

第 5 条　当事人协商一致，可以变更执行和解协议，并向人民法院提交变更后的协议，或者由执行人员将变更后的内容记入笔录，并由各方当事人签名或者盖章。

第 6 条　当事人达成以物抵债执行和解协议的，人民法院不得依据该协议作出以物抵债裁定。

第 7 条　执行和解协议履行过程中，符合民法典第五百七十条规定情形的，债务人可以依法向有关机构申请提存；执行和解协议约定给付金钱的，债务人也可以向执行法院申请提存。

第 8 条　执行和解协议履行完毕的，人民法院作执行结案处理。

第 9 条　被执行人一方不履行执行和解协议的，申请执行人可以申请恢复执行原生效法律文书，也可以就履行执行和解协议向执行法院提起诉讼。

第 10 条　申请恢复执行原生效法律文书，适用民事诉讼法第二百三十九条申请执行期间的规定。

当事人不履行执行和解协议的，申请恢复执行期间自执行和解协议约定履行期间的最后一日起计算。

第 11 条　申请执行人以被执行人一方不履行执行和解协议为由申请恢复执行，人民法院经审查，理由成立的，裁定恢复执行；有下列情形之一的，裁定不予恢复执行：

（一）执行和解协议履行完毕后申请恢复执行的；

（二）执行和解协议约定的履行期限尚未届至或者履行条件尚未成

就的，但符合民法典第五百七十八条规定情形的除外；

（三）被执行人一方正在按照执行和解协议约定履行义务的；

（四）其他不符合恢复执行条件的情形。

第12条　当事人、利害关系人认为恢复执行或者不予恢复执行违反法律规定的，可以依照民事诉讼法第二百二十五条规定提出异议。

第13条　恢复执行后，对申请执行人就履行执行和解协议提起的诉讼，人民法院不予受理。

第14条　申请执行人就履行执行和解协议提起诉讼，执行法院受理后，可以裁定终结原生效法律文书的执行。执行中的查封、扣押、冻结措施，自动转为诉讼中的保全措施。

第15条　执行和解协议履行完毕，申请执行人因被执行人迟延履行、瑕疵履行遭受损害的，可以向执行法院另行提起诉讼。

第16条　当事人、利害关系人认为执行和解协议无效或者应予撤销的，可以向执行法院提起诉讼。执行和解协议被确认无效或者撤销后，申请执行人可以据此申请恢复执行。

被执行人以执行和解协议无效或者应予撤销为由提起诉讼的，不影响申请执行人申请恢复执行。

第17条　恢复执行后，执行和解协议已经履行部分应当依法扣除。当事人、利害关系人认为人民法院的扣除行为违反法律规定的，可以依照民事诉讼法第二百二十五条规定提出异议。

第18条　执行和解协议中约定担保条款，且担保人向人民法院承诺在被执行人不履行执行和解协议时自愿接受直接强制执行的，恢复执行原生效法律文书后，人民法院可以依申请执行人申请及担保条款的约定，直接裁定执行担保财产或者保证人的财产。

第19条　执行过程中，被执行人根据当事人自行达成但未提交人民法院的和解协议，或者一方当事人提交人民法院但其他当事人不予认可的和解协议，依照民事诉讼法第二百二十五条规定提出异议的，人民法院按照下列情形，分别处理：

（一）和解协议履行完毕的，裁定终结原生效法律文书的执行；

（二）和解协议约定的履行期限尚未届至或者履行条件尚未成就的，裁定中止执行，但符合民法典第五百七十八条规定情形的除外；

（三）被执行人一方正在按照和解协议约定履行义务的，裁定中止执行；

（四）被执行人不履行和解协议的，裁定驳回异议；

（五）和解协议不成立、未生效或者无效的，裁定驳回异议。

学理阐释

（一）通则建议条文

【经调解后外国和解协议的救济】当事人申请确认经调解后外国和解协议效力的，或者申请执行经调解后外国和解协议的，人民法院应当依照中华人民共和国缔结或参加的国际条约，或者按照互惠原则，予以确认或执行。

（二）理论解读

通则建议条文主要参照了《民事诉讼法》第297条、第298条。

1. 本条对经调解后外国和解协议的救济在中国法院寻求救济确定了两个原则：第一，依我国缔结或参加的国际条约办理的原则；第二，依互惠办理的原则。

2. 本条中的“和解协议”不同于本通则建议第58条的调解书，是指调解所产生的、当事人为解决商事争议而以书面形式订立的协议。

3. 经调解后外国和解协议的救济。《新加坡调解公约》是国际争议解决领域的重要条约，公约为经调解而达成和解协议的执行提供了全球性的制度基础。救济是《新加坡调解公约》的核心概念，公约缔约国的一般规则也建立在这一概念之上，公约准许经调解而达成和解协议的当事人直接向任何一个公约的缔约国寻求救济。《新加坡调解公约》规定，救济包括执行和未被承认的救济。具体而言，第一，执行是《新加坡调解公约》明文规定的救济途径之一。根据《新加坡调解公约》第3条第1款①规定，国际调解协议的执行具有普惠性。普惠执行，是指只要满足公约要求，缔约方对所有国家（不论缔约方与否）的国际调解协议均应承担执行的国际义务。第二，承认是《新加坡调解公约》推定的救济途径。由于承认在不同的法律制度中有不同的含义，也有不同的法律后果，因此《新加坡调解公约》在制定过程中决定避免使用承认这个术语，第3条第2款虽未使用该术语，但功能主义地描述了承认一词。实质上，该款规定所起到的作用与承认一致。

4. 国际商事调解作为一种介于诉讼、仲裁与协商之间的国际商事争议解决方式，近几十年来逐步得到了国际社会的广泛认同。2020年9月12日，《新加坡调解公约》正式生效。《新加坡调解公约》是国际商事争议解决制度历史上的一座里程碑，其诞生标志着国际调解协议跨国执行的实现，使国际商事调解制度成为诉讼、商事仲裁之外具有独立救济功能的国际商事争议解决方式。

在《新加坡调解公约》出台之前，调解协议虽然不具备明确的执行力，但作为当事方意思自治高度合意的结果，其所具有的契约性得到了

① 本公约每一当事方应按照本国程序规则并根据本公约规定的条件执行和解协议。

普遍的肯定,倘若一方当事人在非执行程序中援用一份无明显瑕疵的调解协议,那么它至少应当具有合同的效力。《新加坡调解公约》在原则性地肯定了国际商事调解协议的执行力之后,又在同一条中强调了当事人援用调解协议的权利,意味着当事人的这种援用应当比仅有合同效力的文书具有更高的抗辩效果。

附　录　一
涉我国港澳地区民事诉讼相关案例

| 法院地法原则 |

郑某某、香港上海汇丰银行有限公司等保证合同纠纷再审案[①]

再审申请人郑某某因与被申请人香港上海汇丰银行有限公司(以下简称香港汇丰银行)、傅某某保证合同纠纷一案,因不服广东省高级人民法院的民事判决,向最高人民法院申请再审。本案应适用的法律是主要争议点之一,郑某某认为本案是保证合同纠纷而非破产纠纷,合同双方已选择适用中国香港特别行政区法律,二审法院适用《中华人民共和国企业破产法》《内地和香港判决安排》系适用法律错误;香港汇丰银行则认为郑某某在香港特别行政区被宣告破产后,香港汇丰银行能否在内地起诉属于程序性问题,应当适用内地的诉讼程序规则。二审法院适用内地法律认定香港汇丰银行有权提起诉讼,法律适用正确。

最高人民法院经审理认为:香港汇丰银行是否可以在内地起诉郑某某属程序性问题,应当适用内地相关程序性规则。当事人在担保书中明

---

① 参见最高人民法院民事裁定书,(2021)最高法民申3789号。

确约定适用中国香港特别行政区法律,且不违反我国法律的强制性规定及社会公共利益,因此,香港特别行政区法律应作为解决本案实体争议的准据法。2021年《民事诉讼法》第266条明确规定"在中华人民共和国领域内进行涉外民事诉讼,适用本编规定"。涉港纠纷参照涉外纠纷处理,诉讼程序适用程序地法是国际私法及区际私法的基本原则,也是司法实践一贯做法。郑某某已被香港特别行政区高等法院宣告破产后,香港汇丰银行能否在内地起诉郑某某,系诉讼与破产程序的衔接问题,为程序性问题,应适用内地有关诉讼程序的规则。当事人约定适用的准据法,对此不应产生影响。

诉讼能力

苏州美瑞机械制造有限公司与香港泛美科技有限公司股东知情权纠纷案①

上诉人苏州美瑞机械制造有限公司(以下简称美瑞机械公司)因与被上诉人香港泛美科技有限公司(以下简称泛美公司)股东知情权纠纷案中,苏州市中级人民法院认为:

泛美公司系中国香港特别行政区依据香港特别行政区《公司条例》注册成为的有限公司,该公司的唯一董事杜某某为该公司的法定代表人,在《唯一董事书面决议》中,泛美公司确认其系本案当事人,同意委托李某律师作为诉讼代理人,同时确认了唯一董事杜某某及泛美公司的印章样式。上述《唯一董事书面决议》经中国委托公证人及香港律师对《唯一董事书面决议》公证,并加盖中国法律服务(香港)有限公司"中华

① 参见江苏省高级人民法院民事判决书,(2019)苏民终1394号。

人民共和国司法部委托香港律师办理内地使用的公证文书转递专用章”,具有法律效力。因此,泛美公司就本案提起的诉讼系其真实意思表示,其诉权应予确认。美瑞机械公司未通过诉讼等途径对杜某某的法定代表人资格提出过相应的异议,在本案中,其主张杜某某无法代表泛美公司提起股东知情权诉讼,无事实及法律依据。①

美瑞机械公司不服,提起上诉。江苏省高级人民法院认为:

本案系股东知情权纠纷,泛美公司系香港企业法人,应参照涉外民事关系的相应规定确定法律适用。依据《中华人民共和国涉外民事关系法律适用法》第十四条的规定,法人及其分支机构的民事权利能力、民事行为能力、组织机构、股东权利义务等事项,适用登记地法律。本案美瑞机械公司在内地江苏省苏州市登记注册,其股东泛美公司提起知情权纠纷涉及公司股东权利义务,故美瑞机械公司登记地法律即内地法律应为处理本案纠纷的准据法。

……

关于泛美公司的诉讼主体资格认定。泛美公司提交的《证明书》及附件,经司法部在香港任命的委托公证人(香港律师)杨某某公证,并经中国法律服务(香港)有限公司加盖“中华人民共和国司法部委托香港律师办理内地使用的公证文书转递专用章”,履行了相关公证、转递手续。《证明书》载明,2018 年 8 月 29 日在香港公司注册处查册记录:泛美公司系于 2005 年 12 月 3 日在香港依据香港《公司条例》注册的有限公司,查册时杜某某是泛美公司的董事,也是泛美公司的股东。公司唯一董事决议:泛美公司的唯一董事杜某某为该公司的“法定代表人”,确认泛美公司系本案当事人,同意委托李某律师作为诉讼代理人,同时确认了唯一董事杜某某签字式样及泛美公司的印章式样。附件 1 公司注

① 参见江苏省苏州市中级人民法院民事判决书,(2018)苏 05 民初 1115 号。

册证书、附件3存案的2017年12月3日泛美公司《周年申报表》、附件4泛美公司董事杜某某2018年8月29日在杨某某面前作出及签署的《唯一董事书面决议记录》、附件5委托授权书，这几份附件对《证明书》载明的上述内容能予以印证。本院认为，泛美公司是依据香港《公司条例》在香港注册的公司，对杜某某取得泛美公司的股份、董事身份的合法性，应适用香港法律进行审查。美瑞机械公司主张杜某某非法持有泛美公司印章、非法取得泛美公司唯一股东身份，但并未举证证明已被香港生效裁判所确认或已在香港通过诉讼等途径提出异议，故其主张杜某某无法代表泛美公司提起股东知情权诉讼，无事实及法律依据。美瑞机械公司一审提交的13份证据均予以庭审质证，因涉及杜某某取得泛美公司的股份、董事身份的合法性审查，故一审法院在判决中未予评判并无不当。泛美公司提交的材料符合内地法律认定证明其诉讼主体资格的形式要件，应当予以确认。

…………………

山西天健华夏商贸有限公司与天健华夏医疗集团(香港)有限公司与公司有关的纠纷案①

再审申请人山西天健华夏商贸有限公司(以下简称山西天健)因与被申请人天健华夏医疗集团(香港)有限公司(以下简称香港天健)与公司有关的纠纷一案，不服太原市中级人民法院(2019)晋01民终1835号民事判决，向山西省高级人民法院申请再审。山西省高级人民法院于2020年4月29日作出(2019)晋民申1294号民事裁定，提审本案。

---

① 参见山西省高级人民法院民事判决书，(2020)晋民再112号。

申请人认为：

被申请人的诉讼代表人事先未得到法院的批准，无权委托律师参与本案一审及二审诉讼。香港高等法院的“清盘令”第10条“临时清盘人的职权限于下列行为”第y款“为了上述目的”第(ii)项明确规定以临时清盘人认为合适的酬金或其他方式及其认为合适的期限(但律师及律师的委任须事先得到法院的批准)委任和聘用在香港特别行政区或其他地方的侍者、雇员、文员、经理……由此可知，被申请人临时清盘人选聘律师的行为和启动诉讼的行为一样，同样应得到法院的批准，而本案一审、二审阶段被申请人的临时清盘人均未提供相关的证据证明其委托内地律师的行为得到相应的许可，故该委托行为无效。

案涉“清盘令”在内地法院不具有法律效力，临时清盘人阎某无权以被申请人名义并代表被申请人提起诉讼或参与诉讼。

山西省高级人民法院认为：

《中华人民共和国涉外民事关系法律适用法》第十四条规定，法人的民事权利能力和民事行为能力适用登记地法律。《最高人民法院关于适用若干问题的解释(一)》第十九条规定：“涉及香港特别行政区、澳门特别行政区的民事关系的法律适用问题，参照适用本规定。”香港天健登记地在香港，其临时清盘人能否代表其参加诉讼，应适用香港法。香港高等法院根据香港特别行政区《公司(清盘及杂项条文)条例》于2017年8月16日作出的《命令》已批准香港天健的临时清盘人进行包含本案在内的诉讼活动，于2017年8月11日作出的《命令》已批准临时清盘人委任金杜律师事务所(香港及上海)作为法律顾问，并在之后批准了金杜律师所包含本案在内的法律服务费用。另外，上述两项命令中批准临时清盘人作为香港天健的诉讼代表人及委托金杜律师事务所作为诉讼代理人的内容是关于香港天健的民事权利能力及民事行为能力的认定，根据《中华人民共和国涉外民事关系法律适用法》的规定予以适用，在内地并没有可执行内容，不涉及对上述命令的认可与执行。

关于争议焦点(二)，再审申请人山西天健认为，《天健华夏医疗集团(香港)有限公司在时清盘人之书面决定》《山西天健华夏商贸有限公司董事、法定代表人及监事任免书》的决策不具有法律效力，因为《委任临时清盘人的修正命令》(清盘令)不被认可，临时清盘人依据清盘令作出的上述决定和任免也不应具有法律效力。被申请人香港天健认为，《临时清盘人之书面决定》《董事、法定代表人及监事任免书》基于香港法律及香港高等法院的命令作出，且经过公证。对于山西天健的董事、法定代表人及监事等任免的组织机构事项，应当适用我国公司法及外资企业法的规定。本院认为，临时清盘人是否有权任免子公司的董事属于公司的民事权利能力及民事行为能力事项，根据《中华人民共和国涉外民事关系法律适用法》第十四条应适用香港法。香港高等法院根据《公司(清盘及杂项条文)条例》于2017年8月2日作出的《委任临时清盘人的修正命令》赋予临时清盘人的职权包括任免子公司的董事。依据香港法作出后，《临时清盘人之书面决定》及《董事、法定代表人及监事任免书》在内地是否有效，应适用内地的法律规定。《中华人民共和国公司法》第十一条规定“公司章程对公司、股东、董事、监事、高级管理人员具有约束力”。《中华人民共和国外资企业法》第十一条规定“外资企业依照经批准的章程进行经营管理活动，不受干涉”。山西天健的《公司章程》第十五条规定股东的权利包括更换非由职工代表担任的执行董事、监事等；第十七条规定“公司不设董事会，设执行董事一人，由股东委派产生，执行董事为法定代表人”。因此，香港天健作为山西天健的唯一股东，有权对山西天健的董事(法定代表人)、监事进行任免。

……………………

新佰益(香港)投资有限公司因与公司有关的纠纷案[①]

关于新佰益(香港)投资有限公司[New Pi (Hong Kong) Investment Co. Ltd.](以下简称新佰益公司)是否为本案适格原告的问题,最高人民法院认为:

新佰益公司系在中华人民共和国香港特别行政区注册成立的公司,山风公司系在巴巴多斯共和国注册成立的公司,故本案属于涉外、涉港商事纠纷案件。本案系新佰益公司认为中天公司前任董事金某某侵害中天公司权益,进而使新佰益公司权益受损而提起的与公司有关的纠纷,其起诉是否受理的问题属程序事项,应适用法院地法即中华人民共和国法律。

《中华人民共和国民事诉讼法》第一百一十九条第一项规定,原告是与本案有直接利害关系的公民、法人和其他组织。因此,与本案是否具有直接利害关系作为判断原告主体是否适格的标准之一需要在审查起诉阶段确定。新佰益公司关于一审裁定混淆了“主体适格”与“具有直接利害关系”,原告主体是否适格应当在实体审理后确定的上诉主张不能成立。此外,原告主体适格与否之判断,应当依据案件的具体情况,根据起诉人与诉讼的特定关系以及相关法律对诉权的特别规定来确定。新佰益公司依据《中华人民共和国公司法》第一百五十一条、第一百五十二条分别赋予公司股东的派生诉讼提起权和直接诉讼提起权提起本案诉讼,一审法院根据上述法律相关条文审查认定新佰益公司主体资格具有法律依据。新佰益公司关于一审法院在立案阶段就进行实体审理,剥夺了新佰益公司诉讼权利的主张亦不能成立,本院不予支持。

---

① 参见最高人民法院民事裁定书,(2018)最高法民终113号。

根据《中华人民共和国公司法》第一百四十九条、第一百五十一条的规定，董事、监事、高级管理人员执行公司职务时违反法律、行政法规或者公司章程的规定，给公司造成损失以及他人侵犯公司合法权益给公司造成损失时，符合法定条件的股东有权提起股东代表诉讼。新佰益公司认为中天公司原高级管理人员侵害中天公司权益，并以维护中天公司利益为目的提起本案诉讼。山风公司作为中天公司的唯一股东，在中天公司合法权益受到董事、监事、高级管理人员或他人侵害而中天公司怠于提起诉讼的情况下，有权依据上述法律规定以中天公司股东身份提起股东代表诉讼。本案中，新佰益公司系山风公司的股东，并非中天公司的股东，其提起维护中天公司利益的股东代表诉讼，缺乏法律依据。

《中华人民共和国公司法》第一百五十二条规定："董事、高级管理人员违反法律、行政法规或者公司章程的规定，损害股东利益的，股东可以向人民法院提起诉讼。"该条规定了股东提起直接诉讼的权利。如中天公司董事、高级管理人员存在上述法定情形，山风公司作为中天公司股东可以依据该条向人民法院提起诉讼。新佰益公司并非中天公司股东，其依据上述规定就中天公司董事、高级管理人员损害股东利益之行为提起诉讼亦没有法律依据。

股东向公司完成出资成为公司股东后即享有公司股权，股东人格和财产与公司的人格与财产相互分离、各自独立。新佰益公司起诉认为中天公司的权益受到侵害，并请求侵害者向中天公司承担责任，其并非诉因涉及的民事法律关系之一方主体，与本案不存在直接的利害关系。新佰益公司关于中天公司是新佰益公司唯一和全部的资产权益所在，中天公司利益受损势必使新佰益公司权益受损，因而新佰益公司与本案有直接利害关系的上诉主张不能成立，本院不予支持。

《中华人民共和国民事诉讼法》第一百二十三条规定："人民法院应当保障当事人依照法律规定享有的起诉权利。对符合本法第一百一十九条的起诉,必须受理。符合起诉条件的,应当在七日内立案,并通知当事人;不符合起诉条件的,应当在七日内作出裁定书,不予受理;原告对裁定不服的,可以提起上诉。”一审法院认定新佰益公司提起本案诉讼不符合法定起诉条件并裁定不予受理具有法律依据。

…………………

大连经济技术开发区发展经济贸易公司、唐山市五环实业总公司追偿权纠纷案①

上诉人大连经济技术开发区发展经济贸易公司(以下简称大连开发区经贸公司)因与被上诉人唐山市五环实业总公司(以下简称唐山五环总公司)及一审被告唐山明丰房地产开发有限公司(以下简称唐山明丰公司)、香港明丰贸易公司(以下简称香港明丰公司)追偿权纠纷一案,不服河北省石家庄市中级人民法院(2013)石民五初字第00405号民事判决,向河北省高级人民法院提起上诉。

香港明丰公司代表人洪某某陈述称:

一、一审起诉时,香港明丰公司已注销,不是适格主体,一审法院在未查明事实的基础上,判决香港明丰公司承担责任,认定事实不清。二、香港明丰公司唯一股东洪某某及公司身份均被冒用。洪某某直到香港明丰公司在河北省高级人民法院涉及追偿权纠纷前,对以本人及该公司身份注册唐山明丰公司的情况从不知情。唐山明丰公司工商档案内的所有资料均系伪造,洪某某可以提供相应签名予以证实。

河北省高级人民法院认为:

① 参见河北省高级人民法院民事判决书,(2017)冀民终43号。

本案为在我国内地履行的中港合资经营企业借款担保合同引起的追偿权纠纷。参照《中华人民共和国合同法》第一百二十六条的规定，应适用中华人民共和国内地法律进行审理。但香港明丰公司在本案中的主体资格等事项，参照《中华人民共和国涉外民事关系法律适用法》第十四条第一款关于“法人及其分支机构的民事权利能力、民事行为能力、组织机构、股东权利义务等事项，适用登记地法律”的规定，应适用香港明丰公司登记地即香港特别行政区法律。

关于香港明丰公司的主体资格问题。一审中，香港明丰公司经合法传唤未到庭应诉。二审中，香港明丰公司代表人洪某某委托诉讼代理人到庭应诉，当庭陈述称该公司已注销，已不是本案适格主体。为证明其主张，香港明丰公司代表人洪某某提交该公司商业登记资料（状况）证明书，证明该公司已于2009年12月31日结束营业。但香港明丰公司并未提交证据证明根据香港特别行政区法律“结束营业”即代表该公司已依法清算并注销，不再具有民事权利能力和民事行为能力，本院亦未能查明香港特别行政区法律该方面的相应规定。参照《中华人民共和国涉外民事关系法律适用法》第十条的规定，关于香港明丰公司结束营业后在本案中的主体资格问题，可以适用中华人民共和国内地法律确定。根据《最高人民法院关于适用〈中华人民共和国民事诉讼法〉的解释》第六十四条关于“企业法人解散的，依法清算并注销前，以该企业法人为当事人”的规定，香港明丰公司在本案中仍具有被告的主体资格，应以该公司名义参加诉讼，并承担相应民事责任。香港明丰公司关于其不是本案适格主体的抗辩主张，本院不予支持。

| 诉 讼 代 理 |

刘某某与康科全球投资有限公司（Kamco Global Investment Ⅱ Limited）、广州客车厂债权转让合同纠纷案①

上诉人广州客车厂与被上诉人刘某某、韩国康科全球投资有限公司（以下简称全球公司）因债权转让合同纠纷一案，向广东省广州市中级人民法院提起上诉。案情如下：1999 年，中国工商银行广州市庙前直街支行（以下简称工行庙前支行）与广州客车厂签订一份《人民币短期借款合同》，约定工行庙前支行贷款人民币 3170 万元给广州客车厂。后包括本案债权之内的相关债权转让给全球公司。2015 年，刘某某与全球公司签订《债权转让协议》，约定全球公司将包括本案债权在内的五户债权的本金及利息以人民币 360 万元的价格转让给刘某某。一审法院认为，本案为债权转让合同纠纷。全球公司将享有的涉案债权及相关从权利转让给刘某某，该协议是当事人的真实意思表示，且不违反法律和行政法规的禁止性规定，合法有效。②

在上诉中，广州客车厂主张：

……三、全球公司的转委托手续不合法，其委托的是一家公司，而公司并不在我国民事诉讼法规定的可以作为诉讼代理人的范围中，其无权代表全球公司出庭应诉，更无权转委托律师出庭。四、刘某某的委托手

---

① 参见广东省广州市中级人民法院民事判决书，（2015）穗中法民四终字第 104 号。

② 刘某某与 Kamco Global Investment Ⅱ Limited、广州客车厂债权转让合同纠纷案，广东省从化市人民法院（2015）穗从法民二初字第 222 号民事判决书。

续也不合法，其委托谭某担任代理人但其并非律师，刘某某亦未提供有关推荐信，事后补办也不能对之前的代理工作起到追认作用。特上诉请求撤销原判，改判被上诉人刘某某与全球公司之间的债权转让行为无效。

被上诉人全球公司答辩认为：

根据《中华人民共和国民事诉讼法》第二百六十四条规定，对于外国企业的授权行为并没有对于其他人是否是公司的限制，且全球公司的授权已经经过我国司法部委托的公证人香港律师的认证和内地的公证，该转委托手续合法有效。

二审法院查明的相关事实如下：

全球公司2009年5月25日在我国香港地区注册成立为有限公司，2013年10月3日，该公司作出董事会决议，委托哈尔滨东某投资咨询有限公司（下简称东某公司）……作为全球公司代理人，代理权限为特别授权代理，受委托单位可在勿需委托单位出具书面文件的前提下转委托律师作为上述案件的委托代理人，转委托权限不得超出上述权限，委托单位认可经转委托确认的代理律师的行为。2015年3月19日和10月19日，东某公司两次向广东源通律师事务所律师王某某出具《授权委托书》，转委托王某某律师在本案一审、二审过程中作为全球公司代理人，代理权限为一般代理。

此外，一审过程中，刘某某于2015年1月29日委托谭某和徐某某律师作为本案代理人，并提供了基层组织在2015年5月4日出具的推荐函。二审过程中，刘某某仅委托徐某某律师作为其代理人。一、二审过程中，徐某某律师均代理刘某某出庭。

本院认为，全球公司是在香港特别行政区注册成立的企业，本案属涉港商事纠纷，应比照涉外商事案件处理。各方当事人均未对原审法院行使管辖权和适用内地法律处理本案提出异议，本院对此予以确认。

根据《中华人民共和国民事诉讼法》第一百六十八条的规定，第二审人民法院主要针对上诉请求的有关事实和适用法律进行审查。

首先，关于全球公司在本案的授权委托手续是否符合《中华人民共和国民事诉讼法》规定的问题。全球公司作为香港公司，通过董事会决议的方式委托东某公司在处理包含涉案债权在内的相关债权涉及的诉讼、执行、回收债权及资产处置过程中作为其代理人并出具《授权委托书》，该董事会决议已经中国委托公证人暨香港律师练某某律师确认根据香港法律具有法律约束力，因此，该《授权委托书》是全球公司真实意思表示，全球公司因此与东某公司成立委托合同关系，并赋予东某公司转委托权。《中华人民共和国民事诉讼法》第五十八条仅是针对诉讼代理人的规定，在进入民事诉讼过程中，只有该条规定的人员可以担任诉讼代理人，而在本案一、二审诉讼过程中，东某公司根据该《授权委托书》转委托了符合我国《民事诉讼法》第五十八条的王某某律师代理全球公司，并无不当。至于刘某某的委托代理人问题，刘某某在本案审理过程中除委托谭某之外，尚委托徐某某律师作为其代理人，上诉人对此提出的上诉依据不足，本院不予采纳。

…………………

刘某某、豪杰投资有限公司与伊文特国际有限公司(Eventint International Limited)、赵某等股权转让纠纷案[①]

在本案中，新疆维吾尔自治区高级人民法院认为：

① 参见新疆维吾尔自治区高级人民法院民事判决书，(2017)新民终20号。

关于本案的程序问题。刘某某及豪杰公司上诉主张,永丰公司参加本案诉讼的委托诉讼代理人无合法授权手续,无权代表永丰公司参与本案诉讼。根据《中华人民共和国民事诉讼法》第二百六十四条规定,在中华人民共和国领域内没有住所的外国人、无国籍人、外国企业和组织委托中华人民共和国律师或者其他人代理诉讼,从中华人民共和国领域外寄交或者托交的授权委托书,应当经所在国公证机关证明,并经中华人民共和国驻该国使领馆认证,或者履行中华人民共和国与该所在国订立的有关条约中规定的证明手续后,才具有效力。本案中,永丰公司在一、二审中均提交了由香港律师公证的委托律师王某代理其参与本案诉讼的手续。根据永丰公司的主体公证认证资料载明,永丰公司是英属维尔京群岛注册的公司,故其公司章程以及董事行为均应受英属维尔京群岛法律法规的约束。虽然根据永丰公司的组织章程细则载明,永丰公司的董事具有对外授权的权力。但永丰公司对外委托代理律师参加诉讼的行为系需永丰公司董事决议授权的公司行为,并非董事的个人行为。故永丰公司对外委托诉讼代理人的手续仍应经英国外交部门公证并经我国驻英国大使馆的认证。永丰公司虽表示其公司董事可以到本院来签署授权委托手续,但永丰公司对外授权的董事决议亦需经过英国外交部门公证及我国驻英国大使馆的认证,以保证公司董事决议的真实有效,故永丰公司向一审法院及本院提交的委托代理手续均不符合法律规定,其代理律师的陈述仅能代表授权的董事个人,而不能代表永丰公司。一审法院未能依法审查永丰公司委托代理手续,认定代理人资格缺乏依据,属程序错误。虽然永丰公司委托诉讼代理人的代理手续不符合法律规定,但永丰公司提交了证明其主体身份的合法有效的材料,可以确定其主体身份,且其起诉状加盖了公司印章,故一审法院对其起诉进行审理并无不当。

对于刘某某及豪杰公司上诉提出永丰公司在一审提交的证据均系

在香港形成,需经香港律师公证认证的问题。《最高人民法院关于民事诉讼证据的若干规定》第十一条第二款规定,当事人向人民法院提供的证据是在我国香港特别行政区、澳门特别行政区、台湾地区形成的,应当履行相关的证明手续。本案中,虽然永丰公司提交的一系列合同均在香港特别行政区签订,但各方当事人对于证据的真实性均无异议,可以认定证据的来源真实、合法,故永丰公司未履行相关的证明手续,并不违反法律规定……

|被告经常居所地法院管辖|

(香港)富文国际投资有限公司等诉(塞浦路斯)哈罗·斯特瑞特有限公司侵犯商标权及不正当竞争纠纷案[①]

(香港)富文国际投资有限公司(以下简称富文公司)、中艺华联股份有限公司(以下简称中艺华联公司)、武汉莫依休闲用品有限公司(以下简称莫依公司)与(塞浦路斯)哈罗·斯特瑞特有限公司(以下简称哈罗公司)、北京百盛轻工发展有限公司(以下简称百盛公司)、北京市西单商场股份有限公司(以下简称西单商场)就侵犯商标权及不正当竞争产生纠纷,一审由北京市高级人民法院进行审理。富文公司、中艺华联公司、莫依公司就管辖权异议提出上诉,称本案是一起因商标许可合同争议引起的合同纠纷,而非侵权纠纷,应当根据相关合同的约定确定管辖,请求撤销原审裁定并将本案移送有管辖权的法院或驳回被上诉人的

---

① 参见最高人民法院民事裁定书,(2001)民三终字第10号。

起诉。被上诉人哈罗公司辩称，上诉人的行为是侵权行为并发生在北京，被上诉人与上诉人之间的合同已终止，北京市高级人民法院对本案有管辖权。原审被告百盛公司、西单商场认为本案的关键问题是确定本案是合同纠纷还是侵权纠纷，如果是合同纠纷，则应由我国香港特别行政区法院管辖；如果是侵权纠纷，则北京市法院有管辖权。百盛公司、西单商场均认为本案应是商标许可合同纠纷，应当由我国香港特别行政区法院管辖。

最高人民法院认为本案是侵权纠纷，因侵权行为提起的诉讼，由侵权行为地或者被告住所地人民法院管辖。同一诉讼的几个被告住所地、经常居住地在两个以上人民法院辖区的，各该人民法院都有管辖权。数人侵权案件的原告，可以向任一被告所在地的法院提起诉讼。所以，侵权纠纷中有数名被告的，任一被告所在地的人民法院对侵权案件均可行使管辖权，北京市高级人民法院对本案行使管辖权并无不当。

合　同

中国恒基伟业集团有限公司、北京北大青鸟有限责任公司与广晟投资发展有限公司、香港青鸟科技发展有限公司借款担保合同纠纷案①

2002年12月25日，广晟投资发展有限公司（以下简称广晟公司）与中国恒基伟业集团有限公司（以下简称恒基公司）签订借款合同，由北京北大青鸟有限责任公司（以下简称北京青鸟公司）与香港青鸟科技

① 参见最高人民法院民事裁定书，(2006)民四终字第28号。

发展有限公司(以下简称香港青鸟公司)提供担保,四方共同签署《可转换债发行协议》,并约定:“四方应妥善解决履行中发生的争议,协商解决不成的,提交仲裁解决。本协议适用中华人民共和国香港特别行政区法律。”后广晟公司以借款合同纠纷起诉恒基公司、香港青鸟公司、北京青鸟公司还款,恒基公司和北京青鸟公司在提交答辩状期间对管辖权提出异议,认为《可转换债发行协议》约定有仲裁条款,法院无管辖权,请求驳回起诉。

最高人民法院认为,当事人可以在合同中约定仲裁条款效力的准据法,但合同中约定的适用于解决合同争议的准据法不能用来判定涉外仲裁条款的效力。根据《仲裁法》(1994 年)第 18 条规定:“仲裁协议对仲裁事项或者仲裁委员会没有约定或者约定不明确的,当事人可以补充协议;达不成补充协议的,仲裁协议无效。”本案中,当事人在仲裁协议中未明确约定合同履行地且履行地不明确,因此最高人民法院依据《民事诉讼法》(1991 年)第 24 条和第 243 条的规定,裁定由合同实际履行地法院享有管辖权。

|离　　婚|

高某与蔡某离婚纠纷案①

本案中,蔡某诉至一审法院,请求判决蔡某与高某离婚。一审法院向高某送达起诉状后,高某在法定答辩期内向一审法院提出了管辖权异议,其事实与理由为:高某与蔡某均已取得中国香港特别行政区居民资格,因双方感情彻底破裂,高某已于 2015 年 3 月 10 日在香港区域法院

---

① 参见北京市第三中级人民法院民事裁定书,(2016)京 03 民辖终 56 号。

家事法庭对蔡某提出离婚呈请,香港区域法院家事法庭于当日受理并已进入审理程序。现蔡某无视已有的离婚诉讼程序,恶意向一审法院另行起诉离婚,涉嫌利用不同司法区域的不同进程和法律规定,达到其规避香港特别行政区司法程序的目的。

一审法院经审理认为:对公民提起的民事诉讼,由被告住所地人民法院管辖,被告住所地与经常居住地不一致的,由经常居住地人民法院管辖。被告被注销户籍的,由原告住所地人民法院管辖,原告住所地与经常居住地不一致的,由原告经常居住地人民法院管辖。经审查,蔡某2015年6月19日提起本案诉讼,高某之前已加入A国籍,于2015年9月注销户籍,注销前户籍位于北京市朝阳区。蔡某户籍地在北京市朝阳区,现没有证据证明蔡某和高某起诉时具有经常居住地。故一审法院对本案具有管辖权。高某不服一审判决,提起上诉。

北京市第三中级人民法院经审查认为:蔡某提起本案诉讼请求判令蔡某与高某离婚等,故本案为离婚纠纷。本案原审原告蔡某是中国公民,原审被告高某为A国籍,故根据《民事诉讼法解释》第522条的规定,本案属于涉外民事诉讼。《民事诉讼法》未在涉外民事诉讼程序的特别规定中对涉外离婚诉讼的管辖作出具体规定。鉴于本案当事人中的中国公民蔡某的住所地位于北京市朝阳区,且无证据证明蔡某在本案起诉前已离开北京市朝阳区而在北京市朝阳区以外的地址连续居住1年以上,故北京市朝阳区人民法院对本案有管辖权。高某的上诉请求应予驳回。

| 收　　养 |

郑某与刘某等同居关系子女抚养纠纷案[①]

本案中，被告郑某与原告刘某因同居怀孕，2008 年 6 月 28 日，被告郑某在中国香港浸会医院产下一非婚生子，后其被原审被告陈某甲、林某非法收养。郑某不服一审判决，向福州市中级人民法院提起上诉称本案不应由中国内地法院受理。非婚生子出生在中国香港特别行政区，系香港居民，且在内地无户口登记，本案涉及中国香港特别行政区未成年人的监护、抚养权的转移、改变，应由香港特别行政区法院管辖，并由香港特别行政区法院作出命令。

福州市中级人民法院认为，就管辖权问题，上诉人郑某提出本案中国内地法院无管辖权，经查，本案的原、被告均为中华人民共和国公民，中国内地法院具有管辖权。且上诉人在一审提交答辩状期间未提出该管辖权异议，根据《民事诉讼法》第 127 条“人民法院受理案件后，当事人对管辖权有异议的，应当在提交答辩状期间提出……当事人未提出管辖异议，并应诉答辩的，视为应诉人民法院有管辖权”的规定，该管辖权异议依法不能成立。

① 参见福建省福州市中级人民法院民事判决书，(2015)榕民终字第 1624 号。

监　护

姜某与赵某变更抚养关系纠纷案[①]

本案中,上诉人(原审原告)姜某上诉请求撤销原审裁定,由南通市崇川区人民法院审理本案。江苏省南通市中级人民法院认为,《民事诉讼法》第22条规定:"下列民事诉讼,由原告住所地人民法院管辖;原告住所地与经常居住地不一致的,由原告经常居住地人民法院管辖:(一)对不在中华人民共和国领域内居住的人提起的有关身份关系的诉讼;(二)对下落不明或者宣告失踪的人提起的有关身份关系的诉讼;(三)对被采取强制性教育措施的人提起的诉讼;(四)对被监禁的人提起的诉讼。"被上诉人赵某户籍地位于广东省××福田区××免税商务大厦1403,但该地系深圳市人才交流服务中心(中心区分部),被上诉人亦陈述其并未在深圳居住生活。被上诉人于2008年8月领取中国香港居民身份证,根据其陈述,其在我国香港特别行政区求学毕业后即在香港特别行政区工作,在香港特别行政区有固定住所,每年均回南通探亲,故可以认定被上诉人经常居住地位于香港特别行政区。人民法院审理涉及我国香港特别行政区、澳门特别行政区和台湾地区的民事诉讼案件,可以参照适用涉外民事诉讼程序的特别规定。故可以认定被上诉人不在中华人民共和国领域内居住,而本案系变更抚养关系纠纷,属于身份关系诉讼,南通市崇川区人民法院作为姜某住所地所在人民法院对本案具有管辖权。同时,南通市中级人民法院还认为,《民事诉讼法解释》第10条规定:"不服指定监护或者变更监护关系的案件,可以由被监护

① 参见江苏省南通市中级人民法院民事裁定书,(2018)苏06民辖终50号。

人住所地人民法院管辖。”该规定适用于监护权特别程序案件,不适用于变更抚养关系纠纷。故上诉人以此为由,主张本案应由南通市崇川区人民法院管辖,不能成立。

|扶　　养|

张某与刘某赡养纠纷案①

本案中,张某上诉称,根据《民事诉讼法》第21条之规定,张某为中国香港居民且常年居住在香港特别行政区,认为贵阳市南明区人民法院对本案不具有管辖权,其受理本案缺乏事实和法律依据。另外,本案并不属于身份关系的诉讼,赡养费的请求权虽然与身份关系有一定的联系,但从性质上看,仍然属于财产权,故当事人请求支付赡养费并不适用《民事诉讼法》第22条第1款第1项的规定。综上,请求撤销一审裁定。

贵阳市中级人民法院认为,本案系赡养纠纷。根据《民事诉讼法解释》第551条“人民法院审理涉及香港、澳门特别行政区和台湾地区的民事诉讼案件,可以参照适用涉外民事诉讼程序的特别规定”,以及《民事诉讼法》第22条第1款第1项“下列民事诉讼,由原告住所地人民法院管辖;原告住所地与经常居住地不一致的,由原告经常居住地人民法院管辖:(一)对不在中华人民共和国领域内居住的人提起的有关身份关系的诉讼……”之规定,上诉人张某系中国香港居民,且长期居住于香港特别行政区,故被上诉人刘某向其经常居住地人民法院即贵州省贵阳市南明区人民法院提起诉讼,符合法律规定。关于上诉人张某认为本案不属于身份关系的诉讼,故不适用《民事诉讼法》第22条第1款第1项规

① 参见贵州省贵阳市中级人民法院民事裁定书,(2021)黔01民辖终18号。

定的上诉主张。贵阳市中级人民法院认为,赡养关系发生在特定的当事人之间,赡养费纠纷系建立在该人身关系基础上产生的具有财产给付内容的诉讼,故本案属于上述法律规定中“有关身份关系的诉讼”。

继　　承

何某与佛山市顺德区乐从镇乐从社区居民委员会继承纠纷案①

本案中,广东省佛山市顺德区人民法院认为:关于本案的管辖问题,因原告为中国香港特别行政区居民,本案属于涉港民事案件。根据《民事诉讼法》第33条规定:“下列案件,由本条规定的人民法院专属管辖:(一)因不动产纠纷提起的诉讼,由不动产所在地人民法院管辖;(二)因港口作业中发生纠纷提起的诉讼,由港口所在地人民法院管辖;(三)因继承遗产纠纷提起的诉讼,由被继承人死亡时住所地或者主要遗产所在地人民法院管辖。”涉案遗产所在地位于佛山市顺德区,本院属于在本辖区内对涉港民事案件有管辖权的人民法院,且符合级别管辖的规定,故本案应由本院管辖。

① 参见广东省佛山市顺德区人民法院民事判决书,(2018)粤0606民初2691号。

专属管辖、被告应诉管辖

新疆山青华通环境科技有限公司、晖泽发展集团有限公司合同纠纷案[①]

本案中，最高人民法院认为：本案系涉港合同纠纷管辖权异议上诉案件，根据《民事诉讼法解释》第551条的规定，参照适用《民事诉讼法》第四编第259条所规定的"在中华人民共和国领域内进行涉外民事诉讼，适用本编规定。本编没有规定的，适用本法其他有关规定"。

关于本案是否属于专属管辖情形的问题。本案是因履行股权及项目转让协议而产生的纠纷，案涉《污水处理项目转让协议》虽然涉及项目工程的竣工验收及产权移交等问题，但争议法律关系是股权以及项目权利义务的转让关系，而非因不动产的权利确认、分割、相邻关系引起的物权纠纷或建设工程施工合同纠纷，因此本案不属于不动产纠纷，不适用专属管辖的规定。新疆山青华通环境科技有限公司主张本案应适用专属管辖规定的上诉理由不能成立。

关于本案是否应当依据管辖协议确定管辖法院的问题。案涉《污水处理项目转让协议》第4.2条和《股权转让协议》第13.2条均约定，因本协议产生的或与本协议相关的任何争议，如无法协商解决，则任何一方可将争议提交项目所在地有管辖权的法院诉讼。上述管辖协议的约定符合《民事诉讼法》第34条关于"合同或者其他财产权益纠纷的当事人可以书面协议选择被告住所地、合同履行地、合同签订地、原告住所地、标的物所在地等与争议有实际联系的地点的人民法院管辖，但不得违反

① 参见最高人民法院民事裁定书，(2018)最高法民辖终66号。

本法对级别管辖和专属管辖的规定”的规定，该管辖协议合法有效。

但是，山东华通环境科技股份有限公司（以下简称华通公司）和山青公司在提交答辩状期间均未提出管辖异议，参加了原审法院于答辩期届满后组织的证据交换程序，并对实体问题发表了陈述意见。《民事诉讼法》第127条第2款规定：“当事人未提出管辖异议，并应诉答辩的，视为受诉人民法院有管辖权，但违反级别管辖和专属管辖规定的除外。”《民事诉讼法解释》第223条第2款规定：“当事人未提出管辖异议，就案件实体内容进行答辩、陈述或者反诉的，可以认定为民事诉讼法第一百二十七条第二款规定的应诉答辩。”根据上述规定，尽管本案当事人事先有管辖法院的约定，但原审法院基于华通公司和山青公司在诉讼程序中的应诉答辩行为，依法取得了对本案的管辖权。山青公司主张本案应当依照管辖协议确定管辖法院的上诉理由不能成立。

平行诉讼

郭叶律师行诉厦门华洋彩印公司代理合同纠纷管辖权异议案[①]

原告郭叶律师行，住所地为中国香港特别行政区中环。被告福建省厦门华洋彩色印刷有限公司（以下简称华洋彩印公司），住所地为厦门市海沧新阳工业区。原告郭叶律师行因与被告华洋彩印公司发生代理合同纠纷，于2003年7月7日向福建省厦门市中级人民法院提起诉讼。

原告诉称，2000年11月29日，原告与被告华洋彩印公司签订了聘

① 参见郭叶律师行诉厦门华洋彩印公司代理合同纠纷管辖权异议案，载《最高人民法院公报》2004年第7期。

任书,约定由原告担任被告公司在我国香港特别行政区上市的保荐人和承销商的律师,向保荐人和承销商提供法律服务,由被告给原告支付法律专业服务费用。聘任书签订后,原告完成了提供法律服务的义务,而被告却不支付费用,理由是其上市失败。原告主张上市失败是被告自己的原因造成的,请求判令被告支付拖欠的法律专业服务费用港币1,444,882元。

被告华洋彩印公司接到诉状后,于2003年7月22日提出管辖权异议。理由是:原告郭叶律师行提供的证据,自身已显示出内容多为虚假,这些假证全部在我国香港特别行政区制造;郭叶律师行极有可能涉嫌触犯香港特别行政区刑律;且该案在我国香港特别行政区有重大影响,香港媒体此前均有报道。因此,本案应由我国香港特别行政区法院适用香港特别行政区法律审理为妥,申请将本案移交我国香港特别行政区司法管辖。在厦门市中级人民法院审查管辖权异议过程中,被告华洋彩印公司又解释:其认为,厦门市中级人民法院审理本案存在诸多不便。例如,本案在我国香港特别行政区有较大影响,涉及虚假上市问题、香港特别行政区中介机构问题,可能还涉嫌刑事犯罪,法院调查事实困难;涉案合同约定了适用香港特别行政区法律,法院查明并适用我国香港特别行政区法律特别是判例法困难;涉案的杰威国际控股有限公司注册地点在百慕大,在我国没有住所地,法院追加其为本案当事人困难。况且原告郭叶律师行已经就本案在我国香港特别行政区法院提起诉讼,如果内地法院再受理,就成为"一事二诉"。

厦门市中级人民法院认为:本案被告华洋彩印公司提出的管辖权异议,涉及国际民事诉讼中平行诉讼和不方便法院的问题。平行诉讼,是指相同当事人之间就同一标的在两个或两个以上国家或地区的法院进行诉讼,也称"一事二诉"。由于各国都奉行国家主权原则,而对民事诉讼行使司法管辖权,是国家主权在民事诉讼领域的体现,因此在国际民事诉讼中,平行诉讼是存在的,也是允许的。我国司法实践不排除平行诉讼。对同一案件,只要根据我国法律或者我国参加的国际条约规定,我国法院有管辖权,则不问该案是否在其他国家或者地区起诉,或者该案是否已由其他国家或者地区审理,或者其他国家或者地区是否已对该案作出判决,均不影响我国法院对该案的管辖。

原告郭叶律师行以华洋彩印公司为被告,在厦门市中级人民法院提起的代理合同纠纷诉讼,是涉港民事诉讼。我国香港特别行政区是我国的一个独立法域,目前与内地尚未建立解决管辖权冲突和相互承认与执行法院裁决的司法协助关系。故我国香港特别行政区法院是否受理同一诉讼,不是内地法院能否受理的前提。华洋彩印公司以郭叶律师行已经在我国香港特别行政区法院提起诉讼,内地法院再受理就成为“一事二诉”为由,主张将本案移交我国香港特别行政区法院处理,理由不能成立。

| 上 诉 期 间 |

丁某与澳门第一环球国际有限公司侵权责任纠纷案①

本案中,上诉人丁某甲、丁某乙均为中国公民,被上诉人澳门第一环球国际有限公司是一家在中国澳门特别行政区注册的公司法人。丁某甲和丁某乙不服上海市第一中级人民法院(2016)沪01民初62号民事判决,提起上诉。丁某乙的一项上诉理由是:“一审法院只给丁某乙十五日的上诉时间,违反了程序规定。丁某乙持有澳门特别行政区的护照,上诉期应为三十日。”对此,上海市高级人民法院认为:

① 参见上海市高级人民法院民事判决书,(2018)沪民终330号。

关于丁某乙上诉期的问题，依据《最高人民法院关于适用〈中华人民共和国民事诉讼法〉的解释》第五百三十八条的规定，不服第一审人民法院判决的上诉期，对在中华人民共和国领域内有住所的当事人，适用民事诉讼法第一百六十四条规定的期限，即在判决书送达之日起十五日内向上一级人民法院提起上诉，因丁某乙在内地有住所，故一审法院给予丁某乙十五日的上诉期限于法有据。

| 经调解后涉外和解协议的救济 |

香港益利船务有限公司与施某某等海事光船租赁合同纠纷案[①]

2010年7月14日香港益利船务有限公司（以下简称益利船务）与案外人五洲海运签订《光船租赁合同》，约定五洲海运承租益利船务的Fortune East轮。该租赁合同系在波罗的海国际航运公会（Baltic and International Maritime Council, BIMCO）标准光船租赁合同（BARECON 2001）条款基础上修订形成。该合同第30条是关于争议解决的条款，其中第30条的A、B、C三款内容是关于仲裁解决争议的条款，A款是适用英国法在伦敦仲裁，B款是适用美国法在纽约仲裁，C款是双方合意确定仲裁应适用的法律及仲裁地的规定。双方最终签订的合同将第30条A、B、C三款均划线删除。《光船租赁合同》第30条D款并未被删除，该款是"尽管有附加条款第49条规定，当事人可以随时同意将因本合同引起的或与本合同有关的任何分歧和/或争议提交调解。在仲裁已根据A款或B款或C款开始仲裁的情形下，以下条款适用：（i）任何一方均可

① 参见厦门海事法院民事裁定书，（2020）闽72民初239号。

随时向另一方送达选择将争议或争议的一部分提交调解的书面通知，以要求另一方同意调解。(ii)另一方应在收到调解通知后的14个日历日内确认他们同意调解，在这种情况下，当事方应在随后的14个日历日内就调解员选任达成协议，如未能达成协议，仲裁庭或仲裁庭为此目的指定的人员将在任何一方的申请下立即任命一名调解员。调解应在当事各方可能同意的地点，程序和条件下进行，如果发生分歧，则应由调解员确定。(iii)如果另一方不同意调解，则可以提请仲裁庭注意这一事实，并且在各方之间分配仲裁费用时，仲裁庭可以考虑到这一事实。(iv)调解不应影响任何一方为保护其利益而必须采取的救济或采取必要步骤的权利。(v)任何一方均可通知仲裁庭，他们已同意进行调解。在调解过程中，仲裁程序应继续进行，但仲裁庭在为调解程序中的步骤设定时间表时，可考虑调解时间表……”

……

另查明，我国于2019年8月7日签署《新加坡调解公约》，但尚未批准该公约。

厦门海事法院经审查认为，本案系光船租赁合同引起的担保合同纠纷，原告益利船务的注册登记地为我国香港特别行政区，故本案具有涉港因素，根据《民诉法解释》第551条的规定，人民法院审理涉及香港特别行政区的民事诉讼案件，可以参照涉外民事诉讼程序的特别规定。根据《民事诉讼法》第259条规定，“在中华人民共和国领域内进行涉外民事诉讼，适用本编规定。本编没有规定的，适用本法其他有关规定”。判断涉案管辖条款能否排除内地法院的司法管辖权以及厦门海事法院对本案是否具有管辖权属于诉讼程序问题，故应适用内地法律。本案管辖的争议点在于：(1)《光船租赁合同》是否存在仲裁及调解条款及其是否排除本院管辖；(2)《光船租赁合同》的管辖条款是否排除厦门海事法院管辖；(3)《个人担保书》的管辖条款是否排除厦门海事法院管辖；(4)厦门海事法院管辖本案是否存在不方便管辖。

施某某是依据《光船租赁合同》第30条D款主张纠纷应先提交调解,但该条款主要包含当事人可以选择调解及在仲裁程序中调解如何启动、调解员如何选定、单方不同意调解、仲裁和调解同时进行等内容,从内容上看,在当事人未选择仲裁解决争议的情形下,当事人是否可以选择进行调解的问题并不明确。为此,本院查阅了波罗的海国际航运公会发布的关于标准光船租赁合同(BARECON2001)的《起草说明》,该说明指出第30条D款所指调解仅在仲裁程序开始后才触发,当事方可以选择仲裁和调解同时进行,这样可以避免当事一方将调解作为拖延战术。厦门海事法院认为,波罗的海国际航运公会是涉案标准合同条款的制定者,该机构发布的《起草说明》对缔约时当事人没有写明或提及的内容可以起到补充作用,可以成为法院解释合同时的参考,故本院认为,根据第30条D款规定,将纠纷进行调解的前提是纠纷已进入仲裁程序,本案双方签订的《光船租赁合同》删除了第30条A、B、C款,涉案合同未约定仲裁条款,双方当事人未就仲裁达成合意,故在仲裁程序中进行调解的条件也无法成就。施某某关于本案应提交仲裁或调解并排除厦门海事法院管辖的异议理由不成立。这一处理也不违反我国作为《新加坡调解公约》成员国的国际法义务。

附　录　二

中国涉外民事诉讼通则

第一章　一 般 规 定

第一条　【涉外编与国内编的适用关系】在中华人民共和国领域内进行涉外民事诉讼,适用本编规定。本编没有规定的,适用本法其他有关规定。

第二条　【法院地法】在中华人民共和国领域内进行的涉外民事诉讼程序适用中华人民共和国的法律,但法律另有规定的除外。

第三条　【国际条约直接适用原则】中华人民共和国缔结或者参加的国际条约同本法有不同规定的,适用该国际条约的规定,但中华人民共和国声明保留的条款除外。

第四条　【同等与对等原则】外国人、无国籍人、外国企业和组织在人民法院起诉、应诉,同中华人民共和国公民、法人和其他组织有同等的诉讼权利义务。

第五条　【公共秩序】涉外民事诉讼程序不得违反中华人民共和国的公共秩序。

第二章　诉 讼 地 位

第六条　【外国人、无国籍人、外国企业和组织的诉讼能力】外国人、无国籍人、外国企业和组织依其经常居所地法无诉讼能力的，而依我国法应有诉讼能力的，视为有诉讼能力。

第七条 【国家主权豁免】对外国国家及其财产提起的民事诉讼，以及对享有外交特权与豁免的外国人、外国组织或者国际组织提起的民事诉讼，应当依照中华人民共和国有关法律和中华人民共和国缔结或者参加的国际条约的规定办理。

如果依照中华人民共和国法律和中华人民共和国缔结或者参加的国际条约，外国国家、享有外交特权与豁免的外国人、外国组织或者国际组织对中华人民共和国人民法院的司法管辖享有豁免权的，人民法院不予受理。

对中华人民共和国国家、公民和组织的豁免权加以限制的，中华人民共和国人民法院对该外国国家、公民和组织实行对等限制。

第八条 【诉讼代理】[外国人、无国籍人、外国企业和组织]在人民法院进行的诉讼活动，需要委托律师代理诉讼的，必须委托中华人民共和国的律师。但法律另有规定的除外。

涉外民事诉讼中的外籍当事人，可以委托本国人为诉讼代理人，也可以委托本国律师以非律师身份担任诉讼代理人；外国驻华使领馆官员，受本国公民的委托，可以以个人名义担任诉讼代理人，但在诉讼中不享有外交或者领事特权和豁免。

在涉外民事诉讼中，外国驻华使领馆授权其本馆官员，在作为当事人的本国国民不在中华人民共和国领域内的情况下，可以以外交代表身份为其本国国民在中华人民共和国聘请中华人民共和国律师或者中华人民共和国公民代理民事诉讼。

第九条 【诉讼费用担保的免除】外国人、无国籍人、外国企业和组织在人民法院进行诉讼，不得仅以其属于外国国籍或现在在我国无住所或居所而要求其提供担保、保证金或押金。

第十条 【语言文字】人民法院审理涉外民事案件，应当使用中华人民共和国通用的语言、文字。但法律另有规定的除外。

当事人要求提供翻译的，可以提供，费用由当事人承担。

第三章 管 辖 权

第一节 一般管辖

第十一条 【适当联系原则】在中华人民共和国领域内审理具有涉外因素的民商事案件，应依照本编的规定行使司法管辖权。

对本编没有明确规定管辖权的案件，如果人民法院认为案件情况与中华人民共和国有适当联系且行使管辖权合理时，中华人民共和国人民法院可以对案件行使管辖权。

第十二条 【被告经常居所地法院管辖】被告的经常居所地位于中华人民共和国领域内的，中华人民共和国人民法院对有关被告的案件享有管辖权，但本编专属管辖权的规定或者当事人依本法对管辖法院另有约定的除外。

第二节 特殊管辖

第十三条 【自然人身份关系】对因自然人的身份关系和能力提起的诉讼，原告具有中华人民共和国国籍或者经常居所地位于中华人民共和国领域内的，中华人民共和国人民法院享有管辖权。

第十四条 【法人的分支机构与代表机构】对因商业活动纠纷提起的诉讼，如被告的分支机构或者代表机构位于中华人民共和国领域内，且该诉讼是由该分支机构或者代表机构的商业活动引起的，中华人民共和国人民法院享有管辖权。

第十五条 【动产物权】对因动产物权纠纷提起的诉讼，如果争议财产所在地位于中华人民共和国领域内,中华人民共和国人民法院享有管辖权。

第十六条　【合同】对因合同关系提起的诉讼,如合同签订地、合同履行地位于中华人民共和国领域内,中华人民共和国人民法院享有管辖权。

对因网络方式订立的买卖合同提起的诉讼,如买受人的经常居所地或收货地位于中华人民共和国领域内,中华人民共和国人民法院享有管辖权。

第十七条　【保险合同】对因保险合同纠纷提起的诉讼,除本章另有规定外,如投保人、被保险人和受益人的经常居所地、重复保险中主要保险人的经常居所地、责任保险中的事故发生地或者保险标的物所在地位于中华人民共和国领域内,中华人民共和国人民法院享有管辖权。

第十八条　【劳动合同】对因劳动合同提起的诉讼,如劳动者的经常居所地或者工作地位于中华人民共和国领域内,中华人民共和国人民法院享有管辖权。

第十九条　【消费者合同】对因消费者合同纠纷提起的诉讼,如消费者经常居所地或经营者经常居所地位于中华人民共和国领域内,中华人民共和国人民法院享有管辖权。

消费者不得预先协议放弃其经常居所地法院的管辖权。

第二十条　【不当得利与无因管理】对因不当得利或者无因管理纠纷提起的诉讼,如不当得利、无因管理发生地位于中华人民共和国领域内,中华人民共和国人民法院享有管辖权。

第二十一条　【离婚】对因离婚提出的诉讼,如一方当事人经常居所地在中华人民共和国领域内,或一方当事人具有中华人民共和国国籍,或婚姻缔结地在中华人民共和国领域内,中华人民共和国人民法院享有管辖权。

第二十二条 【收养】对因收养的条件和手续提起的诉讼，如收养人或被收养人经常居所地位于中华人民共和国领域内，中华人民共和国人民法院享有管辖权。

对因收养的效力提起的诉讼，收养时收养人经常居所地位于中华人民共和国领域内的，中华人民共和国人民法院享有管辖权。

对因解除收养关系提起的诉讼，如收养人或者被收养人的住所地或者经常居所地位于中华人民共和国境内，或者被收养人具有中华人民共和国国籍，中华人民共和国人民法院享有管辖权。

第二十三条 【监护】对因监护纠纷提起的诉讼，如被监护人的经常居所地位于中华人民共和国领域内，或者被监护人具有中华人民共和国国籍的，中华人民共和国人民法院享有管辖权。

第二十四条 【扶养】对因扶养纠纷提起的诉讼，如被扶养人的经常居所地位于中华人民共和国领域内，或者被扶养人具有中华人民共和国国籍的，中华人民共和国人民法院享有管辖权。

第二十五条 【继承】对因遗产继承纠纷提起的诉讼，如被继承人死亡时的经常居所地或主要遗产所在地位于中华人民共和国领域内，中华人民共和国人民法院享有管辖权。

第二十六条 【侵权】对因侵权行为提起的诉讼，如侵权行为实施地或损害结果发生地位于中华人民共和国领域内，中华人民共和国人民法院享有管辖权。

第二十七条 【网络侵权】对因网络信息侵权行为造成损害提起的诉讼，如实施被诉侵权行为的计算机等信息设备所在地、损害结果发生地或被侵权人经常居所地位于中华人民共和国领域内，中华人民共和国人民法院享有管辖权。

第二十八条 【产品责任】对因产品责任造成损害提起的诉讼，如被侵权人经常居所地、损害结果发生地、产品制造地、产品销售地或服务提供地位于中华人民共和国领域内，中华人民共和国人民法院享有管辖权。

第二十九条　【交通事故】对因铁路、公路、水上和航空事故请求损害赔偿提起的诉讼，如事故发生地、车辆、船舶最先到达地或者航空器最先降落地位于中华人民共和国领域内，中华人民共和国人民法院享有管辖权。

第三十条　【环境污染与生态破坏】对因环境污染、破坏生态造成损害提起的诉讼，如侵权行为实施地或者损害结果发生地位于中华人民共和国领域内，或对中华人民共和国领域内造成影响的，中华人民共和国人民法院享有管辖权。

第三十一条　【反垄断】对因反垄断纠纷造成损害提起的诉讼，如反垄断行为实施地或者损害结果发生地位于中华人民共和国领域内，中华人民共和国人民法院享有管辖权。

在中华人民共和国领域外发生的反垄断行为，对中华人民共和国领域内产生直接或可预见影响的，中华人民共和国人民法院享有管辖权。

第三十二条　【信托】对因信托纠纷提起的诉讼，如信托管理地、信托财产所在地、受托人的经常居所地或营业所所在地位于中华人民共和国领域内，中华人民共和国人民法院享有管辖权。

第三十三条　【票据】对因票据纠纷提起的诉讼，如与票据纠纷相关的行为地位于中华人民共和国领域内，中华人民共和国人民法院享有管辖权。

第三十四条　【破产】对因破产提起的诉讼，如破产人主要办事机构所在地或者可供破产清算的财产所在地位于中华人民共和国领域内，中华人民共和国人民法院享有管辖权。

第三十五条　【阻断法律管辖/追偿诉讼的管辖】对我国当事人因外国法律与措施的不当域外适用所提起的损害赔偿诉讼，人民法院参照本编管辖权部分的规定行使管辖权。

第三节　专属管辖

第三十六条　【专属管辖】下列诉讼，由中华人民共和国人民法院专属管辖：

（一）因位于中华人民共和国领域内的不动产物权提起的诉讼；

（二）因在中华人民共和国领域内设立的法人或者其他组织的设立、解散、清算，以及该法人或者其他组织作出的决议的效力等纠纷提起的诉讼；

（三）因与在中华人民共和国领域内审查授予的知识产权的有效性有关的纠纷提起的诉讼；

（四）因在中华人民共和国领域内的公共登记纠纷提起的诉讼。

第四节　同　　意

第三十七条　【协议管辖】涉外合同或者其他财产权益纠纷的当事人，可以书面形式选择中华人民共和国人民法院或者外国法院管辖有关该合同或者其他财产权益纠纷，但不得违反本编关于专属管辖的规定。

合同不生效、无效、被撤销或者终止的，不影响合同中协议选择法院条款的效力。

除当事人另有约定外，协议选择法院管辖具有排他性，当事人不得就相关纠纷提交所选择法院之外的其他法院。

第三十八条　【应诉管辖】涉外民事诉讼的被告对中华人民共和国人民法院的管辖权未提出异议，就争议的实质问题进行答辩或者提起反诉的，视为承认该人民法院为有管辖权的法院，但不得违反本编关于专属管辖的规定。

被告出庭仅就案件的管辖权作出抗辩的，不能作为人民法院行使管辖权的依据。

第三十九条　【反诉管辖】对本诉享有管辖权的中华人民共和国人民法院，对被告就同一案件提起的反诉享有管辖权。

第五节　管辖权的行使与协调

第四十条　【必要管辖】在中华人民共和国人民法院对原告提起的诉讼，本法未规定任何地方的法院有管辖权，且诉讼不可能在外国进行或在外国提起诉讼不合理时，中华人民共和国人民法院可以行使管辖权。

第四十一条　【平行诉讼】中华人民共和国人民法院和外国法院都有管辖权的案件，一方当事人向外国法院起诉，另一方当事人向人民法院起诉的，人民法院可予受理，但我国缔结或参加的国际条约另有规定的除外。

在外国法院先予受理相同当事人之间就同一诉讼标的进行的诉讼，且已经作出判决或者正在进行审理的情况下，如果预期该外国法院判决能够在中华人民共和国人民法院得到承认，人民法院可以中止诉讼。

第四十二条　【不方便法院原则】对本法规定中华人民共和国人民法院有管辖权的诉讼，如中华人民共和国人民法院认为行使管辖权对当事人及案件的审理均不方便，且有其他法院更为方便时，经被告申请，可以中止诉讼。

第四十三条　【禁诉令】中华人民共和国人民法院或仲裁机构对实体争议有管辖权或当事人在仲裁协议中约定的仲裁地在中国时，存在下列情形之一，经一方当事人申请，人民法院可以签发禁止另一方当事人在外国法院起诉或继续进行诉讼的禁诉令：

（一）违反当事人达成的选择中华人民共和国人民法院的排他性选择法院协议或者选择中华人民共和国仲裁机构或约定仲裁地在中国的

排他性仲裁协议,在外国法院起诉的;

(二)依照本编规定,案件属于中华人民共和国人民法院专属管辖的;

(三)外国诉讼明显违反中华人民共和国的主权、安全或者社会公共利益的;

(四)外国诉讼属于恶意诉讼,不作出禁诉令或反禁诉令将会给申请人造成难以挽回的损害或者使损害扩大。

针对外国法院签发的禁诉令,中华人民共和国人民法院可以签发反禁诉令,命令当事人申请撤回禁诉令申请或者不得执行外国禁诉令。

当事人对禁诉令或反禁诉令的裁定不服的,可以申请复议一次[上诉]。复议[上诉]期间不停止裁定的执行。

中华人民共和国人民法院应谨慎地签发禁诉令或反禁诉令,尽量减少对国际礼让的损害。

中华人民共和国人民法院对违反禁诉令或反禁诉令的当事人,可予以罚款、拘留;构成犯罪的,依法追究刑事责任。人民法院并可判决禁诉令或反禁诉令的被申请人赔偿申请人因参加外国诉讼而产生的诉讼费用和遭受的损失。对于被申请人通过违反人民法院签发的禁诉令或反禁诉令而获得的外国判决,人民法院不予承认和执行。

第四十四条 【管辖权异议】被告有权在提交答辩状期间就管辖权提出异议。

第四十五条 【涉外保全措施的管辖权】对案件实体问题有管辖权的中华人民共和国人民法院,可以根据当事人的申请或在其认为必要时采取保全措施。

除了前款规定,当事人也可以向争议所涉财产所在地、标的物所在地、被告经常居所地的人民法院申请采取保全措施。

中华人民共和国人民法院对案件实体问题没有管辖权并不影响保

全措施的做出。

第四十六条　【管辖恒定】中华人民共和国人民法院对案件享有的管辖权，在由该案件原始诉因产生的一切后续的诉讼程序中始终有效。

第四十七条　【刑事附带民事诉讼】在中华人民共和国人民法院的刑事诉讼程序中，刑事附带民事诉讼的原告提出民事诉讼请求的，人民法院依照本法规定对民事诉讼请求行使管辖权。

第四章　送达、调查取证、期间

第四十八条　【送达的方式】人民法院对在中华人民共和国领域内没有住所的当事人送达诉讼文书，可以采用下列方式：

（一）依照受送达人所在国与中华人民共和国缔结或者共同参加的国际条约中规定的方式送达；

（二）通过外交途径送达；

（三）委托中华人民共和国驻受送达人所在国的使领馆代为送达，但是受送达人所在国法律禁止的除外；

（四）向受送达人在本案中委托的诉讼代理人送达；

（五）向受送达人在中华人民共和国领域内设立的独资企业、代表机构、分支机构或者有权接受送达的业务代办人送达；

（六）受送达人为外国人、无国籍人，其在中华人民共和国领域内设立的法人或者其他组织担任法定代表人或者主要负责人，且与该法人或者其他组织为共同被告的，向该法人或者其他组织送达；

（七）受送达人为外国法人或者其他组织，其法定代表人或者主要负责人在中华人民共和国领域内的，向其法定代表人或者主要负责人送达；

（八）受送达人所在国的法律允许邮寄送达的，可以邮寄送达，自邮寄之日起满三个月，送达回证没有退回，但根据各种情况足以认定已经送达的，期间届满之日视为送达；

（九）采用能够确认受送达人收悉的电子方式送达，但是受送达人所在国法律禁止的除外；

（十）以受送达人在纠纷发生后同意的其他方式送达，但是受送达人所在国法律禁止的除外。

不能用上述方式送达的，公告送达，自发出公告之日起，经过六十日，即视为送达。

第四十九条　【答辩期间】被告在中华人民共和国领域内没有住所的，人民法院应当将起诉状副本送达被告，并通知被告在收到起诉状副本后三十日内提出答辩状。被告申请延期的，是否准许，由人民法院决定。

第五十条　【上诉期间】在中华人民共和国领域内没有住所的当事人，不服第一审人民法院判决、裁定的，有权在判决书、裁定书送达之日起三十日内提起上诉。被上诉人在收到上诉状副本后，应当在三十日内提出答辩状。当事人不能在法定期间提起上诉或者提出答辩状，申请延期的，是否准许，由人民法院决定。

第五十一条　【审理期间】人民法院审理涉外民事案件的期间，不受本法第一百五十二条、第一百八十三条规定的限制。

第五十二条　【调查取证】当事人申请人民法院调查收集的证据位于中华人民共和国领域外，人民法院可以依照证据所在国与中华人民共和国缔结或者共同参加的国际条约中规定的方式，或者通过外交途径调查收集。

在所在国法律不禁止的情况下，人民法院可以采用下列方式调查收集：

（一）委托中华人民共和国驻当事人、证人所在国的使领馆代为取证；

(二)经双方当事人同意,通过即时通讯工具取证;

(三)以双方当事人同意的其他方式取证。

第五十三条　【域外证据的认定】当事人提供的公文书证系在中华人民共和国领域外形成的,该证据应当经所在国公证机关证明,或者履行中华人民共和国与该所在国订立的有关条约中规定的证明手续。

中华人民共和国领域外形成的涉及身份关系的证据,应当经所在国公证机关证明并经中华人民共和国驻该国使领馆认证,或者履行中华人民共和国与该所在国订立的有关条约中规定的证明手续。

第五十四条　【涉外保全】因情况紧急,不采取保全措施可能会使判决难以执行或者造成当事人难以弥补的损失的,中华人民共和国人民法院可以根据当事人的申请或其认为必要时采取保全措施。

在诉讼提起之前或在诉讼进行之中,中华人民共和国人民法院可以裁定对相关财产进行保全、责令当事人作出一定行为或者禁止其作出一定行为。在证据可能灭失或者以后难以取得的情况下,人民法院可以裁定保全证据。

在裁定保全时,人民法院应平衡考虑保全的适用可能会对当事人造成的难以弥补的损失、担保提供的情况以及申请人的实体请求获得支持的可能性。

第五章　国际司法协助

第五十五条　【国际司法协助的一般规定】根据中华人民共和国缔结或者参加的国际条约,或者按照互惠原则,人民法院和外国法院可以相互请求,代为送达文书、调查取证以及进行其他诉讼行为。

外国法院请求协助的事项有损于中华人民共和国的主权、安全或者社会公共利益的,人民法院不予执行。

第五十六条　【司法协助的途径】请求和提供司法协助,应当依照中华人民共和国缔结或者参加的国际条约所规定的途径进行；没有条约关系的，通过外交途径进行。

外国驻中华人民共和国的使领馆可以向该国公民送达文书和调查取证，但不得违反中华人民共和国的法律，并不得采取强制措施。

除前款规定的情况外，未经中华人民共和国主管机关准许，任何外国机关或者个人不得在中华人民共和国领域内送达文书、调查取证。

第五十七条　【司法协助的语言】外国法院请求人民法院提供司法协助的请求书及其所附文件，应当附有中文译本或者国际条约规定的其他文字文本。

人民法院请求外国法院提供司法协助的请求书及其所附文件，应当附有该国文字译本或者国际条约规定的其他文字文本。

第五十八条　【司法协助的法律适用】人民法院提供司法协助，依照中华人民共和国法律规定的程序进行。外国法院请求采用特殊方式的，也可以按照其请求的特殊方式进行，但请求采用的特殊方式不得违反中华人民共和国法律。

第六章　外国法院判决、外国仲裁裁决和外国和解协议

第五十九条　【承认和执行外国法院判决的一般规定】应外国法院或者当事人的请求，在该外国与中华人民共和国在判决的相互承认和执行方面存在国际条约或者互惠关系的情况下，外国法院判决可以在中华人民共和国得到承认和执行，但中华人民共和国缔结或者参加的国际条约或者本法另有规定的除外。

本章所称的外国法院判决，是指外国法院作出的已发生法律效力的下列法律文书：

（一）就民商事案件作出的判决、裁定、决定和调解书等；

（二）在刑事案件中就民事损害赔偿作出的判决、调解书等。

上述文书不包括外国法院作出的保全裁定以及其他程序性法律文书。

第六十条　【管辖法院】当事人申请承认和执行外国法院判决、外国仲裁裁决、经调解后外国和解协议的案件，由当事人经常居所地、财产所在地中级人民法院管辖。

申请承认外国法院离婚判决的申请人住所地不在国内，且无法根据第一款的规定确定管辖法院的，由申请人原国内经常居所地中级人民法院管辖。

第六十一条　【形式审查】中华人民共和国人民法院对于申请承认和执行的外国法院的判决，应当依据本章的规定进行审查，除出于承认或执行外国法院判决的需要才进行实质审查外，不对该判决进行实质审查。

外国法院判决所涉及的当事人或者其他利害关系人可以对承认和执行该判决的裁定提出上诉。

第六十二条　【间接管辖权】依照中华人民共和国法律的规定，或者依照中华人民共和国缔结或者参加的国际条约的规定，作出判决的外国法院无管辖权，则不承认和执行该判决。

第六十三条　【拒绝承认和执行的理由】外国法院作出的判决，有下列情形之一的，应予拒绝承认和执行：

（一）判决作出国与中华人民共和国没有共同缔结或者参加的国际条约，也不存在互惠关系。

承认和执行外国法院判决取决于互惠关系时，根据判决作出国法律的规定，在同等情形下中华人民共和国人民法院作出的判决可以得到判决作出国法院的承认和执行；或者根据判决作出国与我国达成的国际司法合作共识等可以认定两国之间存在互惠关系情形的，人民法院可以认定存在互惠关系。

（二）依据判决作出国的法律，该判决尚未生效或者不具有执行效力。

（三）在判决作出国法院的诉讼程序中，被申请人未经合法传唤，或者在没有诉讼行为能力时未得到适当代理的。

（四）判决是通过欺诈方式取得的。

（五）人民法院已对［相同当事人］同一争议作出判决，或正在审理；或者第三国法院对［相同当事人］同一争议作出判决且已被人民法院认可或承认。

（六）有损于中华人民共和国的公共秩序的。

第六十四条　【可分割的判决】根据中华人民共和国法律，外国法院判决事项是可分割的，或者根据中华人民共和国法律只有部分判决能够予以承认和执行的，如果申请人就可分割部分提出请求的，人民法院可承认或执行该外国法院判决可分割的部分。

第六十五条　【惩罚性赔偿】被申请人主张外国法院判决确定的损害赔偿金判项具有惩罚性质，中华人民共和国人民法院经审查认为其主张成立的，可以裁定不予承认和执行该惩罚性赔偿判项。

第六十六条　【需提供的文件】申请承认和执行外国法院判决的当事人应当提交申请书和下列文件：

（一）经证明无误的判决副本，如果判决副本未明确表明判决已发生法律效力并可以执行，应附有有关法院为此出具的证明；

（二）败诉的被告已经合法传唤的证明；

（三）没有诉讼行为能力的被告已得到适当代理的证明；

（四）申请书和上列各项文件经证明无误的中文译文或者国际条约规定的其他文字文本。

人民法院在必要时，可以要求提出申请的当事人或者外国法院在规定期限内提供补充材料。

第六十七条　【承认和执行的程序】中华人民共和国人民法院对外国法院判决的承认和执行依照中华人民共和国法律规定的程序进行。

第六十八条　【承认和执行的方式】中华人民共和国人民法院经过审查认为，外国法院判决不具有拒绝承认情形的，裁定承认其效力；需要执行的，发出执行令，予以执行。

第六十九条　【诉讼中止及恢复】当事人向人民法院申请承认和执行外国法院作出的发生法律效力的判决、裁定，该判决、裁定涉及的纠纷与人民法院正在审理的纠纷属于同一纠纷的，人民法院可以裁定中止诉讼。

外国法院作出的发生法律效力的判决、裁定不符合本法规定的承认条件的，人民法院裁定不予承认和执行，并恢复已经中止的诉讼；符合本法规定的承认条件的，人民法院裁定承认其效力；需要执行的，发出执行令，依照本法的有关规定执行；对已经中止的诉讼，裁定驳回起诉。

第七十条　【外国仲裁裁决的承认和执行】当事人申请承认和执行外国仲裁裁决的，人民法院应当依照中华人民共和国缔结或参加的国际条约，或者按照互惠原则，予以承认和执行。

第七十一条　【经调解后外国和解协议的救济】当事人申请确认经调解后外国和解协议效力的，或者申请执行经调解后外国和解协议的，人民法院应当依照中华人民共和国缔结或参加的国际条约，或者按照互惠原则，予以确认或执行。

后记：我们的《通则》梦

《中国涉外民事诉讼通则》(以下简称《通则》)就要成书了。从梦想到“种豆”再到“得瓜”,算来也有20年。谨以此后记,记述一下成书的历程。

一、缘起:年轻时的“梦想”

2004年,美国法学会(American Law Institute)和国际统一私法协会(International Institute for the Unification of Private Law, UNIDROIT)通过了《跨国民事诉讼通则》(Principles of Transnational Civil Procedure)。其时笔者博士后出站写成《域外送达制度研究》[①],年轻气盛,便萌发编撰《中国国际民事诉讼通则》的梦想,国际民事诉讼也就成为主要的研究对象。今日回想起来,确实有些“天方夜谭”。十年后,中国国际私法研究会国际民事诉讼专题研究委员会的组建,使笔者迈出了第一步。

“2014年10月,中国国际私法学会常务理事会通过了何其生教授申请组建国际民事诉讼专题研究委员会的决定。此后,何其生教授将国际民事诉讼法原则和规则的起草作为委员会的核心任务之一,并召集学者分阶段实施。2015年的工作重点是中国国际民事诉讼法的基本原则。起草小组力图以开放性的态度来建构中国国际民事诉讼的体系、指导精神和立法基础。”

① 何其生:《域外送达制度研究》,北京大学出版社2006年版。

在不经意间翻出的上述文字出自2015年完成的《中国国际民事诉讼法基本原则(建议稿)》[①],这篇稿子也就成为《通则》的首作。2016年,《中国国际民事诉讼原则与规则:外国法院判决的承认与执行(建议稿)》完成起草。[②] 之后,管辖权的部分也起草了初稿,但由于在2016至2019年连续参加海牙国际私法会议《承认与执行外国民商事判决公约》(通称《海牙判决公约》)的谈判,暂停了《通则》进一步的起草和论证工作。

2020年,欧洲法律研究院(European Law Institute, ELI)与国际统一私法协会通过了《欧洲民事诉讼示范规则》(ELI/UNIDROIT Model European Rules of Civil Procedure)。每次翻阅这份文件,我都在提示自己《通则》还是"梦"。从2020年2月起,笔者又有幸参与《海牙管辖权公约》的谈判。所有的工作似乎都与《通则》有关,但相关条款的起草工作却处在"冬眠"中。

二、转机:"美丽的重托"

2021年春,《中华人民共和国民事诉讼法》涉外编的修改被列入全国人大的立法日程,笔者有幸受最高人民法院民四庭委托,提交调研报告并附建议条文草案和立法理由。时感专业所长终有所用,踌躇满志,美满于心,常在团队中说这是一次"美丽的重托"。

委托的时间紧,任务重,我为此召集了一批青年才俊,现实主义的考虑是把"活"干完:一则年轻人精力旺盛,能在短时间内进行突击写作,

① 参见何其生等:《中国国际民事诉讼原则(建议稿)》,载《武大国际法评论》(第18卷第2期),武汉大学出版社2015年版。该原则起草小组的成员有:何其生、万钧、秦红嫚、司文、王盛哲、田新月、南楠、唐塞潇、马龙、郑涛。

② 参见何其生:《中国国际民事诉讼原则与规则:外国法院判决的承认与执行(建议稿)》,载《武大国际法评论》(第19卷第2期),武汉大学出版社2016年版。

便于在疫情期间召开视频会议讨论一些难点问题；二则他们很“尊老”，我又“狠”爱幼，在说话和布置任务时催得紧一些，年轻人们也依然热火朝天，没什么怨言。事后证明这一选择无比正确。尽管团队前期已有很好的基础，也有大量已经成文的规则，但短时间的集中起草和论证，以及随时召开的视频会议，确实非常辛苦。好在 2 个多月后草稿初成。之后，团队召开了 5 场专家论证会，就条文逐一听取专家的意见：

5 月 20 日，协议管辖、平行诉讼、管辖权冲突与协调；

6 月 8 日，判决承认与执行；

6 月 9 日，送达、取证与期间；

6 月 10 日，国际民事诉讼原则和外国人地位；

6 月 11 日，一般管辖与特殊管辖。

参与论证的专家包括（以姓氏拼音为序）：卜璐、柴裕红、范晓亮、甘勇、顾维遐、黄志慧、赖淳良、梁雯雯、连俊雅、李健男、李建忠、李晶、刘音、刘懿彤、罗剑雯、梅宏、彭奕、宋晓、孙长刚、孙尚鸿、苏晓凌、涂广建、王承志、王吉文、向在胜、徐伟功、袁发强、余萌、曾丽凌、张春良、章晶、赵宁宁、朱磊，等等。

感谢各位专家和学者的“真知灼见”，你们的意见和问题虽没有让我“怀疑人生”，但常常让我思考如何才能让《通则》更进一步。也因此，我相信这本书体现了很多国际私法学者的建议与共识，也应该是共同智慧的结晶。

之后，团队经历了多次的修改和核校，终于在 2021 年 7 月初提交了《民事诉讼法 · 涉外编（建议稿）》。建议稿分为六章，共 69 条，12.7 万字，每条均设条文建议、条文释义、立法理由；内容涉及：一般规定，外国人的诉讼地位，国际民事管辖权，送达、调查取证和期间，国际司法协助，以及外国法院判决、外国仲裁裁决和外国和解协议。

短时间内承担如此重大的题目，需要高强度的工作、全身心的投入，是对整个团队能力和精力的挑战与锤炼。“在时间紧、任务重、要求高的情况下，贵院何其生教授团队第一时间完成委托交办工作。调研材料内容翔实，理据充分……”，不管是肯定还是客套，非常感谢最高人民法院民四庭的信任，给予我们深度参与《中华人民共和国民事诉讼法》涉外编修改的机会。当然，如果再来一次类似的“美丽的重托”，我需要重新评估一下老去了多少青春的细胞。

三、探索：学术与市场的兼容

2023年，我与法律出版社法治与经济分社沈小英社长和刘晓萌编辑商量《民事诉讼法·涉外编（建议稿）》（即《通则》的主体部分）的出版事宜，两位编辑不仅肯定了书稿在立法上的贡献、理论上的价值，更以出版人的视角和市场的角度，建议本书将学理价值和实践价值相结合。在两位编辑的建议下，针对如何将专业性较强的涉外民事诉讼的学术和市场相结合，这一从未考虑过的话题，我们分别走访了律师事务所的律师、国有企业的法务、政府部门的工作人员。结合调研成果，我们决定将现有的立法规定、司法实践中的经典案例，融入已有的建议稿中，于是团队在原有成果的基础上大幅度地进行了二次写作。

总结起来，本书具有如下特点：

一是现行规定与理想条文的并立；

二是法学理论与司法实践的融合；

三是法律条文阐释与司法案例的结合。

不需要过多解释，读者翻开这本书就可一目了然。作为市场调研之后的产品，相信本书应该有一个较为广泛的读者群，不仅适合作为高等学校法学相关专业的本科生、研究生的专业参考书，还可作为涉外法律实务工作者的资料书。

四、团队：靠谱的一群年青人

不得不夸耀《通则》的团队，是一群非常靠谱的青年才俊。团队成员具有如下特色：

一是专业化。团队成员中已获博士学位者均毕业于我的老东家——武汉大学的国际私法专业，未毕业者皆在我的新东家——北京大学攻读博士学位，熟知《通则》在编写过程中的标准与要求。欧福永教授更是禁诉令方面的专家，2007 年就出版了专著《国际民事诉讼中的禁诉令》。

二是国际化。团队成员大都有在外国留学和访学的经验，诸如美国斯坦福大学，英国剑桥大学、伦敦大学学院、爱丁堡大学，比利时根特大学，荷兰伊拉莫斯大学，澳大利亚墨尔本大学，德国马克斯普朗克比较法和国际私法研究所等。他们能够敏锐地捕捉国内外民事诉讼制度发展的最新动态。

三是前沿化。团队成员长期跟踪涉外民事审判的前沿问题，撰写《国际民事诉讼年度综述》①和英文版的中国国际私法实践综述②，而且从《海牙判决公约》的谈判到司法部双边司法协助条约的升级，再到现阶段《海牙管辖权项目》的磋商，团队成员一直活跃在国际条约谈判和

---

① 已出版的年度综述有：范子豪、何其生：《国际民事诉讼年度综述（2021～2022年）》，载《中国国际私法与比较法年刊》（2022·第三十一卷），法律出版社 2023 年版。郭镇源、何其生：《国际民事诉讼年度综述（2020～2021 年）》，载《中国国际私法与比较法年刊》（2021·第二十九卷），法律出版社 2022 年版。沈玫、何其生：《国际民事诉讼年度综述（2019～2020 年）》，载《中国国际私法与比较法年刊》（2020·第二十六卷），法律出版社 2021 年版。刘桂强、何其生：《国际民事诉讼年度综述（2018～2019 年）》，载《中国国际私法与比较法年刊》（2019·第二十五卷），法律出版社 2020 年版。

② 参见 2013～2023 年期间笔者发表于 *Chinese Journal of International Law*（Oxford University Press）的 10 篇 *Chronology of Practice*：*Chinese Practice in Private International Law*。

国内法修订等活动的最前线。

《通则》团队成员的具体分工如下（按照章节顺序）：

何其生（北京大学）：统筹，确定《建议稿》的指导思想和整体框架；

王盛哲（上海政法学院）：一般原则；

王雅菡（河南大学）：外国人的诉讼地位，外国法院判决、仲裁裁决和和解协议的承认与执行；

郭镇源（北京大学）：管辖权部分；

范子豪（北京大学）：管辖权部分；

马 旭（北京大学）：管辖权部分；

欧福永（湖南师范大学）：禁诉令；

张文亮（中国人民大学）：协议管辖、平行诉讼、临时措施；

刘桂强（西安交通大学）：送达、调查取证、期间和司法协助；

钱振球（浙江师范大学）：外国法院判决、仲裁裁决和和解协议的承认与执行。

在团队起草和论证期间，安徽大学的范晓亮博士广泛参与，并提供了不少支持意见。

五、感谢：必须要说的话

二十年前的梦想（2004 年）、十年前的规划（2014 年）、三年前《中华人民共和国民事诉讼法》涉外编修改的契机（2021 年），经过团队锲而不舍的努力，终于形成了这本书，不得不说的是感谢话。

感谢国家高端智库武汉大学国际法研究所对本书的资助；感谢中国国际私法学会的信任，作为学会成立的首个专题研究委员会，让我们有了团队作战的平台和机会；感谢沈小英社长和刘晓萌编辑的认可，没有刘晓萌编辑的鼎力支持和不断鞭策（尤其是她夸奖式的鞭策），这本书的书稿可能仍然躺在我凌乱的书架上,随着时间慢慢被忘记。

尽管如此种种,由于能力有限,书中谬误在所难免,还请读者不吝指教,我们不断改进。

何其生

2024 年 1 月 17 日初稿于北京大学法学院陈明楼